体验学系列丛书

体验培训

——创造优秀的培训师

薛保红　盛建华　肖沛宇　编著

中国质检出版社
中国标准出版社

北京

图书在版编目（CIP）数据

体验培训：创造优秀的培训师/薛保红，盛建华，肖沛宇编著．
—北京：中国标准出版社，2016.1（2020.9重印）
（体验学系列丛书）
ISBN 978-7-5066-8124-7

Ⅰ.①体… Ⅱ.①薛… ②盛… ③肖… Ⅲ.①职业培训 Ⅳ.①C975

中国版本图书馆CIP数据核字（2015）第269260号

中国质检出版社
中国标准出版社 出版发行
北京市朝阳区和平里西街甲2号（100029）
北京市西城区三里河北街16号（100045）
网址：www.spc.net.cn
总编室：（010）68533533　发行中心：（010）51780238
读者服务部：（010）68523946
中国标准出版社秦皇岛印刷厂印刷
各地新华书店经销
*
开本 730×1020 1/16 印张 24 字数 427 千字
2016年1月第一版 2020年9月第二次印刷
*
定价 **72.00** 元

作者介绍 

薛保红，管理学学士、教育学硕士、法学博士，高级体验式培训师、高级活动策划师、高级户外教育师，安徽工程大学体验教育研究中心主任、中惠旅体验产业研究院副院长，国内体验学研究带头人，2008 年北京奥运会火炬手，中国少先队事业发展中心特聘技术专家、全国少年儿童夏令营活动管理中心顾问、全国夏令营辅导员培训班讲师、教育部高校辅导员培训和研修基地体验学习组组长、中国大学生就业促进工程项目体系体验式培训师和活动策划师专项评审专家。主要从事体验学、体验教育、体验产业、体验经济、户外教育、营地教育、人才软能力等研究。自主研发职业能力体验培训课程和项目 100 余项；发表相关学术论文 10 余篇，著有《体验式培训师》《体验教育原理与方法》《活动策划》《企业文化体验培训教程》《体验培训》《体验产业理论与实践》；主持省部级课题 1 项，产学研课题 9 项。

盛建华，中惠旅景区管理股份有限公司董事长，中共党员，平江县人大代表，湖南衡阳人，中国政法大学法学硕士，中南大学在职博士，安徽工程大学和湖南师范大学客座教授。曾担任机关干部，1996 年下海经商，1998 年，投资开发湖南石燕湖旅游区，十余年来，专注于体验旅游、体验景区的开发与运营，将长沙石燕湖旅游区、岳阳石牛寨旅游区等打造成为国家级 AAAA 景区和国家级地质公园，并成功在湖南、江苏、浙江、上海等省市实现十七家景区的复制连锁。2013 年获评湖南省十大品牌策划师荣誉。

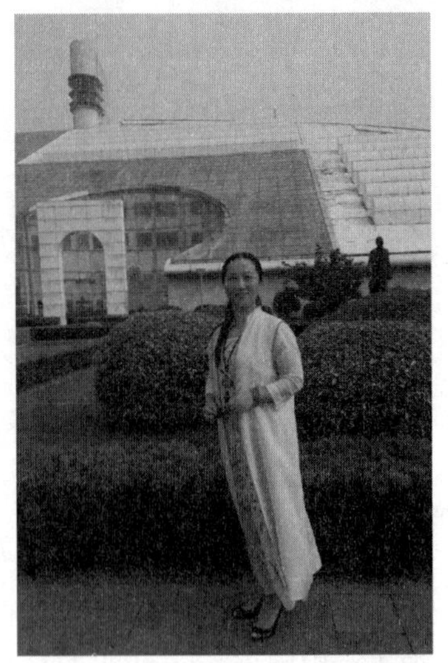

肖沛宇，湖南中惠旅体验式培训产业有限公司总裁，湖南浏阳人，长沙县人大代表，湖南师范大学历史文化学院学士，中南大学在职博士。安徽工程大学和湖南师范大学客座教授，中南林业大学旅游学院硕士生导师。曾任职于国防科技大学。十八年专注于拓展训练、体验旅游事业，是中国体验培训联盟理事长，为中石化、中移动、三一重工、中联重科等1000多家企业做过培训。是石燕湖拓展训练学院创始人，为三万多家企业事业提供过拓展训练服务。湖南省第九届团省委委员、长沙市首席旅游专家、湖南省职业经理人协会副会长、湖南师范大学历史文化学院校友会副会长、长沙县人民陪审员等。曾获2012年湖南十大杰出职业经理人荣誉。

研究课题及成果依托单位

中惠旅景区管理股份有限公司

中惠旅体验产业研究院

安徽工程大学体验教育研究中心

联合设立产学研课题：体验产业产品开发研究

前言

体验已成为21世纪人们重要的生活方式。越来越多的组织意识到体验在人生活、工作、学习中发挥着重要的作用。每个人都有其独特的存在方式，这种重视团队建设和员工素质发展的培训业已成为许多大型企业实现战略目标的法宝。对员工的教育培训方式方法的选择已经由以讲师为中心的讲授培训发展成为以学员为核心的体验培训。这种变革是建立在实践和实战基础上的进步。培训界从业者们逐步意识到矗立在职场的成年人教育方式更应当重视学以致用，将学习情景融入工作实际，才能达到高质量的培训效果。

经过10余年的实践和研究，成百上千培训师团队的不断探索，十多万客户的体验和反馈，积累了丰富且宝贵的体验培训资源。在此基础上我们合作出版《体验培训——创造优秀的培训师》，目的是让更多的体验培训从业者能够更加理性、科学地看待体验培训，从体验的机理、本质、价值、方法、技术等角度，更好地掌握这门科学，以便更好地帮助更多的组织实现其战略目标，让更多的个人因体验培训而发现自我、影响自我、改变自我，让生命体验更加有意义。

研究过程中，中惠旅体验产业研究院提供了大量的实践研究基础，石燕湖风景区、石牛寨国家地质公园、浏阳古风洞景区、石燕湖地下大峡谷漂流、蟒洞峡谷漂流、通道万佛山国家地质公园、芋头古侗寨、龙帝漂流、皇都侗文化村、恭城书院、浩博农庄、苏州月季园、苏州阳澄万丽酒店、宁乡沩山温泉山庄、密印禅院、杜甫墓祠等环境优美、设施完备的体验培训基地是本书实践研究的乐园。

感谢安徽工程大学体验教育研究中心研究团队，刘洋、张雅如、石鹏飞、王祥信、徐永刚等的辛勤付出。

本书是在《体验式培训师培训教程》（中国计量出版社，2009年出版）的基础上的研究创新，可作为广大培训师、高等学校教师从事体验培训、教学、人力资源培训开发的参考资料。

由于作者水平所限，书中难免会有遗漏和错误，欢迎广大朋友批评指正。

是为序。

编著者

2015年7月20日

于长沙石燕湖体验产业基地

目录

第一章
体验培训概述

第一节　体验培训及其价值

体验培训是一种教育方式，符合自然主义、实用主义、生活教育理念的教育方式，其符合体验和培训的基本特定和原理。为此，从业人员需要掌握体验、培训、体验培训的基本思想。

一、体验

（一）体验，生命存在的方式

体验是什么，一直都是学术界争论的焦点。

解释一：体验，也叫体会，是用自己的生命来验证事实，感悟生命，留下印象。体验到的东西使得我们感到真实、现实，并在大脑记忆中留下深刻印象，使我们可以在实景下映射出曾经亲身经历过的生命历程，也因此对未来有所预感。注重在实践中认识事物，强调亲身经历和验证的过程。鲁迅说："文学虽然有普遍性，但因读者的体验的不同而有变化，读者倘没有类似的体验，它也就失去了效力。"①

解释二：体会与感悟之意，体验者带有一种纯主观的态度和经验主义依据外界的体验过程建立起来的心理感受。《朱子语类》卷一一九："讲论自是讲论，须是将来自体验。说一段过又一段，何补！体验是自心里暗自讲量一次。"明王守仁《传习录》卷中："皆是就文义上解释，牵附以求，混融凑泊，而不曾就自己实工夫上体验。"胡适《费经虞与费密·费氏父子的学说》："但费氏父子的这种主张，并非有意因袭前人，乃是从痛苦患难之中体验出来的结论。"②

解释三：查核，考察。宋司马光《涑水记闻》卷十二："或斫倒人头，或伤中重，系第一等功劳者，凡一百一十五人，伏乞体验。"宋苏轼《奏论八丈沟不可开状》："臣体验得每年颍河涨溢水痕，直至州城门脚下，公私危惧。"清陈康祺《燕下乡脞录》卷十六："然公於河，实殚竭心力，体验入微。"③

体验可以分为4种类型：即娱乐性体验、教育性体验、逃避性体验和审美性体验。④ 其中教育性体验要求体验者有更高的主动性，为的是增进个人

---

① 鲁迅．花边文学．北京：人民文学出版社，2006。

② 搜韵-韵典，http：//www. ancientrhyme. com

③ 搜韵-韵典，http：//www. ancientrhyme. com

④ 吉尔摩．体验经济．北京：机械工业出版社，2006。

的知识和技能。从这个角度上说，在体验经济时代，顾客每一次购买的体验培训产品或服务，在本质上不再仅仅是实实在在的商品或服务，更是一种学习感觉，一种情绪上、体力上、智力上甚至精神上的体验。

从以上解释能够清楚的了解到体验即亲历，亲身体验也可以被称为是一种个性思想、语言和行为共同组合而成的自我意识经验。人的一生都在体验中度过，是自我生命与物质世界产生关系的唯一方式。生命在孕育中即进入了体验，生命在体验中不断成长和发展，又在体验中回归大自然。因此，体验是人们诠释生命价值和意义的最为有效的真实方式。人们在七情六欲中体验着感情的存在；在酸甜苦辣中体验着关系的距离；在生老病死中体验着生命价值的延续和终结。经历决定成就，体验是人生最为宝贵的资源，我们需要在体验中成长，在体验中领悟人生的价值和意义。

（二）体验的价值

体验就是亲历体验、参与体验，就是自己去做。因此，客观的评价和判断必须要基于自身的参与才能实现，以便获得最直观的感受。

例如：自然课上，老师带来了一个大红色苹果，切了一块放到自己嘴里，然后把其他的放在讲桌上，他问学生："谁能告诉我这个苹果是甜的还是酸的?"学生 A 说："甜的。"学生 B 说："酸的。"两位学生回答后，老师问："你们以什么标准判断的?"学生说："我们猜的。"这样的结果告诉我们，学生对于苹果味道的判断是依靠以往吃过的苹果感觉做出的，是不准确的，这一学习过程是不科学的。这位老师将剩余苹果分成两半后，分给了两个学生，说："你们吃过后，告诉我味道如何?"吃过后，学生 A 说："好甜，比上次我妈妈买的甜"。学生 B 说："不太甜，没有我家的好吃。"老师问："为什么会这样呢?"学生的回答："我的感觉。"这一种感觉是学生自我的判断，而这种判断的依据是在自我体验的基础上完成的。

老师接着继续做实验，拿出一个橘子，自己掰了一瓣放到自己嘴里，他问学生："谁能告诉我这个橘子是甜的还是酸的?"学生 A 和 B 都说："我们吃一口就知道了。"于是，老师把橘子分给了两个学生，他们吃后，学生 A 说："好酸啊!"学生 B 说："是的，太酸了!"随后，老师再分给他们刚才的苹果吃，两位学生兴奋地告诉老师："这苹果真是太甜了。"

这个实验就像我们给学员讲课一样，教师对课程的理解往往基于自己的判断。假如学生刚刚吃过一块糖，再吃苹果，你认为它是甜还是酸？一瓶矿泉水和一颗糖，先喝矿泉水和先吃糖感受一样吗？如果你先喝完水再吃糖，糖是甜的；如果先吃糖后喝水，水是苦的。为什么是这样？因为这是体验者的直观感受，不被外界所左右，这是自己味觉的体验反应，而不是用视觉、听觉或嗅觉来反应。因此，亲历体验在教学和学习中非常重要。体验培训的课程要从亲历中开发，体验的环节是亲历的。这就是体验的力量。

二、培训

培训是教育的一种形式。培训，即培养和训练，使人的身体、心理、情感、态度、习惯得到发展的方式。培训是一种有组织的教育活动。传统的教育，只能够提供一些基本的专业知识和技能。而面临规模化的组织发展，必须进行多次系统的专业技能实践培训，才能使员工逐步达到组织不断发展的要求。所以，组织为了提高劳动生产率和个人对职业素养的不断追求，能够直接有效地为组织生产经营发展服务，不断采取各种培训方式方法，对组织的各类人员进行有计划的教育培训。美国经济学家、诺贝尔经济学奖得主舒尔茨发现，自然资源、实物资本和劳动力的单纯投入，并非生产力提高的全部因素，人的因素在产业、技术等方面发挥着核心的、决定性的价值，因此，对组织的人员进行有效的培训逐渐受到重视，培训也成为组织发展过程中最为重要的投资和战略。

现行的培训方法多种多样，有讲授法、演示法、研讨法、视听法、角色扮演法、案例研究法、模拟与游戏法、体验培训等。各种教育培训的方法具有各自的优缺点，为了提高培训质量，往往需要将各种方法配合运用，但无论何种培训其本质都是为学习者注入经验，学习者的经验获取方式具有直接和间接之分。体验培训就是综合运用多种手段，以学习者为中心，为其创设获取有效经验的培训方式之一。

三、体验培训

（一）体验培训的定位

体验培训是众多培训方式中的一种，也是目前最受欢迎的培训形式之一。体验培训是直接认知、欣然接受、尊重和运用当下被教导的知识及能力的过程。它特别适合处理人生中重要的事物，它在尊重之下去碰触人们深层的信念与态度，深植于内在的情绪、沉重的价值观，或相当难熬的人性课题。

体验培训是令人兴奋又富有挑战性的，它包括很多不同的内容，像是针对个人或团队解决问题的行动，肢体上的挑战、游戏、仿真练习、组织练习、分享时间、有指引的冥想及有组织的互动。在所有的活动中，学员是主动地参与学习的过程，并且能够从体验中产生有意义、有价值的感悟。

体验培训关乎个人的体验，不只是他们的参与。参与者会被要求思考及运用自己的体验作为自我了解的基础和自己的需求、资源和目标的评估。

透过体验培训的过程，关注焦点从老师转换到学习者；学习中，这样的不对称减少了，学习者计划、实现及评估他们自己的学习。“专家”及学习者参与整个过程的重点不在于老师将信息灌输于学员，而在于引导学员主动学习。

体验培训课程的环境是独特和特别的。它是具有活力、魅力、有趣和令人觉得非常值得的。同时，它提供参与者一个密集、深入且意义深远的学习体验。我们相信学习能够且应该是一个令人享受的过程，体验学习已经证明是一个很有力量、成功成就个人的学习工具，并且是有意义且相当有趣的。

综上所述，体验培训是众多培训方式中的一种，也是最受欢迎的培训形式之一。体验培训是以学习者为中心，通过“做中学”的方式，使学习者直接认知、欣然接受、尊重和运用当下被教导的知识、能力、态度、习惯的教育培训方式。

（二）体验培训的价值分类

体验培训的价值是显而易见的，其个性化的特征伴随着人类的发展而发展，伴随着每一个生命体存在的全过程，其价值体现也不尽相同。不同的体验会有不同的表达，不同的表达蕴含着不同的价值（见图1－1）。

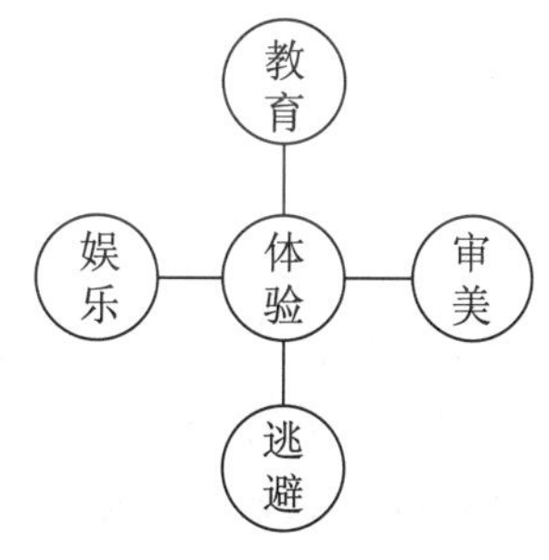

图1－1　体验培训价值分类

1. 体验培训的教育价值

体验培训具有教育的价值是因为体验即学习，人们在参与体验的过程中，认知、判断和评价自我，不断将过去的自我与体验当下的自我进行比较性反思，按照价值观评判体验的过程去感悟，从而达到学习的目的。体验培训的过程就是通过体验者对体验过程的高峰体验达到认知后，在对象性比较、团队性辅导和点评性描述的基础上实现的。

2. 体验培训的逃避价值

人类的智慧给人类带来愉悦幸福的同时，也带来烦恼、痛苦、寂寞、烦躁和厌倦。长期单一模式的生活与工作的体验，会使人感受无比的压力，从而在身心上呈现出消极的状态。从人的内心世界来考量，是需要逃离当下现实社会环境，通过环境实现人精神需求的满足和快乐。体验的逃避价值可以分为现实逃避和虚拟逃避。现实逃避是通过离开原有的环境，进入新的陌生的、内心向往的地方，寻找心灵和身体的放松与愉悦。体验旅游市场的火热，可以清晰地表达出逃避性体验对人的重要性。虚拟逃避，主要是人在现实生活中失去了物质性和精神性的兴趣，没有了同伴和归属，让自己的心灵在虚拟空间里寻找归宿，这集中表现为网络时代的网络成瘾等现象。由此，对于治疗网络成瘾，远离网络或强制戒除并非是最为有效的方法，更多的是要针对成瘾者自身个性化的逃避诱因进行引导。

3. 体验培训的审美价值

爱美之心人皆有之。美是人类追求精神生活和价值实现的重要组成部分，离开审美意识，人的生活将变得暗淡无光。体验带给人的是身心沉浸在体验之中，用体验触动灵魂深处。用自我个性的评价标准，评判体验对象，使得自我情感得以流露或奔放。审美是一种情操、一种境界，一种第二者无法评价和悟知的独特的个人感受。它是人生价值实现的最高标准，也是无数人追求高雅的目的。

4. 体验培训的娱乐价值

体验的价值还在于体验可以愉悦身心。我们不太赞成一些体验培训行业人士的说法。他们说娱乐性的体验就不好，带学员去玩就是低端，价值是低的，就不愿意花那么多钱，而教育性的就一定是高价值的。所谓的高端化就是价钱高就是价值高的。我们不这样认为，我们认为这四种体验的价值都是高端的，只是需要因客户的需求而定，而我们又要带给客户什么？需求与供给是否有效匹配。比如说教育性体验，我们现在做的，是讲管理的，讲心态的，或是讲情感的。而娱乐性体验，是让客户玩，在玩中放松，是减压的。国外专门的体验课程 EAP（企业员工心理援助计划），就是专门帮助员工减压、职业规划和戒烟、戒酒、戒毒等各种不良嗜好。这样的娱乐性体验在国外很受欢迎，价值很高，它是非常高端的课程，高端在哪里呢？它可以改变员工个体的状态，从而改变企业整体的状态。通过培训为企业创造更多的价值。从这个角度来看，娱乐性体验并不是不好。而是带学员出去玩的同时，要让学员明白为什么这样玩，为什么要放松，为什么在过程中听这个音乐，为什么要做这个按摩操，等等。要从健康学的角度进行深入的剖析。这样的培训，很受客户欢迎。不能简单的认为，反正是玩嘛，高兴就好，大家就去玩吧，到结束就好了。

（三）体验培训的阶段性

1. 家庭教育的意识化和习惯化——体验阶段

如果我们给孩子，特别是小学生和幼儿去做夏令营培训的时候，你需要分享很多吗？不需要，只需要带着孩子多做活动就可以了。简单、深刻和通俗易懂的点评，是对孩子最有效的启发。你如果分享很多，孩子是听不懂的，因为他们这个阶段是体验化的，孩童的体验培训多以游戏化体验为主。家庭教育中，父母要有意识地多与孩子做游戏，在游戏中提升孩子的各种能力。

2. 学校教育的知识化、技能化——感知阶段

在学校教育的小学、初中、高中和大学等阶段，都是知识化和技能化的阶段，这一阶段的学生更多的需要感知。因此在这个阶段组织的培训课程，需要讲授一些故事、道理和理论，运用催化手段实施引导教育。

3. 社会教育的职业化、价值化——运用阶段

这个阶段是社会成人教育，是人职业化和价值化的过程。这个阶段讲究知识和能力的运用，所以在体验完后，一定要进行分享、讨论和总结。因为作为组织，希望员工学完之后马上就能用，并且转化成绩效。通过体验培训，使员工更加职业化和价值化。体验培训覆盖的不同阶段的特点，我们要深入了解不同阶段对象的特征。比如开发夏令营课程的时候，体验活动要多一点，分享总结不用很长。成人版的电网逃生，设计 90～120min，做完后分享总结；而青少年夏令营中的电网逃生仅体验 40min 后，简单点评就好。由于家庭、组织是社会的基本单元，因此，这 3 个阶段的教育是相互交叉的，不能孤立对待，要相互比照着进行分析。

（四）体验培训的核心目标

体验培训的核心目标是素质提升，即知识、能力、态度和习惯的培养。在培训的过程中要把这 4 个方面作为基本范畴（见图 1-2）。

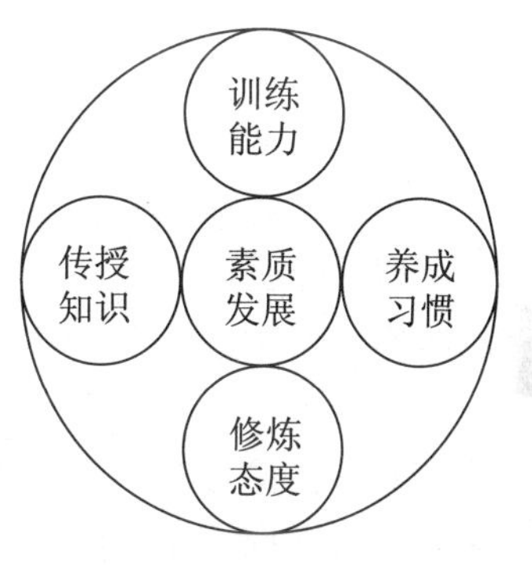

图 1-2　体验培训车轮模型

知识可以通过传授，能力必须通过实践训练，态度需要不断修炼，习惯需要长期的养成，因此不通过目标所采用的体验培训技术策略均不相同。

在体验培训中要分成 4 个层次，即知识培训、能力培训、态度培训和习惯培训。通过体验方式将 4 种培训目标相统一，促使学习者的素质得到综合培养和整合提升。新型的人才观是在富有符合人类社会科学发展观和具有积极进步意识形态的态度的架构下，具有良好的知识结构、工作能力和健康习惯的人才。从图中看，没有知识，培养能力很难，因为知识是人才素质中能力培养的基础，而态度则是左右知识和能力的方向，习惯则是以个人持之以恒得以发展的重要保障。在体验培训中，就包含着这 4 个方面的培训开发与设计，其是整体的，不可孤立对待。它也是新型人才观的有机组合。

（五）体验培训的实施模型

体验培训是触及人灵魂深处的教育方式，参与者在体验的过程中，经历

生理、智力、情感和精神层面的洗礼和建构。体验培训可以从这 4 个方面帮助学员解决问题（见图 1-3）。

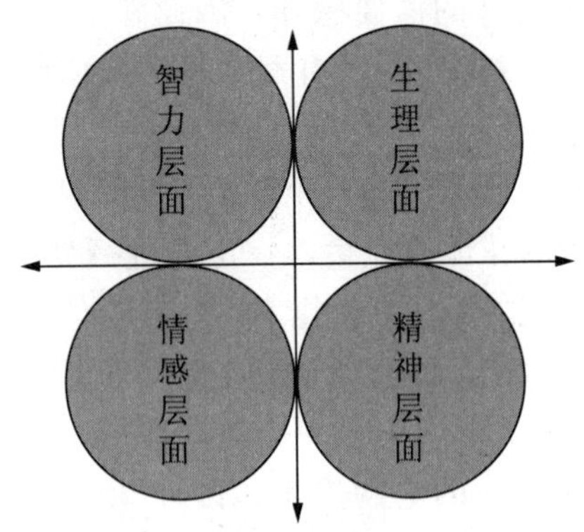

图 1-3 体验培训的实施模型

第一，生理层面，身体的活动和参与；

第二，智力层面，大脑智力的参与；

第三，情感层面，建立团队性、群体性和谐关系；

第四，精神层面，实现个人归属与价值体现。

通过体验培训解决某一层面的问题，需要采用不同的培训方法和技术。生理、智力、情感和精神方面存在的问题，都会在不同的状态下表现出来。其中生理的问题，参与过程就是体验的过程，在体验的过程中即可以完成生理的体验。如亚健康中的运动性身体参与，通过类啡肽（快乐因子）的分泌和汗液的排泄，便可以达到缓解疲劳的作用；智力层面的问题需要分享和讲解，植入一些智力的知识、故事、定律和理论；情感层面的问题，需要通过团队关系来实现，如领袖风采就是通过让员工报数，完不成任务，对领导者进行俯卧撑的“奖励”，从而实现感恩领导的团队关系；精神层面的问题，就是世界观、价值观和人生观的问题，在培训中表现为如何有效激励。

（六）体验培训的内容及其分类

1. 体验培训的内容

体验培训是令人兴奋又富有挑战性的，其内容包括：

（1）针对个人或团队需求解决问题的主题设计；

（2）基于时间、环境、学习者、组织需求及文化要素的课程体系；

（3）情景或环境的匹配设计；

（4）涉及肢体、心理、情感和精神的游戏体验、仿真模拟、组织练习；

（5）符合主题思想的分享回顾、有指引的冥想及有组织的互动；

（6）引导学习者主动地参与学习的规则、安全和从自我体验中产生有意

义、有价值的感悟提升。

2. 体验培训的分类

（1）拓展训练（培训）：场地拓展、野外拓展、室内拓展等；

（2）沙盘模拟：全面管理沙盘、战略决策沙盘、团队建设沙盘、营销沙盘、财务沙盘、生产模拟沙盘、物流沙盘、人力资源开发沙盘、企业管理信息化（ERP）沙盘等；

（3）野战运动：野外野战运动、场地野战运动、室内野战运动（CQB）等。

（4）历奇营地：冬夏令营、青少年游学、研学旅行、综合实践活动、营地教育、户外教育等；

（5）音乐辅导：自由舞蹈、即兴弹奏、音乐理疗等；

（6）团队教练：教练式领导、教练式管理等。

第二节　体验培训的起源与发展

一、体验培训的起源

在借鉴发达国家体验培训的基础上，融合我国教育培训行业的特点，本着本土化、地域化、民族化的特点，国内体验培训正向着多元化的方向迈进。为了能够更好的理解和运用体验培训模式，需要追本溯源，从其根源本身挖掘它更深刻的意义。体验培训的起源主要来自于战争，主要有外展训练和木章训练 2 种起源论。

（一）外展训练①

外展训练起源于英国，它的英文表述是"Outward Bound"，直译是"出海的船"，主要在航海中使用，是船只出发前，用于召唤船员上船的旗语，表明船出发的时刻到了。而现在 OB 作为一种学习方式的名称，被越来越多的人接受了，并在教育领域诠释为一艘小船在暴风雨来临之际离开安全的港湾，驶向波涛汹涌的大海，去迎接未知的挑战，面对风险与困难的同时，也可能发现新的机遇。

外展训练（Outward Bound）起源于第二次世界大战期间。当时，盟军在大西洋的物资供应线屡遭德国纳粹潜艇的袭击，大西洋上有很多船只由于

① 钱永健．拓展训练．北京：企业管理出版社，2006。

图 1-4　库尔特·哈恩博士

受到攻击而沉没，大批船员落水，由于海水冰冷，又远离大陆，绝大多数船员在运输船被击沉后葬身鱼腹，但仍有极少数人在经历了长时间的磨难后得以生还。人们发现绝大多数生还者不是身体强健、反应机敏的年青船员，而是年纪偏大的老水手。救生专家们调查、分析，找到了问题的答案：这些人之所以能在危难中生还，心理是否健康，意志是否坚强起着决定性的作用。那些老水手正是因为具有良好的心理素质，能够勇敢地面对危险，沉着分析处境，运用丰富的生活经验找到克服困难的办法，并咬紧牙关，横下一条心，坚信人世间没有过不去的难关，求生的欲望支撑着身体，当灾难到来时，他们有强烈的求生欲望，首先想到的是：我一定要活下去，可以逃离苦海，摆脱死神的纠缠。而大量年轻水手，尽管身体强健，可当灾难来临之际，更多地想到：这下完了，我不能活着回去了，看不到生还的希望，想不到求生的办法，丧失了活下去的信心，以为这就是生命的终点。于是精神的沮丧带来心理防线的全面崩溃，求死的欲望拖垮了身体，从而导致智力活动的终止和体能的迅速下降，很快就葬身海底了。据此，德国籍教育学家库尔特·哈恩（Kurt Hahn，1886 年—1974 年）博士（见图 1-4）提出了“外展训练”概念（Outward Bound），利用一些自然条件和人工设施，让那些年轻的海员做一些具有心理挑战的活动和项目，以训练和提高他们的心理素质。而后，其好友霍尔特（Lawrence Holt）在 1942 年成立了一所阿德伯威海上外展训练学校，以年轻海员为训练对象。这是外展训练最早的雏形。

（二）木章训练①

要掌握木章训练，我们必须首先要了解贝登堡先生和其创办的童军。贝登堡先生全名为罗伯·斯迪文森·斯密斯·贝登堡（见图 1-5），1857 年 2 月 22 日出生于英国伦敦。他二岁时，时任牛津大学数学教授兼牧师的父亲便去世了，富有智慧、幽默感和坚毅性格的母亲独力将九个子女抚养成人。贝登堡的外公是一位海军上将，贝登堡常常请外公讲述航海或其他的历险故事，贝登堡的哥哥们也常带他到野外去活动和划船。此外，贝登堡喜欢画画，他

① 童军的历史. http：//www. scout. org. hk/chi/

能同时用左手和右手画画、写字、画素描。他也会弹钢琴、拉小提琴、吹喇叭、吹号。他唱歌的时候音域宽广，在编剧及表演方面更有惊人的才华。19 岁（1867 年 10 月）时从桑德何斯特（Sandhurst）皇家军事学院毕业，进入陆军，以骑兵少尉的身份被派至印度陆军轻骑兵团。在军中，贝登堡对地形学的高强能力使他得到一个奖章，他整理的有关地形的记录不但被当地的军事法庭采用，也被伦敦的参谋总部采用作为参考资料。此外他也教士官们射击、骑马、探险、侦察、警探等课程。在工作闲暇，他是一名优秀的驯马师，能将劣马训练成良马，他还喜欢猎山猪，甚至写了一本有关猎山猪的书。

图 1-5　贝登堡公爵

1888 年他奉命前往东南非的纳塔耳（Natal），并参加了祖鲁（Zulus）战役。他训练优秀的警探，使得敌人无所遁形。在这次战役中，他得到当地土著的友谊，一位酋长送他一串很长的木珠项链，后来他把项链上的木珠分送给优秀的童军领袖，这个习惯以及复制的小木珠，至今仍然保存着，这就是童军服务员（木章）的由来。

从上述对贝登堡先生与童军的介绍分析：木章训练又称为童军活动，是由贝登堡先生创办的童军中专门训练童军成员综合素质的一种技术。木章训练也起源于军事，战争结束后，主要用应用于世界各国的童军活动。木章训练是一种具有很强的教育目的，采用休闲娱乐的方式，以帮助青少年发展身体、智慧、团队意识和精神为目的，运用“做中学，学中做”的方法，提倡与别人一起实际操作，以小队制度发展领导能力、团队技能和个人责任的青少年生活教育运动。木章训练的组织需要参考各地社会的条件而设计，并服务各地社会的需要，依据青少年的兴趣规律活动的进程，与大自然接近，以大自然特有的简易性、创造性和发现性丰富青少年的学习环境，给青少年提供冒险和挑战的机会，满足青少年的好奇心去发现新事物、发现教室以外的世界，以发展自我智慧、学习技术和传送智慧给别人。

仔细分析外展训练和木章训练的起源以及创始人的教育出发点，我们不难发现，这两种教育形式，有其共同的特点；都强调主动学习、动手实践，边做边学，在反思中提升心智，具有体验式学习的鲜明特点，也正是体验培训的理论渊源。

综上所述，我们可以得出体验培训的定义：它是以体验为基础，采用团队（小组）学习的形式，在“做中学”理念的指引下，通过体验感悟和分享总结的方式来实现获得知识、习得技能和提升心智为目的的一种教育模式。

二、体验培训的发展

了解外展训练和木章训练的发展能够帮助我们理清体验培训的发展思路，对继续开展和繁荣体验培训具有较强的现实意义。

（一）外展训练的发展①

1. 外展训练的创建

外展训练的创建可以追溯到 1938 年，哈恩博士获得了英国国籍，其后他呼吁英国战争委员会在部队中实行一种训练方式，用几个月的短时间就能使得英国步兵在耐力、胆识和自卫能力方面得到很好的训练。第二次世界大战爆发后，英国部队征用了戈登思陶恩学校，学校搬迁到威尔士的营部。当时的哈恩一直抱着实行一个“城郡徽章计划（County Badge Scheme）”的梦想，这是一个雄伟的国家计划，想要培养英国年青人的身体素质、事业心、韧性以及激情，由于一些条件的限制，这个计划一直没有实现。正当哈恩一筹莫展时，一位一直对大西洋上船只受损后人员伤亡非常担忧的船业公司老板劳伦斯·霍尔特（Lawrence Holt）与他不谋而合。哈恩提议他们联合力量，开创一所新型学校，对年青人进行一个月的培训课程，课程运用哈恩的“城郡徽章计划”来实现培养和改变年青人态度的目的。1941 年学校在威尔士的阿伯德威成立了，霍尔特坚持把它叫做 Outward Bound 学校，学校对青年人设立一个月的学习课程，包括小船驾驶训练、要达到合格标准的体能训练、用地图指北针跨越乡村的越野训练、救援训练、海上探险、穿越三个山脉的陆地探险以及对当地居民的服务活动。这就是外展训练的开端。

2. 外展训练的发展历程

经历了一系列创业的困难后，Outward Bound 不断进步，一批批的青年人在这里“战胜了失败主义”，为未来迎接挑战做好了准备。第二次世界大战结束后，Outward Bound 学校发展的规模越来越壮大，学员中不但有年轻的海员，还有工厂的学徒、警察、消防员以及军校学员。1946 年 Outward Bound 信托基金会（Outward Bound Trust）在英国成立，目的是推广 Outward Bound（简称 OB）理念并且筹集资金创办新的 OB 学校，OB 信托基金

① 钱永健．拓展训练．北京：企业管理出版社，2006。

会拥有OB的商标，掌握着该商标使用许可证的发放。1962年曾在戈登思陶恩任教的美国人乔什·曼纳（Josh L Miner）在美国成立科罗拉多OB学校，并于1963年正式从OB信托基金会获得了许可证书，成为真正将拓展训练推广开来的人。1974年，外展训练实践教学大纲在美国出台，得到了高度的评价，该大纲被"全美教育欧及网络（NDN）"评选为优秀教学大纲。随后美国高中课程大纲中一直沿用该计划的学校已达到90%。1979年美国的外展训练专门机构为了普及拓展训练开设了拓展训练讲习班，专门学习该教学大纲，培养学校的拓展训练专职人员和骨干。此后又有200多名心理指导者和养护教师受到了专门训练，所以，在美国拓展训练计划推广最快的是高中、养护教育和心理治疗领域。随后私人疗养康复、精神病医院也对拓展训练表现出极大的关心，从此拓展训练在美国得到普及，拓展训练机构如雨后春笋般的发展起来。

1964年1月9日，组成OB法人组织（Outward Bound Inc）的文件在美国起草，随后的数年间，OB学校在世界各地不断成立，实践着OB理念。OB组织也逐渐发展成为OB国际组织（Outward Bound International Inc，简称OBI），目前其办公地点设在美国犹他州的德雷伯市。OB国际组织下属的Outward Bound School（简称OBS）已经遍布全球五大洲，共有40多所分校，这些分校秉承了哈恩的教育理念，受训人员包括学生、家长、教师、企业员工和各级管理人员。在亚洲地区，新加坡最早建立了OB学校，此后中国香港、日本、韩国先后引进了这种体验式教育的课程模式。

1970年，中国第一个加入OB国际组织的专业培训机构——中国香港外展训练学校，这也是外展在中国发展的一个里程碑。1999年由该组织筹建的广东肇庆外展训练基地，成为该训练组织下属的国内第一个培训基地。1995年在北京成立了第一所拓展训练机构——北京拓展训练学校，是最早开始在大陆开展课程的培训机构。而"拓展训练"最早被人众人集团注册成为自己的品牌，成为"拓展训练"的合法拥有者。

经过十余年的发展，拓展训练在培训领域引起了前所未有的震撼，拓展训练培训机构遍布全国，培训机构层次不尽相同，既有公司性质的，也有学校、俱乐部等性质。据不完全统计国内从事相关产业的机构有上万家，但普遍存在寿命周期较短、课程雷同、层次不高的现象。普遍意义上的拓展训练应用领域多为企业、政府机构、MBA学员、事业单位，这对拓展训练的普及具有一定的推动意义。1995年拓展训练在清华大学MBA课程中被引入，成为拓展训练在大陆地区教育领域的开端，而真正将拓展训练纳入课程学习的是2002年由北京大学首开先河，以钱永健教授为核心的教育者首次将拓展训练引入到大学体育课程，命名为《综合素质拓展训练课》，随后成立北京大学拓展训练教研室、北京大学拓展训练研究中心等专业教学研究机构。时至今日，北京大学已经举办了几十期全国高校拓展训练师研讨培训班，将他们研究成果传播到全国各地的高校和培训机构中，为推动国内体验培训的发展起到了很大的作用。目前，大陆地区已有五百多所大中专院校开设了拓展训练课。这也为拓展训练在青少年素质教育中的创新开展播撒种子。随后，一些专业的拓展机构看到了亲子教育、青少年夏令营活动的巨大市场，尝试将拓展训练引入青少年素质教育，随之，关于青少年拓展训练的实践工作铺展开来，发展势头强劲。正如北京大学钱永建教授说过："历奇是拓展训练形式和内容上的创新与发展"，以广东地区青年干部管理学院为代表的历奇教育已经被运用在青少年活动中，以培养少先队员、共青年团员、学生团体等的主题教育形式对外展训练在国内的组织开展具有很强的借鉴意义。

3. 相关外展训练组织

国际相关外展训练的组织主要有外展训练学校（Outward Bound School）、原野教育协会（WEA）、经验教育学会（AEE）、探索教育活动（Project Adventure）等。

（二）木章训练发展①

1896 年贝登堡参加了南非的"马达贝之役"（The Matabele Campaign），在这次战役中，他再一次展现他在观察和警探术上的专长，使得敌人觉得他似乎无所不在，永远能掌握人们的行踪，因此称其为"音比沙"（Lmpelsa），意为"不睡之狼"。次年他升为上校，并再度调任至印度。这一次，他首次在训练时运用小队的组成，赋予小队信念和责任感。1899 年南非的梅富根（Mafe King）城战事又起，6000 名波耳（Boers）战士将梅富根城团团围住，而驻守城内的英国官兵仅 1213 名，贝登堡先生奉命守城，等待援军，他训练城中的青少年协助传令、探察、警卫、救护等工作，最后终于等到援军抵达。当此消息传到英国国内时，伦敦戏院和歌剧院里，观众和演员立刻自然地唱起国歌。正在用餐的维多利亚女王离开餐桌亲自撰写电文向防卫军致贺，此后贝登堡成为一个大将军，他是举国瞩目的大英雄。

1907 年夏天，贝登堡先生召募了约 20 名青年，来到英国南部桃山的白浪岛（Brownsea Inland in Dorset）举行为期两周的露营，这一群来自城市的青少年学习露天生活，在游戏中学习警探术，到了夜晚则在营火边唱歌并听他讲述自己在遥远异国的真实经验，这次露营非常成功。第二年贝登堡出版

① 童军的历史. http://www. scout. org. hk/chi/

了《童子警探》（Scouting for Boys）一书，指导青少年如何从事野外活动。

童子军运动很快地因青少年们的传播及《童子警探》一书的畅销，而流传至全国各地，甚至其他的国家。

1908 年，加拿大、澳大利亚、新西兰等国皆出现童子军组织；

1909 年，印度和智利也出现了童子军，而后伸展到南美洲的阿根廷及巴西；

1910 年，童子军运动正式登陆美国及欧洲。

贝登堡先生于是在 1909 年 9 月，在英国伦敦的水晶宫（Crystal）举行了一次童军大校阅。在这次集会中，出现了一群少女，她们也要求贝氏准予她们做一名女的童军。经过几番讨论后，贝氏同意她们报名，并邀请他的妹妹安尼斯（Agnes）负责女童军的组织与训练，直至 1916 年由贝登堡夫人奥莉芙（Olave Badon Powell）继续领导女童军运动。女童军运动也和童子军运动一样，很快地便传遍了世界各地。

1920 年 7 月，第一次国际童军领袖会议在伦敦召开，会中决议设立一个世界总部，每二年召开一次会议。8 月，为期 10 日的第一次世界大露营在伦敦举行。8 月 6 日贝氏在大家的欢呼拥戴下成为世界童军总监。

贝登堡先生在他给童子军的告别书中说："真正的快乐之道，是让别人快乐。"他还说："请试着在你离开这世界之前，把世界弄得比原先你看见的那一个更为美好。"

童军是国际性的，全世界超过 150 个国家或地区有正式的童军组织或办事处。童军自从 1907 年创立以来，一直在不断地成长。今天全世界有超过 1600 万的男女童军。

（三）体验培训在国内的发展历程

1995 年北京拓展训练学校的建立标志着以拓展训练为基本形式的体验式教育正式传入我国，由人众人注册商标后一直沿用，发展至今国内绝大多数从事体验培训的机构实质上是从事体验培训的一个重要分支——拓展培训，这也是国内体验培训发展初期的主要形式；但早在 1970 年以木章训练为基础的童军体验式教育就已经传入中国香港地区，1997 年在广东肇庆建立了第一所拓展训练基地，随后以广东青年干部管理学院为代表的另一支体验培训——历奇教育诞生。从中国古代的炎帝神农开始就已经有了体验学习的基本思想，而孔子"三人行必有我师"的至理名言已经成为当今体验培训行业的遵照标杆。经过十余年的不断发展，今天国内的体验培训已经开始走向多元化，在拓展训练和历奇教育的基础上已经有教练技术、沙盘模拟训练、野战运动、音乐治疗、游戏治疗、营地教育、户外教育等多种体验培训模式。

三、体验培训高端化的展望

每一位准备从事体验培训的从业者都需要对本行业的未来发展做足够的了解，才能放心的将自己的职业生涯奉献给体验培训行业。

1. 正视拓展训练是国内体验培训的母体

我国最早从事拓展训练的先辈们，为今天体验培训的发展奠定了坚实的基础。经过十余年的发展，最初来自于海上战争的体验培训课程渐渐已经成为经典，今天的体验培训已经出现并较快的创新出新的形式，但是万变不离其宗，“做中学”理念仍然是现代体验培训的核心思想。所以我们不能够将拓展训练这一母体抛弃，谈所谓创新的培训模式，因为国内现代体验培训的雏形就是拓展训练，从尊重和理解的角度出发，也就没有必要抛弃拓展训练。

2. 重视体验培训行业多元化发展的现状

经过发展，从最初一家从事拓展训练的专业机构发展到今天上万家体验培训机构，我们正在经历着这一行业的快速发展；课程的品质从最初的MBA高端课程发展到今天的员工普及课程；价格也有最初的上千元降至今日的几十元，这一行业正在经受恶性竞争的考验。从业人数不断增多，师资水平参差不齐，导致体验培训课程的不稳定性，又一度被视为赚钱的工具。竞争必然导致分流，或被淘汰，或被创新。一些新的体验培训课程如雨后春笋般的产生，如山野体验、沙盘模拟、桌面游戏、音乐辅导、游戏治疗、教练技术、九型人格、营地教育、研学旅行、户外教育、野战运动等。这些新的形式将会成为引领未来中国体验培训行业的新趋势，所以值得每一位体验培训师重视，因为这其中蕴含着创新和机遇。

3. 审视体验培训行业分化的未来趋势

随着时代的不断发展，从农业经济、工业经济和服务经济发展到体验经济、网络经济和活动经济，人们越来重视自身以及团队的精神富有。随之，越来越多的体验活动不断增多。体验培训作为其中的一种重要形式，已经成为时代的必然。那么体验培训在未来应如何发展呢？体验培训必将分成为两种类型：一是随着国内素质教育方式的不断创新，传统的拓展训练和历奇教育必将要回归校园成为学校实施青少年素质教育的重要手段和组织形式，这一类型的体验培训将有国家、学校和培训机构联合组织实施；二是一些创新的培训形式将逐渐形成特有的、适合成人教育模式的在职职业人士的职业培训和教育模式，这一类型主要由培训机构组织实施。所以，未来的体验培训行业将会在出现拐点后开始分化，一部分成为公益机构的培训主力，而一部

分将分化成为新的体验培训形式的主力，当然也有一部分不适应的机构在分化中逐渐被淘汰。

第三节　体验培训业态与从业人员素养

一、体验培训的介入团体

（一）体验培训专业机构

体验培训专业机构是经过工商行政部门注册后的专门从事体验式教育和培训的机构。主要从事场地拓展训练、野外拓展训练、青少年夏令营等以体验为主的培训教育活动。这一类型的机构以人众人为代表，目前还未形成国内知名大型企业的规模，发展空间很大，潜力巨大；也是体验培训从业人员自身发展潜力最大，最容易实现体验经济价值的机构。目前，该类机构的课程多见于户外或场地拓展训练课程。

（二）管理咨询机构

管理咨询机构是专门从事企业员工培训的注册实体。多数公司从事企业人力资源、企业战略等内部培训。体验培训引入我国后，由于其形式新颖，被快速的引入企业内训课程中，并与内训课程相结合，作为产品捆绑式的销售给客户。这大大的加强了企业培训的效果，体验式学习的模式成为内训课程的有力助手，目前最为流行的是沙盘模拟训练、音乐减压和教练技术课程。

（三）教育咨询机构

教育咨询机构是专门从事家庭、升学、留学和成人教育培训与咨询的注册实体。目前这一类型公司绝大多数从事资格认证类的考试辅导与培训、青少年夏令营、出国游学等业务。少数能够从事专业的家庭教育、另类孩子教育等业务。这类机构组织夏令营、亲子教育等活动时多数采用体验培训的方式，发展趋势明显，许多机构开始利用假期对学员进行体验式教育，一般有各种主题的中小学生夏令营和冬令营，大学生入学前的军训拓展和大学生毕业庆典体验活动等。如历奇教育咨询就是这一行业秉承体验教育理念的专业教育咨询机构。

（四）各级各类学校

由于体验培训在国内多用企业教育培训，学校教育中还没有被正式引入。长期以来，学校应试教育的模式，一直注重升学率，对学生综合素质教育的手段和措施实施不利，所以体验培训进入学校的速度比较缓慢。据不完全统计，到目前为止国内仅有300多所高校开设了拓展训练课程。由于独生子女的娇惯、学校和负责人不愿背负安全责任等诸多原因，中小学组织体验培训非常少。随着，素质教育工作的不断深化，这一尴尬的局面将会被打破，体验培训的重要分支——拓展训练将会作为课程被各级各类学校重视，可以吸纳更多的从业人员从事学校拓展训练。北京大学注重拓展训练的研究，安徽工程大学注重体验教育的创新研究，广东青年职业学院注重对历奇教育的研究，这3所高校是引领国内体验教育理论研究发展的代表。

（五）文化传媒机构

由于拓展训练的震撼，吸引了文化传播机构开始重视体验培训，一些电视台、报刊和专门从事文化传媒策划的机构，开始制作体验培训的相关宣传节目，以吸引更多的目光，从而获得收益。最为典型的是某电视台的《快乐向前冲》《奔跑吧！兄弟》《爸爸，去哪儿》等栏目。这也是未来体验经济收益较高的一个方面。

（六）休闲旅游机构

户外体验培训的不断增多，对一度火热的旅游业带来了冲击，许多单位不再将单纯的游山玩水视为员工的福利，而是将体验培训与旅游融为一体，让员工在休闲身心、减压的同时获得培训和教育。于是，部分景区运营企业开始推动体验旅游的发展，如石燕湖、石牛寨等风景区开设有高空音乐玻璃栈桥和索道、养生温泉、峡谷岩洞漂流、飞梭、丛林穿越、树上探险、户外营地、生态劳动、野战运动、场地拓展训练设施等。经过发展体验培训已经与旅游较好的结合——体验旅游应运而生。

（七）户外俱乐部

由于户外体验培训需要借助户外运动的安保知识和技能，所以国内早期从事体验培训的师资有相当一部分是从户外俱乐部的爱好者转型的。由于利润空间比较大，许多的户外俱乐部开始从事野外的拓展训练。随之许多部队退役军人、体育院校毕业生都成为师资来源。

二、体验培训师岗位描述

进入体验经济时代后，人们的消费习惯已经悄然发生了变化，个性化的体悟已经成为人们生活必不可少的一部分。教育培训在任何时代都将是社会发展的推动力，体验经济时代也不例外。体验培训是当今社会成人职业教育、学生综合素质教育普遍采用的方式之一，明显的学习效果使这一学习模式得以快速发展。体验培训师是这一学习模式的实施者，从事本职业人员一般包括体验产业集团公司、拓展培训公司、管理咨询公司、教育咨询公司、大型

企业的人力资源部的专职人员和各级各类学校的教师等。其职责究竟是什么呢？下面我们先来看一看有关体验培训师的招聘岗位说明。

【实例1】

某管理咨询公司体验培训师岗位描述

一、岗位职责

1. 设计开发适合客户公司文化特点的体验培训课程。

2. 负责组织开展相关客户培训需求的调查与分析工作。

3. 根据客户需求设计个性化的体验培训课程。

4. 组织实施每一次体验培训课程。

5. 负责培训客户的后期反馈与效果评估分析。

6. 协助好营销人员、课服、后勤等人员的工作。

二、岗位要求

1. 本科以上学历、年龄在25～45岁，具有3年以上从事管理、咨询或教育岗位工作经验。

2. 退役军人需学习过管理类、教育类等相关课程，且从事企业工作3年以上者。

3. 管理类、营销类、教育类、体育类专业毕业。

4. 接受过体验教育、拓展训练、沙盘引导、教练技术、历奇教育、音乐治疗、营地教育、户外教育、休闲体育等方面的专业培训，且能提供相关证明材料。

5. 具备较强的语言表达能力、形象端庄、具有较强的亲和力，自我约束力强、能吃苦耐劳、勇于创新、服务意识强。

6. 具有一定的组织、协调和领导能力。

7. 身体素质良好。

三、招聘人数

3～5人。

【实例2】

某体验产业公司专职主带培训师岗位说明

一、职位描述

1. 负责本公司的课程开发与培训。

2. 负责公司副训师和助教的培养工作。

3. 负责公司培训课程教学的实施与评估。

二、职位要求

1. 年龄在30～45岁，男性。

2. 身体素质良好。

3. 业内工作满3年，具有50次以上的带队经验。

4. 能够出示国内相关培训机构核发的行业培训证书。

5. 形象气质佳，语言表达流畅，亲和力强。

通过以上两则体验培训师岗位说明，相信即将要从事本行业的各位朋友对体验培训师的职责有了一定的了解，下面我们将进一步阐述。

（一）开发主题性体验培训

体验培训的产品是课程，好的体验培训是符合客户的主题需求，也是培训机构得以生存和发展的灵魂。作为一名合格的体验培训师要站在对客户和培训机构负责的高度对待主题开发，必须具有良好的主题开发能力，以主题开发为己任，不断开发出新的能够适应时代和适合客户需求的主题。因此，主题开发能力是体验培训师个体生存与发展的重要影响因素。

（二）调查与设计个性化体验培训课程

不同的团队参加体验培训课程的目的不尽相同，这也是体验培训课程的鲜明特点之一。作为体验培训师要具备很强的调查和分析能力，在接到客户需求后的首要任务就是调查和分析客户团队的文化背景、行业特点、培训目的、成员结构、个体的个性特征、经费落实、组织业绩等，从而在分析的基础上为其设计个性化、针对性的培训课程。

（三）组织实施体验培训课程

体验培训师的主要任务就是高质量的完成体验培训课程教学组织工作。在组织教学过程中，培训师的专业程度、授课技巧、职业道德以及应变能力都决定着培训的效果。所以，组织实施体验培训课程是体验培训师最为主要的职责之一。

（四）培训效果评估与总结

衡量培训课程质量和培训师水平的标准是对培训效果的评估与总结。针对培训过后的学员反映和培训团队的训练状态的调查来实施评估与总结。评估与总结既是对参训团队和个体的负责，也是对培训机构的负责，更是对培训师本人的负责。所以作为一名体验培训师要严格的按照程序进行评估和总结，要虚心接受客户和培训机构的意见，不得将个人情感带入评估总结工作中，以谦虚学习的态度对待他人建议和意见。

三、体验培训师岗位要求

（一）必备知识要求

体验培训是触及人的灵魂的培训，是让学员在做中学习、顿悟和成长的一种学习模式。体验培训师渊博的知识会在学员体验过后的分享中让学员领略到文化大餐，同时也是体现培训师水平和层次的关键所在。那么，作为一名优秀的体验培训师要具备哪些必备的知识呢？

实战中，我们经常会用到的非常重要知识，有体验式学习的理念与知识、户外运动中安全操作、户外生存知识、组织行为学中的高效团队建设与管理、木桶原理、管理学中的五大职能、沟通学中的有效沟通模式、教育学的基本原理与方法、成功学中的激励、生理学的人的发展规律、社会学的研究方法、心理学的基本原理、心理咨询学中的积极倾听、时间管理中的象限理论、压力管理、财务管理、目标管理、冲突管理、营销管理、运动心理、运动医学、运动生理、教练技术知识、领导学、商务礼仪、军事理论、普通话知识等。良好的积累知识的习惯对于体验培训师非常重要，经验告诉我们，一支笔、一个本和一本专业书籍在任何时候都应该成为体验培训师的随身物品。虽然，我们可以用一丁点儿知识去引导学员分享，但这一丁点儿知识却是在知识的海洋中升华出来的。从体验培训科学化发展的角度看，终身以体验培训为事业的人要不断地充实自己的知识量，扩大自己的知识面，以达到知识广博，根基扎实，这也体验培训师的必备要件。

（二）必备能力要求

体验培训课程的特点决定了体验培训师要具有很强的工作能力，一般应具备以下能力：

1. 核心能力

（1）理论联系实际的能力

体验培训中的每一个项目都不是简单的游戏，而是在各种理论支撑下的项目体验，是将现实生活、工作等通过情景设计迁移到游戏中。理论要点与项目操作实际的密切联系，是组织好体验培训的关键，作为体验培训师应清晰地掌握每一个项目背后的理论，并牢牢把握整个体验培训的操作流程，熟悉每个项目的规则、场景布置、分享点与总结要点等。在每个项目操作中做到能够将丰富的理论知识融会贯通、游刃有余地用于项目的分享与总结。

（2）良好的组织协调能力

体验培训的效果如何，很大程度上取决于课程的组织工作。而体验培训师在整个培训过程发挥着重要的组织协调作用，协调培训机构与客户团队、协调项目的操作、控制时间的长短，不但要保证团队成员始终保持高涨的参与热情，还要因地制宜地采取不同手段确保不让一个学员脱离培训团队。分享回顾时要充分调动每个学员的主动分享情绪，积极踊跃发表自己的观点和畅谈体验感受。因此，良好的组织协调能力是一个体验培训师必备的能力之一。

（3）良好的语言沟通能力

一个人成功的因素75％靠沟通，25％靠天才和能力。良好的语言沟通能力是体验培训师时刻都用得到的素质。体验培训师的语言沟通能力至关重要，标准的普通话，幽默诙谐的语言风格，流畅的表达，恰到好处的肢体语言带给学员的是一种美的享受。美国一位心理学家说过：“幽默是一种最有趣、最有感染力、最具有普遍意义的艺术。”幽默的语言，能使社交气氛轻松、融洽，利于交流。所以，体验培训师要学会说话，这个“说话”有三层含义，其一是要修炼语言的艺术，优美的辞藻，准确的词语表达是体现培训师基本素养的重要表现；其二就是要学会发声，体验培训师需要更多地与学员交流，优美动听的语言不仅来自于幽默，更来自于发声的技巧和方法，“腹式发声法”是每一位体验培训师都需要过的关，只有这样才能保证体验培训师花最少的力气讲出最具穿透力的语言，震撼每一位学员心灵；其三就是要训练标准的肢体语言，在有效沟通中，肢体语言对信息的承载量占到80％，而声音语言对信息的承载量仅占到20％，则足以说明肢体语言的重要性。作为体验培训师要加强肢体语言的修炼，不断加强肢体语言在培训中的运用。

（4）灵活的生活影像能力

影像又称图像，是指拍摄对象留在胶片上的正像或负像。这里指的是生活中发生过的好的或不好的事件在脑海中快速呈现。丰富的生活阅历是体验培训师具备灵活的影像生活能力的必要条件。古语说：“读万卷书，行万里路。”所谓的“行万里路”是指经历的生活阅历。体验培训师丰富的生活阅历是理论与实际生活联系的一座桥梁。学员在项目体验的过程中出现的情景其实就是生活工作现实的影像，体验培训师在观察项目的同时，要快速搜索现实生活的积累，将现实生活影像到项目体验中，通过分享将现实与项目过程紧密联系。同时，体验培训师结合自身丰富的生活阅历，现身说法，举一反三地引导学员进行分享，使得学员更加贴切地、深刻地体会项目的内涵所在。

（5）良好的身体忍耐能力

一名出色的体验培训师必须有强健的体魄，“身体是革命的本钱”用在体验培训师身上极为贴切，绝大多数体验培训在户外完成，体验培训师一般连续性工作3～4h，属于正常工作的范围，工作强度比较大，如果没有强健的

体魄，根本无法完成训练任务；干练、身手敏捷的体验培训师往往是学员的榜样，每一个体验培训师都会遇到学员在困难面前放弃的情况。比如在拓展训练课程中，挑战性的高空项目过程中时常会有学员放弃。而这种困难只需稍加努力就可以轻易地度过，如果培训师的鼓励与帮助没有起到立竿见影的效果，就到了考验培训师忍耐能力的时候了。这种情况下，培训师需要持有职业道德和严谨的专业态度，坚持到学员挑战成功。体验培训师的身体素质与毅力并不是对学员、课程和时间的挑战，而是对自己的信念、职业道德和严谨的专业态度等的挑战，克服困难、突破自我也正是体验培训带给学员的一点收获。

（6）持之以恒的学习能力

当今社会是学习型社会，每一个人都要学会终身学习，否则就要落伍。作为体验培训师，持之以恒的学习是其不断进步和超越自我的动力源泉，要能够虚心向每一位培训师学习、向学员学习、向专业的教师和长者学习、向生活和工作学习；始终保持一种谦虚学习的态度，不断丰富自我阅历和经验，不断积累培训项目和课程。将体验培训视为自己的终身事业，干一行爱一行，学会终身学习，持久学习和高效学习，努力成为行业的领军人物，为社会贡献高端化的培训。

2. 专业能力

（1）体验培训的策划能力

体验培训是一个系统工程，策划决定着整个培训的效果。培训活动的策划是培训机构或组织提高市场占有率的有效行为。一份创意突出，而且具有良好的可执行性和可操作性的培训活动策划方案，无论对于组织的知名度，还是对于体验培训师的美誉度，都将起到积极的提高作用。

（2）体验培训文案的编写能力

体验培训是一种创造性劳动。编写一份优秀文案是体验培训师或机构设计思想、智慧、动机、经验、个性和教学艺术性的综合体现。所以编写教案时，应遵循科学性、创新性、差异性、艺术性、可操作性、变通性等原则。

（3）体验培训的带领能力

体验培训中的带领能力是指体验培训师在整个培训过程中带领团队进行体验、分享和总结的全部过程的综合能力，也被称为“带队能力”“教练能力”等。“外行看热闹，内行看门道”，这句俗语是对体验培训团队带领工作最好的描述。同一项体验培训项目，不同的体验培训师带领的风格不一样，效果也不尽相同。做好带领工作，是每一位体验培训师需要具备的能力和掌握的技巧。“体验培训师要按照活动说明、观察活动、分享体验、安全管理的

BOSS 原则组织带领工作。”①

（4）体验培训项目的创编能力

体验培训项目千变万化，项目的设计不同，培训目的和意义也就不同，没有一位培训师可以全部记下现有的所有项目，但是一位不会创编项目的培训师是没有好的发展前途的。柯林教授曾说“掌握项目原理比掌握项目本身更重要！”只要掌握了项目的设计与创编原理，无论看到什么项目，其中的奥秘都可以迎刃而解，当你在不经意间看到一个小故事、一个儿童的小游戏、一件生活中小事、一只动物在表达自己，甚至是一个成语……你就会突然间产生创编项目的灵感，这就是体验培训师项目创编的重要能力——观察、联想和动手。设计和创编项目的原理包括项目来源的素材基础、项目操作规则的基本思想、项目器材的设计原则、项目学习目标理念和项目安全操控知识。掌握这些基本原理，创编项目只需要勤快和无数次的实验，成功创编项目的能力就一定会具备。

（5）体验培训危机的管理能力

危机管理是指对危险、冲突等出现之前进行的管理，通过合理化地管理最大程度的促使危险和冲突转变成机遇。在体验培训中，危机的管理很重要，危机管理能力是体验培训师的必要素质。体验培训师时刻保持危机责任意识，通过认真负责的工作消除危机。一旦危机出现，要勇于承担责任，迅速处理，将危机处理在萌芽状态，最大程度的消除不良影响。

危机的管理能力包括体验培训活动方案操作过程危机的管理能力、项目操作突发性事件危机的管理能力、学员间冲突的管理能力、学员与培训项目理念冲突的管理能力、挑战性项目与学员心理之间冲突的管理能力和安全操作的危机管理能力等。

四、体验培训师的规范

（一）传道授业解惑

作为一名体验培训师应该高度重视自我的修养，要从民族兴旺、国家富强、社会和谐、人民安康的高度看待自己的职业。要从严要求自己，要对自己一言一行负责。体验培训师的重要职责就是传道授业解惑。无论我们面对的客户是企业的员工和还是学校的学生，我们都应以传生存之道，授立足之业，解发展之惑为工作的基本标准，不以虚假和吹嘘愚弄学员，以科学严谨的态度对待每一次培训，负责任的完成自己的工作任务。

① 钱永健．拓展训练．北京：企业管理出版社，2006。

（二）形象礼仪要求

在体验培训中，非语言沟通能力也是必不可少的，如眼眼的沟通，姿势、动作、表情的沟通也很重要，眼神不能总是盯住某一位学员看，更不能盯住学员的眼睛看 3s 以上，而要做到与学员充分的沟通，照顾到全体学员；端庄的站姿和坐姿都能给学员留下深刻的印象，切忌的是站立时不能单脚点地，双臂握抱或插在口袋中，这对学员是极为不礼貌的；如果你不是女体验培训师，请你在坐下的时候不要翘腿，更不要抖动你的腿，这样显得你傲慢，给学员带来不好的印象；在整个活动中，可以根据环境的需要设计你的表情，一定要表演到位，不要露出破绽，表演是体验培训师一定要精通的能力。心领神会是体验培训师接受从学员那里传递出来的各种信息并能提前或同步做出判断的一种能力，这种判断最好是与信息源的初衷相同或在同一发展方向之上，这有助于培训师在指导学员活动时能够对活动的发展有一定的预见性。

规范的着装是体验培训师最为基本的职业礼仪要求，标准的着装应该为一套合身的作训服，有时用户外运动的服装来代替，无论哪一种服装都应以整齐、干净、利落为基本原则。

干净的面容、雪白的牙齿和协调的发型都是做好体验培训师最为基本的礼仪要求。

（三）引领行业规范

作为培训师，良好的职业道德是其不断发展和进步的重要基础，体验培训师更是这样。对体验培训师的职业道德规范，目前国内尚没有明确统一的规定，我们试探性的以职业道德总体规范为依据，讨论和分析与其工作相近的教师和培训师两种职业道德规范的角度给出体验培训师的职业道德规范。

作为一名体验培训师要具有积极向上的进取心，要富有责任感，要有训练的愿望，在训练中要富有热情，要有服务与贡献的精神，要有认同感和分享的精神，要尊重他人，要具有双赢与相互依存的意识。同时体验培训师要从以下方面严格规范自己：

（1）具有良好的职业素养，熟练掌握基本知识与行业最新动态；

（2）对体验培训工作要有强烈的责任心、事业心、上进心；

（3）要培养良好的语言表达能力和思维的缜密性与逻辑性；

（4）应努力提高体验培训的专业技能，寻找最适合学员特点的培训方式，有效调动培训气氛及学员积极性；

（5）要富有激情，对学员具有耐心和热心；

（6）立志体验学研究，持之以恒；

（7）仁义待人，以礼敬人；

（8）诚实守信，见利思义；

（9）开拓创新，不断进取。

（四）体验培训师的进阶

培养一位出色的体验培训师是一件困难的事，是一项系统工程，不仅需要有师引导，还需要必要的学习和提升的环境，当然初学者的自我学习态度、方法和毅力是决定其成长的关键因素。体验培训师的成长需要经过后勤监督员、培训助理、分队培训师、主培训师和培训顾问等5个层次，每一个层次都要经过学习、成长、提高和进阶4个阶段。体验培训的特殊性决定了体验培训师必须是项目的首先体验者，只有获得直接体验的感悟，才有可能从内心深处理解和悟出项目道理，这就是学习。要想做到尽快成长，就要在项目体验的过程中，不断思考项目的操作与教育理念，首先学会他人的操作、分享与总结，而后进行自我操作，辩证地对待项目，将项目适当的“本土化”创造，多次的实验比较，总结项目的优缺点，进一步改进，这一过程本身就是成长。在提高阶段对于每一位想成为优秀培训师的人都是非常煎熬的，你需要不断地分析和创造，还需要解决来自自我创新与项目本身科学化所带来的矛盾，成功的进阶就是在解决这一矛盾之后，当然，又会进入下一个层次，又要从学习阶段开始了。

不断的学习、研究与实践，是对优秀体验培训师的基本要求。在卡耐基训练课程中有这样一段话：“理论不值钱，具体的方法值钱；目的不值钱，具体的手段值钱；知识不值钱，具体的案例值钱，因为它才是可操作的”。所以，优秀的体验培训师不是理论的空谈者，更不是说教者，而是在培训过程中能够针对具体的情景与挑战提出精辟的引导和引出令人豁然开朗分享的人。优秀的体验培训师不是一朝一夕就可以培养出来的，但我们必须一朝一夕勤快的培养，才有可能早就一名优秀的体验培训师，创造更优秀的体验培训。

总之，体验培训师是一个开拓性和严谨性非常强的职业，保持持久的热情和钻研的态度将是做好这一工作的根本。同时，体验培训师自觉、严格的遵守相关职业道德规范是推动体验培训行业健康、和谐和快速发展的重要保证。

（五）教具箱（见图1-6）

大多数体验培训课程会利用户外优美的自然环境进行培训，储备一些必要的物品，对体验培训的顺利、安全完成就有重要的意义。体验培训师在前往培训基地前携带体验培训专用箱是非常明智的一件事。

体验培训教具箱储备物包括：笔记本电脑、相关教材、训练夹1个、教案1套、方案1套、白纸10～20张、签字笔2支、学员名单、项目道具

图 1-6　教具箱

(100 个)、项目安全操作条例、单项培训监控表、单项任务书、秒表、哨子、训练师身份牌等其他纸质材料、小型器材物资包（七巧板 2 套、雷阵监控表 2 份、彩旗 5 面、彩笔 5 支、活扣 2 套、八字环 2 个、D 形环 2 个、动力绳 2 条、静力绳 2 条、扁带 6 根、背摔绳 2 条、白手套 4 双)、简易小药包（头痛、头热、感冒类、外伤药膏类、腹泻类、防暑类、清凉类、消毒类、纱布等)、必备着装（穿越帽或棒球帽、户外鞋、衣裤、内衣、特别注意的是要准备一身正装，以防换场景穿着)、其他必备（户外水壶、深色的太阳镜或墨镜、防晒霜、小刀、身份证件、指甲刀、雨具）等。

（六）情绪与情感

体验培训是一种综合性很强的艺术工作，培训师要具有很强的综合能力，针对每一个学员，每一次课程，每一个项目和每一次分享都要做到热情洋溢。将全部的精力投注于培训中。用自身的火热激情燃烧学员的激情，营造快乐和谐的培训氛围。特别是在破冰环节，培训师的风格可以定格本次培训的风格以及效果。在培训之前，培训师就要首先设计好点燃激情的方式，在培训一开始就要点燃自我激情，通过有效地活动体验将学员内心深处的火热激情点燃迸发，从而使学员沉浸在热情的团队协作氛围中，提升整体的培训效果。

五、体验培训师的位置与移动

（一）体验培训师的基本坐、站姿

体验培训师通常被学员称为老师或教练（教官)。在培训中，老师或教练（教官）都要起到为人师表、以身示范的作用，用实际行动引导学员投入学习。所以，作为体验培训师基本姿态很重要。

（1）坐姿：培训师坐于椅子或凳子上时，大约坐三分之二的座位面，身体保持正直，不倚靠椅背，不向前爬；两腿平行，两脚同时着地，不翘二郎腿，不抖腿；席地而坐时，双腿盘坐，身体保持正直，不前爬，不后仰，不随意换腿。

（2）站姿：体验培训师的站姿要求立正姿势，重心均匀分布于两腿之间；双臂自然下垂于两侧，不向前交叉，不向后背手，更不能双臂紧抱，以方便实用肢体语言进行交流。

（二）整队中的培训师位置与移动（见图 1－7）

体验培训工作中的整队特别重要，关系着培训的纪律和效率。作为培训师首先要从自身规范做起，以军人的素质要求自己。

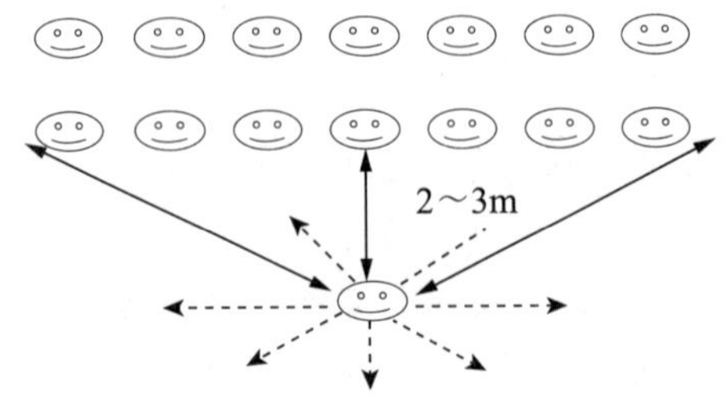

图 1－7　整队中的位置与移动

（1）位置：在整队中，培训师首先选择场地方位（原则：最好都不晒太阳、必须晒时，培训师面向太阳、学员背向太阳；在室内时，培训师面向亮光。）然后，将排头位置指定好，确定好自己的位置后，开始整队。培训师在整队中的位置为队伍第一横排前，培训师在不转动头的前提下，双眼余光能够将学员尽收眼底的正中心位置。

（2）移动：在整队的过程中，学员并非军人，对位置的感觉不太敏感。所以当学员的位置偏离时，培训师要根据位置距离的基本要求迅速进行移位。在移位时要遵循大步、少步和快速移动的原则，体现培训师的干练与专业。

（三）队伍行进中的培训师位置与移动（见图 1－8）

体验培训经常在户外进行，需要改换环境和场地，这就涉及团队行进的问题。有的培训师不太注意这一环节，团队在行进过程中像一盘散沙，像放羊一样，队伍非常随便。这对团队的凝聚是极为不利的。所以，作为培训师一定要严格要求学员按照一定的队形行进。团队行进的队形一般为一列纵队或两列纵队，队长手持队旗在最前，队秘在队伍最后。

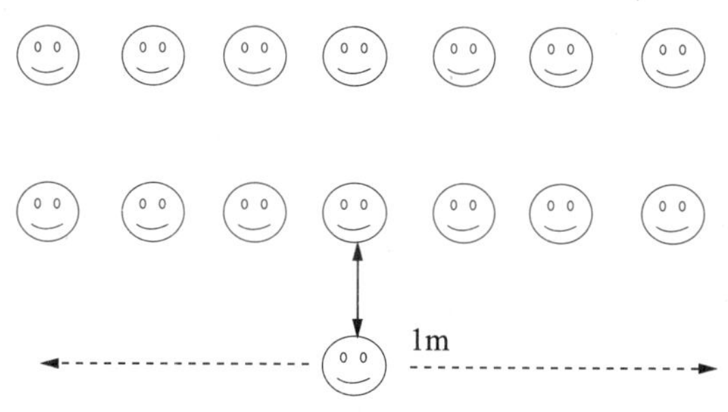

图 1-8　行进中的位置与移动

（1）位置：培训师的位置要始终保持在队伍左侧的中央，与最近的学员间隔 1m 的位置，以便于前后队员都能够清晰地听到口令。

（2）移动：团队在行进的过程中，培训师可根据培训需求与团队纵队平行前后移动。当团队行进到达目的地时，培训师在喊“立定”的同时，快速调整自己位置于团队横队的正前方，开始下面的活动。

（四）监控工作中的培训师位置与移动（见图 1-9）

监控工作是指学员在体验过程中，培训师的监督与控制。该环节是体验培训的重要环节，学员以及团队的所有行为、语言、情绪、心态等表现都是培训师监控的重点内容。培训师如何才能做好团队体验的监控呢？这与培训师的位置和移动有很大的关系。

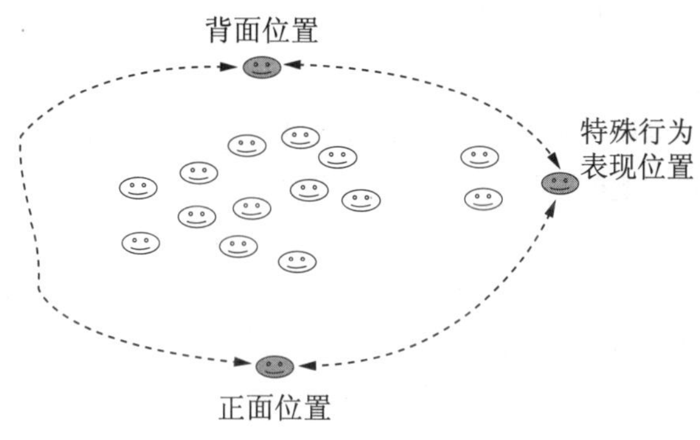

图 1-9　体验中的位置与移动

（1）位置：在学员体验的过程中，培训师要对团队成员的体验表现、安全操作、团队状态等进行监控，并不断记录。培训师的站位原则是将所有学员尽收眼底，进行安全监控；不断变化位置进行团队表现的多角度空间监控、关注个别特殊行为表现的学员和状态监控的立体化监控。

（2）移动：在体验中，学员的行为是松散的，每位学员的不同行为都会成为分享与总结的要点，所以培训的监控移动在不打断学员体验思维和完全监控的基础上完成。要遵从 3 点移位的原则：①所有学员正面位置点；②所有学员反面位置点；③特殊行为表现位置点。无论哪一种体验培训课程中培训师的移动都将遵从这样的原则。

（五）分享工作中的培训师位置与移动

分享是体验培训的核心部分，也是学员收获感悟的关键环节，这一环节中培训师的位置和移动对于学员投入分享至关重要。根据分享的队形不同，培训师的位置不同。分享多数采取落座式分享。分享的队形一般分为 5 种。

1. 亚瑟王圆桌会议型（见图 1－10）

位置：培训师的位置在圆边一处落座。移动：一般不移动。

2. 松散落座型（见图 1－11）

位置：学员随机的在自我感觉合适的位置落座，培训师根据绝大多数学员的方向落座于学员之前，开始引导分享。移动：一般情况下不移动。

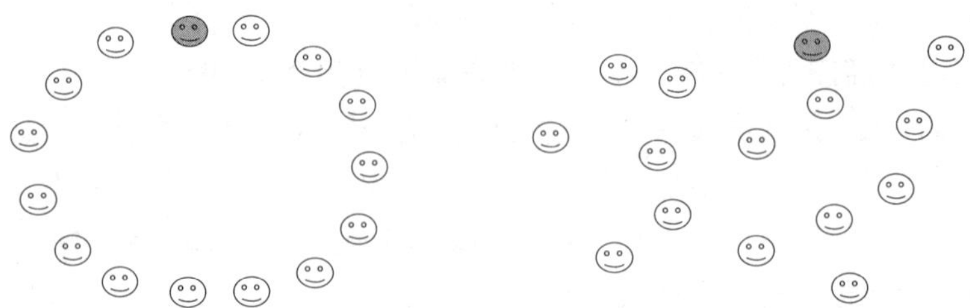

图 1－10　亚瑟王圆桌会议型　　图 1－11　松散落座型

3. 绕情境站立型（见图 1－12）

位置：在项目体验结束后，培训师要求学员在情境的周围站立分享。移动：在需要解释情境的时候，培训师需要走到情境的跟前进行讲解，随后回到原来位置。

4. 半圆型（见图 1－13）

位置：学员围成半圆落座，培训师落座于半圆开口的正中间，或坐或站立引导分享。移动：一般情况下不移动。

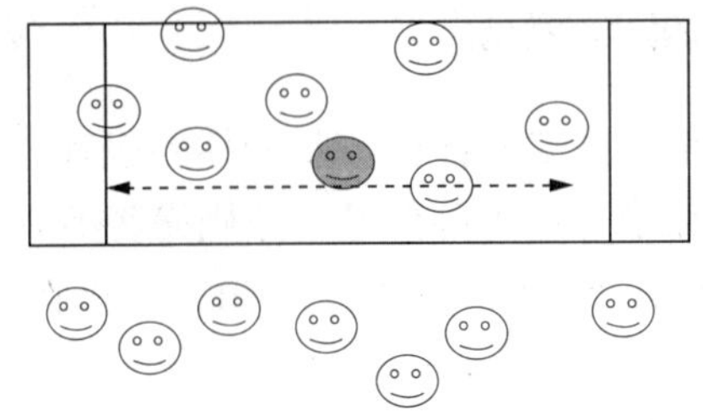

图 1－12　绕情境型

图 1－13　半圆型

5. 讲授型（见图 1－14）

位置：这种分享形式一般多见于室内项目，学员按照排序坐好，培训师站在讲台或队伍的前面进行分享引导。移动：培训师需要在适当的时候在讲台前平行移动。

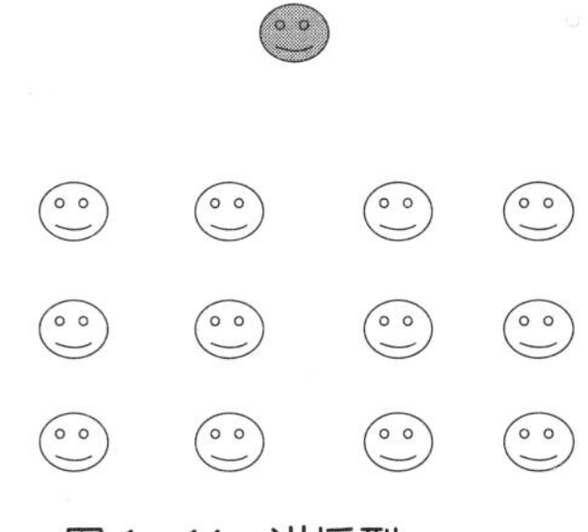

图 1－14　讲授型

（六）总结工作中的培训师位置与移动

总结工作是体验培训效果升华的部分，决定着整个培训的总体效果。培训师在总结工作中的表现至关重要。培训师的位置也是影响培训效果的重要因素。体验培训的总结形式包括：落座型和整体站立型。

1. 落座型

位置：培训师在讲台前组织总结，同讲授型分享的队形。移动：一般不移动。

2. 整队站立型

位置：培训师在横队的正中间，同于整队队形。移动：一般不移动。

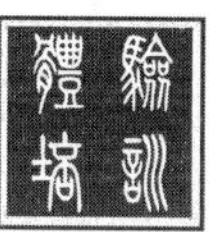

第二章
体验培训理论

第一节　体验培训的支撑学科

经过多年的发展，体验培训已经成为一门交叉性很强的教育科学，已经成为企业人力资源、政府党校系统、学校素质教育等开展教育培训活动的重要且不可缺少的内容。有很多的理论在体验培训中发挥着重要的作用，这些学科理论支持着体验培训的组织、课程的创新和开发。目前体验培训主要有11个支撑学科：体验学、教育学、管理学、沟通学、组织行为学、领导学、体育学、策划学、咨询心理学、社会学、成功学。各学科知识对体验培训的理论体系都有一定的支持。在实际工作中，只有很好地将活动中的感悟与相关理论体系结合，才能够更好地发挥体验的作用，使学员从中得到启发和提升，我们在运用这些理论的时候需要灵活运用和适度地把握尺度，千万不能生搬硬套。

一、体验学是体验培训的基础学科

体验学以体验本身为研究对象，研究人的体验活动、体验方式、价值的学科。体验是一种基于物质基础的自我认知，是自我身心参与其中的事件。在宇宙不断运动发展的过程中，作为生物的人类，通过体验认知着世界万物，体验源自于人类智慧对自我及周围世界的认知。从多种人类发展学说中发现，人类都是在不断的体验中得以进化和发展。比如：当天空电闪雷鸣时，古人类体验到外界的力量和侵袭时，产生恐惧、担心、焦虑等情绪体验；受到外界其他现象或生物侵害时，奔跑逃脱，产生安全与危险、运动极限等身体体验；当生理反应——饥饿来临时，不经意间捡起地上烧焦的食物，发现熟食的美味，产生了味觉体验，及其对火的使用。“神农尝百草”的典故便是神农通过品尝的体验寻找草药；鲁班经历了手被草划破的体验发明了锯。牛顿体验到苹果掉落地面，而发现了万有引力；爱迪生体验了两千多次失败，而发明了电灯。人类发展的历史就是一部体验的历史剧。人类正是因体验的存在而存在于大自然，存在于宇宙。

作为个体的人，每个人都在体验着自己，出生在体验中，死亡在体验中。因此，对于人来说，体验即是生活的全过程，又是生命的全部，每一个人都有着自身特有的生命体验，无论是健康、疾病、辛酸、幸福、痛苦、悲伤、狂躁、抑郁，都是一种体验，人们需要尊重这种体验，因为，它对于其他人而言是独一无二自我认知。

体验有着完整的系统。人们是通过大脑来获取体验信息的。但是每个人的体验必须要经过人的感统才能够完成体验的过程和认识。比如：同一个苹果，不同的人吃，有不同的滋味，不同心情、不同的环境，都会有不同的感受。因此体验是依托人的听觉、嗅觉、味觉、触觉、视觉和直觉系统对外界的接收和判断产生体验认知的。

体验之所以具有巨大的价值，是因为其具有独特性。每个事物的存在价值在于其个性化。体验即是个性化的事件。体验的个体价值在于其身体性、心理性、情感性、灵魂性。体验的种类：体验的社会价值在于其具有教育性、审美性、娱乐性、逃避性和交织性价值等。

二、教育学为体验培训择定了对象和方向

教育学是研究人类社会关于教育现象和问题，揭示一般教育规律的科学。体验培训中的学员学习动机、态度、方法与成绩之间的关系都存在着规律性联系，遵循教育学的基本规律。它作为一种突破传统教育思维和模式要求的全新教育方式，受到了广泛的关注与肯定。

学员个体的主观能动性是其身心发展的动力，将理想变为现实的过程，就是个体积极参与体验的过程。是由人的个体性需求所决定的，人的需求是客观环境不断变化和影响下产生的。体验培训设计的场景与环境，是将生活中的许多可能遇到又可能发生的问题在时间与空间上进行合理的控制，给学员一个新奇、有趣、觉得有能力完成，但又需付出努力的过程体验，而且这种努力需要合理的个体与团队行动方式才可完成，这就引起了学员心理上的需求，促成了学员心理的矛盾运动，成为学员心理发展的动力，推动学员的心理发展。这种状态能最大限度的调动学员的主观能动性，会使学员朝着积极的方向发展。体验培训能够在学习中实现教与学的互动性。许多项目是在培训师与学员的共同交流与互动中进行的，由于情境的设置，这种互动包括学员与当时情境的互动，学员与学员的互动，学员与培训师的互动。培训师能够通过学员在项目中的表现，通过互相观察、自我观察他们的一言一行、一举一动，然后反思自己存在的问题。哪些是需要继续保持的？哪些需要改正？这种“行动—观察—反思”的学习模式，能够使自己得到一个“螺旋式”的提高，更加有助于学习动力的保持，也有助于自我的检查与提高。这些都需要遵循教育学的基本原理和方法技术。

三、管理学为体验培训注入了思想的源泉

管理学是系统研究管理活动的基本规律和一般方法的科学。管理学是适

应现代社会化大生产需要产生的，它的目的是：研究现有的条件下，如何通过合理的组织和配置人、财、物等因素，提高生产力的水平。管理学是一门综合性的交叉学科。管理活动自有人群出现便有之，与此同时管理思想也就逐步产生。事实上，无论是在东方还是在西方，我们均可以找到古代哲人在管理思想方面的精彩论述。现代管理学的诞生是以弗雷德里克·温斯洛·泰罗（Frederick Winslow Taylor）的名著《科学管理原理》（1911年）以及法约尔（H. Fayol）的名著《工业管理和一般管理》（1916年）为标志。所谓管理，是指组织中的管理者，通过实施计划、组织、人员配备、领导、控制等职能来协调他人的活动，是他人同自己一起实现既定目标的活动过程。①

体验培训过程中贯穿着管理学的知识，学员是以团队为单位去完成艰巨的任务挑战，有团队存在就有管理存在，有管理就有管理者或领导者存在。

在体验培训的课程里会有诸如：关于管理的层级问题，管理者的角色问题；比如“孤岛求生”就将“盲人岛”的角色与任务定义为一线员工，“哑人岛”的角色与任务定义为中层管理干部，“珍珠岛”的角色与任务定义为高层领导。同样，不同层级的学员在完成项目时会有不同的工作重点，各自也将担负不同职责，高层领导负责全局的发展与制定长期决策，中层管理负责执行与实施决策，同时需要起到桥梁与纽带的作用，做好上传下达的工作，一线员工则需要积极主动、努力而有成效的完成具体的工作。同样在这个项目中，层级管理也使我们不仅仅要能够“向下管理和领导”，同时同级之间的沟通、协调与决策也是很必要的，除此之外，在项目的支持下，根据学员当时的感悟，我们会强调“向上管理和领导”，这也是管理学中的一部分。

四、沟通学为体验培训的元素间建立关系

“沟通”是体验培训中重要组成部分，沟通的要素包括信息发出人、信息接收人、传播媒介、干扰因素和环境。沟通的渠道是多种多样的，一般分为正式沟通渠道和非正式沟通渠道，不同的渠道应用不同。沟通信息传递圈遵循信息发出人“信息编码—信息发出—接受信息—信息译码—回应”的循环过程。在信息传递过程中，由于各个环节的原因会导致信息失真或沟通不畅。在培训中，沟通是完成任何环节所必需的，沟通贯穿于整个培训与团队中。沟通使得体验培训的诸要素之间建立了复杂的关系网络，理清关系网络的过程便是学员学习和提升的过程。为了能够更好的提高沟通能力，在设计项目时就应参照沟通学中有关沟通的知识，在分享回顾时再次就沟通的环节、方

① 周三多，等．管理学——原理与方法．上海：复旦大学出版社，1999。

法、障碍等进行细致的分析和学习。

培训课程中专门针对沟通设计了一些项目，比如：数字传递、信任之旅等是非语言沟通的典型项目，背对背、盲人方阵、堆砌砖墙等是以语言沟通为主的项目，生日排序、摆造型等则以肢体语言沟通为主，在这些项目中，作为观察员或旁观者觉得是一件极其简单的事情，为什么在项目中他们会完成得如此艰难，有时会让人觉得十分好笑，甚至看似荒唐，但当我们结束项目，将出现的问题迁移到生活中对应搜寻，我们会立刻沉寂下来，每一个人都获得极其深刻的反思，并希望自己在生活中避免沟通不畅造成的损失。为了能够更好地提高沟通能力，在设计项目时就参照沟通学中有关沟通的知识，在分享回顾时会再次就沟通的环节、方法、障碍等进行细致的学习。

五、组织行为学为体验培训解决团队问题提供了理论依据

组织行为学是研究在组织中以及组织与环境相互作用中，人们从事工作的心理活动和行为的反应规律性的科学。组织行为学是对人类在组织中的行为、态度、绩效的研究。就其实质而言是一门多学科的综合性学科，其中包括心理学及其各个分支、社会心理学、人类学、社会学等多种学科。①

参加体验培训的学员是置身于团队组织之中，面对一项任务，团队组织接受不同的挑战。因此清晰的掌握团队定义是非常重要的。团队是由员工和管理层组成的一个共同体，该共同体合理利用每一个成员的知识和技能协同工作，解决问题，实现共同目标。的基本要素包括团队目标、团队人员、角色定位、责权利、计划与执行等要素。团队发展包括的形成期、动荡期、融洽期、高产期和消退期等 5 个阶段。体验培训课程开发和组织都要遵循团队的规律。

六、领导学贯穿体验培训活动的始终

领导学是专门研究领导活动及其各要素之间关系的客观规律的综合性科学。拿破仑说过：“不想当将军的士兵不是好士兵”。这句话的意思就在于解释领导力的含义。领导力训练是体验培训中十分重要的一部分，在培训中有专门针对领导力的系列课程，在我国，几乎每家培训机构都曾经将领导力培训作为其最主要的培训项目，但绝不是专门提高领导力的培训。

“领导”既是科学又是一门艺术，“领导”既是理性的又是感性的，在培训项目中，“领导”行为由于在未知的结果与后果面前，他们无拘无束地将其

---

① （美）D. 赫尔雷格尔，等．组织行为学（上下册）．俞文钊等译. 上海：华东师范大学出版社，2001。

发挥的淋漓尽致。体验培训能够提高领导力是不容置疑的，但并不是只有领导才需要领导力，它是为了提高所有参训学员的领导力的，他们需要掌握领导学的知识，懂得如何向上领导，因为领导学是领导者与追随者在不同的情境下互动共同完成任务，才使领导力的效果表现得明显，才会有良好的结果。

七、体育学使体验培训的体验更加科学与安全

体育学是研究体育科学体系及其发展方向的一门学科。“健康第一”是现代体育发展观的主导思想。现代体育课程提出了新的五维健康观定义：“健康是指个体只有在身体、情绪、智力、精神和社交五方面都健康，才称得上真正的健康。体验培训的教学不但符合后现代主义教育的目的观，同时也符合现代体育课程的新要求。“愉悦身心”是体验培训课程的鲜明特点，学员在设定的体验环境中尽情的发挥着自我，在身体运动中释放“快乐因子”（腓肽），舒缓来自于工作和生活的压力，从而达到快乐学习的目的。

体验培训中，当团队面临一个具体任务时，整个团队会根据每个人的体能状况进行分工，使每个学员都在自己的位置上充分发挥自己体能上、智慧上的优势，形成一个具有强大凝聚力的团队。如在紧急命令项目中，学员可以在规定的时间内自主选择路线和前进方式，充分体现学员的自主权，这样每个同学的体能都得到发挥、锻炼和提高。21 世纪是终身体育的世纪，由于生活节奏的加快、生活亚健康、身体活动的大量减少、人际交往的阻断、每个人都面临着来自“现代病”的威胁，为了消除这些威胁，为了“回归人性”，人类已经自觉地把体育运动回归为自己的“生活内容”，自觉地把体育作为实现幸福生活的内容与手段，自觉地把体育中特殊体验作为维持和增长自我挑战能力的手段。体验培训以它的各种“高峰体验”的内容为我们提供在信任支撑下的心理挑战，在团队压力下的个人心理极限与身体极限的突破，互助双赢与多赢下的高峰体验和突发紧急情境下的心智考验与突破，让学员在激动中、恐惧中、犹豫中、喜悦中不断提升对自己的感悟，对挑战的向往，通过亲身体验来培养自己的体育精神。

八、策划学使得体验培训的科学开发设计成为现实

策划学就是研究策划和策划活动的创意性科学，它具有很强的时代性、综合性和应用性。策划具有询问、谋划、商量、磋商等意思。“策划”一词最早出现在汉代，西汉刘安的《淮南鸿烈·要略》中有“掌画牵回人事之始终”。《辞海》中共有 51 个解释，其中最根本的是“出谋划策”。美国哈佛企业管理丛书编委会的定义为：“策划是一种程序，其本质是一种用脑力的理想

行为”。余明阳主编的《咨询学》中定义为“现代策划，指来自政府、企业、团体等组织外部的人员或机构，在与其确定某种委托关系的前提下，由受托方独立客观的运用知识和技能向委托者提供智力服务的科学调查与研究活动”。

体验培训创新作为一项具有规划性、服务性的教育培训活动，已成为社会各行各业教育的重要手段之一，并逐渐形成一门应用性软科学。每一次体验培训都应该是一次完美的策划，客户选择体验培训的目的往往是多元化的，希望在其中获得超高的价值，因此科学的策划决定了优秀的培训质量。

九、咨询心理学是体验培训价值提升的重要理论基础

咨询心理学（counseling psychology）是研究心理咨询的过程、原则、技巧和方法的心理学分支。它是运用心理学的理论指导生活实践的一个重要领域，具有明显的实用性和多学科交叉性，属于应用科学。咨询心理学的研究对象主要是正常人，而不是患者。它为解决人们在学习、工作、生活、保健和防治疾病等方面出现的心理问题（心理危机、心理负荷等）提供有关的理论指导和实践依据，使人们的认识、情感、态度与行为有所改变，以达到更好地适应社会、环境与家庭的目的，增强身心健康。①

体验培训本身是学习者学习知识与完善自我的一个载体。体验的项目和达到的目标，参与中可能出现的认知与偏差，都是课程开发者必须认真面对的。从认知心理学的角度去看，外界对人的心理会产生影响，人是为了对应现实中发生的事情而整理、统合自身的存在，在培训中的规则与活动计划都是事先制定的，活动中主要是为了解决来自工作、生活中的各种问题。培训时，学员针对现实中的问题和事件会提出各种各样的看法，这也是体验培训的优点所在，这样能够适应多种实用性问题，学员认为体验能够更接近生活需要的学习方式，学员会在培训过程中最直接的体现咨询心理学在体验培训中发挥的作用。

体验培训中的项目本身只是我们学习知识与完善自我的一个载体，我们参加何种项目，为了达到何种目标，参与中可能出现的不同认知与偏差，在我们设计课程之初都是必须考虑的。因此我们注重在参与体验培训时的心理感受，同时关注参与者真实的心理反应。这也是我们所参与的活动项目，已经将某些可能出现的心理学问题提前设计其中，参与活动时自然会有所体现，只是每一个人感受的层次不尽相同而已。从认知心理学的角度去看，外界对

① 卢家楣，等．心理学：基础理论及其教育应用（修订本）．上海：上海人民出版社，2004。

人的心理会产生影响，人是为了对应现实中发生的事情而整理、统合自身的存在，在培训中的规则与活动计划都是事先制定的，活动中主要是为了解决项目中的各种问题，由于在各个问题的解决过程中，我们会得到各自的认知，在体验后与大家分享，换位思考别人的认知与自己的差异，得到再次的学习。参训时人们针对现实中的问题和事件会提出各种各样的看法，这也是体验培训的优点所在，这样能够适应多种实用性问题，也是参与者认为体验能够更接近生活需要的学习方式，转而帮助生活需要的方法根本所在，参训者的参训过程最直接的体现了咨询心理学的在体验培训中发挥的作用。

十、社会学是实现体验培训针对性的灵丹妙药

“社会学”一词是由孔德（Auguste Comte）首创。社会学是从社会整体出发，通过社会关系和社会行为来研究社会的结构、功能、发生、发展规律的综合性学科。它从过去主要研究人类社会的起源、组织、风俗习惯的人类学，倾向变为以研究现代社会的发展和社会中的组织性或者团体性行为的学科。在社会学中，人们不是作为个体，而是作为一个社会组织、群体或机构的成员存在的。体验培训中结合应用社会学的方法对参训群体进行研究和分析，从社会组织、社会分层及社会流动、种族关系、教育、家庭、社会心理学、城市与农村、政治及比较社会学、性别角色及关系、人口地理学、老年学、犯罪心理学等角度对参训学员群体和个体进行综合教育与引导。

十一、成功学使体验培训的目标、过程与结果同样精彩

成功是达到预期的目标。目标是重要的，但过程更精彩，成功学是专门研究成功过程的学问，成功学具有很强的应用性和通用性。它的基本范畴包括：目标、行动、时间管理、情绪管理、人际管理、自身修养、特长、创新能力和自学能力。

成功学实际上是一门关于自我管理的学科，或者说是理想信念与目标行动教育方面的内容。体验培训中包括心理激励、技能培训、经验管理等各种不同的课程，这些课程都会设定培训的目标、过程和结果，而这些都需要佐以成功学的基本理念，从而激励学员能够从失败中走向成功。

很多的学科都是体验培训的相关学科。这是因为体验培训作为一种教育方法有强大的驾驭能力或者嫁接能力，其他学科的好多知识点都可以借用。人从出生到离开世界，都在体验中度过，体验是人生的根本，亦可以解释为：人生即体验、体验即人生。人的一生通过体验学到了很多，感知了很多。体验培训中包括心理激励、技能培训、经验管理等各种不同课程的培训，是对

成功的能力培养。

总之，相关学科的知识对体验培训的理论体系都有一定的支持，而且这一学科群随着时代的前进将会不断扩大。在实际工作中，作为体验培训师要不断地充实自己的知识量，结合培训实际应用和升华各学科的知识，不断提升体验培训的质量和层次。

第二节　体验培训基础理论

一、西方体验教育思想为体验培训提供了直接理论基础

19 世纪末 20 世纪初，美国出现了实用主义教育学说，其创始人杜威（1859—1952）从实用主义出发，反对传统的教育以学科教材为中心和脱离实际生活，主张学员在实际生活中学习，提出："教育即生活""教育即生长""学校即社会"和"从做中学"等理念。这种学说是以"经验"为基础，以行动为中心，带有经验主义的色彩。但是他的"从做中学"的思想对后来的教育始终有着较大的影响意义。

美国凯斯西储大学维德罕管理学院的组织行为学教授大卫·库伯（David kob）于 20 世纪 80 年代初提出了体验教育理论。他构建了一个体验教育模式——体验学习圈：活动（体验）—发表—反思—理论—应用—活动（体验），依次循环。他认为：有效地学习应从体验开始，进而发表看法，然后进行反思，再总结形成理论，最后将理论应用于实践。这个理论已经成为很多培训模式和学习方式的核心理论。体验教育理论对设计和开发终身学习模式有着深刻的影响；同时，对组织转变成为学习型组织提供了有益的启示。西方很多管理者认为，这种强调"做中学"的体验培训，能够将学习者掌握的知识、潜能真正的发挥出来，是提高工作效率的有效学习模式。

库尔特·哈恩在德国南方萨拉姆学校担任校长期间，由于受到 18 世纪大学教育从实践开始学习，学员学会的知识记忆很牢等理念的影响，提出自己的想法，并用"从做中学"的方式来实践他的教育思想。后来以落水海员的生存训练为契机，哈恩创立了外展训练课程，将自己的"在体验中学习"的思想用于实践，从而得到迅速的传播和发展，受到越来越多人的认可。

被誉为"国际体验培训之父"的卡尔·朗基对外展训练的衍生物 PA 教育模式进行了大量的理论研究，这使他成为体验培训发展中不可或缺的人物。卡尔·朗基研究这种教育模式，并于 1977 年出版了具有里程碑意义的《牛棚

和眼镜蛇》，其后在不断实践与理论研究中，卡尔·朗基的著作甚丰，写了16本这方面的专著，为现今的体验培训提供了大量的理论依据。

二、人本主义学习观为体验培训关注人本提供了理论依据

人本主义心理学代表人物是罗杰。人本主义学习的目标是要从完整的人的角度研究。认识社会的人，认知其行为必须理解其所知觉的世界，即必须从体验者的角度来看待事物。当一个人的行为被改变，首先必然改变的是他的信念和知觉。体验培训特别关注学习者的个人认知、情绪、情感、信念和意图，这些是导致人与人的差异的“内部行为”，因此体验培训强调要以学员为中心来构建学习情景。当学员了解到学习内容与自身需要相关时，学习的积极性最容易激发；在一种具有心理安全感的环境下可以更好地学习。培训师的任务不是教学员想要的知识，也不是教学员如何学习知识，而是要为学员提供学习的手段、空间和机会。体验培训师的角色应当是学员学习的“促进者”。体验培训本着注重激发学员的学习愿望和潜能设计培训方案与内容，将参训者的学习引向意义学习，使参训个体的行为、态度、个性以及未来选择行动力得以形成，将知识与参训者的各种经验融合在一起，激发参训个体全身心地投入学习，促使参训者成长为完整的人。

三、交往教学观清晰了体验培训的过程

依据交往教学观观点，体验培训的过程就是一种交往的过程。培训中，学员和学员之间、学员与培训师之间都存在一种基于共同目标的交往。这种基于学习的交往都是在一定的团队关系中进行的。团队成员总是在扮演不同的角色过程中完成这些交往。处在培训关系中的人，都不希望因交往而造成损失，即时间、精力或财富的浪费。体验培训往往更加关注环境的设计。培训中，学员都期待通过培训有所收获。体验培训的设计是可以控制的，一切培训活动都以指示、建议、愿望、意见、规则、提示等信息传递内容给学员。所有培训的元素都被学员视为工具，用以发展自我的有效载体。

交往教学观启发了体验培训，强调培训的兴趣，把“解放”作为学员学习的最高目标。所谓“解放”，指的是要求培训尽可能发展学员的个性，强调学员个性的“自我实现”，使学员通过培训达到成熟，具有独立的人格以及独立的能力。

四、后现代主义教育理念促使体验培训确立“完人”思想

后现代主义者认为，现代教育的目的是培养“完人”。体验培训中多元、

差异、开放、平等、尊重、创造的思想都是后现代主义教育思想所倡导的。培训师和学员之间建立在平等的基础上完成每一次学习。从人格上讲，彼此都应该受到尊重，而不因为身份的不同而产生不同。一个完人、全面的人的标志是人格完善，即体格强健、品格坚毅、性格和善。体验培训就是创造完整人格的教育方式。

五、建构主义学习观将人的过去、现在和未来有效统一于体验培训

依据建构主义思想，学员在体验培训中所获知的知识并不是对现实的准确表达，它只是一种解释、一种假设，并非问题的最终答案。[①] 学员对知识的“接受”只能靠他自己的建构来完成，以他自己的过去的经验、信念和当下的现实情境为背景来分析知识的合理性。学习是学员主动建构自己知识的过程。学习并不简单是信息的积累，它同时包含由新、旧经验的冲突而引发的观念转变和结构重组。所以，体验培训不能无视学员的这些经验，仅仅从外部装进新知识，而是要把学员现有的知识经验作为新知识的生长点，引导学员从原有的知识经验中“生长”出新的知识经验。教学不是知识的传递，而是知识的处理和转换。培训师不简单是知识的呈现者，他应该重视学员自己对各种现象的理解，倾听他们的看法，洞察他们这些想法的由来，以此为根据，引导学员丰富或调整自己的理解。由于经验背景的差异，学员对问题的理解常常各异，在学员的共同体之中，这些差异本身便构成了一种宝贵的学习资源。教学就是要增进学员之间的合作，使他看到那些与他不同的观点，从而促进学习的进行。

体验培训注重以学员为中心，在整个教学过程由培训师起组织者、指导者、帮助者和促进者的作用，利用情境、协作、会话等学习环境要素，充分发挥学员的主动性、积极性和首创精神，学员必须主动地参与到整个学习过程中，通过身体力行的学习，结合自己先前的经验与学习的感受，最终达到使学员有效地实现对当前所学知识的意义建构的目的。成年人的教育与培训注重互动的学习方式，将要传授的知识技能、哲理蕴含在项目其中，让学员个体与他人经由磋商并达成一致。因此，在体验培训中采用科学的建构主义学习理念，学员通过对话沟通的方式，大家提出不同的看法以刺激学员个体反省思考，在交互辩证的过程中，以各种不同的方法解决问题，从不同的角度澄清所生的疑虑，逐渐完成知识的建构，形成真我的科学知识。

---

① 顾明远，等．国际教育新理念．海口：海南出版社，2002。

六、行为主义学习观将体验培训中的现象、活动与思想高度关联

行为主义者认为，学习是刺激与反应之间的联结，他们的基本假设是：行为是学习者对环境刺激所做出的反应。他们把环境看成是刺激，把伴而随之的有机体行为看作是反应，认为所有行为都是习得的。行为主义学习理论应用在学校教育实践上，就是要求教师掌握塑造和矫正学员行为的方法，为学员创设一种环境，尽可能在最大程度上强化学员的合适行为，消除不合适行为。

七、整体教育理念将人的内外在统一起来

依据整体教育理念，体验培训是强调“关联”的教育，将逻辑思维与直觉思维、心灵、认知与实践、个人与团队等。体验培训是学习者就自身生活的种种维度，诸如道德、文化、生态、经济、技术、政治等在活动中作出自己的体验、判断和反思。整体教育促进个人接触生命的多样的领域，通过体验、充实，形成个人的生命。体验培训是促进全体学习者真正意义上的学习，它强调培养学员良好的沟通能力，灌输学员团队合作的精神，发展良好的人际关系，注重学员全面发展，促进学员最大的发展，挑战自我、超越自我。

任何一个学习者都拥有各自无可置换之价值的重要存在。正是每个人有所不同，才是可贵的。学员拥有形形色色的个性，要激励他们彼此尊重，相互理解。人人都有与生俱来的创造性，在身体上、情感上、智力上、精神上具有各自的独特能力和志向。应尊重每一个学员的个性，只有这样，学员才能尊重不同人的需求，并从差异中得到学习；才能发现自己的品位、自己的真貌以及相互切磋、相互帮助的力量。这种真正的学习共同体，才是每一个学习者所需要的。

体验培训要求参与者必须尊重自己团队中的队友，尊重竞争团队中的对手。彼此尊重是保证团队具有高度凝聚力，高效率完成各项任务的必备存在。团队中每个学员都具备自身特长，每个学员都在自己的适当的位置上为团队作出自己最大的努力。体验培训强调学员之间应学会尊重、学会关心、学会倾听，倾听也是一种尊重，尊重别人就等于尊重自己。通过培训可以充分挖掘每个学员的特长，使得每个学员都能充分展现自我，为团队贡献自己的力量。

八、合作教育理念是体验培训的核心理念

合作教育理念指导着体验培训在培训师和学员之间的关系上摒弃权力与

服从，在平等、合作、健康的人际关系中开展教学做。体验培训强调发展学员的团队合作能力，培养学员的独立能力、信任、负责任的态度、与他人合作的态度和批判能力，创造具有真诚、接受、理解三要素的人际关系氛围；使学员在“自由表达”与“自由参与”中，逐步达到自我实现，把发挥人的潜能和个性放在重要的地位。

九、中国体验教育思想

中国早就有过对体验教育的认知，体验教育模式的哲学基础可以追溯到春秋时期的孔子。游学思想是孔子关于体验教育的比较深刻理解，战国时期的荀子的“知之不若行之”，以及后来朱熹将“行”作为一种教育原则，王夫之的“知行相资以为用”，宋代诗人陆游也强调：“纸上得来终觉浅，绝知此事要躬行。”的著名说法等。到近代，我国著名教育家陶行知先生提出的“生活即教育”“社会即学校”和“教学做合一”的教育思想都强调在“做中教”，在“做中学”，让学员自主参与，合作学习，动手动脑，有体验、有思考、有分享、有探究。陶行知先生曾说：“真教育是心心相印的活动。唯独从心里发出来，才能达到心的深处。”这句话的深刻含义是体验培训是一种触及心灵深处的体验活动，学员的高峰体验来自于培训师与学员之间的心与心的交流。现代的科学学习观、自主学习观和终身学习观都对体验培训的开展起到了积极的推动作用。

综观当代国内外教育理念，共同之处都强调学员学习过程中的主动性、互动性、社会性和开放性。体验培训的教学过程和教学模式完全符合当代国际教育理念的核心，这也是体验培训迅速发展的根本动力所在。

第三节　体验培训应用理论

一、素质理论

作为培训师首先要了解素质理论，也就是人才素质理论模型。为什么要了解这点呢？我们会发现客户常常向我们提出的困惑是如何增强团队凝聚力、团队沟通、团队协作、提升领导力等。这些客户所要解决的问题都属于人才的基本素质内容和范畴。体验培训能够最为有效地解决以上问题。若培训前并没了解清楚该企业的人才素质模型结构、企业文化特征等内容，则采用的培训课程方案都是无根据，不科学的，我们坚决反对这样的工作态度和方式。

因此，学习人才模型是体验培训创新的重要基础理论。

（一）素质模型

1. 素质模型的基本含义

素质模型就是为了完成某项工作，达到既定目标，所具备的不同要素的组合，包括动机的表现、个性特征。性格品质要求包括形象和角色，以及知识和技能的水平，这些要素组成了素质模型，能够用直观的柱形图来表达。

什么是柱形图呢？它是运用 Excel 的基本功能实现对人才素质各要素之间的级重分层的直观数据分析图。它有各种图列，图 2－1 为柱形图，除此之外，还有饼图、条型图、折线图等。在模型设计时，要充分了解每个职业岗位的职业说明书，理解其特定的职业素养和要求。比如说，销售业务员和培训师的能力要求是不一样的；文秘和总经理的能力要求也是不一样的。因此，根据每个岗位的素质要求，绘制属于该岗位的素质模型图，并设定能力模型的量级，以方便培训课程的开发需要。

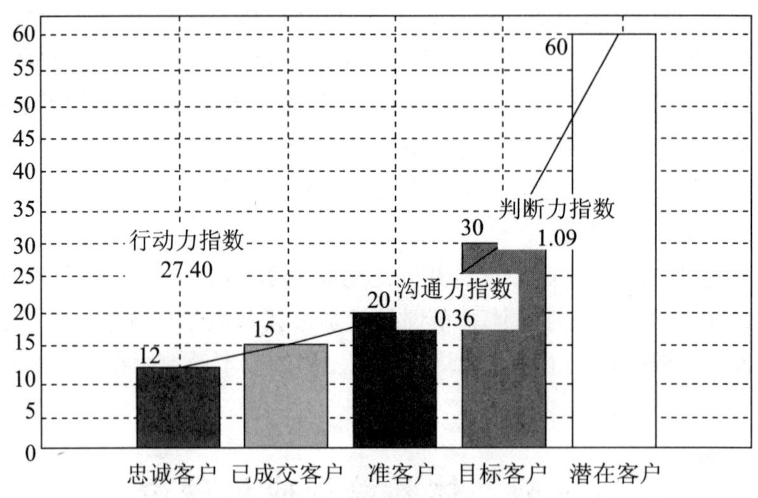

图 2－1 人才素质模型图

2. 人才能力分类

人才能力的分类有：团队力、沟通力、学习力、合作力、凝聚力、主动力、判断力、规划力、组织力、整合力、执行力、层级沟通、层级管理、问题解决、协调力、领导力、决策力、目标力、危机力、细节力、解决力、竞争力、影响力、绩效力、搜商力、财商力、生存力、创新力、倾听力、信任力、自信力、坚持力、压力管理、恢复力、控制力、应变力、心态力、突破力、展望力、感召力、激励力、演讲力、思维力、教练力、表达力、系统力、时间管理、责任力等 48 项内容。这些内容共同组成每个人最基本的素质，我

们把这些称为48项人才软素质。这48项在每一个人身上都有体现，但每个人的量级都会不同。比如，在表达力方面，销售经理语言幽默，量级较高，而办公文秘的表达则更加严谨。这就是素质模型，我们用柱形图将其表达出来，形成评价量级标准，以备开发课程之需。同时，霍兰德素质测评是每一位培训师必须熟悉和掌握的工具。《中华人民共和国职业分类大典》[①] 中将我国职业归为8个大类，66个中类，413个小类，1838个细类（职业）。因此，做好培训的前提是培训师要掌握这些职业岗位的核心要求。这些要求有：

（1）交流表达：通过口头或者书面语言形式以及其他适当形式，准确清晰表达主体意图，和他人进行双向（或者多向）信息传递，以达到相互了解、沟通和影响的能力；

（2）数字运算：运用数学工具，获取、采集、理解和运算数字符号信息，以解决实际工作中的问题的能力；

（3）革新创新：在前人发现或者发明的基础上，通过自身努力，创造性地提出新的发现、发明或者改进革新方案的能力；

（4）自我提高：在学习和工作中自我归纳、总结，找出自己的强项和弱项，扬长避短，不断自我加以调整改进的能力；

（5）与人合作：在实际工作中，充分理解团队目标、组织结构、个人职责，在此基础上与他人相互协调配合、互相帮助的能力；

（6）解决问题：在工作中把理论、思想、方案、认识转化为操作或工作过程和行为，以最终解决实际问题、实现工作目标的能力；

（7）信息处理：运用计算机技术处理各种形式的信息资源的能力；

（8）外语应用：在工作和交往活动中实际运用外国语言的能力。

运用好这两个基本工具，对人才模型的学习非常重要。比如中国现有多少个职业岗位？在这些岗位里面找到需要培训的公司中最多的岗位有哪些。每一种岗位对工作的要求以及设定的量级不同，有五级制或十级制。比如，我们面对的客户是销售业务员，打开销售业务员的能力模型来看，工作岗位和企业对他们的哪些能力要求高，哪些能力要求低，就可以在设计开发课程的过程中，针对性地设计体验活动，做到有依据性地控制培训效果，避免培训的随意性。

比如说，对于沟通要求高，我们就从沟通这里面找，把我们的课程拿过来，往里面放，这样就使得科技化更高。不是随便的电网，来一个；盲阵，来一个。我们是有分类的，我们的项目是准备好的，两千多个项目我们放在

---

① 中华人民共和国职业分类大典，北京：中国劳动社会保障出版社，2006。

这里，沟通一类、协调一类、协作一类、领导力一类，归类好了，现在只需要往外拿，组合成一套课程就好了。速度很快，质量也很高。

这就要求大家之前做大量的准备工作，至少有个工具要会，就是模型。这个非常重要，没有这个基础，做课程开发很难。因为你不知道统一的岗位模型是什么，那还怎么谈对别人的培训呢？

（二）人才素质的特征

人才素质具有以下 4 方面的特征：

1. 可衡量

人才素质一定是可以量化的，可以测量的，一定是有级别划分的，是以定量评价为主，定向评价为辅的综合性评价体系。

2. 可观察

人才素质可以观察到，在我们的培训的过程中，能够发现考察对象的性格特征、能力强弱、积极性和态度等，培训师可以通过观察其言行举止，对他进行比较定向的考评。

3. 可指导

学员的配合度、参与度、语言表达、协作都能够得到呈现。这些都是直接的，能够看到的。比如，在培训中，学员表现出合作能力比较差，经过培训师的引导，学员就会产生意识。

4. 可影响

体验培训的团队性基础使得学员在培训中处于相互影响的状态中，彼此之间可以通过语言、行为、情绪和身份等因素相互制约或扮演。在培训课程开发和实施中要充分运用到这一点。

（三）体验培训内容整合开发模式

体验培训的创新是基于素质模型的 3 个模块：自我管理的模块、人际关系的模块和组织管理的模块。

1. 自我管理的模块

自我管理的模块是基于培训中学员自我动力提升的部分，内容包括自信心、主动性、成就导向、影响力、自我尊重和自我控制。

在体验培训中一定会涉及这些方面，培训课程中也会涉及这些内容。例如培训中的团队纪律问题，为什么培训之前要讲规则？这些规则是培训师为了完成课程需求而做出的设定，而规则的设定会使培训师和团队学员产生自信心，主动性会加强，自我控制和约束会得到提高，这样使得团队的基础工作环境得以形成，对于有效控制的培训效果起到了至关重要的作用。

比如学员控制方面，假设有一名学员违规了，出现了迟到、早退、吸烟、

随意打电话等不允许在课堂中发生的现象，我们怎样处理这些令人头痛却又容易产生冲突的现象？在培训中，很多的培训师会采取惩罚，怎样惩罚？方法很多，通用的方法是做俯卧撑、炸油条、半蹬起、唱歌、跳舞、形体展示等。但在培训中常常会发生因惩罚不当，使得培训气氛变得很差，导致学习效果受到很大的影响。那么如何做好惩罚呢？首先，要改变对惩罚信息的接受效果，要将惩罚变成“奖励”，考虑学员内心和情感上能够接受，并且要说明团队共生共荣、团队归属、荣誉感和责任感的基本含义。其次，培训过程中的“奖励”是要有层次的，要随着团队氛围和学员的破冰与融合的过程渐渐过渡。假如一开始的时候，有学员犯错误，培训师马上就惩罚做俯卧撑，从心理上来说很多队员无法接受。因为团队培训的“奖励”规定为：一人犯错，全队受罚，队长队秘加倍，犯错者不受罚。在团队氛围还没有得到熔炼就直接采用这样的方式，显然会让团队成员无法接受，他们的内心会形成一个短暂的纠结：他犯错了，我没有，你一上来就让我做二十个俯卧撑，凭什么？因此学员的表现是对抗的？那么如何有效实施“奖励”呢？在长期的实践和研究中发现，“奖励”的方式必须要符合中国人的脸面和心理需求。下面的“奖励”方式是比较合适的：第一次犯错时，犯错者出列，站好后，其他人不做俯卧撑，也不唱歌，给他鞠躬，仅仅是鞠躬就可以了，这是一种方法，我们叫心灵的“奖励”；第二次再犯错，大家鞠躬的同时说：“对不起，我们错了”，增加个语言的引导；第三次犯错，采用半蹲起、俯卧撑、炸油条、唱歌跳舞、形体展示等；团队熔炼程度很高后，若再有人违规就要再加一步，仍然回归到第一步，大家鞠躬的同时笑着说：“对不起，我们错了，我们将以你为榜样。”

这样的“奖励”方式是遵循人的心理和身体的规律的，同时要注意的是半蹬起一定比俯卧撑难度小一些，要讲究先后次序，男女有别的“奖励”方式。这样的约束力就会很强，如果一开始就做俯卧撑，往往容易破坏团队关系。

2. 人际关系模块

人际关系模块包括人际理解力、关系建立、人际洞察力、团队协作、换位思考、正确预计他人的需要、专注于他人的需要等。

人际关系是非常微妙的。培训师往往需要利用人际关系来实现课程目标。如何使人际关系在体验培训中得到呈现呢？研究中发现，任何体验培训环节中都涉及人际关系，因此在体验培训的布课、控场、分享、讨论和休息环节中，培训师都需要注重团队的人际关系。良好的、积极的人际关系，会帮助团队提升学习效果，也会调动培训师的积极情绪，推进课程高效率的实施。在组织中，优秀的团队一定具有优良的团队人际关系。因此，开发设计基于团队人际关系的体验培训课程，对企业的发展是非常重要的。

3. 组织管理技能模块

组织管理的技能包括：培养人才、监控能力、领导能力、决策、信息的需求、市场管理和战略意识。

体验培训要从组织管理的技能、方法，从管理的科学角度和组织行为学角度实现课程的开发和设计。不同的客户性质对课程的设计要求也是不同的。对于企业，主要是管理能力和绩效能力的提升；对于教育系统，主要是培养人才的素质；对于行政机构，主要是行政管理、服务和创新发展。对不同层级的学员对象在课程开发上也不同。对于高层领导者，主要侧重于领导力、决策力、战略管理和价值体系建立；对于中层管理者，主要侧重于协调、执行、基础管理、心态等方面的提升；对于基层管理者，则主要侧重于精细化、职业化等方面的内容；一线人员的培训中，主要侧重于有效执行和绩效管理等。对于不同性质的部门，专业化体验培训也是组织管理技能的重要方面。总之，根据不同的对象特征，设计组织管理技能方面的课程要有针对性。

（四）基于人才素质模型的设计举例（见图 2－2）

执行力的模型是如何设计和开发的呢？

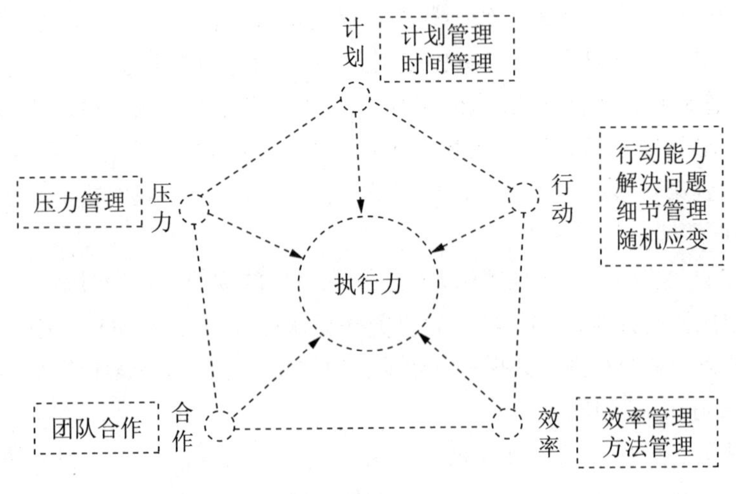

图 2－2　执行力模型

第一步：确定客户对执行力的理解和需求：通过交谈、问题咨询、问卷调查和实景观察等方法收集关于执行力问题的信息；

第二步：分析影响客户执行力的二级要素为：计划、行动、效率、合作、压力；

第三步：进一步分析出执行力的三级要素为：计划管理、时间管理、行

动能力、解决问题、细节管理、随机应变、效率管理、方法管理、团队合作、压力管理等；

第四步：分析各二级要素之间的关系以及与执行力的关系；

第五步：分析各三级要素与二级要素和执行力之间的关系；

第六步：融合客户组织文化，通过企业文化手册、网站等收集整理企业文化信息；要从这些信息里面去提炼与执行力有关的内容，然后用企业文化来架构执行力，针对性地分析企业文化对执行力的要求是什么；

第七步：绘制模型图。

在模型开发设计完成后，按照执行力课程主题目标、客户时间需求、进程要求、环境要求、风格要求等将课程模型要素与体验项目库中的项目进行对接后形成课程方案。

二、记忆理论

人失去了记忆，是一件可怕的事情，当人永远记着所有发生的事，是更可怕的事情。大自然创造人类的最伟大之处，就在于给了人类宝贵的财富——记忆。记着，并能够回忆。

（一）脑科学

大脑中枢，是人智慧的标志，也是人区别于动物的重要特征之一。科学研究表明，人脑的功能分为躯体感觉区、躯体运动区、额叶联络区、听觉联络区、躯体联络区、视觉联络区等，指挥着人的行为和思维。人的一切听觉、嗅觉、触觉、味觉、触觉、直觉等意识性活动都来自于大脑的指挥和控制。因此，了解脑科学对于做好体验培训，开发和设计好课程是非常必要的。

1. 信息在脑中传输过程

人的大脑分为左脑和右脑（如图 2－3），右脑是感性脑，包括图画、音乐、旋律、情感、想象和创造等功能；而左脑是理性脑，包括逻辑、语言、数学、文字、推理、分析等功能。值得注意的是大脑接收外界信息时，所有的信息接收之后都先进入右脑，进行感性认知，然后再进左脑，进行理性认知。培训就是向学员大脑输送信息。区别于讲授培训的是，体验培训是通过多种渠道进行输送，而大脑的感知也是通过多种感官进行接收的。给大脑植入信息是个过程，无论是身体参与的信息、语言的信息、还是听觉的信息等都需要经过这个过程。如：当大脑接收“×××，你真好”这个信息时，人的反应是好，这是感性的认知，然后大脑开始从感性认识之后进入理性认知分析：×××为什么好呢？好在哪里呢？他什么地方做得比较好呢？问×××好的目的是什么？该如何回答等。在培训过程中往往要用到图画、音乐、语言、情感、想象和创造的手段或元素来完成培训辅助。体验培训中的破冰要用三种形式：第一种是要身体的参与，如拥抱握手，一般情况多采用左肢体的活动，比如，用左手握手，用左腿完成动力火车等；第二种是使用激情创造；第三种是使用音乐。这些方法都是快速激活感性的右脑皮层细胞，使学员的大脑感官功能得以发挥，从而有利于团队的破冰和融合。

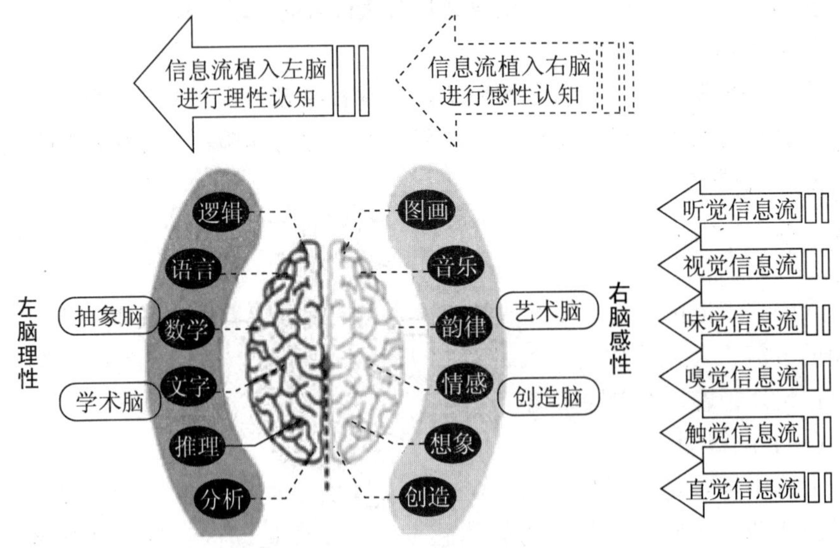

图 2-3　人的左右脑功能

2. 体验培训的催化机理

催化机理是运用脑科学原理进行的体验培训手段。对于教练技术课程、音乐辅导课程，培训师需要将学员引入到被催眠状态，完成培训课程。其采用的基本手法的原理，称其为催化机理。

现象一：在营销展示活动中，能够看到营销人员，滔滔不绝地激情演讲。很多人会因其演讲而驻足观看，并被其特殊性的语言和气场所感染，渐渐地进入到一种被催眠的状态，选择观看或尝试接触其产品。随后，不知不觉地购买了产品，回去后便后悔了。

现象二：民间传说有“鬼上身”。一个人晚上走在自己熟悉的荒郊野外，走到一个坟墓前，不知不觉地会绕着坟墓转动，直至筋疲力尽。

为什么会这样呢？看是神奇的事情，当人们无法解释时，会用迷信解释来安慰自己。但从脑科学的角度分析，我们就会豁然开朗。这些现象并不神奇，其基本原理是大量的单一的信息被重复地植入到右脑中，使人的思维单一化。信息来不及植入到左脑去理性分析，右脑信息满了，大脑需要血液带

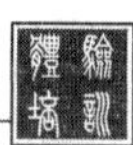

来更多的氧气进行工作，于是大量的血液从心脏流向大脑，速度越来越快，心脏加快跳动，呼吸急促，身体紧张，全身都需要更多的氧气。这样大脑中就出现了缺氧现象，进入了恍惚状态，这时非常容易被催眠，这就是催化机理。催眠有三种形式，第一种是音乐催眠（平缓优美的音乐），第二种是语言催眠（柔美平缓的表达），第三种是行为催眠（比如看钟的摆动、看沙漏）。无论哪种形式的催眠，其核心都是通过人的生理反应来完成的。上面的两个现象就是这样形成的。

（二）记忆科学

人的学习过程，就是获取记忆的过程和存储信息的过程，工作过程就是恢复记忆的过程（如图 2－4）。通过体验培训使记忆的获取、存储和恢复三个环节有效链接，提升培训的效果。

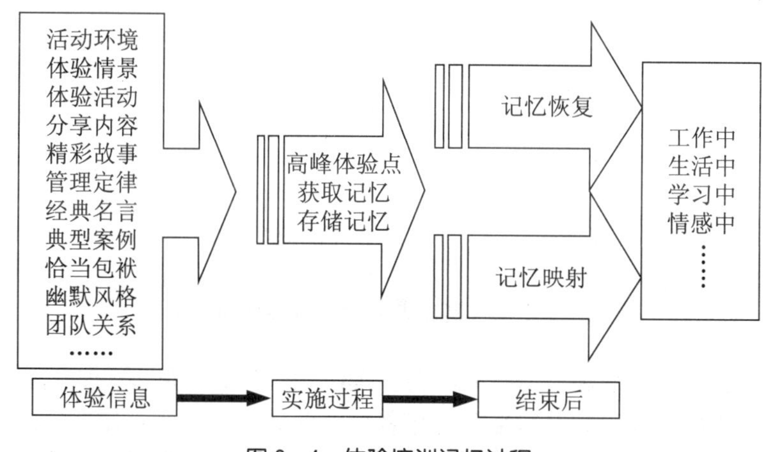

图 2－4 体验培训记忆过程

1. 学习的命脉——获取记忆

学习的命脉是获取记忆，接受信息就是获取记忆的开始，获取记忆的程度决定着学习的初期效果。在体验培训中，信息的获取可以检查学员体验的有效性，体验过程中信息的接收方式是多元化的，可以通过身体的参与、语言的表达、视觉的冲击、味道的品尝、声音的渲染等来完成。

2. 学习的过程——存储记忆

学习的过程就是存储记忆的过程，而记忆的存储决定着学习的最终效果。边缘系统与海马决定着大脑的记忆功能。海马是一个与记忆密切相关的大脑结构，因其形似海马而得名，它负责将人们新的经历转化为长期的记忆，而人的记忆编码是依靠神经网络单元完成的。[1] 人的记忆分为浅层记忆和深层记忆两种。记忆存储的越深，持续的时间就越长，也越难遗忘。记忆存储的过程需要依靠人的高峰体验来完成。马斯洛的高峰体验理论揭示了记忆的获取实质，它是人在接受外界刺激的瞬间获得的体验感受。接受外界刺激的过程中，瞬间高峰体验越强烈，大脑记忆留存越深。因此，记忆的存储时间越长，越难以遗忘（如图 2－5）。

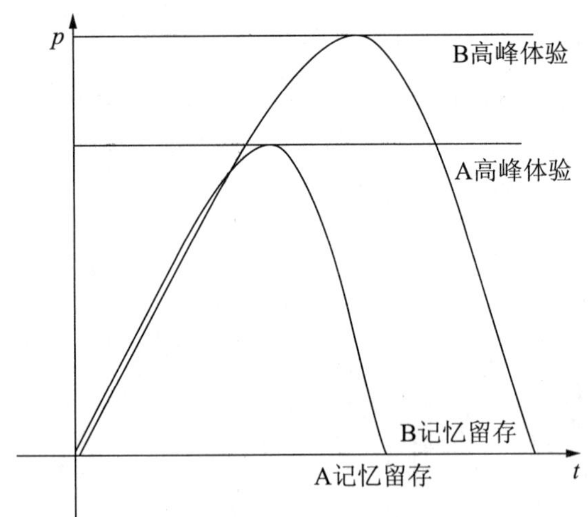

图 2－5　高峰体验与记忆留存关系

举例说明，初恋都是美好的，很多人还记得初恋，很多年都无法忘记初恋情人，不时地在记忆中回忆和寻找着初恋的感觉。这是为什么？因为第一次身体的、感情的体验都是初体验，而初体验可以获取强烈的高峰体验，因此记忆留在大脑中的时间非常的长，以至于一生都难以忘记。所以高峰体验的程度决定了存储的深度。体验培训的过程，其实就是为客户创设高峰体验的过程。如何使客户产生高强度的高峰体验，是创新地开发设计课程的核心。课程的效果是由高峰体验点的密集度来决定的。高峰体验点是体验培训课程实施过程中出现高峰体验的控制点。恰当合理的高峰体验点的密度和纬度是课程效果优良的重要保证。

3. 学习的效果——记忆恢复与映射

学习的效果，是学习后对记忆的恢复和映射。所谓记忆的恢复，是当学习结束后，学习者能最大程度地将所学过的信息从大脑中恢复记忆。所谓记忆映射，是当学习者结束学习后，在特定的空间、时间中，从大脑中恢复出

---

① 大脑的记忆密码，百度百科，http：//baike. baidu. com/view/559597. htm

学习过的记忆或类记忆。体验培训行业中的调查表明：训后学习内容的记忆期为三个月，体验环节的记忆期可以超过一年，甚至更长。为什么会这样？这恰恰说明了客户在体验环节获得的高峰体验点和程度远远高于分享环节获得的。因此，对于培训课程和项目的开发，如何植入高峰体验点，植入多少，在哪里植入，既是体验培训创新研发的重点，也是难点。

记忆的映射具有连锁效应，在培训中某一处高峰体验时刻，当特殊空间和时间形成时，与这一高峰体验点相关的记忆便会被勾勒出来，重新恢复。因此，体验培训的又一个核心是尽可能将体验培训的高峰体验点生活化、职业化、通俗化、可视化和深度化。记忆植入得越深刻，恢复的速度越快和映射的越强烈，培训效果就越好。吉尔摩说："当体验的展示工作结束以后，体验的价值仍然弥留延续。"[①] 这才是体验培训的根本。体验培训的价值可以弥留延续，由此体验是个持续化的过程。它绝不是当下展示完就完了，后期才是重要的。所以体验培训的后期跟踪服务是很重要的，也是培训效果评价的基本要求。例如可以对客户进行训后一个月、三个月、半年甚至一年的质量跟踪回访，用以调查培训的效果。

体验并非取悦客户，而是使客户个性化参与其中。[①] 因此，开发设计符合组织个性化的体验培训课程是行业发展原动力。

（三）信息转化循环

信息转化循环是指人的兴趣和动机相互转化、动机和意识相互转化、意识和思维相互转化、思维和行动相互转化、行动和习惯相互转化、习惯和兴趣相互转化的闭合转化循环（如图 2－6）。闭合循环中的每一个要素都能够作为信息转化的起点，也可以作为信息转化的终点。这个循环解释的问题就是在体验培训中如何有效激发学习热情和动力，提升培训效果。

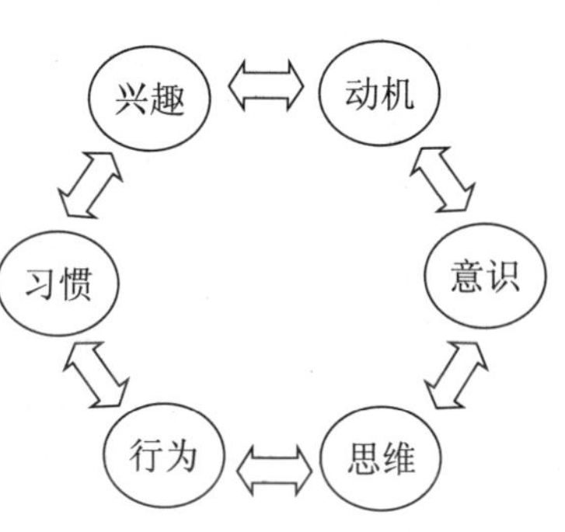

图 2－6　信息转化循环

在部分体验培训课程中的破冰属于严格性的军事化破冰，要求学员在队列转动中喊口号，内容为"团队""一二"。为什么要喊？如何确定喊什么？这个喊法是从哪来的？当我们觉得培训效果很好，但又不了解缘由时，只有从形式进行模仿。在体验培训课程中，团队观念、纪律性对于培训效果很重要，因此，喊口号是为了统一化，为了用声

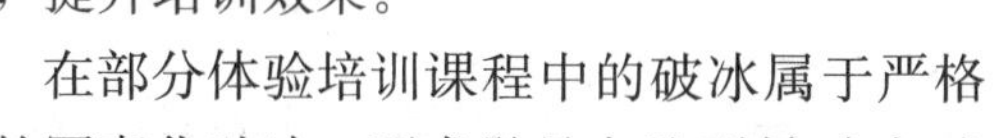

① 吉尔摩．体验经济．北京：机械工业出版社，2006。

音行为引起思维的活跃和习惯的养成。

呼喊“团队”的口号是从西点军校延伸出来的，但是不能够所有的课程都喊“团队”，而要针对性地调整，比如沟通课中就喊“沟通”，目标是通过语言信息的重复植入，强化沟通的意识。重复是最好的老师，有效的重复将会带来巨大的高峰体验。俗话说：一朝被蛇咬，十年怕井绳。被蛇咬的高峰体验深深地植入了被咬者的记忆里，留下了永久无法遗忘的深刻记忆。也许体验培训需要让学员在体验中感悟被“蛇”咬的感觉。

三、运用理论

一个真正伟大的教育工作者，不会试图把学员带进他个人知识的殿堂，而会将他们引到心灵的门口，提高自发学习的兴趣。体验培训的第二个基础理论是运用理论。学习运用理论之前，首先要解决思维的转变问题。体验培训的教育形态是通过创造学员对象特点的学习环境和内容，让学员置身其中，自然化地参与、观察、发现、反思、获取。因此，体验培训的过程是有效内化的学习过程。

（一）学以致用与用以致学，搜商制胜

过去我们的学习是为了学以致用，是信息不发达时代的学习方式，多学习多储备，对于基础学习非常重要；现今影响力教育集团易发久说：“这是一个用以致学的时代。”这句话对于体验培训师很重要，什么是用以致学？用什么学什么，边用边学，边学边用。因为今天是信息爆炸的时代，每个人不可能什么都记载大脑里，因此要提升自我的搜商，也就是敏锐的发现能力。

（二）外涉、吸收、内化和外放

任何一个新信息的接受，首先要外涉，就是向外面学习，接触到新信息后，然后进行吸收，再把这个信息进行经验性转化，内化成为自己的。内化的过程必须在实践和验证的过程中完成，否则就没有很好的内化效果。最后是运用，运用的过程就叫外放。任何学习都要经历这样一个过程。

（三）素质要素转化

如图 2-7 所示，素质包含着知识、能力、态度和习惯四个要素。这四个要素之间呈现出循环型的转化格局，人才素质的体现主要依靠能力表现，但如果没有知识的转化，能力的表现就会变弱，而能力的持续性表现又需要好的习惯，好的习惯必然要用端正的态度作为保障，知识的获取更需要态度和学习的能力作为基础。因此，这四者是相辅相成的关系，缺一不可。体验培训的体系由知识性培训、能力性培训、态度性培训和习惯性培训这 4 方面有机组成的。

（四）密码锁原理

克林斯恩在他的《体验学习的力量》一书中阐述了密码锁原理[①]。密码锁原理有效地呈现了体验培训的全过程，详尽地解释了体验培训效果的有效控制。密码锁的核心思想是：在学习环境、学习内容和接收信息的感官之间进行有效匹配时，就会产生好的感悟，学习的效果将会更好。

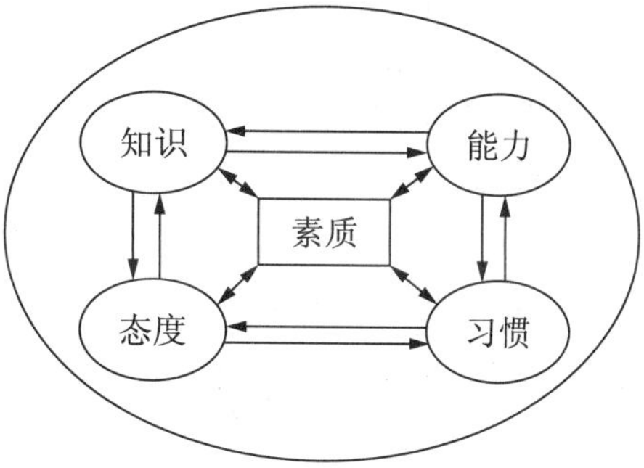

图 2－7　素质转化模型

1. 学习环境

关于学习环境在学习中的重要性，中国历史上也有精辟的解释：环境造就人才。因此，环境对学习而言很重要，孟母三迁的故事也说明了环境在学习中的作用。由于孟母非常注重环境对孟子学习的影响，因此通过搬家以改善环境，这也是孟子成功的重要因素之一。

2. 学习内容

学员要学什么？我们能让学员学到什么？是执行力还是团队合作？是沟通还是目标管理？要设定科学合理的、符合客户需求和特点的学习内容。学习的内容能够最大程度地引起学习者的兴趣。传说孟子小时候不喜欢做作业，放学之后就是玩，孟母并没有逼着他写作业，而是采取了一个相反的办法，她不让孟子写作业。孟子一回来，他母亲就让他赶快吃饭，赶快睡觉。慢慢的，孟子感觉这样不行，因为回到学校，先生就用戒尺打他，他很害怕。时间一长，孟子开始主动要求做作业，慢慢地对学习产生了兴趣，并且兴趣越来越浓厚，同时养成了良好的学习习惯，再也不用孟母和老师逼着学习了。

3. 学习感官

苹果的酸甜是用味觉感知的，若是用耳朵听和眼睛看，能感受到苹果的真实的味道吗？肯定是不行的。因此培训中一定要注重感官的作用，也就是听觉、视觉、味觉、嗅觉、触觉、直觉等在学习中的作用。感觉要用对了，学习的效果会非常好，用错了效果自然很差。岳母刻字的故事告诉我们一个深刻的道理，岳母为了能够让岳飞爱国，在他的后背上刻下了“精忠报国”四个字，让岳飞在体验中牢记爱国和民族主义精神。也成就了我国历史上的英雄。因此，体验培训的合理性感官信息接收对学习至关重要。

柯林的密码锁原理核心是有效匹配。也就是当学习环境的齿轮和学习内

① 钱永健．拓展．北京：高等教育出版社，2009。

容的齿轮与学习感官的齿轮得到合理匹配的时候，学习者的感悟之锁才能打开。

例如在培训中让学员体会盲人的生活，一定要把学员的眼睛蒙上进入盲人的环境，给一些与获取信息有关的学习内容，开始活动，这样的培训效果要远远比你给他讲盲人多艰苦的效果要好许多。如果你想让别人知道盲人和正常人的思维不一样，你只给他解释很多思维的理论是不够的。蒙上眼睛，他马上就能感觉到。你告诉他：来，你在我西边，我在你东边，你看看这个是什么东西等。眼睛一蒙上，哪里是东西南北？这里是哪里？这是几？这些信息的获取无法通过视觉完成，从而充分的论证了盲人与正常人的思维和信息接收是不相同的。

我们在学习不同的内容时，一定要动用相对应的感官。因此，之前的开发和设定非常重要。例如电网在室内做和室外做效果是不一样的，在树林里面做和在空旷的操场上做也不一样。在树林里面做电网，讲第二次世界大战的故事，大家身临其境；当在空旷的操场上做，再讲第二次世界大战的故事，学员感觉就会差许多；在大树上挂一个大蜘蛛，把电网改变成蜘蛛网，学员的感觉又发生了变化，但没有这个大蜘蛛，学员对蜘蛛网的感觉就差一些。七巧板在室内做和在室外做也不一样。七巧板这个项目就是要在嘈杂的环境中完成，在混乱无序中，人的思维能力是降低的，在吵的过程中发布了大量信息，沟通效果很差。在争吵的时候，如果在室内，空间比较密闭，回声比较大，效果会更好。放到室外，即使你大声地吼也没事，因为它的封闭性不好，效果相对要差一些。因此，不同的环境用不同的内容，培训效果是不一样的。

（五）体验培训的价值是应用

体验培训的价值是运用，古语讲熟能生巧，先熟而后巧，熟练而巧妙。当前的培训人才队伍中，存在着很多无法熟练运用培训技巧和方法的困惑。不会设计课程、不会开发项目元素、不会备课和编制课程方案等。于是，照搬通用模板和他人的课程，形式上的模仿，而非灵魂上的学习和内化，生搬硬套的做法，导致自己都没有信心做好培训，这是行业中存在着的弊病。由于恶性竞争，使得体验培训功能和价值不断被丢弃。因此，有效提升体验培训的应用功能，是当前必须解决的问题。

为什么这样呢？体验培训的应用功能究竟有多高？中国古语讲“吾听吾忘，吾看吾记，吾做吾悟。”体验可以使人顿悟，使体验者自己用心来完成。现代学习理论中的金字塔学习模型，也有效地解释了体验培训的功能问题（如图 2－8）。

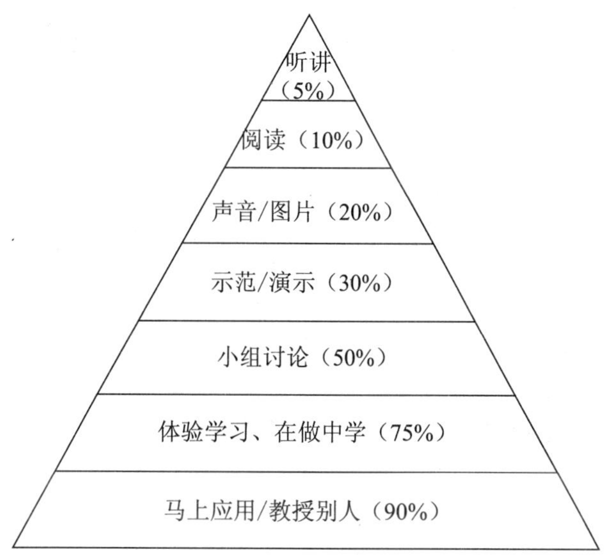

图 2-8 体验学习效果

从图中可以获知，不同的学习方法，一次性学习后记忆的效果不同：听到内容只能记住 5%，阅读记住 10%，通过声音和图片只能记住 20%，示范演示能够记住 30%，小组讨论能够记住 50%，体验培训和在做中学能够记住 75%，那么学完之后再教给学员可记住 90%。因此体验培训的学习效果要比单纯的讲授培训效果要好 70%。

体验培训的学习效果之所以好，是因为体验培训的过程是学员在参与中，自主、积极地完成的，是在实践中发现规律，在规律中总结理论，在理论中寻找实践，又在实践中比较，从而完成自我经验性建构。因此，体验培训是实践与理论深度融合的培训形式，使学员置身在情景中陶醉自己，完善自己。

四、有效匹配原理

（一）什么是有效匹配原理

有效匹配原理是在充分学习和吸收克林斯恩教授的密码锁原理的基础上，根据体验培训研发的需要，整合的一种开发理论。它是指：体验培训过程中诸要素之间能够通过一定的程序、结构和量次等，合理的组合成体验培训载体的开发与设计的理论工具（如图 2-9）。

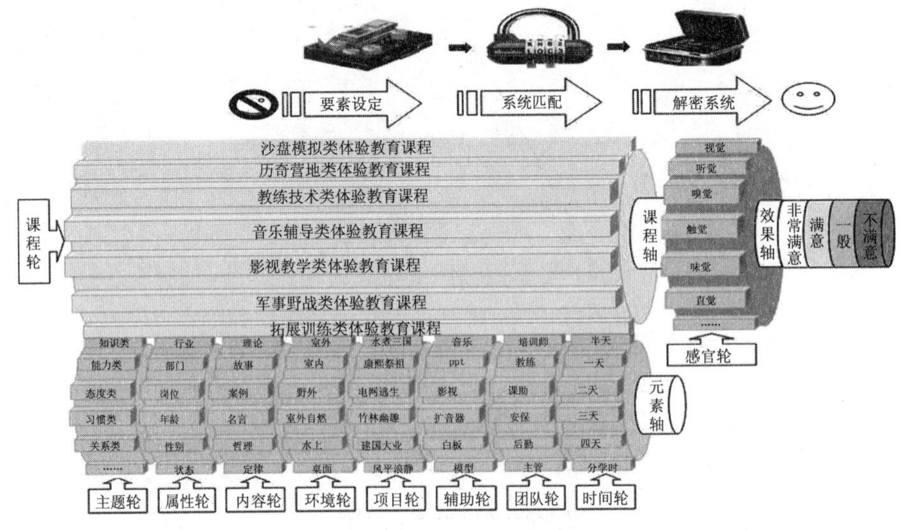

图 2-9　有效匹配原理

该理论工具能够更加明确、直观地表达培训开发的意图。体验培训的创新研发是以个性化、针对性呈现的，所以有效匹配原理主要有以下特征：

1. 组合性

有效匹配原理主要解决体验培训诸要素之间的关系性问题，作为体验培训的要素，其在培训中发挥着非常重要的作用，每个要素都要为优秀的培训效果发挥最大作用。因此，诸要素之间的有机组合，是本原理的第一特征。

2. 匹配性

匹配是职业生涯管理学中的基本概念，是指人才与岗位、企业、地域、文化等的有效配合。这里的匹配是指体验培训诸要素在个性化体验培训过程中的合理运用。

3. 关系性

各要素与体验培训之间，以及诸要素之间具有错综复杂的关系。如何建立合理的结构，妥当的安排各要素的呈现空间和时间，有效地设计体验培训的进程，是处理好关系性的重点。

4. 系统性

与讲授式培训相比较，体验培训最大的特征就是复杂，它是系统工程。有效匹配原理也同样具有系统性的特征，在创新研发的过程中，需要合理地使用系统思维。

吉尔摩说："体验是使每个人个性化参与其中的事件"。体验培训中不同的学员，不同的时刻都有不同的感受。同样是一套课程，每个人体验后的感

受也不尽相同，因此体验个性化参与的特性是每一位体验培训工作者必须明确和认真对待的。但体验的共性就是体验者都是个性化的，那么课程的开发、设计或者是呈现给客户的必须是全部都能体验的。

（二）有效匹配原理的基本要素

有效匹配原理的基本要素由元素轮、元素轴、课程轮、课程轴、感官轮、效果轴等组成。

1．元素轮

组成体验培训的诸要素主要包括：主题轮、属性轮、内容轮、环境轮、项目轮、辅助轮、团队轮和时间轮。

（1）主题轮主要包括：知识类、能力类、态度类、习惯类、关系类等；

（2）属性轮主要包括：行业、部门、岗位、年龄、性别、状态等；

（3）内容轮主要包括：理论、故事、案例、名言、哲理、定律、组织文化等；

（4）环境轮主要包括：室外、室内、野外、室外自然、水上、桌面等；

（5）项目轮主要包括：水煮三国、康熙祭祖、电网逃生、竹林幽趣、建国大业、风平浪静等2000多个体验项目；

（6）辅助轮主要包括：音乐、ppt、影视、扩音器、白板、模型等；

（7）团队轮主要包括：培训师、教练、课助、安保、后勤、主管等；

（8）时间轮主要包括：半天、一天、二天、三天、四天、分学时等。

2．元素轴

用来支撑、平衡和转动诸要素的载体，诸如项目执行表、单元、培训教案等。

3．课程轮

各种主题的分类体验培训课程，主要包括：沙盘模拟、历奇营地、教练技术、音乐辅导、影视教学、野战运动、户外教育等体验培训课程。

4．课程轴

控制和转动课程轮的主要驱动，包括课程方案、课程进程表等。

5．感官轮

主要指体验者的视觉、听觉、嗅觉、触觉、味觉、直觉等。

6．效果轴

主要指培训效果控制，包括非常满意、满意、一般满意和不满意。

（三）有效匹配原理在体验培训中的应用

有效匹配原理的基本程序为：设定课程密码、解密、打开密码，实现预设培训效果。基本内容是体验培训结果（效果轴）的满意与否，取决于体验者感官（感官轮）对培训过程（课程轴）的感悟，而培训过程的主要载体为课程（课程轮）。课程是由要素（元素轴）包括培训主题、客户属性、培训内容、培训环境、体验项目、培训辅助手段、培训执行团队和培训时间等组成。诸要素之间是相互关联的，根据不同客户对课程效果的需求，选择不同的要素作为课程的核心内容。由于各要素发挥功能的量度不同，只有将需求的要素轮与相对应的课程轮匹配吻合后，才能使课程轴与感官轮同步转动，从而带动效果轮转动，达到预设的培训效果。

由于体验培训具有个性化的特征，即时是同样的课程、同样的情境、同样的培训师，那么不同的客户的感受也不同，因而对实施课程的要求就更高。让客户朝着我们预设的效果方向不断深入学习，在每一次课程设计之前，课程的开发、实施都将是一个设定，这就是密码，而目标就是打开带有密码的箱子——学员。要想顺利的打开他，设置密码之后，就应该把“箱子”上的密码要素进行有效匹配。培训之后，学员对我们的评价就是打开箱子时，学员的感受，学员对培训的评价是好，还是坏，这个很重要。所以要做好培训评估。大多数公司的培训师为了省事或其他原因，把评估略去。这是很危险的事，评估不是在帮别人，而是在帮我们自己。没有评估帮助，培训师的密码箱也打不开。

如果没有评估，无法判定培训的效果，仅仅凭做完之后学员说：“好！很好！非常好！Yeah!”是远远不够的，这是感性的评判，是不可取的。举个例子，假设你是学员，我是培训师，我问你培训完了之后感觉怎么样，你基本上会说好。中国人思维都是面子重要，碍于面子，会表现出点头的动作，其实不一定真觉得好。

因此，必须借助科学的手段来评估，要在培训前设定好评估表，进行详细的、客观的评价。如：培训后你有什么感受和收获？下一次让你参与的话，你想参与什么样的活动？您对我们有什么意见与建议？等等。类似于这样的测评之后，才能知道学员的理性思考和收获。获知学员的信息是非常重要的，因此科学化的数据分析也是培训师的基本功课，不能省略。评估表要仔细地分析，在其中能够发现很多预料不到的问题。但是，简单的看问卷有时候很难发现这些问题。这也是成长为创新型培训师的必备要素。

如何在体验培训中运用好有效匹配原理呢？第一，要锁定客户的培训目标；第二，从技术上怎样去实现它；第三，选择用沙盘模拟、音乐辅导、体验培训、野战运动，还是把这几个综合起来用一套课程去实现。这些课程都有其特殊性，比如：沙盘一般情况下在室内，如果没有这样的条件，显然效果不好；音乐辅导的完成，在室内或者竹林、墓碑前都可以，但是把音乐辅

导放在很嘈杂的环境里就不行；体验培训在野外可以完成，室内也可以完成，水上也可以完成，但是多数情况下桌面上是有难度的；野战运动，水上作比较难，枪不能碰水，但是野战运动在室内、野外都是可以的；营地教育，多数是开展青少年夏令营，基本的环境都是可以开展的。

现在营地教育多数是参观式的夏令营，就是将外地的孩子们，带到北京、上海等大城市，参观各种馆类、校园类、大型主题活动等。这些都是游览型的夏令营，比如到北京去，所有的内容就是参观清华北大，然后去参观军事博物馆、科技馆，带着孩子们去参观应该非常简单。但是设定环节很重要，线路从哪到哪，怎么走，而且安全是很重要的，所以这样的课程，怎样去完成很重要。因此，在课程的基础上再认识项目。目前体验培训中能够整理出来的项目有2000多个，作为创新型培训师，必须要掌握200个以上的项目，才能谈得上创新课程，否则大脑中没有元素储备是很麻烦的。

如何打开学员的感悟？这是值得深思的问题，也是体验为什么会被如此重视的根本原因。同样的景观、同样的故事、同样的音乐、同样的活动、同样的培训引导，体验却不尽相同，每个人的体验带给自己的是不同程度的感悟。建构主义心理学认为：每个个体都有自己的、过去的经历和经验，因此在当人们相互接触时所产生的反应是不尽相同的。从关联主义学习观来看，不同的刺激会带来不同的反应。这关系到人们感官的问题，这是一种综合化的过程。体验就因为课程的执行而动用了人体的多种器官，各个感觉都发挥了重要作用，在这些环节都有效匹配后，课程的效果自然就会好。

五、双高体验原理

（一）什么是双高体验原理

双高体验原理是在马斯洛对高峰体验与高原体验认识的基础上，依据体验获取价值的基本思想，创新体验培训的基本原理。想要深入的理解双高体验原理，必须要了解马斯洛的学说，马斯洛在发展自己富有影响力的心理学的过程中，创造了许多术语，其中高峰体验和高原体验，是指引我们掌握双高体验原理的基础。

1. 高峰体验（peak-experience）

美国的心理学家马斯洛在调查一批有相当成就的人士时，发现他们常常提到生命中曾有过的一种特殊经历，有一种从未体验过的兴奋与欢愉的感觉，那种感觉犹如站在高山之巅，那种愉悦虽然短暂，但却尤其深刻，那种感觉是语言无法表达的，“感受到一种发自心灵深处的颤栗、欣快、满足、超然的情绪体验”。由此获得的人性解放，心灵自由，照亮了他们的一生。马斯洛把这种感受称之为高峰体验（peak experience）。[①]高峰体验通常指一种短暂的狂喜、入迷、出神、极大的幸福感和愉悦感。在这种短暂的时间里，我们能感受到敬畏、崇拜和奇妙的心情，体验到“此时此地”以及真实而统一存在的感觉，同时也体会到超越与神圣。[②]

马斯洛认为：自我实现的人，即需要处于金字塔顶层的人，更可能发生高峰体验。处于高峰体验的人具有最高程度的认同，最接近其真正的自我，达到了自己独一无二的人格或特质的顶点，潜能发挥到了最大程度。高峰体验者是更具有创造性、更果断、更富有幻想、更加独立，同时他们很少有教条和官僚。他们很少关注物质财富和地位，他们更可能去追寻生命的意义。

高峰体验与最佳状态有非常密切的关系，在很大程度上，高峰体验就是最佳状态本身，其特征为[③]：

（1）处于高峰体验中的人有一种比其他任何时候更加整合（统一、完整、浑然一体）的自我感觉。

（2）处于高峰体验中的人更加纯粹地成为他自己时，就更能够与世界、与以前非我的东西融和。

（3）处于高峰体验中的人通常感到自己正处于自身力量的顶峰，正在最佳地、最充分地发挥自己的潜能。

（4）当一个人处于最佳状态时，他的充分发挥功能还体现出一个很微妙的特点，这就是行动的轻松自如。

（5）处于高峰体验中的人比其他任何时候更富有责任心、更富有主动精神和创造力，更加感到自己就是行动和感知的中心。

（6）最大限度地摆脱了阻滞、抑制、畏惧、疑虑、控制、自责、制动、谨小慎微。这些体现了他情感价值的否定方面，体现了他的自承、自爱和自尊的否定方面。

（7）他在行动上更具有自发性、表达性、纯真性，即正直、天真、诚实公正、坦率、童真、无防备、无防御。他在行动时更加自然、放松、简单、诚恳、不踌躇、不做作、直截了当，有一种特殊的淳朴。他更加不受控制、自由地奔涌出生命力。

（8）他在一种特殊的意义上更加具有创造性。

（9）处于高峰体验中的人达到了自己独一无二的个性或者特质的顶点。

美国的登月者米歇尔，在阿波罗登月舱中，从宇宙中遥望美丽的地球而

---

① （美）马斯洛著．动机与人格．许金声，等译．北京：中国人民大学出版社，2007。

② 汪若．高峰体验．北京：蓝天出版社，2004。

③ 高峰体验，百度百科，http：//baike.baidu.com/view/36539.htm。

获得高峰体验，刹那间他知道了"宇宙自有它的意义及方向，在那有形的造化之后有一种层次，人类的追求必须提升到全球的资源共享，世界才会是可持续的"，米歇尔重返地球后，放弃了太空生涯，投身于环境与生态的运动。可见，经历高峰体验之时和之后，人们会选择性的发生改变，这也是在培训过程中之所以采用高峰体验的真谛。

2. 高原体验（Plateau-experience）

马斯洛晚年对滥用高峰体验概念和不择手段的寻求高峰体验给人们带来的危害非常苦恼，他觉得自己的观念遭到了严重误解。于是，他描述了另一种超越体验："不再是一种突发的、刹那间的、感性的、高潮式的体验，而是一种通过时间、努力、修炼、奉献达到的一种心灵境界，能从现实或永恒两种角度看待生命，从平凡中体会超越"。他称这种体验叫"高原体验"。它是指对于感受到的敬畏与神奇做出平静、稳重的反应，与高峰体验相比，它没有那么强烈的感情色彩，相反，它更多地含有理性与认知的成分，也更多地是出于意志的行为。①

高原体验与高峰体验不同之处在于：高峰体验具有强烈的情绪成分，而高原体验更多的是理性的认知；高峰体验可以不期而遇，而高原体验通过有意识的勤奋的努力来达到；高峰体验是短暂，而高原体验是持续的。

二者之间具有强烈的关联性和发展性。因此，在体验培训创新的基本原理中，双高体验原理是非常重要的，它关系着体验培训效果的预设与过程控制。

（二）双高体验原理的基本要素

双高体验原理包含高峰体验强度、高原体验强度、体验培训进程、高峰体验点、高原体验点、高峰感悟点、高原感悟线和高原感悟面等要素。

（1）高峰体验强度是指体验者在体验的过程中感受到的高峰体验的程度，它决定着体验者瞬间感悟的程度；

（2）高原体验强度是指体验者在体验的过程中感受到的高原体验的程度，它决定着体验者持续感悟的程度；

（3）体验培训进程是指在体验培训的全部过程，是组织者组织体验培训的程序，也是培训师实施培训的过程；

（4）高峰体验点是指为了使体验者能够获得高峰体验而设计的体验关键点（又称为节点）；

（5）高原体验点是指为了使体验者能够获得高原体验而设计的体验关键点；

① 百度百科，http：//baike. baidu. com/。

（6）高峰感悟点是指体验者在体验进程中的高峰体验点上所获得高峰体验收获和顿悟；

（7）高原感悟线是指体验者从接受高原体验点的时刻开始，形成的时间和空间上持续的感悟，以及若干个高峰感悟形成的点状线的集合；

（8）高原感悟面是指由若干高原感悟线和高峰感悟形成的点状面的集合。

体验培训中的高峰体验（如图 2－10）是由高峰体验强度和体验培训时间和空间上的进程形成的高峰体验坐标曲线。在培训课程开发时就根据课程主题和目标的基本需求设定的若干高峰体验点（如横轴的 ABCD 点）。高峰体验点包含着时间点和空间点的概念。图中的高峰体验强度从下往上呈现出增长的趋势。通过在体验培训课程中设计多个切合主题的高峰体验点，推动学员产生高峰体验，从而产生高峰感悟。随着高峰体验点的不断延续和科学化的排列，学员的高峰体验程度不断加强，而与之相对应的高峰感悟也就不断加强。如图中所示，高峰体验和高峰感悟成正比例。由于高峰体验具有瞬间的特性，由此产生的感悟也具有快速遗忘的特性。图中的曲线表示的是当在开始体验至 A 高峰体验点，逐渐形成高峰感悟后，当感悟达到最高点时，开始下降减弱，并逐渐遗忘；随着体验点延续至 B 高峰体验点时，高峰感悟在原有基础上被强化感悟加强，高峰体验点的不断持续，带动着高峰感悟不

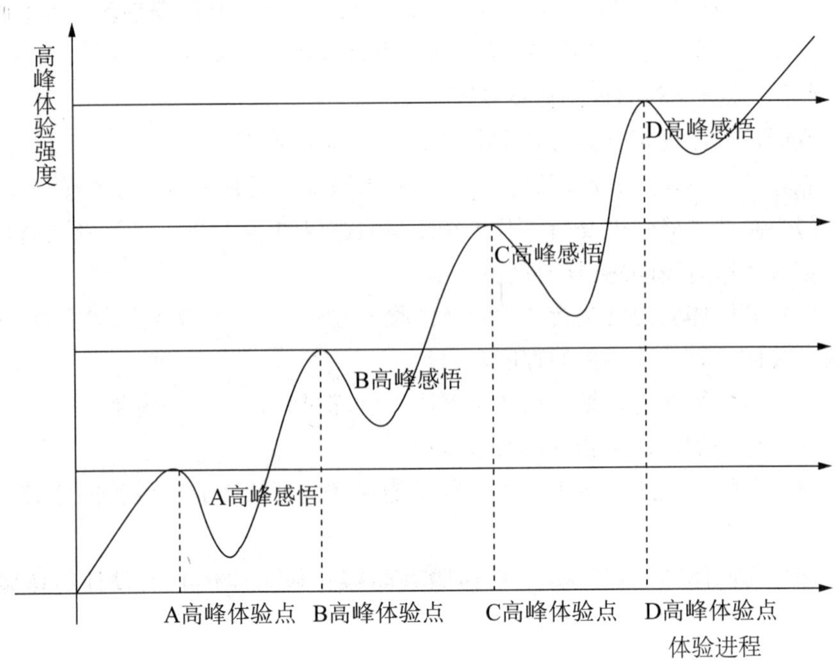

图 2－10　体验培训中的高峰体验

断加强，达到影响学员，实现培训的效果。需要注意的是由于高峰体验的主题性、主体性和个性化很强，因此有效的、科学的设计针对性的高峰体验点是做好体验培训创新和开发的重点和难点。

体验培训中的高原体验（如图 2－11）是由高原体验强度、体验培训时间和空间上的进程形成的高峰体验坐标曲线。在培训课程开发时就根据课程主题和目标的基本需求设定若干高原体验点（如横轴的 ABCD 点）。高原体验点包含着时间点和空间点的概念；图中的高原体验强度从下往上呈现出增长的趋势。通过在体验培训课程中设计多个切合主题的高原体验点，推动课程中学员产生高原体验，从而产生高原感悟。随着高原体验点的科学化的排列，学员会出现不同程度的高原体验，而与之相对应的高原感悟也将出现，并不断延续。如图中所示，高原体验点上产生的高原感悟会在一定的水平上持续。当下一个高原体验点来临时，高原体验随之提高后，仍会保持在一定的高度不断持续，由于高原体验具有持续性的特性，因此由此产生的高原感悟也具有可持续性。这也就是体验培训价值所在，高原感悟的延续使得体验的价值得以延续。由于高原体验具有复杂性、多元性和个体性，因此在体验培训课程的设计和开发中，高原体验点的创意和策划是值得我们认真研究的课题。

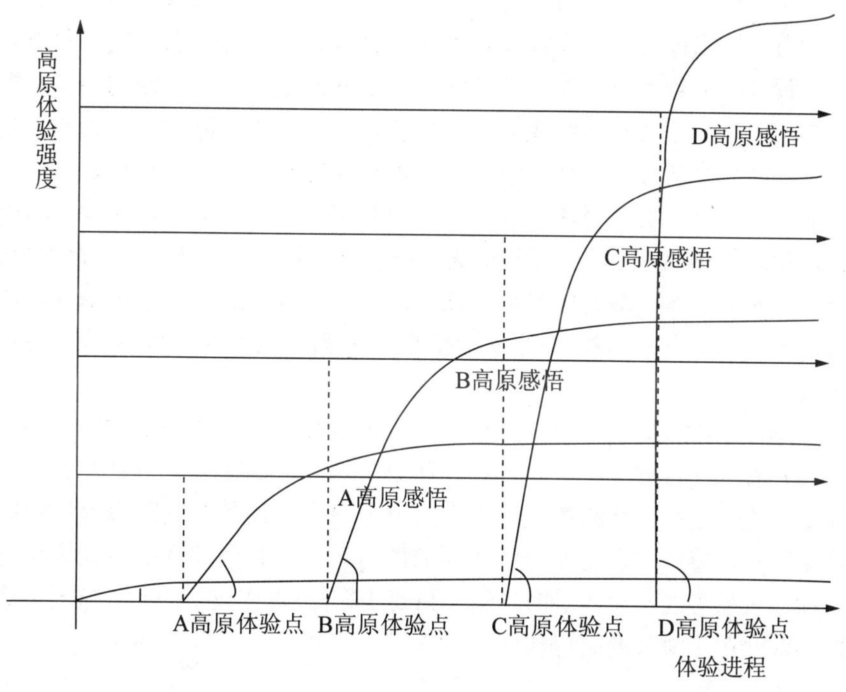

图 2－11　体验培训中的高原体验

(三) 双高体验原理在体验培训中的应用

双高体验原理是在高峰体验和高原体验的基础上，在体验培训的创新研发工作中不断总结出的一套开发理论依据。该理论主要依据的是现代心理科学和行为科学。现代心理学认为人的体验有 4 个层次：生理需求、情绪需求、理性需求和超越需求，对应着 4 种动力：本能的动力、情感的动力、心智的动力和心灵的动力。根据人的需求和动机理论，人的幸福感悟取决人的顿悟。而顿悟又是在特定的时刻、特定的环境、特定的空间中形成的自我感悟认知，这与人的高峰体验和高原体验密切相关。因此讨论双高体验原理在体验培训创新中的应用，必须要深入的领会顿悟的基本含义。

双高体验原理的确存在一种精神顿悟的色彩。顿悟需要两个条件：一是强烈的精神灌注，意识长久的指向某个目标；二是心智的压抑，心灵积攒了太多的能量。当两者到了某一个阈值的时候，就会造就高峰体验和高原体验。①

吉尔摩说：体验展示者的工作消失后，它的价值仍然弥留延续。体验培训的任务就是在组织体验者完成体验之后，或者体验过程中，不断地通过体验来完成体验者高原感悟的架构（如图 2－12）。双高体验原理在体验培训中的应用是根据客户的特性而科学合理设定双高体验点，并有效地组织实施，促使学员在双高体验点上完成预设的双高体验，形成高原感悟线。每堂体验培训课程都会有若干个支撑主题的元素，这些元素形成了主题的模型。由支撑元素按照一定序列排列而成的双高体验点，会产生不同的高原感悟，这些感悟有序的集合就形成了高原感悟面。随着双高体验点（ABCD 双高体验点）的不断延伸，更多的高峰体验点汇集成为高峰体验点的集合，在同一程度的双高体验线上形成一条趋于平稳的高原体验，并随之形成相对应的高原感悟。双高体验不断延续，双高体验强度便不断加强，就形成了台阶式的高原体验面（ABCD 高原体验面）。高原体验面的高度越高、持续的时间越长，培训的效果就越好。

双高体验原理如何在课程实施中有效发挥作用呢？我们举空中断桥的例子，客户看到课程方案书中的断桥、听到“断桥”两个字、再到断桥下、爬上断桥、跨越断桥、从断桥上下来，大家分享和讨论的时候都会有一瞬间内心产生强烈的感悟。再比如完成毕业墙的过程，首先培训师引导大家自己设置时间，大家可能会说 1 小时，结果只要 16 分钟就完成了任务，这时的欢呼雀跃，就会产生瞬间的高峰体验。

---

① 高峰体验，百度百科，http：//baike. baidu. com/view/36539. htm。

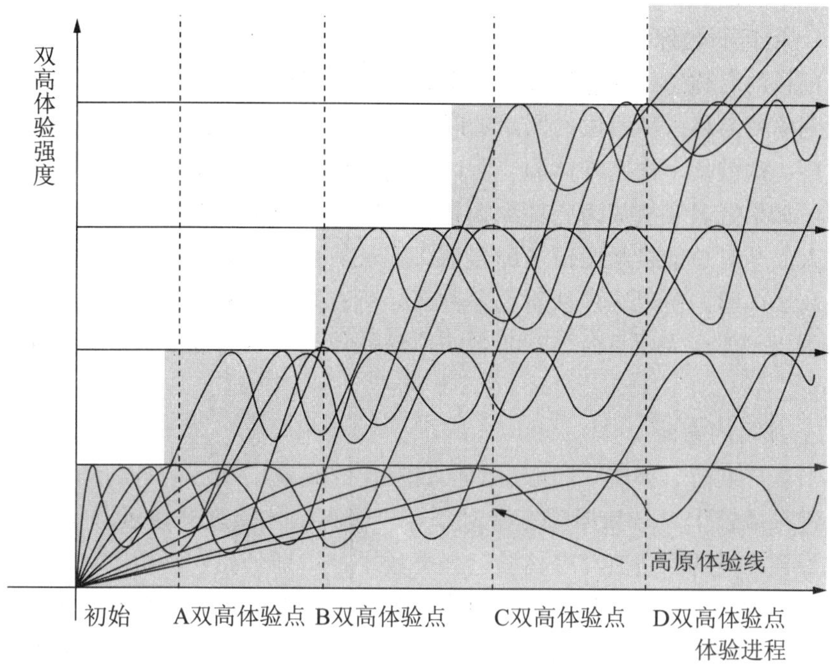

图 2-12 体验培训中的双高体验原理

那么，高峰体验和高原体验又有什么样的关系呢？二者是相互促进的关系。体验培训中，破冰是关键，冰破好了，后面的课程非常容易引导，否则后面遇到很多阻碍课程进程的麻烦。为什么破冰重要呢？对学员来讲，破冰是从一般的心理感受，走向双高体验的过程，而这个过程怎样达到呢？就需要运用体验活动来达到。

培训课程中的活动是需要精心设计后，才能达到预设的目标的。比如破冰课程中常用的 10 秒钟击掌、齐眉棍、夹鼻子等项目，都会在学员不知情的情况下达到双高体验，但如果这些活动学员都体验过了，就很难实现了。

培训中的环境的选择对实现双高体验至关重要。当学员一来到基地，就发现基地非常的美，有山，又有水，远离了嘈杂的环境，学员一下子被这个环境所陶醉，出现了一个高峰体验。有了这个环境之后，可以配些音乐，就会更加美妙，在培训中学员不知不觉地就到了用餐时间，第一次用餐，学员们吃饭很香，食量很大，这又是一次高峰体验。

在体验培训的整个环节中都可以呈现双高体验，但项目呈现最为主要，因此，我们需要将项目解剖开分析其双高体验的出现。项目大致可以分为：项目的名称、项目的布课、项目的体验、项目的分享、项目的总结和项目的应用6个阶段。

1. 项目的名称

项目的名称怎样才能使顾客产生高峰体验呢？当客户在课程销售人员那里看到项目名称或项目法的图示的时候，会产生一种想体验、想参与的冲动和欲望，这就是一次高峰体验。所以项目的名称设置很重要，比如简单的搬椅子，如果把名字换成为乾坤大挪移，对客户的吸引力会变得强烈许多。由于，人们平时总能接触搬椅子的事情，但是从来没有乾坤大挪移，这样就会出现高峰体验。所以客户从看到名称开始就有高峰体验了。所以，项目的命名很重要，怎么为项目命名？命名的原理是什么？后面的章节中会详细讲解和分析。

2. 项目的布课

当客户期待、渴望、焦虑过的项目在他的眼前出现后，培训师运用教练技术进行情景化引导和课程布置时，客户的高峰体验就开始了。比如断桥，学员看到高空的断桥时高峰体验已经开始了，培训师站在断桥下，讲解着紧张的“二战”故事，将学员带入到情景中，在仔细讲解如何攀爬、如何跳跃、如何保护等的过程中，其实学员的心里面已经开始跳断桥了，犹如许多演员在上场之前的紧张，运动员在上赛场前的赛前状态一样。这种状态就是课程中要达到的阶段性状态，让学员心里开始体验，这就是布课中的高峰体验。

3. 项目的体验

第三个高峰体验是在项目体验环节产生的，是学员直接参与的反应过程，更是学员自我感悟的过程。断桥中从团队为其充电完成后的攀爬立柱开始，随着立柱越爬越高，学员在地面的心理体验与身体体验之间发生了矛盾性的感悟，随着高峰体验产生，开始怕、担心、甚至后悔自己的决定，内心冲突不断加强。如果学员离开立柱，他的手没有扶着的地方了，感觉就更加强烈，当他慢慢往后面挪的时候，你会发现体验者的汗毛是立着的，甚至听觉出现短暂的屏蔽。当学员起跳的那一刻的纠结万分、跳过去后的忐忑不安、跳回来后的激动不已的状态和回到地面后的战斗胜利的喜悦，犹如一次生死之旅般的美妙，这种感觉无以言表，但却感慨万千。因此，攀爬、站立、跳跃前、跳跃时、跳跃后、跳回来后和安全回到地面，这是从最低点的安全到危险，再到安全状态，学员的身心经历两种极端，这种极端的高峰体验是非常美妙的。

4. 项目的分享

项目的分享的过程是学员自我建构的过程，也是学员再一次回顾和反思的过程。分享过程犹如牛的反刍现象，培训师需要在这一阶段展示其强大的

功力，运用咨询技术、倾听技术、迁移技术、点化技术等进行分享引导，使学员再一次出现高峰体验。当学员们静下心来分享的时候，每一个学员的感悟都不同，相互之间的表达和讨论，会因为许多共同的认知、感受而产生共鸣，也会因他人的分析启迪得到顿悟，这就产生了新一轮的高峰体验，否则就不会出现学员流泪和感慨万千的现象了。我深刻的记得一个电视台的女孩，在她走上断桥之前，信誓旦旦的告诉大家："你们看我的，你们看我的，我上去5秒钟就跨个来回!"她语言肯定，信心坚定，表情放松，看上去没有丝毫的紧张和害怕，大家都为她而鼓掌和叫好。可是当她一步步走上去时，刚刚到达断桥板就在大声喊："妈呀，你在哪里，我好害怕。"她一直在哭，通过长达一个小时的沟通和科学的引导后，她成功的跨越了断桥，并来回跨过了6次，当她含泪走回地面时，她紧紧地抱住了等待她的队员和我，那一刻的她激动的说不出话来。当我们按照亚瑟王圆桌会议理论坐在一起开始运用苹果理论分享时，她泪流满面地表达了自己的感情："我从来没有遇到过这样大的困难，长这么大这是我遇到的最大的一次困难，以前我的生活中一直很平坦，这次对我来说是一次不小的打击，我原以为我没有问题，方方面面都很强，这一次我真正的认识到我的缺点，我一生也不会忘记这次体验。"

5. 项目的总结

在项目的总结环节，要通过培训师的提炼、点化、迁移、嵌入等技术的有效使用，使学员进一步出现顿悟，因此，这一环节培训师往往采用讲故事、分析现象、讲解定律、分解人性、引用典故、思维转换等方式进行总结和授课。在断桥项目的总结时，往往采用"断桥一小步，人生一大步!"这句话抛出去，引导学员出现自我映射，这一句话可以使学员出现高峰体验，但高峰体验的力度还不够，还可以用故事、心理学、行为学的知识进行引导和分析。

6. 项目的应用

"当体验者展示工作价值的时候，体验的情绪仍在弥留延续!"① 体验培训真正的意义在于：当体验者回到生活、工作后，还能在生活中映射出培训项目带来的收获，这就是高峰体验的应用。比如做完断桥后，学员回到工作中，遇到销售碰壁的困难，他能够想起断桥上的困难体验，断桥的跨越与销售的困难就联系在一起，他对突破困难的理解变得深刻，从而引导他完成销售困难的突破。

比如说清朝的孝庄皇太后，她一个人辅佐了皇太极、顺治、康熙三位皇帝，经历无数次高峰体验。所以当她遇到鳌拜谋反、削藩动乱的时候，她用

① 吉尔摩．体验经济．北京：机械工业出版社，2006。

“岿然不动”形容自己，称动乱者为“小毛贼”。但是当时的康熙就不一样，他感觉就好像天塌下来一样。我们发现，人过去的经历决定了他今天的工作状态和明天的工作业绩，甚至是对生活、工作意义的理解，即人的价值观。过去决定未来，付出决定收获，经历决定幸福！体验培训作为一个经历过程，就是要通过培训使得学员在体验自我、感悟自我、经历自我、反思自我和改变自我中不断得到修炼，这才是我们要达到的目的。当学员的高峰体验点的密集度达到一定的程度时，就会自然的形成高原体验，由此体验培训的价值就得以显现。

六、体验本质原理

（一）什么是体验本质原理

无论是培训，还是娱乐，只要是体验都将遵循体验的本质原理。体验培训决不是取悦客户，而是使其置身于事件当中。体验本质原理是指体验者在体验前、体验过程中和体验后的本质性体验需求。人的体验需求包括教育性体验、审美性体验、逃避性体验和娱乐性体验 4 种。教育性体验是人接受教育和学习的体验，是人们提升自我、获取外在信息的最为有效的方式之一；审美性体验是人关注外界、自我身心和灵魂深处的体验，是人对世界、万物、生命、意义、价值、幸福等深入的体悟；逃避性体验是人逃离当下境界，进入新境界（包括现实的和虚拟的）的体验，是人对现实中厌倦、疲惫和困惑的情绪的释放和转移；娱乐性体验是人为了身心健康、愉悦和舒适而进行的体验，是人舒缓压力的重要方式之一。

体验本质原理是依据马斯洛关于需求层次和人的价值观的基本理论，为有效区分人在体验过程中的目的，而相对划分体验培训类型的开发原理。

（二）体验本质原理的基本要素

体验本质原理揭示了人的体验有教育性体验、审美性体验、逃避性体验和娱乐性体验，而这四种体验会在体验培训中相互交织形成交织性体验。在体验培训的过程中，由于学员过去经验的不同，导致他置身其中的需求以个性化特征呈现。因此，单纯某一方面的体验是不存在的，学员会在复杂交织的过程中完成自我体验。不同的个体对每一种类型的体验具有不同的偏好性。同一群体中处在不同阶段的个体对体验的类型也会出现偏好性。这就是说，人的体验需求会随着时间、空间和人的感官发生微妙的改变。这一观点，更加说明了个性化是体验的本质。因此掌握体验需求变化性的特点，是体验培训开发的关键。

（三）体验本质原理在体验培训中的应用

由于体验者的复杂性体验的存在，使体验培训创新的难度变大。但这并

不影响体验培训的创新与开发，恰恰相反，个性化和变化性的体验特点，使得体验培训过程变得更加精彩和独特，使体验者的感悟不断的发生着改变，高峰体验不断的出现，使体验从单一走向多元和丰富多彩。

体验本质原理从以下 5 方面应用于体验培训开发：

1. 体验本质原理能够明确学员的体验需求

体验培训决不仅仅是为了学习和教育，而是寓教于乐的过程。让学员在体验中获得反思和感悟，从而帮助其提升自我、审视自我和改变自我。由于人的提升、审视和改变，不一定通过接受知识的、能力的、态度的和习惯的教育所获取，也可通过大自然的陶冶（比如沙漠让人对水的渴望）、环境的改变（置身竹林的清幽使人思索生活的质量）和欢声笑语（体验中的放松游戏使人释放类腓肽）等方式获取。因此，在体验培训开发的过程中，需要分析学员的当下状态，编制针对性的课程、选择适宜的环境、采用适合的培训风格、设定有效的培训目标，让学员在潜移默化中得到感悟，达到培训的目的。

2. 体验本质原理能够有效的划分课程的体验类型

如图 2－13 所示，体验培训的交织性特点非常明显，任何一套体验培训课程都具有教育性、审美性、娱乐性和逃避性的特点，只是不同需求的课程，其侧重点不同。

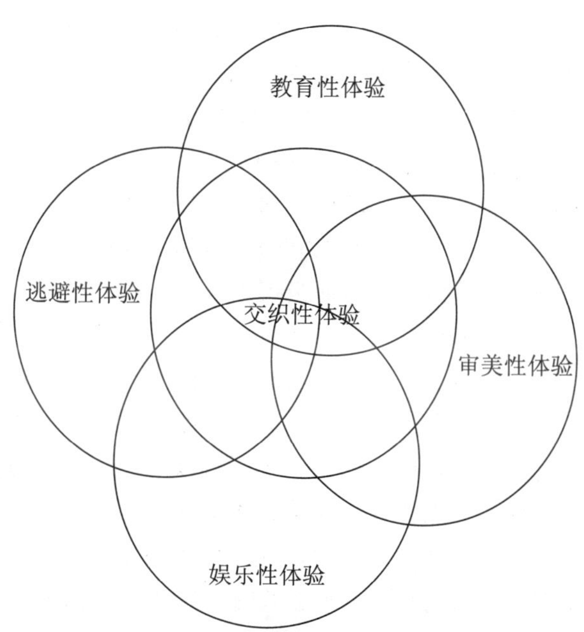

图 2－13　体验培训体验本质原理

教育性体验培训课程中审美与逃避的元素多一些，而娱乐的元素相对较少，虽然教育需要寓教于乐，但过多的娱乐元素会使学员沉湎于开怀，而减弱了反思。

审美性体验培训课程中，教育与娱乐的元素多一些，而逃避的元素相对少一些，审美者更愿意关注自我价值实现和自我身心的健康发展，会用审视的方法内看自我价值的存在。

娱乐性体验培训课程中，审美和逃避的元素多一些，而教育性的元素则相对少一些，当学员的目的是娱乐时，更多的希望放松自我身心，远离学习的大脑、抛开接受的苦恼，在快乐中释放，将内在的“垃圾文件”清除，释放更多的“内存”。当然，这已为进一步的学习提供了空间，只是需要在课程的元素中减少些教育的元素。

逃避性体验培训课程中，教育和娱乐的元素多一些，而审美的元素则相对少一些。当逃避者需要远离当下时，实际是厌倦当下的，他需要通过娱乐来缓解自我，在快乐中寻找自我和改变自我，这种改变实际上属于教育的范畴，是自我思考和内省的过程。

3. 体验本质原理能够提升课程开发的价值

一套完美的体验培训课程其价值在于个性和针对性。任何培训课程都无法解决所有学员的需求。因此课程开发的价值就在于，能够针对客户的需求和学员的特点进行设计。体验本质原理有效的揭示了体验的基本类型，帮助培训师在课程开发过程中做到针对性的分析和设计。

4. 体验本质原理能够丰富体验培训过程

客户往往会提出非常复杂的培训要求，会将当下存在的所有问题罗列出来，期待通过培训来解决，这是非常麻烦的事情。这种情况的出现几率非常高。因此体验培训师们就需要使出浑身解术来满足客户的需求。但在实际工作中，这样负责的培训需求，基本上无法全部实现。这时，就需要依据体验本质原理进行针对性执行。无论课程需要解决的问题有多少，都可以归类到教育性、审美性、娱乐性和逃避性的体验中。而交织性体验正是体验培训的特点，在每一次的体验课程中，都会有不同程度的交织，不可能出现单纯的某一种体验培训，比如：以教育性体验为主的体验培训课程中，会伴随着逃避性体验、审美性体验和娱乐性体验，因此在体验培训的过程中植入不同类型的元素，使得客户需求的目标得到有效的呈现，从而达到培训的目的。

5. 体验本质原理能够有效区分体验情景

环境造就人才。体验培训的环境对培训的效果影响很大。适宜的环境会推动体验者呈现高强度的、恰当的高峰体验，而不适宜的环境则会使体验者

倒胃口，起到负面的作用。因此注重环境在体验培训中的作用是非常必要的。体验培训的环境具有身临其境的特点。教育性体验要求学员置身于安静的、积极的、和谐的文化情境中；审美性体验要求学员置身于大自然、人文景观或心灵情景中；娱乐性体验要求学员置身于欢乐的、开放的、热烈的、激情的情境中；而逃避性体验则要求学员置身于新奇的、渴望的、归属的、兴趣的情景中。

七、目标指向原理

（一）什么是目标指向原理

目标是过程的结果，指向是设定目标的方向。目标指向就是为了达到特定的目标而选择的方向。体验培训中的目标指向原理是指：在培训中针对不同客户对体验培训目标需求的不同，而设置不同方向的基本规律。需要注意的是同一组织在不同的阶段，其对体验培训的需求是不同的，因此针对性的选择尤为重要。

（二）目标指向原理的基本要素

如图 2－14 所示，按照社会组织性质划分，社会组织一般可以分为：学

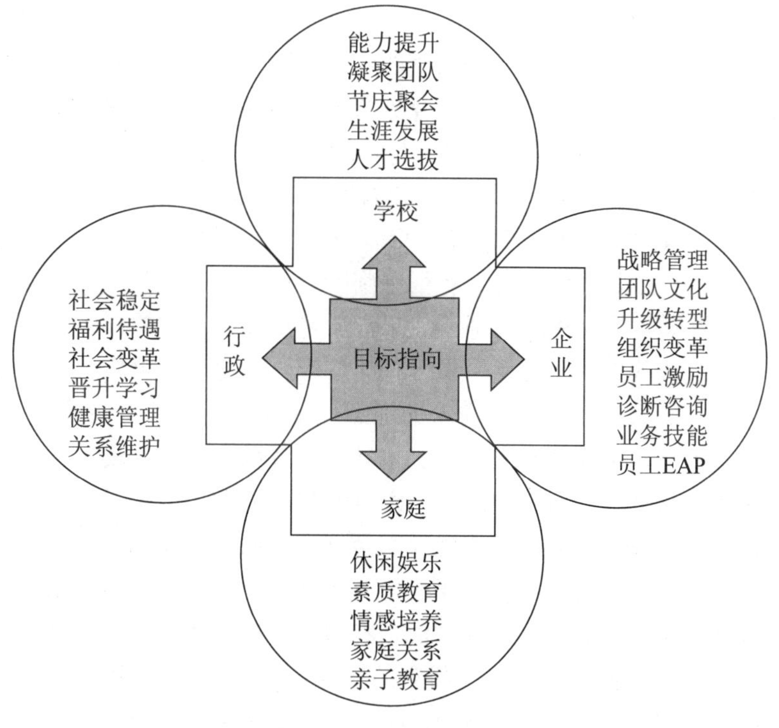

图 2－14　目标指向原理

校、企业、家庭和行政机构 4 大类。不同性质的客户有不同需求，因此在选择体验培训的时候也不相同。学校对体验培训的需求主要侧重于能力提升、凝聚团队、节庆聚会、生涯发展和人才选拔等方向；企业对体验培训的需求主要侧重于战略管理、团队文化、升级转型、组织变革、员工激励、诊断咨询、业务技能和员工 EAP 等方向；家庭对体验培训的需求主要侧重于休闲娱乐、素质教育、情感培养、家庭关系和亲子教育等方向；行政机构对体验培训的需求主要侧重于社会稳定、福利待遇、社会变革、晋升学习、健康管理和关系维护等方向。图中诸多的目标指向，并不是严格的分类，一类组织中的侧重在其他类组织中也存在着需求，只是不同的组织在不同的阶段和时期的重点不同，因此该图所起到的仅仅是分区示意的作用，以明确表达组织机构的特性对体验培训开发的影响。

（三）目标指向原理在体验培训中的应用

明确了目标指向原理的基本含义后，对体验培训思路的设计、调查与分析设计、方案的设计、要素选择和课程设计等就有了明确的指向。

1. 目标指向原理帮助培训师明确社会组织分类

学校、企业、家庭和行政机构是社会的基本单元。在体验培训中，对客户的个性化特性认知是培训师的基本功，培训的水平和效果不取决于培训师的水平，而更多的取决于学员体验后的收获。因此，个性化的需求分析是非常重要的，培训需求方向是个性化分析的重要内容。学校比较重视体验的教育功能，企业比较重视体验的教育和娱乐的功能，家庭比较重视体验的娱乐、教育和逃避的功能，行政机构则比较重视教育、审美和娱乐的功能。

2. 目标指向原理能够帮助培训师有效地确定培训类型

在体验培训中，很多的参与者很难判断自己的真实体验需求，经常处于模糊的体验状态。这对体验培训的效果和质量造成了一定的影响，由此会对培训师培训造成很大的随意性。根据相关调查，行业内不少培训师的行业倦怠是由此引发的。由于体验者需求的随意性变动，造成了培训结果多元化，过程控制随意化，培训师疲于应付变化导致的各种危机和变动。多方向的需求导致了体验培训师广而全的思想，没有专门的方向。讲授式的培训师们运用讲授的方法完成其培训过程，但他们会有自己的专题和方向，比如有效沟通、生产管理等。他们开发专项课程作为自己安生立命的根本，很多的人将体验培训理解为低端的、万金油式的，看似能解决很多问题，但又什么也没有解决好。这使得客户方陷入了两难的境地，一方面感到培训形式的新奇、震撼，同时又担心着，学习内容上的简单、松散和宽泛。因此，体验培训师有必要将体验培训正视为一种培训方法和技术，诸如人力资源管理中的定位：

培训游戏、沙盘、情景模拟、拓展训练等都应为体验培训的一类。要始终明确体验培训区别于其他类型的培训的特点是学员的主动参与性、信息植入的高效性、团队化参与的真实性和学习要素的丰富性。同时，也要正视当前体验培训师的非专业性的问题。大量的培训元素没有得到整合和运用，简单的拼凑和随机的排列使得培训过程缺乏科学的考量与分析。建立在体验培训方法基础上的思想，没有在从业人士中得到广泛的认同，因此立足于分类专业的培训没有形成业内有效的、专业的分工，这将导致表面上，体验培训师源紧缺，好像远远少于其他讲师数量，但实际上，按照专题课程划分来看，体验培训师却远远多于其他讲师。依靠培训方法的优势，来吸引客户参与培训，客户会因新奇而感动，但消失的速度也非常快。针对发展需求的学习内容来吸引客户，才是长久发展之计。体验培训师急需要自我拯救，深入地研修客户分类特点，负责任的开发适合自己的、市场需求的体验培训专题课程才是成就专业培训之根本。可喜的是这样的趋势已经在经历了体验培训的严冬之后悄然复苏，不少的体验培训师已经踏上了属于自己的道路！

3. 目标指向原理可以帮助培训师明确组织的真实需求

在客户调查和分析阶段，最难的问题是如何确定客户培训的真实需求，表面问题往往覆盖了真实的问题。组织中的核心因素是人，人的复杂性决定了组织问题的复杂性和多元性。实践中发现，当培训师根据客户的表面分析与调查结果进行课程开发设计与执行时，往往事与愿违，无法达到或偏离的客户的需求主题。不少的体验培训结束后，客户反映的问题更多了，不知道如何解决了，变得更加困惑了。诸如此类的问题，国内著名的体验培训研究机构带头人北京大学拓展训练研究中心的钱永健教授，将这种现象称为“挠痒痒定律”。哪里痒了就挠哪里，越挠越痒，周围的地方也感到痒，结果不痒的地方也变得痒起来了。培训前问题还能说清楚，培训后说不清楚了，变成了千疮百孔，遍体鳞伤。不能准确的对症下药，根治病源是体验培训发展中很大的障碍，也是值得认真研究的课题。提高培训中的诊断能力是至关重要的。目标指向原理更加明确了客户类型及客户的需求类型、亚需求类型和非需求类型，帮助培训师甄别客户需求的真伪，更加准确的把握客户培训的真实需求，通过望闻问切等有效手段实施课程的开发与设计，为执行课程奠定坚实的需求基础。

八、培训关联原理

（一）什么是培训关联原理

培训绝不仅事关受训者，更多的利益攸关会交织在培训的过程中，发挥着不可忽视的作用。培训关联原理是指：在开发和设计课程时，为达到体验培训的预期目标，在系统分析客户关联性因素的影响基础上形成培训关联性因素集合，通过因素间的相互需求关系的整合，达到使体验培训课程的效果更优化目的。因此认真分析体验培训的相关因素是做好体验培训工作的重点。

（二）培训关联原理的基本要素

世界上任何事物都存在其独特性，而事物之间千丝万缕的关系决定了事物的存在价值。如图 2－15 所示：体验培训中的要素有：参与学习受训人、执行培训的环境条件、影响着受训人的家庭、客户主体（诸如企业、政府、学校等职业化组织与团队）、执行培训的培训团队（包括培训师、教练、助教等）、解决培训生活化问题的后勤基地、直接评价课程效果的客户主管、合作的影响因素课程研发、培训机构的对接人客户经理。培训中的要素也不例外，各要素之间关系复杂，相互影响、相互制约、相互促进，形成了相生相克、相辅相成的要素关系群。

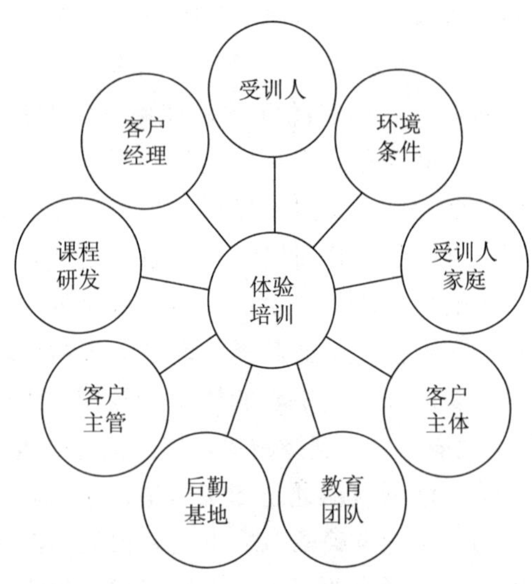

图 2－15　关联原理

（三）培训关联原理在体验培训创新中的应用

1. 培训诸关联要素的功能性分析

对于体验培训的效果而言，诸要素的功能性分析是非常必要的。

（1）受训人，直接参与体验培训的主体，决定培训效果的核心要素；

（2）环境条件，影响培训质量的重要因素，环境造就人才，条件会改变培训的质量；

（3）客户主体，受训人的归属主体，其文化和需求决定着培训的主题和

基调；

（4）培训团队，培训的实施者和直接参与者，其水平和专业性影响着课程的质量和客户的评价；

（5）后勤基地，完成培训的重要辅助部分，是受训人、培训团队物质生活和培训顺利进行的基本保障；

（6）客户主管，负责培训的客户方代表，直接参与课程评价的重要角色；

（7）课程研发，推动体验培训不断前进的力量源泉，是课程执行者的有力武器；

（8）客户经理，培训方的培训现场协调人，负责与客户主体、客户主管和培训师进行进程和质量方面的有效沟通与管理。

2. 培训诸要素之间的应用

体验培训中各要素之间呈现出多样性的关系状态。培训诸要素之间存在着制约和促进的作用。要素之间的制约作用，增强了体验培训的个性化、特色性和针对性；各要素之间的促进性作用，丰富了培训的内容和含义。无论是制约的还是促进的作用，只要针对性使用都能够推动体验培训中双高体验的产生。因此有效而巧妙的运用各要素之间的关系，是培训顺利、高质量完成的保障。

（1）受训人

①制约：因年龄过大而对组织开展培训的抵触、消极、不思进取、安于守旧等，通过突破性的体验唤醒受训人的激情。

②促进：对娱乐性体验需求更多，放松身心的需求明显，安排此类内容，以丰富培训内容。

（2）环境条件

①制约：因气候和地理因素造成的季节性课程问题，开发以环境为本的体验培训课程，形成特色，促进体验。

②促进：自然环境对人的熏陶，以及回归大自然的追本诉求是人的自然本性。

（3）客户主体

①制约：由于组织文化淡然、激励方式和生涯发展等带来的惰性心理，融合组织文化、开展 EAP（员工心理援助计划）辅导。

②促进：关心员工个体成长，员工生涯管理、组织员工的股份体制等的激励。

（4）培训团队

①制约：培训师的理论功底欠缺，通过受训人之间的分享补充。

②促进：由于培训团队的开放、合作、热情，感染和熏陶着学员。

(5) 后勤基地

①制约：酒店住宿、热水、饭菜等生活特殊体方面的质量问题，会导致培训质量的感官下降，学习效果变差，将不足设计成为考验环节，使其合理化和针对化。

②促进：基地服务到位，生活设施完备，物超所值。

(6) 客户主管

①制约：仅观察而不参与带来的评价间接性，导致实际评价失真，主动沟通，提前沟通。

②促进：积极有效的合作，协同与及时的信息反馈与沟通。

(7) 课程研发

①制约：研发团队的层次、知识产权的有效保护和研发质量的问题。

②促进：针对性的课程研发，专业的构建，形成国内大客户支持系统。

(8) 客户经理

①制约：以我为中心，干涉培训师授课，分散培训团队精力，进行团队化约定。

②促进：积极扶助、细致观察、分析和建议，谨慎的咨询式建议。

第三章
体验培训技术

体验培训技术是开展体验培训工作的重点。经过实践研究，体验培训从业者需要掌握调析技术、策划技术、文案技术、破冰技术、导入技术、监控技术、引导技术、讲授技术、评估技术和后期技术10项体验培训技术，并且需要融会贯通的使用。

体验培训包括3个阶段，分别是培训前、培训中和培训后（如图3－1）。

训前			训中					训后			
调析技术	策划技术	文案技术	破冰技术	导入技术	监控技术	引导技术	讲授技术	调析技术	文案技术	评估技术	后期技术

图3－1　体验培训阶段技术分布图

10项技术分别分布在不同的阶段，调析技术、策划技术和文案技术处在体验培训前；破冰技术、导入技术、监控技术、引导技术和讲授技术处在体验培训中；评估技术和后期技术处在体验培训后。但调析技术和文案技术在培训后的评估中也经常用到，因此这两项属于综合化的技术。

第一节　调析技术

调析技术包括调查和分析，是体验培训前的基本操作技术，对于体验培训的执行及其结果起着关键性的作用。客户对培训的需求具有复杂性和不确定性，往往组织者根据自己工作的需求，按照决策者的意图预设培训需求，很多的客户对于培训需求调查没有很好的重视受训群体的意见。因此，并不能够全面地了解真实客观的培训需求。

如何开展调查，怎样分析客户需求呢（如图3－2）？

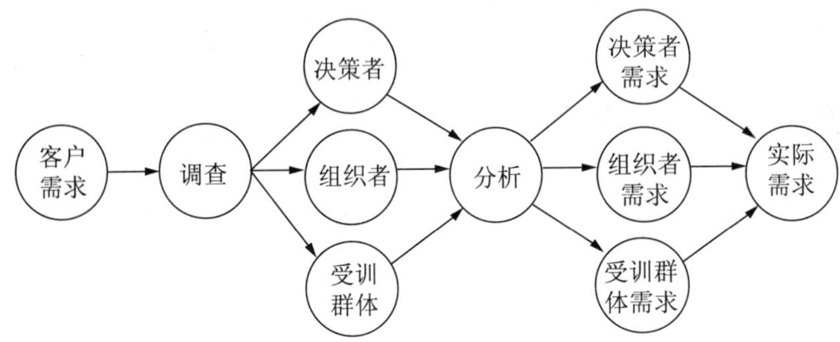

图3－2　客户需求调查分析程序

一、调查技术

（一）调查与体验培训调查

调查是通过一种手段、方式来了解或者熟悉所想知道的信息。体验培训调查是体验培训活动的起点，它是通过一定的科学方法对客户进行了解和把握，在调查活动中收集、整理、分析客户、培训基地等资料和信息，掌握客户的组织文化、发展方向、需求和不足，为培训的过程和结果预测与控制、主题课程开发设计和培训风格的决策提供可靠的数据和资料，从而帮助培训机构确立正确合理的培训策略。

（二）培训调查的内容

体验培训调查的内容涉及体验培训活动的整个过程，主要包括有：

（1）培训环境的调查包括执行培训的室内外场地、基本设施、周围自然环境等，还要包括客户所处的行业环境、组织文化环境等。

（2）培训需求调查主要包括客户相关人（决策者、受训群体、组织者、受训者）需求调查、学习动力调查、学习内容需求调查、客户群体行为调查、压力调查。

（3）资源调查包括客户经费调查、可利用资源调查（组织的交通、涉外能力）。

（4）经验调查包括客户受训经历、对体验培训的认知等。

（三）培训调查方法

体验培训调查的方法主要有观察法、测试法、访问法、问卷法、资料搜集法。

（1）观察法是体验培训调查研究的最基本的方法。调查人员针对培训受训群体需求，深入组织内部利用眼睛、耳朵等感官以直接观察的方式对其进行考察并搜集资料的方法。例如，体验培训调查人员到被访问者的工作场所去观察其工作状态情况。

（2）测试法是由调查人员对代表性客户进行的有关主题的培训知识性、能力性、态度性和习惯性的测试方法。

（3）访问法可以分为结构式访问、无结构式访问和集体访问。

①结构式访问是事先设计好的、有一定结构的访问问卷的访问。调查人员要按照事先设计好的调查表或访问提纲进行访问，要以相同的提问方式和记录方式进行访问。提问的语气和态度也要尽可能地保持一致。

②无结构式访问没有统一的问卷，由调查人员与被访问者自由交谈的访问。它可以根据调查的内容，进行广泛的交流。如：对培训内容进行交谈，

了解被调查者对培训内容的看法。

③集体访问是通过集体座谈的方式听取被访问者的想法，收集信息资料。可以分为受训群体集体访问和相关群体集体访问。

问卷法是通过设计调查问卷，让被调查者填写调查表的方式获得所调查对象的信息。在调查中将调查的资料设计成问卷后，让接受调查对象将自己的意见或答案，填入问卷中。问卷调查分为抽样调查（代表性抽样和随机抽样）和针对性调查。培训中的调查对象为决策者、受训群体、组织者调查（见表 3-1 和表 3-2）。

表 3-1 体验培训需求调查表

（培训主管）

（请填写以下信息，这是为您设计方案的基础，谢谢您的合作）

单位全称：________________地址：________________

联 系 人：________________部门：________________

联系电话：____________传真：__________手机：__________

本次培训定位

（1）轻松的体验培训，主要目的是让大家放松、开心，同时在一定程度上能够熔炼团队，让学员有所收获；□

（2）标准的体验培训，您已有比较明确的培训目标，训练应有效地达成目标；□

（3）诊断课程，通过培训发现团队中的问题及其症结，能够为培训经理安排以后的您的培训提供理论参考；□

（4）培训与休闲并重，寓教于乐，让大家在放松身心的同时达到您需要的基础培训需求。□

培训人员情况

男士年龄构成：29 岁以下________人；30～40 岁________人；41～50 岁________人；51～60 岁________人；60 岁以上________人。

女士年龄构成：29 岁以下________人；30～40 岁________人；41～50 岁________人；51～60 岁________人；60 岁以上________人。

其中以前参加过体验培训的人数：________人

学历情况：博士及以上________人；硕士________人；大专及本科________人；大专以下________人。

近期参加过何种培训：________________________________。

以前培训情况

单位平时主要开展培训：________________________________。

单位平时主要培训层面：　办公室管理层 □　部门主管□　一线人员 □

单位平时主要培训方式：　外派 □　聘请专业导师授课 □　内部培训 □

单位平时主要培训形式：　理论授课 □　实战演习 □　体验互动 □

单位一般的培训密度：________________________________。

本次培训情况

您对本次培训强度要求：绝对严格 □ 相对严格 □ 相对轻松□

您希望训练在什么时候进行？周末 □ 工作日 □ 都可以 □

您希望培训时间为：________天；计划培训时间：________年____月__日；计划参训人数为：________人。

您的培训预算：约为________元（总计）或________元/人。

本次培训主体

单位中高管理层 □ 基层管理人员 □ 销售精英团队 □ 新人入职培训 □

单位全员 □ 单位办公室团队 □ 分单位团队 □ 部门团队 □

VIP 客户 □ 经销商 □ 其他________________________________。

本次培训需求（请您认真选择本次培训的主要需求）

企业文化建设 □ 有效沟通 □ 有效激励 □ 执行力 □

团队主动性 □ 团队思考性 □ 团队学习性 □ 计划性 □

挑战意识 □ 压力管理 □ 危机意识 □ 应变能力 □

潜能激发 □ 团队协作 □ 创新意识 □ 领导力 □

客户关系维护 □ 其他：________________________________。

1. 企业文化建设

企业文化包括三大主轴，一是经营性企业文化，即企业在经营活动中所应有的价值理念；二是管理性企业文化，即企业在管理活动中所应有的价值理念；三是体制性企业文化，即企业在体制运转中所应有的价值理念。

（1）您对“企业愿景”： 非常清楚 □ 不完全清楚 □ 不了解 □

（2）您对“企业经营哲学”：非常清楚 □ 不完全清楚 □ 不了解 □

（3）您对“企业价值观”： 非常清楚 □ 不完全清楚 □ 不了解 □

（4）您对“企业精神”： 非常清楚 □ 不完全清楚 □ 不了解 □

（5）您对“企业使命”： 非常清楚 □ 不完全清楚 □ 不了解 □

（6）您对“企业制度”： 非常清楚 □ 不完全清楚 □ 不了解 □

（7）您对“工作环境”： 非常清楚 □ 不完全清楚 □ 不了解 □

（8）您对“文化传统”： 非常清楚 □ 不完全清楚 □ 不了解 □

2. 有效沟通

（1）您对自己角色定位： 非常清楚 □ 比较清楚 □ 很模糊 □

（2）单位现在的沟通意识： 非常主动 □ 缺乏主动 □ 非常被动 □

（3）单位现在沟通类型： 纵向沟通 □ 横向沟通 □ 随意 □

（4）部门内沟通现状： 逐级沟通 □ 越级沟通 □ 随意 □

（5）沟通方式： 书面 □ 口头 □ 随意 □

（6）沟通平台： 会议室 □ 私下 □ 随意 □

（7）聆听技巧： 非常好 □ 一般 □ 很差 □

3. 有效激励

（1）单位认为激励： 非常重要 □ 比较重要 □ 无所谓 □

(2) 单位现有激励制度： 非常健全 □ 比较健全 □ 非常欠缺 □
(3) 单位主要激励方式： 奖金 □ 表扬 □ 职位升迁 □
(4) 单位对您满意激励方式：非常清楚 □ 比较清楚 □ 不清楚 □
(5) 您对单位激励政策： 非常认可 □ 没有感觉 □ 不满意 □

4. 执行力

(1) 单位对“执行”定位： 绝对服从 □ 相对服从 □ 理解服从 □
(2) 单位现有执行力： 非常强 □ 一般 □ 很差 □
(3) 您对单位的决策： 非常认同 □ 没有感觉 □ 反对 □
(4) 您对单位决策参与： 非常主动 □ 一般 □ 不参与 □
(5) 单位对计划跟踪情况： 随时跟踪 □ 抽查跟踪 □ 注重结果 □
(6) 单位目标通常落实情况： 绝对完成 □ 基本完成 □ 不能完成 □

5. 团队主动性

(1) 单位要求您主动性： 非常高 □ 一般 □ 没有要求 □
(2) 您实际主动性： 非常高 □ 一般 □ 没有要求 □
(3) 团队主动意识： 非常高 □ 一般 □ 几乎没有 □
(4) 团队是否主动承担责任： 绝对承担 □ 相互推委 □ 不能承担 □

6. 团队思考性

(1) 单位是否要求团队思考： 是 □ 无所谓 □ 否 □
(2) 团队成员是否善于思考： 全部 □ 大部分 □ 无 □
(3) 团队反思有利于企业： 肯定是□ 不一定 □ 不清楚 □

7. 团队学习性

(1) 单位是否应要求团队学习： 应该 □ 无所谓 □ 不应该 □
(2) 单位是否经常提供学习机会： 经常 □ 很少 □ 几乎没有□
(3) 您是否愿意主动学习： 全部是 □ 大部分 □ 不清楚 □
(4) 单位对您学习内容： 单位安排 □ 单位建议 □ 没有要求 □
(5) 团队应变能力： 很强 □ 较差 □ 几乎不能 □
(6) 团队是否迅速成长： 是 □ 不是 □ 没感觉 □

8. 计划性

(1) 团队执行力和计划性的关系：相互影响 □ 没有关系 □ 不清楚 □
(2) 计划性是否影响团队合作： 影响深远 □ 影响不大 □ 没有影响 □
(3) 单位平时的规划主要是： 长期规划 □ 短期计划 □ 长短期相结合 □
(4) 单位培训计划规划： 3 年 □ 1 年 □ 临时安排 □
(5) 单位计划落实情况： 很好 □ 一般 □ 很差 □
(6) 单位对您计划性要求： 非常严格 □ 比较严格 □ 没有要求 □
(7) 您认为团队计划性： 非常重要 □ 比较重要 □ 无所谓 □
(8) 您工作计划状况： 很好 □ 一般 □ 很差 □
(9) 您工作计划落实情况： 很好 □ 一般 □ 很差 □
(10) 团队平时工作计划性： 非常强 □ 比较强 □ 非常差 □

9. 挑战意识

(1) 单位现在面临的市场竞争：非常激烈 □　比较激烈 □　一般 □
(2) 单位面对竞争的态度：非常主动 □　无所谓 □　很被动 □
(3) 团队在预见危机时：目光长远 □　目光狭隘 □　不能预见 □
(4) 团队在面对困难时：主动出击 □　正面防卫 □　选择逃避 □
(5) 团队解决困难失败时：及时总结 □　无所谓 □　寻找借口 □

10. 压力管理

(1) 团队现在面临压力：非常大 □　比较大 □　没压力 □
(2) 团队对您的压力：施加压力 □　释放压力 □　没有压力 □
(3) 您面对压力时：主动沟通 □　自我释放 □　自我压抑 □
(4) 您是否可以感知企业压力：非常敏锐 □　偶有感知 □　从未感知 □

11. 危机意识

(1) 单位的危机意识：非常强 □　比较强 □　没感觉 □
(2) 团队成员危机意识：非常强 □　比较强 □　没感觉 □
(3) 单位是否常让您有危机感：经常 □　没特别 □　从没有 □
(4) 单位面临危机的心态：积极应对 □　无所谓 □　回避 □
(5) 您在面临危机时：镇定 □　没感觉 □　慌乱 □

12. 应变能力

(1) 单位应急机制：很健全 □　不完善 □　没建立 □
(2) 出现紧急情况：专门部门负责 □部门自己负责 □临时决定 □
(3) 您应对紧急事件：很从容 □　没感觉 □　手足无措 □
(4) 遇到紧急情况：主动解决 □　逐级汇报 □　被动等待 □

13. 潜能激发

(1) 你是否认为应该激发您潜能：迫在眉睫 □　无所谓 □　不应该 □
(2) 你是否认为应该适才适任：必须如此 □　不需要 □　没感觉 □
(3) 你是否有有效的潜能激发方案：有 □　没有 □
(4) 你认为您是否全力以赴：绝对如此 □　部分如此 □　完全没有 □

14. 团队协作

(1) 团队成员信任程度：绝对信任 □　比较信任 □　互不信任 □
(2) 团队成员责任感：非常强 □　比较强 □　欠缺□
(3) 团队成员换位思考：非常主动 □　比较主动 □　欠缺□
(4) 团队成员凝聚力：非常强 □　比较强 □　欠缺□
(5) 团队积极主动性：非常强 □　比较强 □　欠缺□
(6) 团队奉献精神：非常强 □　比较强 □　欠缺□
(7) 团队互助习惯：非常强 □　比较强 □　欠缺□

15. 创新意识

(1) 开发新项目意识：非常强 □　比较强 □　很差 □
(2) 寻求新方法意识：非常强 □　比较强 □　很差 □

(3) 创新的思维习惯： 非常强 □ 比较强 □ 很差 □

(4) 服务体系检查意识： 非常强 □ 比较强 □ 很差 □

(5) 检查并改善工作流程意识： 非常强 □ 比较强 □ 很差 □

16. 领导力

(1) 授权意识：非常强 □ 比较强 □ 很差 □

(2) 自信力： 非常强 □ 比较强 □ 很差 □

(3) 管理方法：非常好 □ 比较好 □ 一般 □

(4) 管理风格：能接受 □ 有疑义 □ 难接受 □

17. 客户关系

(1) 与客户的沟通情况： 非常好 □ 比较好 □ 一般 □

(2) 客户服务策略： 非常好 □ 比较好 □ 一般 □

(3) 客户意见受理情况： 非常好 □ 比较好 □ 一般 □

(4) 客户异义处理情况： 非常好 □ 比较好 □ 一般 □

(5) 客户投诉概率： 经常 □ 一般 □ 没有 □

(6) 单位客户开发情况： 非常好 □ 比较好 □ 一般 □

(7) 客户维护情况： 非常好 □ 比较好 □ 一般 □

表 3-2 体验培训需求调查表

（参训学员代表）

为了更好的服务于本次培训，请您认真填写以下内容，对你的积极参与表示衷心的感谢!

1. 单位每年的目标非常明确，并且都能实现。

是 □ 不确定 □ 不是 □

2. 单位的目标非常具体，并且有明确规划和实施步骤。

是 □ 不确定 □ 不是 □

3. 单位有总体目标，但需要给您增加实现目标的信心。

是 □ 不确定 □ 不是 □

4. 单位的制度、流程很健全，但执行方面存在问题。

是 □ 不确定 □ 不是 □

5. 单位为您的发展制定了长远的规划。

是 □ 不确定 □ 不是 □

6. 单位制定新的政策时，您第一反应是怀疑。

是 □ 不确定 □ 不是 □

7. 单位对企业文化不重视，您对企业文化不清楚。

是 □ 不确定 □ 不是 □

8. 单位部门间协作不是很流畅。

是 □ 不确定 □ 不是 □

9. 单位最近的变动很频繁。

是 □　　　　不确定 □　　　　不是 □

10. 单位部门间是比较独立的小团体，部门之间沟通状况欠佳。

是 □　　　　不确定 □　　　　不是 □

11. 员工只关注个人利益或小团队利益，缺乏大局意识。

是 □　　　　不确定□　　　　不是 □

12. 单位主管在会议室里的时间太多。

是 □　　　　不确定 □　　　　不是 □

13. 单位管理人员与下属容易产生摩擦。

是 □　　　　不确定 □　　　　不是 □

14. 单位总是在寻求解决问题的方法，但很少具体执行。

是 □　　　　不确定 □　　　　不是 □

15. 单位中出现问题时，抱怨情绪比较严重，很少主动寻找方法。

是 □　　　　不确定 □　　　　不是 □

16. 单位员工各自为政，感情淡漠，缺乏互助精神。

是 □　　　　不确定 □　　　　不是 □

17. 新员工加入到单位，短期内很难融入到团队中。

是 □　　　　不确定 □　　　　不是 □

18. 您对单位目标非常清楚，并且非常认同。

是 □　　　　不确定 □　　　　不是 □

19. 您面对困难时表现得一筹莫展。

是 □　　　　不确定 □　　　　不是 □

20. 您遇到困难时，喜欢向上级寻求答案，自己很少思考。

是 □　　　　不确定 □　　　　不是 □

21. 您对自己的责任范围不清楚。

是 □　　　　不确定 □　　　　不是 □

22. 您不清楚自己在团队中所起的作用。

是 □　　　　不确定 □　　　　不是 □

23. 您对单位分配政策有意见。

是 □　　　　不确定 □　　　　不是 □

24. 您对自己的工作能力经常产生怀疑。

是 □　　　　不确定 □　　　　不是 □

25. 您反应工作任务过重，经常出现加班现象。

是 □　　　　不确定 □　　　　不是 □

26. 您经常在上班时间感到无事可做。

是 □　　　　不确定 □　　　　不是 □

二、分析技术

（一）分析与体验培训分析

分析，将事物、现象、概念分门别类，离析出本质及其内在联系。分析方法作为一种科学方法由笛卡尔引入，源于希腊词“分散”。分析方法认为任何一个研究对象都是由不同的部份组成的，是一种机制。①

体验培训分析技术就是将体验培训的整体分为各个部分、方面、因素和层次，并分别地加以考察和研究的技术。其意义在于细致的寻找能够解决体验培训问题的课程主线，并以此解决困扰客户的根本问题。

（二）体验培训分析技术的分类

不同学科都会有自己特殊的分析方式，但是又有其共性，适合体验培训的分析技术可以概括为定性分析、定量分析、因果分析、可逆分析、系统分析、文化分析、调查分析和比较分析等七种技术：

1. 定性分析

体验培训定性分析是为了确定培训客户的真实培训需求而采用的一种分析方法。主要解决“有没有培训需求”“是不是这个需求点”的问题。实践中，客户对培训的需求往往是多元化的，但很多时候又是变化的，不确定。由于体验培训具有教育性、娱乐性、审美性和逃避性的特性，而这些体验又是相互关联的，因此了解客户对体验培训的确切需求是非常重要的，避免出现南辕北辙的现象，减弱了培训的效果。由于不能准确地确定客户需求导致培训失败的案例比比皆是。体验培训定性分析要在调查的基础上进行详细的分析，得出决策者、组织者和受训群体三者对培训的真实需求，从而为开发和设计针对性的课程提供方向上的需求依据。

2. 定量分析

体验培训定量分析是为了确定组成培训客户培训需求的各种成分的量级分析，主要解决“客户的需求有多少、到什么程度”的问题。客户对于培训的需求不仅具有质的区别，而且具有量的区别，培训课程会因客户需求的程度不同而相互区别。同样是有效沟通课程，但由于客户对于沟通知识的了解程度、沟通技能的获取程度和组织文化中的沟通含义等不同而不同。因此能否通过调查分析设计个性化的课程是培训师水平高低的重要标志。体验培训定量分析需要掌握不同需求的量级划分方法，比如沟通课程便可以按照：需求了解沟通知识、需要提升沟通技巧、需要建立良好的沟通意识、需要营造

① 分析，百度百科，http：//www. baidu. com

和谐的沟通氛围。这样对沟通从知识、能力、态度和习惯4个角度进行了划分（见表3-3）。

表3-3 沟通类课程需求量级表

分类	一级	二级	三级
沟通知识	1. 不了解沟通是什么； 2. 没有沟通的专业性知识	1. 对沟通的基本定义和含义了解； 2. 没有全面了解到沟通的意义	1. 全面了解沟通的含义和内容； 2. 接受过专业的沟通知识学习
沟通能力	1. 语言能力很差； 2. 无法表达清楚	1. 具有一定的语言表达能力； 2. 比较害羞，表达思维不好	1. 语言能力很强，善于沟通； 2. 能够灵活运用各种沟通技巧
沟通态度	1. 不与他人沟通； 2. 自以为是	1. 能够接受他人； 2. 愿意接纳别人	1. 能够谦虚地倾听； 2. 与他人关系很好
沟通习惯	1. 从不主动与他人沟通； 2. 团队关系紧张	1. 与关系不好的人不沟通； 2. 团队中有不和谐的气氛	1. 沟通很畅通； 2. 团队关系融洽

在需求中，有些客户根本就不了解什么是沟通，因此需要沟通知识传输的培训，而有些客户对于沟通的知识非常了解，只是沟通的能力差等。由此来看，客户给出同样的培训名称需求，实质内容却大相径庭。毛泽东说：“没有调查，就没有发言权”。只有深入的调查分析才有客观的论证和评价。

3. 因果分析

体验培训的因果分析是为了确定寻找和发现引起组织发展中诸多要素存在的问题而采取的相关联系分析。主要解决“为什么会出现这样的情况，什么原因导致了这样的结果”的问题。因果分析就是在体验培训客户的现行情况中，把作为它的原因的现象与其他非原因的现象区别开来，或者是在体验培训的后行情况中，把作为它的结果的现象与其他的现象区别开来。因果之间具有普遍性和联系性，也就是所谓的前因后果。在体验培训中，诸要素之间的因果的表现形式各异，具有复杂性，但其中也有一定的规律。培训分析中，要根据客户基本需求为主要目标，针对性分析出与目标相关联的诸因素与目标及其相互之间的关系。比如，当客户认为企业团队战斗力不强，希望通过体验培训加强团队的战斗力，当我们看到这样的培训目标后，首先需要分析的是为什么战斗力很差？是什么原因导致的？有哪些因素是主要的因素？

哪些属于辅助性因素？等等一系列的问题。因此，体验培训的分析中，需要找到导致主题问题的根本原因。实际培训中，许多的企业采用以问题为本的培训就是依据因果的原理而开展的。客观上，也有许多导致组织出现问题的状况，是很难用培训的方法难来解决的，毕竟人是具有多变性，其需求的丰富多彩，决定了人的复杂特性，因此，寻找背后的根源，客观的运用培训，真心实意地帮助客户解决问题才是体验培训发展的根本。

4. 可逆分析

体验培训可逆分析是指作为培训后的结果现象是否反过来作为原因，从而产生培训前是原因的那一目标现象的分析技术。现实中有些现象之间的因果联系是不可逆的，比如日本福岛核泄漏现象，会导致学员恐慌，而学员的恐慌却不会导致核泄漏。而户外穿越体验活动中，学员在遇到岩壁需要速降时的焦虑，会导致学员出虚汗、身体发抖的现象。而学员出虚汗、身体发抖也会导致焦虑的出现，这是可逆的。所以，培训中有些现象之间的因果联系是不可逆的，而有些是可逆的，认识这种特性是非常重要的。由于有些现象具有可逆性，因此可以运用这一特点，在体验培训分析中针对性的设置可逆性的体验项目，让学员在结果现象中反思目标现象，在目标现象中总结结果现象。

5. 系统分析

体验培训系统分析是一种动态的、多层次的、多维度的分析。它将体验培训看成是一个发展变化的、复杂多层的、立体多维的系统。体验培训分析工作任务是艰巨的，需要考虑体验培训的诸多方面的要素及其之间复杂的关系和不断变化的状态。体验培训中因客户对环境的要求会发生很多的变化，培训师要在系统分析的基础上，以三因教育理论来设计课程和组织实施培训。首先要因材施教，因客户的需求而改变培训的方法和技术；其次要因地制宜，根据培训中的环境精心设计和开发；第三要因势利导，根据学员的状态做好针对性的引导和总结。

6. 文化分析法

文化分析法是体验培训调查分析工作中独特的分析方法，它是将组织文化作为培训学员的重要理论依据进行主题化分析的方法。每个组织都会有文化，无论五百强的大企业，还是中小型企业都有其特殊的文化。而组织文化基本上是有其创始人根据自身的理解和价值观建立起来的支持组织发展的精神力量。在体验培训中，许多的培训课程会涉及到企业文化，如新员工入职培训、组织变革培训等。通过对企业文化进行深入的分析，将其与培训目标、参训人需求和企业战略目标等以模型的形式结合，形成一套针对性强和主题

鲜明的培训总结模型。

7. 调查分析法

体验培训调查分析法是指培训师通过实地与客户方面谈、提问调查方式收集、了解与培训相关联的详细资料数据，然后加以分析得出培训所需求的结论的方法。这种方法通常用来描述或解释客户在日常出现的问题性现象，从问题中分析需要培训的目标，从而设计和开发有关课程。

8. 比较分析法

体验培训比较分析法是指对同类型的客户进行对比，分析其异同的方法。在客户信息分析研究的过程中，比较分析法是研究一切体验培训客户需求生动有力的普遍的逻辑方法，是进行分析、开发、设计体验培训课程、策划培训活动等的基础。比较分析实质上是对体验培训中不同客户的特征性研究。

比较分析法可以分为横向比较和纵向比较两种。纵向比较法是对客户不同时期状况的特征进行比较分析的方法。通过比较得出客户的过去和现在的不同，根据组织的未来发展趋势的需要开发相关的培训课程；横向比较法是对同一产业类型的不同客户的同类群体进行比较分析的方法。从中找出之间的不同，为课程的开发提供客户属性上的基本依据，为开发行业系统性专署课程奠定基础。

有比较才有甄别。比较分析法在体验培训研究中的作用很大的，集中表现为：

（1）通过比较研究能够发现出不易直接观察到的客户内在的问题和需求。

（2）通过比较分析能够追溯同一客户群体发展的历史渊源，寻找其文化规律性特征，为锁定长期的大客户培训奠定坚实的文化认同基础。

（3）通过比较分析可以从时间、空间、文化、行业、产业等不同的维度对客户进行有效的定性的鉴别和定量的分析。通过一定参照物明确客户在分析中的发展性目标认知，从而强化培训课程主题的认同性。

总之，以上调查分析的方法都要掌握，缺一不可，这些内容覆盖到了培训的前期、中期和后期，是贯穿始终的，是做好体验培训师的锋利武器。

第二节　策划技术

“策划”一词最早出现在汉代，西汉刘安的《淮南鸿烈·要略》中有“掌画牵回人事之始终”。《辞海》中共有 51 个解释，其中最根本的是“出谋划策”。美国哈佛企业管理丛书编委会的定义为：“策划是一种程序，其本质是一种用脑力的理想行为”。①

策划是指根据某一特定主体，因特定主题而进行的程序性的设计。策划包含着计划，而依存于战略。

一、策划技术思路

体验培训是系统而复杂的工程，每一次体验培训都不尽相同，作为一名优秀的培训师，更是一名优秀的策划师。灵感掌控于弹指之间，思想付诸于行动之中。这是体验培训策划技术的最高境界。策划技术很多，在体验培训中的策划技术如何运用，遵循哪些技术思路呢？

（1）策划的聚众原理，将同类型的体验培训汇集在一起，以吸引客户群体。

（2）策划的平衡原理，在体验培训中要对培训相关方进行平衡处理，避免顾此失彼，影响全局。

（3）策划的点线面效应，策划是体验培训中的关键点，通过关键点形成培训关键路径主线，从而带动整个培训效果；亦可认为通过个体学员的突出性影响来带动全体学员。

（4）策划的稀缺性原理，体验培训很讲究个性化，因此，稀有的环境资源、课程资源、客户资源都将会影响到体验培训的效益。比如独特的石燕湖生态公园（见图3-3）、石牛寨国家基地质公园（见图3-4）的全国最大的丹霞地貌等环境。

图3-3　石燕湖山水户外营地

① 薛保红．体验培训师培训教程．北京：中国计量出版社，2009。

图 3-4 石牛寨国家级地质公园

（5）策划的效益原则，用少的投入产生最大的培训价值，包括经济效益价值和社会效益价值。

（6）策划的系统性和整体性，每一次体验培训的策划都将是站在客户方战略角度进行的，它是客户全面管理的一部分，属于客户整体系统的组成部分，因此单次的培训策划也将遵循这一原则，而不能脱离客户实际。

（7）策划的互动效应，体验培训的策划不仅来自培训师的灵感，也来自于客户的实质需求，只有将双方的思想进行有效对接后才能完成培训，因此体验培训的策划是互动，是基于双方共同价值观的。

二、体验培训分类策划

体验培训的分类策划包括教育性体验策划、娱乐性体验策划、逃避性体验策划和审美性体验策划，不同类型的策划其思路不同，具有个性的特征。

（一）教育性体验策划

教育性体验策划（如图 3-5）是注重体验的教育性功能。在体验培训的过程中，任何一个环节和要素对学员的内心都将产生影响，整体教育观是强调“关联”的教育，即瞄准逻辑思维与直觉思维的“关联”、心与身的关联、认知性的种种领域的“关联”、个人与社区的“关联”，以及自己与自我的“关联”等。整体教育认为，人类这一存在不仅是追求知识和技术，而且是寻求意义的存在。[①] 体验培训的课程是超越了学科框架的综合性的跨学科活动。

任何一个学习者都拥有各自无可置换之价值的重要存在。正是由于每个人有所不同，每个人的价值才是可贵的。学员拥有形形色色的个性，要激励他们彼此尊重，相互理解。人人都有与生俱来的创造性，在身体上、情感上、

① 明庆华．教育学导论．武汉：湖北人民出版社，2005。

智力上、精神上具有各自的独特能力和志向。应尊重每一个学员的个性，只有这样，学员才能尊重不同人的需求，并从差异中得到学习；才能发现自己的品位、自己的真貌以及相互切磋、相互帮助的力量。这种真正的学习共同体，才是每一个学习者所需要的。

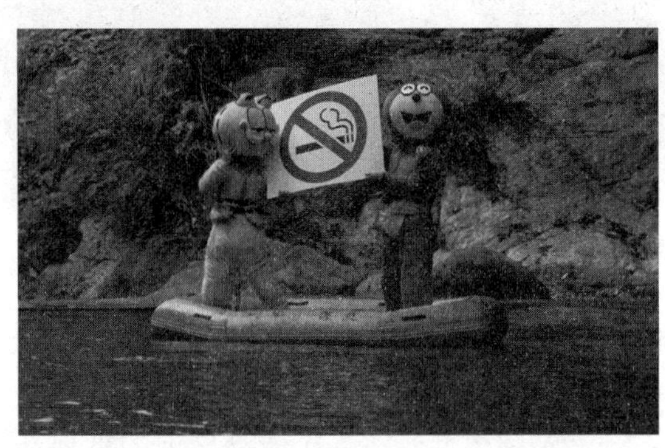

图 3－5　连云山峡谷漂流禁烟日教育性体验策划

教育性体验策划就是根据这一基本教育原理进行的课程开发和设计，诸如以团队建设和凝聚力为代表的各种能力模型的课程、以改变心力为代表心态性体验培训课程等。教育性体验培训课程的特点是：

（1）注重培训师对课程布置与规则讲解的严谨性，学员需要从中思考培训师的命题，从而获取解决问题的能力，以提高自身水平。

（2）在体验环节，培训师要进行详细而针对性的监控，学员要在体验的情景中充分发挥主动学习的积极性，获得直接的经验和感悟，对事件进行着自我概念的建构。

（3）培训师会注重学员体验后的分享，并采用这教练的方法来促使学员将发自内心的感受毫无保留的分享与贡献。体验培训的分享注重的是团队化的学习和个体批判性的再认知过程，并非需要单纯的使用语言来分享，许多时候，语言的是苍白的，更需要行为动作以及团队的氛围和气场来达成。

（4）教育性体验培训的点睛之笔在于培训师运用丰富的知识和优秀的教学来完成，合理的体验现象描述与恰当的、有效的具有针对的理论相衔接，带学员升华到心灵的高级境界，从体验真实的本我达到超我的境界，实现体验培训的核心目标——教育。

（二）娱乐性体验策划（见图 3－6）

娱乐可被看作是一种通过表现喜怒哀乐，或自己和他人的技巧而与受者喜悦，并带有一定启发性的活动（Bryant & Miron，2002）。娱乐是人追求快乐、缓解生存压力的一种天性。娱乐是一种快乐有趣的活动。《北史·齐纪中

·文宣帝》："或聚棘为马，纽草为索，逼遣乘骑，牵引来去，流血洒地，以为娱乐。"①

娱乐性体验的策划是通过培训师根据客户的需求针对性的设计趣味性的项目、参与性表演或活动。娱乐感觉是通过体验者自我感知的，因此在设计和策划体验时，创意非常重要，如何创新性的开发体验培训活动是每一位培训师需要认真思考的问题，因为娱乐本身意味着教育，最为简单的事通过娱乐性体验使得学员能够感知到压力的舒缓，快乐的产生，从而达到健康的目的，而健康则是人生价值的重要体验，也是学员学习的重要内容。

图 3-6 沩山彩跑娱乐性体验策划

社会学研究表明，娱乐和生存性劳动是反比的关系。今天的中国已经进入小康社会，人们不再为生存而疲于奔波，娱乐的需求便成为人们实现生命存在价值的有效方式。人们喜欢用"美好时光""无忧无虑""愉悦身心""快乐似神仙"等词语来形容娱乐。

参与体验不仅对人的身体会有影响，而且对体验者的心理和情感也有影响。

娱乐性体验策划主要遵循以下原则：

（1）开发设计内容和程序时，注重学员个性化参与其中的权利；

（2）注重体验环节的安全性和高峰体验点的设计；

（3）减少理论性分享，增加与个人发展相关联的内容；

（4）提升体验的趣味性和增加生活化元素；

（5）要多一些感官上体验，多一些活动。

（三）逃避性体验策划

逃避是指躲避不想遇到的人及不想正面对待的事物。"逃"含有远离的意思，"避"是躲藏，逃避有着正反两种行为，积极方面的逃避有休息旅行、投入学习、找人谈心、参与活动和运动等；负面的有调岗辞职、逃学退学、孤立封闭等。而正确的逃避是，在意识到心理内心开始动荡不安，无法承受压力的时候，适时离开原本环境，通过一定时间的沉淀，在内心深入反思，寻找到动力和接受方式后重新返回到生活中。例如体验培训工作者，有必要从体验的原理角度重新定位所谓的网络成瘾的现象，按照通俗理解网络成瘾，

① 肖辅臣．新编国学知识全知道．北京：中国华侨出版社，2010。

称其为沉迷网络，无法自拔。通常的解决办法便是与网络游戏隔离，这本身并非解决问题的最佳办法。对于网络成瘾的人应采用疏通的办法，遵循能疏则通，善导则安的原则。使其回归感兴趣的现实生活，比如对于沉迷于网络版 CS 的同学，我们建议让其持续性的参加野战运动课程体验。

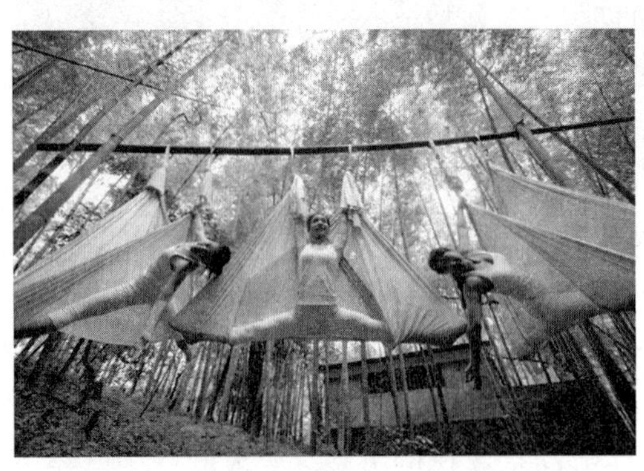

图 3－7　石燕湖竹林瑜伽逃避性体验策划

逃避性体验策划的根本就是转换环境，远离原有空间，如参加丛林瑜伽课程（如图 3－7）。当我们一个基地为学员培训两次或两次以上，学员的初体验学习效果会明显减弱，随之而来的是逃避性体验的缺失。当客户在原有工作环境中疲惫不堪的工作时，势必想离开原有环境放松自己，这实质上就是逃避性体验的一种，最为简单的举例是：即将步入神圣婚礼殿堂或刚刚步入神圣婚礼殿堂的年轻人离开生活环境度蜜月。因此，策划逃避性体验是要注意以下几方面：

（1）注重学员的初体验；

（2）远离现实生活和工作环境；

（3）帮助学员寻找曾经快乐的体验记忆；

（4）减少教育性体验，让学员在体验中自我分享；

（5）以减压和健康快乐为主要目的；

（6）不涉及组织关系性问题；

（7）形式上近乎松散式的团队管理模式；

（8）精心设计的体验活动和适当的能量消耗。

（四）审美性体验策划（如图 3－8）

审美性体验是客户带着评判的标准，个性化参与其中的体验过程。策划审美性体验点和体验环境非常的困难。培训师要深入的把握客户对象的综合化特征，熟知体验点与环境之间的完美吻合。审美是在理智与情感、主观与客观的具体统一上追求真理、追求发展。美是人的一种追求，能够使人们感到愉悦的一切事物，它包括客观存在和主观存在。审美是一种主观的心理活动的过程。只要人的心境到达的地方就会有审美的存在。广漠的大漠、浩瀚的大海、皑皑的雪山，对大自然需要审美。有句话说得好“黑夜给了我黑色的眼睛，我却用它来寻找光明”，这些美并非仅仅来自于环境对人的震撼，更重要的是通过与大自然、环境的对话完成重审人性之美，提高自我的精神境

界、促进与实现人的进一步发展。

图 3-8　石牛寨国内最大音乐栈桥审美性体验策划

（1）审美性体验策划的目的除了愉悦自己身心、寻求自我兴趣之外，在很大程度上也是为了完善自己。通过策划审美性体验，让客户在大自然的怀抱中对美好事物的欣赏，尤其是对人性中存在的友情、亲情、互助、团队、凝聚、反思等的审美，不断为生活在钢筋水泥的城市森林中的人们提供心灵的慰藉，满足他们因为物质丰富而带来的心灵空虚。

（2）在多种类型的体验培训中，审美体验最能够充分展示人自身自由自觉的意识，以及对于理想境界的追寻，其中获得的是对生命的信心、生活的期望、职业的价值和生存的意义，策划中更加注重的是体验环境和高峰体验的设计。

（3）审美体验是一种心理过程，即移情，是发自内心的深层次体验。

（4）审美体验策划要充分考虑审美是需要一定的距离，不能太过或不及。比如前往月球的体验，对于绝大多数人来说是没有希望的体验。江南人对于水的理解和西北人对于沙漠的理解是完全不同，由于他们长期居住于此，因而没有了特殊的审美，但是将二者调换位置后，江南人前往沙漠，西北人来到江南，他们心中对于审美的体验将是无以言表的。

第三节　文案技术

文案是指一种文体，以文字来表现某种方案、创意或策略。体验培训的文案技术特指在体验培训策划阶段的各种文稿与创意方案。

一、体验培训文案技术的基本要求

（1）准确规范，主题鲜明。准确规范是文案中最基本的要求。要实现对培训主题和创意的有效表现和对培训主题思想信息的有效传播，要求文案中语言表达规范完整、准确无误，要符合语言表达习惯，要尽量通俗化、大众化。

（2）简明精练，言简意赅。培训文案在文字语言的使用上，要简明扼要、精练概括。要以尽可能少的语言和文字表达培训的精髓。

（3）生动形象，创意明确。文案中的生动形象能够吸引客户的注意，激发他们浏览的兴趣。研究表明：文字引起人们注意的百分比是35%，图像则是65%，因此文案创作时采用生动活泼、新颖独特语言的同时，附助以一定的图像来配合，效果会更好。

二、文案的设计技巧

在文案的设计中要做到：

（1）必须充分了解本案的培训的背景，包括社会文化与企业文化信息和客户当前需求信息状态。

（2）掌握整个体验培训策划的核心战略指导思想。

（3）以通俗易懂、言简意赅的论述方式将策划思想反映在文案的字里行间。

（4）团对化策划，及时与客户进行沟通，保证策划方向和主题的一致性。

（5）运用关键点和关键路径的方法确定方案的重点和核心。

三、体验培训文案设计

体验培训文案技术具体包括调研分析报告文案设计技术、销售方案文案设计技术、课程方案文案设计技术、评估报告文案设计技术、项目文书文案设计技术、培训教案文案设计技术等。

（1）调研分析报告文案的基本框架包括调研分析报告名称（×××年度体验培训需求调查分析报告）调研背景、体验培训现状调查、体验培训需求调查、体验培训需求调查总结、调研单位等信息。

调研分析报告文案的设计要从数据调查的基础上完成设计，实践性很强，关系到客户年度或阶段性的培训需求认知，也是培训组织机构获取培训机会的重要文案，因此作为培训师，不仅要掌握培训技术更要精通培训调研分析技术。

（2）销售文案设计是培训组织机构面向客户最为直接的文字性信息传输工具，多以彩色活页或彩色手册呈现，具有简洁、明了、主题鲜明、通俗易懂、专业针对和美观的特点。销售文案的分类有：按照文案的功能分为组织文化推广文案和业务销售文案。所谓组织文化推广文案是培训机构以自身文化理念为基本载体的对外传播文案；业务销售文案主要是以体验培训的课程、

活动为载体的对外销售文案。前者是以推广公司声誉为直接目的，而后者则是以销售课程为直接目的。按照客户的针对性划分为：推广性销售文案和针对性销售文案。推广性销售文案是培训机构在一定的阶段所制定的社会需求广泛或本机构擅长的体验培训课程的销售文案；针对性销售文案是当获得客户培训的需求或为获得客户的认可，而针对客户个体所做的针对性销售文案设计。

（3）课程方案文案是呈现给客户的相对详细的体验培训执行方案，多以word、ppt、pdf、exe和影像等格式呈现。主要包括扉页、目录、课程主题思路、课程背景、培训目标、培训模式与基本理论依据、课程内容安排与进程、讲师介绍、学员须知、执行客户展示、资费预算、封底页。

（4）评估报告文案是在体验培训完成后的分析报告，评估种类很多。主要包括：

①自我评估和客户评估。自我评估是培训执行组织通过对体验培训过程中自我表现进行的客观评价，主要涉及课程、讲师、教练、后勤等方面；客户评估是培训组织者对客户的体验培训表现进行的评估。

②过程评估和结果评估。过程评估是对体验培训过程的综合性描述和评价，包括学员、讲师、服务人员、环境、餐饮、住宿、交通等方面的内容。结果评估是对培训结果的客观性评价和分析，主要包括学员对讲师、教练和服务团队的评价，客户负责人对学员培训收获的认知，执行团队对学员的综合评价。

③团队评估和个体评估。团队评价是对客户团队在培训中的总体表现进行的描述性评价与问题性分析；个体评估是对客户中的个体进行的行为测试，主要多见于人才选拔类的体验培训课程。

不同的评估报告内容不尽相同（以客户评价为例），主要包括扉页、评估机构介绍、培训执行描述（总体评价、课程完成评价、收获评价、表现评价、暴露问题、解决问题、未解决问题、后期建议、总结模型、评估师资料和封底页。

（5）项目文书文案是体验培训项目创新研发的文本表达形式，主要包括：

①扉页：项目编号、研发机构、项目名称、研发人和研发时间。

②项目基本信息：命名取义、研发主持人、研发参与人、项目研究摘要、研究背景、项目研究开发原理。

③项目设计与试验：命名、场地与器械、项目性质、人数、时间、操作与规则、控制要点、项目图示、试验记录。

④项目分享总结与应用：分享要点、总结要点、使用范围说明和参考

文献。

(6) 体验培训教案文案是培训师执行培训的基本依据，是培训师备课的书面呈现形式，是保证培训顺利、针对性和有效的基本文本材料。有一些行业的培训师喜欢将培训备课内容仅仅放到脑海中，不喜欢书写教案。在培训中多采用随机讲解的方式，这对于培训效果的控制是极为不利的。体验培训教案如表 3-4 所示。

表 3-4　×××体验培训课程　单元教案表

<table>
<tr><td>课程名称</td><td colspan="2"></td><td>课程主题</td><td colspan="6"></td></tr>
<tr><td>组织机构</td><td colspan="2"></td><td>授课教师</td><td></td><td colspan="2">适用对象</td><td colspan="3"></td></tr>
<tr><td>训练地点</td><td colspan="4"></td><td colspan="2">适用时段</td><td colspan="3"></td></tr>
<tr><td>单元时间</td><td colspan="3"></td><td>标准人数</td><td colspan="2"></td><td colspan="2">单元</td><td></td></tr>
<tr><td>课程体系</td><td colspan="9"></td></tr>
<tr><td>单元内容</td><td colspan="9"></td></tr>
<tr><td>教学任务</td><td colspan="9"></td></tr>
<tr><td>难点重点</td><td colspan="9"></td></tr>
<tr><td rowspan="7">单元流程</td><td>结构</td><td>时段</td><td colspan="3">内容</td><td colspan="2">时间</td><td colspan="2">组织与教法</td></tr>
<tr><td>课前准备</td><td></td><td colspan="3"></td><td colspan="2"></td><td colspan="2"></td></tr>
<tr><td>布课</td><td></td><td colspan="3"></td><td colspan="2"></td><td colspan="2"></td></tr>
<tr><td>监控</td><td></td><td colspan="3"></td><td colspan="2"></td><td colspan="2"></td></tr>
<tr><td>教师引导</td><td></td><td colspan="3"></td><td colspan="2"></td><td colspan="2"></td></tr>
<tr><td>实验结果</td><td colspan="4"></td><td colspan="2">应用建议</td><td colspan="2"></td></tr>
</table>

第四节　破冰技术

破冰是一个专业术语，为打破坚冰之意，是消除隔膜和陌生的一种方式。破冰对于相互之间了解、熟悉与融合起到至关重要的作用。破冰对培训课程的实施也起到至关重要的作用，也是培训效果的一种集中的体现，因此学习好破冰技术对于组织好培训课程，特别是体验培训具有重要的现实意义。

一、破冰基础理论[①]

破冰源于冰山理论，是指人的内心就像一座冰山一样，意识的部分只占了很少的部分，而更大的部分是潜在的意识，或者说是不容易被分辨的意识，而破冰就是把人的注意力引到现在，因为注意力在就无法或者不容易被潜在的意识影响，这样就可以达到团队融合，离开怀疑、猜忌、疏远。

1895 年，心理学家弗洛伊德与布罗伊尔合作发表《歇斯底里研究》，弗洛伊德著名的“冰山理论”也传布于世。他认为人的人格就像海面上的冰山一样，露出来的仅仅只是一部分，即有意识的层面；剩下的绝大部分是处于无意识的，而这绝大部分在某种程度上决定着人的发展和行为。管理学中对冰山理论的理解是把一个员工的全部才能看作一座冰山，呈现在人们视野中的部分往往只有 1/8，而看不到的则占 7/8。对员工来说，外边的 1/8 是其资质、知识、行为和技能，下面的 7/8 则是由职业意识、职业道德和职业态度 3 个方面形成的基石。要培养优秀的职业化素质，就要重视这 3 个隐性方面的内容，因为它占有员工素质的 7/8，同时还深刻地影响着员工 1/8 的显性素质。浮在水面上的 1/8 是他所拥有的资质、知识、行为和技能，这些就是员工的显性素质，这些可以通过各种学历证书、职业证书来证明，或者通过专业考试来验证。而潜在水面下的 7/8 的东西，包括职业道德、职业意识和职业态度，我们称之为隐性素质。显性素质和隐性素质的总和就构成了一个员工所具备的全部职业化素质。员工素质的“水下部分”包括职业意识、职业道德、职业态度，是隐性的，即处在水面以下，如果不加以激发，它只能潜意识地起作用，这方面处于冰山的最下层，是人力资源管理工作经常忽视的，也经常被员工个人所忽视。然而，如果员工的隐性素质能够得到足够的培训，那么对员工的提升将是非常巨大的，同时对企业的影响也将更加深远。

① 百度百科，www. baidu. com

大部分企业非常重视员工的显性素质培训，诸如职业技能培训等等，好像这些培训的效果能够立竿见影地凸显出来。很多企业往往忽视员工隐性素质的培训，忽视职业意识、职业道德和职业态度方面的培训，因此也就很难从根本上提升企业的核心竞争力。全方位职业化素质培训的作用就是要“破冰”，要将被培训者头脑中潜藏的意识和态度挖掘出来，将冰山水面上和水面下的部分完全协同起来，更大程度地发挥 7/8 水下部分的核心作用。只有重视员工隐性素质的培训，才能够更大地提高员工的显性素质培训的效果。

二、破冰操作原则

（一）破冰的熟知原则

就是要掌握参训学员的人数、年龄、性别、身份的信息等。

（二）破冰的杯态原则

要求学员放下心态、空杯或半空杯心态面对学习和提升。

（三）破冰的破—融—升原则

让学员感受到从生疏逐渐进入熟悉状态的过程，并形成默契。掌握参训学员在热身活动中的身体感知与精神表现的程度。比如在七巧板沙盘模拟课程在晚上做效果会更好，为了突现“吵”的概念，按照高峰体验的原理来设计，就需要让学员在混乱和争吵中，获得反向的体验，对于达成关于沟通和领导的培训主题的效果会很好。因此，在开始破冰的时候就让学员处于安静的局面，就需要采取无声换位（生日排序），持续十几分钟的安静后，突然将学员从安静的环境带到骚乱的环境，学员们的高峰体验会更明显，所以破冰的项目选择与主题项目活动有着密切的关系。

（四）破冰四层原则

第一层为打破学员之间的坚冰，第二层为打破学员与培训师之间的坚冰，第三层为打破学员对原有培训课程学习理念与体验培训课程培训理念之间的坚冰，第四层为打破学员与环境之间的坚冰。

三、破冰的技术

破冰的目的是把人与人之间的隔膜给消除，使分散、松散、多趋向的意识和行为趋向于一致，从而顺应培训主题的发展方向。破冰是培训的重要组成部分，也是培训的开始部分。破冰的形式主要包括以下几种：

（一）运动破冰

让参与者通过忘我的运动逐渐消除自我内心消极的因素，原理是运动的时候就会少了很多没有必要的想法，让身体的行为语言代替了声音语言，通

过共同的运动达到破冰的目的，但缺点是参与者一清醒过来，无形的隔膜又会反弹。

（二）接触破冰

接触破冰是指设计一些让参与者直接进入培训预想状态的练习或活动，让破冰后的彼此无间和亲密既成事实，这个缺点也和上面类似，这个活动亲密不等于下个活动就没有隔膜，很可能好不容易破的冰很快又恢复了，而且表面上看是热情的，而心底却筑起无形的墙，这样会让接下来的难度更高。

（三）自我消除破冰

自我消除就是让参与者真正认识到彼此隔阂的存在，利用彼此的力量来消除它，这个技术是难度最高的，所以操作比较复杂，技术含量高，而且万一无法像预期那样破冰很可能会遭遇反弹，导致培训无法继续，应该来说这个技术做得好是 7 种破冰技术中最成功有效的，但是操作不当造成的负面影响也是最大的。

（四）音乐破冰

作为一种符号，音乐具有衔接物与精神桥梁作用。起源于古代巫师礼拜的音乐辅导，具有一定的治疗作用。生物会在音乐中陶醉着自己、审视着自己、反思着自己、改变着自己。音乐带给人们的是身心统一的体悟，由此看，音乐能够在人的学习过程中发挥着重要的作用。当一场培训开始时，动感音乐的节奏瞬间将你拉入到培训的氛围中，课间的音乐又能够将你带入到休息的环境。人们会在悠扬的音乐中走入自我遐想的精神世界，聆听和内看属于自己的心灵，反思和感悟着自己的过去、现在和未来，从而修正和带动自我的行为。这就是音乐的微妙之处。因此，选择合适的音乐用于培训，或在合适的音乐中培训将会快速的达到破冰的作用。

（五）游戏破冰

游戏破冰技术是在培训开始或过程中，采用游戏的手法，让学员在参与游戏中体会和思考培训核心主题思想和目的意义的破冰技术。游戏是人们在生活中最为常见的和最喜欢从事的参与性活动，因其趣味性和新奇性而深受各种人群的喜爱。当然游戏并非人类的专利，在动物界也有许多的游戏，比如：捉迷藏游戏。当婴儿出生后，眼睛刚刚能够看到物体的时候就会用自己的手游戏。游戏破冰技术也是当前体验培训行业的重要破冰技术之一，也深受广大参与者的喜爱。能够用于破冰的游戏有几百种，比如：以潜力击掌为代表的各类徒手游戏、以酒杯容量为代表的各种道具破冰游戏。

（六）环境破冰

在中华文明中，自古就有“环境造就人才”的说法。环境的确对人的培养起到非常重要的作用，因此恰当的运用环境的作用，对于培训至关重要。在世界体验培训的发展历程中曾经经历了：让山说话的阶段。就是将学习者带往能够创设学习的环境中进行学习。环境破冰技术就是运用“环境会说话”的原理，让学员在环境中自然的完成内心的对话和呈现。曾经在腾格里沙漠中，我们为银行的大客户和客户经理们创设了客户关系课程，让辉煌的大漠成为客户关系的载体，让有限的水资源和有限的交通工具成为彼此的感情载体，让简单回归原始的饮食起居成为友谊产生的载体。不同的环境能带给学员不同的体验感受，因此有效运用环境进行破冰对体验培训课程效果起到至关重要的作用。

（七）情景破冰

人的一生是游戏的一生，更是剧场的一生。每个人都在生活中担任着不同的角色，家庭、工作、社会、自然、自我等组成了人的全部。在体验培训中，有目的的运用情景创设，可以有效地引导学员进入学习氛围。情景创设是为了增加体验效果而虚拟设置的以人文性和自然性为主要类型的空间上、时间上等元素组合。学员往往在情景中扮演者一定的角色，而角色色彩将成为学员是否进入学习环境和学习效果优劣的主要标志。有时也会让学员穿着固有的服装和道具，比如面具。在创设情境的过程中，培训师往往运用了空间的概念，将宇宙、天、地、他国境域等作为情景设置地；在时间的运用方面，往往将人们带入到上古时期和未来世界等。这样的情景创设可以迅速的将学员的情绪带动，从而对于打破学员内心封闭的自我起到强有力的开化作用。

（八）理论破冰

理论破冰主要是解释和呈现体验学习的理论、体验学习的起源与发展演进；切入主题性的学习内容与程序的介绍；引导学员学习心态的调适与改变。理论破冰的操作比较难控制，需要培训师具有深厚的理论功底、语言魅力，运用体验演说的形式，语言与氛围的渲染和熏陶完成破冰。

四、破冰的演绎

以上 8 种破冰并不是同时产生的，是在培训发展的历程中不断得到充实与丰富的。而一堂精彩的破冰课，也不是仅仅只能使用其中一种，在实际操作中，培训师们往往愿意将几种技术组合或融合使用。一堂完整的破冰课有其程序和规律吗？答案是肯定的。破冰往往开始于礼节性问候，进入破冰呈现和高度关联性转入等 3 个环节。下面我们将通过一次《团队建设体验培训破冰课》的进程来阐述这一观点。

(一) 礼节性问候的方式

经过多年的发展，问候的形式丰富了许多。传统的开场问好是："大家好。"体验培训原始的是"好、很好、非常好、耶!"。在实践中，我们发现培训师用"好、很好、非常好"进行问候，喊多了培训师都会厌烦，而多次培训的学员同样如此，没有新鲜感。因此要针对不同的客户对象改变问候的方式和内容，这就需要变通和创新。一个强有力的"好"也是可以的。

问好——简单的一件事，但却是快速破冰的第一个环节，很重要。有的学员对象就不喜欢回答"好、很好、非常好、耶!"比如，行政机构干部和教师队伍，他就不太喜欢，当觉得他们内心的坚冰无法打开，这个时候怎么办呢?

下面是一个培训师与学员共同完成的问候性练习：

第一轮：培训师："大家好!"学员："好!"

第二轮：培训师："各位优秀的学员们大家上午好!"学员："好!"要求学员喊完"好"以后三次击掌，学员的击掌秩序非常的不整齐。

培训师引导："请大家告诉我击了几次掌?"学员："3 次。"

培训师引导："你听到几声击掌?"学员："4、5 次吧。"

培训师引导："为什么我说击 3 次，你听到的却是四次或五次呢? 为什么?"

引导讨论："说明一个问题，大家的统一性还不够，你们还不能称之为团队！是不是，一个话题就引出来了。"

培训师引导："下一次能不能击 3 次呢?"学员："可以。"

一般情况下，根据团队人数的多少需要 3～4 轮后才能做到整齐统一。

培训师引导："如果这次有哪位朋友表现突出，我们请他到为我们唱首歌。"

我们会发现大家击得很齐。

培训师引导："心中有了压力，就会变得关注和认真，就会变的遵循规矩，因此组织一定要有规则，有奖励有惩罚，好的要表扬，差的要鞭策。"

这些都是非常简单又容易操作的创新。但是这种方式在党政机关企业培训课程中效果非常好。但用在青少年儿童体验培训课程中效果就不好了。

值得注意的是，所有的信息引导，除了语言之外，还有行为。用行为去带动，因为行为对人的关注力是非常大的，每一个人关注行为的力量也是最大的，但是行为不像声音对人如此的敏感。假设大家都在齐声喊"好"，别人喊完了，他再喊的时候，别人会笑，但是当大家击掌的时候，其中一位击的慢一点，没人会关注他。所以从破冰的角度讲，行为的力量会引导自我。运用身体动作和姿势的改变能够激发学员的内在动力，快速外放，形成氛围。在问候的同时或之后，通过手握拳，向上提拉腿等许多身体姿态的变化，衔接不同的声音语言，呈现不同的状态。比如说革命教育或者叫传统教育主题，就要用向前进、冲锋陷阵等姿态；欢乐减压主题就要让学员们跳起来。因此，破冰要从形式、内容和内涵等方面创新。

（二）破冰呈现

采用机缘破冰的方法，就是从解决缘分开始。为了强化团队成员的关系，我们首先做什么呢？

1. 培训师操作

首先是握手，而握手的选择一定是左手不是右手，为什么？因为左手不习惯。从创造力方面，左肢训练右脑，而右脑是什么，是感性脑，又叫情感脑，右脑还叫什么呢，叫创造力脑。当人的左肢的活动，会激发右脑神经细胞快速活动，从而使右脑快速活跃起来，情感就丰富了，即便内向的人，情感也会激化，便于破冰的操作和完成。当大家握住左手后，培训师开始引导，并请大家跟着复述这段话："这三天，我需要你温暖的双手以及热情的关注，我需要你能在我最需要指导的时候，贡献您的热情来帮助我，你愿意吗？我一定愿意，请用你的双眼认真的看着我，你真的愿意吗？我真的愿意，因为，我们是团队。"

当语言复述在不断的接收的时候，学员的感觉会不断加强，手心出汗，有一股力量贯穿全身。这也许就是语言引导行为的力量。

2. 逢三抓手

培训师操作：刚刚握手活动体验以后，请学员们将左右手以握手的姿势掌心相对，手心不放在一块，感觉掌心之间有气流在攒动，问询学员："什么样的气流？"学员的回答："热流、暖流、气流……"当培训师喊到一二三的三的时候，请左手抓，而右手逃？培训师一般要喊三轮：第一轮为一、二（加重语气）；第二轮：一、二、四；第三轮：一、二、三。

培训师引导：为什么你会在听到"二"的时候抓或逃？为什么你会在听到"四"的时候抓或逃？学员："紧张、压力、惯性思维。"

3. 抓住机遇

培训师操作：请伸出你的左手掌心向对，每两人一组，确定 1 和 2 的身份。培训师会从 0～9 之间会任意说一个数字，总共有 4 次机会。当听到培训师喊单数请 1 抓手，2 逃离，反之也成立。请注意的是，当你该抓的时候抓住了就叫成功；当你该逃时候逃掉了也叫成功；反之则为失败。失败的人要做一个敢于承担责任的人，就是当你失败后，请迅速立正，面对对方的伙伴，

深深的鞠一躬，大声的说一句："对不起，我错了！"

第一次，请准备。培训师："我会喊单数还是双数，大家猜一下？"学员："肯定是、不知道、单数、双数。"学员在猜想中，培训师喊："二"。失败的学员行礼并大声说："对不起，我错了！"

第二次，请准备。培训师："刚才我喊的单数是吧？这次请双数的做好充分的思想准备，我应该会喊双数的，相信吗？"学员："不相信。"培训师突然喊："一"。失败的学员行礼并大声说："对不起，我错了！"

第三次，请准备。培训师：这一次是加法，听到我喊一或者二加的时候不要做反应，一加二结果是几？三，那三是单数是吧？请单数抓，OK，明白了吗？"学员："明白。"培训师在所有学员都安静的情况下喊："一、加、四！"失败的学员行礼并大声说："对不起，我错了！"

第四次，请准备。培训师："第四次叫减法，请注意，规则同第三次。准备好了吗？"学员："准备好了"培训师突然并连续喊："九减一。"失败的学员行礼并大声说："对不起，我错了！"

特备要注意的是，类似于抓手的游戏，现场气氛会非常的火爆，因此培训师需要控制大家的情绪变化，能够及时学员安静下来，语言互动有以下几种：

（1）培训师："最高境界！"学员齐声回答："静悄悄。"

（2）培训师："安！"学员齐声回答："静。"

（3）培训师："威！"学员齐声回答："武。"

（4）培训师："嘿！"学员齐声回答："哈。"

（5）融合组织文化或培训主题设计，例如培训师："团队！"学员齐声回答："精英。"

培训师引导：刚才活动中 4 次都成功的和都失败的伙伴请举手。只有少数人举手。也就是说每一次都成功或都失败的人太少了。因此，他们并不是人，而是神，世界上只有神仙才能做的每次都成功或者失败，人是做不到的，因此呢？成功与失败是相伴随的，中国的古语讲：失败乃成功之母！我们不需要为暂时的失败而气馁，也不需要为暂时的成功而骄傲自满，我们需要用一种平和的心态面对培训和生活中的点点滴滴，我们会有付出的伤感，当然也会有成功的喜悦。培训师可以在这个时候抛引课程的主题。

4. 上下五千年

培训师操作：伸出你温暖的右手，握住对方温暖的右手。培训师问大家 3 个问题。

（1）培训师："世界上有多少人口？学员："七十多亿。"

(2) 培训师："那么中华人民有多少年历史?" 学员："五千多年。"

(3) 培训师："那为什么就我们在一起?" 学员："缘分。"

那好我们解决缘分问题，当您握住他的手后，首先手上下摆动，共同喊："上下五千年"，然后左右摆动，共同说："人口七十亿"。摆完之后迅速甩开手，然后自己双手摆向自己的后背，快速的将你的右脚向前，跨半步，双臂向前抱住对方的后背，轻轻的拍打，大声的说："缘分呀!" 培训师引导："好，大家一起来一次，团队的力量，要用声音和握手，看看缘分到底有多深刻。喊一、二、三，开始。" 学员："上下五千年，人口七十亿，缘分呀!"

培训师引导：感情是不是融洽许多？我们一旦把缘分提出来后，就会淡化了学员之间点点滴滴的不愉快，由缘分将世界七十亿人和五千年才有的相遇与机会，紧密融合在彼此之间的互动中，融洽彼此的关系，摘下彼此职业中的面具。

所以，破冰技术是针对性很强的培训技术，只有灵活掌握和控制其火候，才能达到炉火纯青的地步。

第五节　布课技术

布课是体验培训中体验环节的开始阶段，是为学员创设体验的关键，决定着体验的方向和效果，这一阶段学员的感悟对于其收获至关重要，主要包括：课程导入、规则讲解和注意事项。

一、课程导入

课程导入是培训师通过一定的媒介引导学员进入课程氛围的技术。在实践中，许多的培训师往往将热场与导入混为一谈，认为热场就是导入，导入就是热场，这种观点是不恰当的认识。导入和热场是两码事。导入是具有很强的课程主题针对性，具有强烈的排它性；而热场则相对导入更具有广泛性和通用性。从环节来讲，导入比热场更加注重与课程内容的衔接。一般情况下导入有以下方法：

(一) 故事导入法

通过讲解故事导入课程，将学员带入到故事情节中，置身体验故事角色中。如：信任课程中的信任背摔体验环节的"印地安部落出征"故事导入。在采用故事导入法时，培训师首先要自我陶醉于故事中，犹如身临其境一样，要在最关键的情节处抖包袱，以增强学员的高峰体验。

（二）情景导入法

情境导入法是通过培训师以时间或空间为概念创设现实中或虚拟的情景，并明确的将学员进行角色和身份移植，并以任务的形式，以人、事、时和物为主要元素进行课程导入的技术。如：生涯规划与发展课程中的吉塔星遇险体验环节的导入，采用了太空吉他星球和宇航员寻找无线电基地的情景，迅速将学员带入到太空情景中。

（三）气氛导入法

气氛导入法是通过声光电等氛围的营造，引导学员的身心进入某种主题性的课程的技术。比如：感恩课，就要运用柔和的灯光、温暖而柔美的环境和亲和的声音来营造氛围。一次，我在为党校县处级学员培训，学员的年龄都在45岁以上，我用话筒无法让大家安静，于是我就模仿某位领导干部大声说："同志们，开会了！"突然间会场安静下来了，稍事安静后大家随后笑的非常开心。因此，气氛导入可以采用的形式很多，可以采用话语的模仿、灯光的变化、音乐的渲染、现场色彩的设定等。

（四）理论导入法

以某一理论观点将学员带入培训中的技术。培训师多采用与本次培训内容高度关注的某一理论观点切入，进行引导。比如：创新思维模式课程中采用四度发展理论（高度—升级、深度—集中、宽度—跨界和力度—转变）进行引导。

（五）问题导入法

问题导入法是培训师采用抛出与学员学习的核心问题引发学员思考的导入技术。培训师可以选择抛出一系列的问题或抛出去一个问题，但不需要回答，然后在接下来的体验课程中一步一步地启迪学员并寻求自我解决。

（六）直接导入法

直接导入法，又称为开门见山法，培训师的开场简单明了的把此次体验培训的目的直接的表达出来。多数情况下，这种方法的采用是由讲师的助手完成，培训师直接开始授课。

无论采用哪一种导入法，都是一种催化剂。培训行业的"催化"引自于西方现代管理培训，培训就像是化学反应，学员的体验与培训结果之间就是化学反应的要素，培训师在培训工作中注入催化剂，学员立即从体验中获得感悟，完成化学反应。培训师注入的知识、技能、观念、引导语、环境设计、情境制造等都是培训师可利用的催化剂。①

① 薛保红．体验培训师培训教程．北京：中国计量出版社，2009。

二、规则讲解

规则讲解对于学员的体验程度和主题理解具有非常重要的引导作用。清晰明了、思路清晰的讲解会让学员感到轻松愉快，而繁琐复杂混沌的讲解将会使学员陷入到混沌的状况。培训师在讲解规则的过程中要注意以下几方面：

（一）条理清晰

条理清晰是指培训师要将学员参加体验的基本规则有条理地讲解给学员，一般采取：第一、第二、第三等。不采用：首先、然后、最后等。在讲解完成后，需要提示学员是否需要重复或者是否需要提问，如果学员不需要，则可以开始体验活动。在实践中，往往会因为规则讲解不清，而导致学员体验与规则之间发生矛盾和冲突，降低或恶化了培训效果。

（二）语言规范

作为培训师，规范的语言是至关重要的。标准的普通话、合理的使用语速、合理的使用肢体语言、文明的用语、优美的辞藻与修饰都是培训师素养的基本表现。

（三）切合主题

在体验培训的项目中，能够引导分享和总结提升的方向与内容很多。因此，培训师必须要根据不同的课程主题设计某一体验环节的规则限定，以便服务于培训课程的引导环节。

三、注意事项

讲解注意事项对于布课非常重要。通过讲解注意事项可以将体验环节的安全注意事项和规则无法限定的内容详细讲解。注意事项一般在课程导入和规则讲解之后作为补充来完成。

第六节 观察技术

培训的监控与学员的体验是齐头并进的，也是培训师发现并寻找团队和学员个体特征的关键环节。当学员在体验的时候，其实培训师也同样在体验着。

体验培训中的观察技术是指培训师在学员体验的过程中利用知识、技能和经验将学员的体验表现解剖开来，细细分析和研究，剖析学员的行为表现，触动学员的内心，提高体验和分享感悟的一种技术。观察技术多与点化技术、

催化技术交错使用，在经过深入观察和分析的基础上点化学员。

培训师要深入观察和了解学员的个性特征，有针对性的解剖，切不可随意解剖，形成对抗，背离了培训目标。解剖一般分为两类：一类是针对团队共性问题进行解剖，第二类是针对个体化的问题进行特例解剖。无论哪一种都要做到解剖位置准确，观察详细、分析到位。这样，学员才会报以信服的心态和投射尊重的眼光。

古语讲："听其言，观其行，查其思，悟其需，而后知其所以然！"体验培训师就是要具有眼观六路，耳听八方，掌控其中的本领。观察技术主要包括安全监控技术、行为观察技术和语言听察技术。

一、安全监控技术

安全监控技术是体验培训的生命线，每一位体验培训师都应该熟练掌握安全监控技术，特别是户外运动技术，以确保培训中的安全监控。户外运动技术是指在从事户外运动的过程中为了参与者生存、安全与挑战需要使用的一切技巧与方法的总称。要做到"五会四能"：会觅食、会找水、会取火、会设营、会行进，能预防日常伤病、能掌握野外急救护送方法、能防野兽侵袭、能争取紧急救援。同时，作为培训师必须要熟练掌握各种器械道具的性能以及其安全操作的控制方法。体验培训中的高空类项目、定向类项目和水上类项目都需要专业的户外技术，只有做到专业才能提高体验培训项目本身的层次，提高学习效果。培训师要掌握和教授给学员的户外运动技术有户外宿营装备技术、气候与方向识别技术、绳索技术、野外防病与饮食卫生技术、野外徒步行进技术、野外找水与用水技术、野外觅食与用食技术、野外取火与生火技术、野外娱乐与考察技术、野外求救与搜寻技术、特殊环境生存技术 11 种。掌握以上技术能够顺利并持久的开展户外体验培训，对于增加培训的趣味性和实用性具有重要的意义。

二、行为观察技术

中国自古就有"察言观色"的说法。眼睛是心灵的窗户，培训师要具有敏锐的洞察力，要具有较好的行为心理学基础，通过学员的动作和行为，有效地判断学员的内心活动与情绪变化。学员在参加培训的过程中往往是忘我的，因此其表现出来的行为是原生态的、没有修饰的。这些行为的背后都受其心理和思维的影响，所以准确判断行为对于培训师进一步引导学员分享和学习起到至关重要的作用。在一次夏令营活动中，我发现一名 14 岁正在积极参加体验的女营员突然间就站在一边不动了，表情很低落，双手捂着腹部。

我并没有直接关心她，而是让一名女辅导员老师将她带到营房处理。正如我的判断，该同学由于生理期的问题导致了情绪和身体的不舒服。类似于这样的观察和发现应该是培训师在培训过程中必须要关注的。由于体验是个性化的参与，所以培训师需要照顾到所有参加的学员，难度确实非常大，但这样的工作也正是对学员认真负责的表现。

三、语言听察技术

语言听察是培训师要通过听懂、读懂学员的语言来分析其学习的动机、学习产生的问题、学习成就等。语言包含声音、神态等。相同的一句话，不同的语气和声调，都分别代表着不同的心理。因此，培训是要学会倾听。倾听就是凭借听觉器官接受言语信息，进而通过思维活动达到认知、理解的全过程。

1. 要体察对方的感觉

一个人感觉到的往往比他的思想更能引导他的行为，愈不注意人感觉的真实面，就愈不会彼此沟通。体察感觉，意思就是指将对方的话背后的情感复述出来，表示接受并了解他的感觉，有时会产生相当好的效果。

2. 要抓住主要意思，不要被个别枝节所吸引

善于倾听的人总是注意分析哪些内容是主要的，哪些是次要的，以便抓住事实背后的主要意思，避免造成误解。

所以，培训师在进行积极倾听时要做到：解释、向对方表达你对他感受的认同、适当表达反馈意思、从听话者的角度大胆设想、综合处理对方信息。

第七节　引导技术

引导具有带领和领路的意思，带着人向某个目标行动，广义上来说是指通过用某种手段或方法去带动某事物的发展。引导技术主要运用在学员体验和省思环节，主要包括引导方法、引导语设定、引导队列队形和引导技术等内容。

一、引导方法与引导语设定

（一）漏斗式引导法

1. 引导方法

犹如漏斗形状一样，学员在体验中得到的认知是非常宽泛的，需要从漏

斗的顶端不断的引流到底端，从宽泛的认知引导到深入主题化的认知。在体验过程中，个性参与其中的特点决定了不同学员所获得的反思是不相同的，因此需要培训师进行深入的引导，让学员体验到并未觉察、觉察到并未觉醒、觉醒并未系统的反思进行针对性引导，使其内化成为学员的个人素养。

2. 引导语设定

（1）您在活动中都有哪些收获呢？

（2）哪些是您最关注的呢？

（3）是什么让您如此关注呢？

（4）在现实中您也关注这些方面吗？

（5）你如何运用您关注到的内容？

（二）教练式引导法

1. 引导方法

体验培训师又被学员称为教练，事实上培训师经常性的担任教练的角色组织实施训练，在体验中呈现，在反思中唤醒。而在课程实施过程中的聆听、发问、区别和回应的技术也正是教练技术在体验培训中的最直接体现。通过教练技术在体验过程中的运用，学员自身会将自我的行为表现和内心的思考呈现给体验本身，呈现给团队，呈现给培训师，培训师便可以根据其呈现判断和分析学员个性化特点，找准项目呈现与现实工作等方面的结合，唤醒其对自我愿景、使命的不折不挠的追求，促使团队其他人思考自己的愿景和追求，达到培训的目的。

2. 引导语设定

（1）您可以将您在活动中最为深刻的感受分享给大家吗？

（2）我们会认真地共同面对。

（3）站在您的角度看？站在另一个角度看？

（4）这与生活中的比较棘手的问题可以一起讨论吗？

（三）嵌入式引导法

1. 引导方法

将现实中发生的事，嵌入到体验中，并不断的放大体验。嵌入技术在体验培训中的应用是非常重要的，是指针对体验培训目标的设定，将目标体验点、现实学习点等恰如其分的嵌入培训中的一种技术。如：军事体验培训课程主要是为了实现服从、执行和团队等培训目标进行课程设计的。学员在完成体验后的反思中将体验过程的点滴与现实的服从、执行和团队相结合进行讨论。

2. 引导语设定

（1）接下来要完成的项目与我们关注×××问题是紧密相关的。

（2）您在刚才的体验中是如何看待×××问题的？

（3）体验中，您发现了它们之间那些关联吗？

（4）完成体验后的您，对体验与现实的关联有何认识？

（5）对您的启发是什么？

（四）咨询式引导法

1. 引导方法

咨询：商议、询问、咨问、咨访、征求意见。通过某些人头脑中所储备的知识经验和通过对各种信息资料的综合加工而进行的综合性研究开发采用咨询式引导法时，培训师需要积极倾听学员的发表，一般多见于阶段性体验的辅导和分散式的自省体验课程。

2. 引导语设定

（1）你们需要关注的重点是什么？

（2）我一直在关注你们的发展，我相信你们可以做到。

（3）你们的思路、方法、设计，可以进一步提高。

（4）说说你的收获和启示。

（五）点化式引导法（内看式引导法）

1. 引导方法

点化，道教传说中神仙能使用法术使物变化。后借指僧道用言语启发人，使其悟道泛指启发开导。体验培训中的点化技术主要是在学员体验的基础上，通过培训师的点化、点拨，使学员的高峰体验加强，感悟更加深刻。培训中，学员的体验往往是表面的、肤浅的、零散的感悟，分享的也是因人而异的，高峰体验高低不一，有些体验和分享点是培训目标的主要感悟点，而有些则是次要的，如果培训师囫囵吞枣地对体验和分享进行总结，只能带给学员粗糙的培训的效果。作为体验培训师正确恰当的运用点化技术是解决这一问题的灵丹妙药。具体说就是培训师在学员分享的过程中，抓住学员在体验全过程零散表现中的目标体验方向和分享过程中的目标分享点进行深入的点化，使学员的体验分享感悟趋向于培训目标。但要注意的是不是所有的培训师都能够恰当的运用点化技术，必须经过长期的磨练和不断积累后，培训时才能对点化技术了如指掌，这就要求培训师在学习过程中不断总结经验，设计个性化的点化目标，针对性、恰到好处的点化，使学员以及团队不断地出现高峰体验，增强学习深度和感悟，从而提升体验培训的效果。

2. 引导语设定

（1）体验中您发现了什么？

（2）为什么会发生？

（3）生活中有发生吗？

（4）您准备如何运用它？

（六）迁移式引导法

1. 引导方法

迁移本意是指离开人或物原来的所在地而另换地点。遗传学中叫基因流，是指个体从一个群体迁入另一个群体或从一个群体迁出，然后参与交配繁殖，导致群体间的基因流动。体验培训中的迁移技术的运用是至关重要的，对培训起到深化和拔高的作用。也是体现培训师培训层次和水平的重要标志。体验培训的特点是学员在“做中学”，学员会在体验的过程中悟出一定的道理，但往往沉浸对项目的体验的兴趣中，在分享中，多见的是学员分享项目本身的特点，很难联想到实际工作和生活。作为培训师，要始终牢记培训的目标，有针对性的引导学员对分享进行层次化的迁移。迁移技术共分为 3 个层次：就项目本身体验迁移到项目的感悟、就项目本身体验迁移到实际工作学习、就项目本身体验迁移到人生观和价值观。

2. 引导语设定

（1）谈谈您对该项目体验的感悟？

（2）谈谈您在项目体验后联想的实际工作学习感悟？

（3）谈谈您对项目体验后联想到您的人生及价值？

（七）类比式引导法

1. 引导方法

类比式的引导法是通过对不同体验团队或同团队不同阶段之间的体验进行比较，得出一定结论的引导方法。A 和 B，昨天 A 和今天 A 的比较。在引导学员进行反思时，要以积极引导为主，可以采用适度的挫折激励。切不可出现人格侮辱的现象。

2. 引导语设定

（1）刚才的体验中，你认为谁更好一些？

（2）为什么会更好？

（3）如何做到的？

（4）再来一次，您将如何选择？

（5）您需要提升的是什么？

二、引导技术运用

（一）教练技术——倾听与区分

“教练技术”（Coaching Technology）：是一种古老的管理技术，最早是体育教练的基本工具，在瞬息万变、竞争激烈、信息大爆炸的今天，它受到企业界的青睐并成为现代企业管理的主流及个人成长的源动力。“教练技术”作为一种新兴的管理方式，它的核心内容是教练以中立的身份用技巧反映被教练的人的心态，使对方洞悉自己，并就其表现的有效性给予直接的回应，令对方及时调整心态、清晰目标以最佳状态去创造成果。

关于“教练”在组织或管理中的运用，目前在中国讲得最多的是“教练型管理”。根据《教练——教练型管理者实战操作指南》作者唐渊老师的理论，当主客双方关于学习的互动关系形成的时候，就形成了“教练”。教练不是企业的专利，而是适用于所有的学习关系——比如“教师要做教练”“家长要做教练”“教练式沟通”“教练式领导”，当“教练”用于企业的时候就是“企业教练”，当“教练”用于管理风格的改善时，就有“管理者要做教练型的领导者”之说。当管理者懂得运用教练技术帮助下属通过学习获得成长从而提高绩效时，就成为了“教练型管理者”。体验培训师经常性的担任教练的角色组织实施训练，而在课程实施过程中的聆听、发问、区别和回应的技术也正是教练技术在体验培训中的最直接体现。通过教练技术在体验过程中的运用，学员自身会将自我的行为表现和内心的思考呈现给体验本身，呈现给团队，呈现给培训师，培训师便可以根据其呈现判断和分析学员个性化特点，找准项目呈现与现实工作等方面的结合，唤醒其对自我的愿景、使命的不折不扣的追求，促使团队其他人思考自己的愿景和追求，达到培训的目的。

（二）倾听技术——尊重与回应

倾听就是凭借听觉器官接受言语信息，进而通过思维活动达到认知、理解的全过程。

1. 积极倾听的要点

（1）克服自我中心：不要总是谈论自己。

（2）克服自以为是：不要总想占主导地位。

（3）尊重对方：不要打断对话，要让对方把话说完。千万不要去深究那些不重要或不相关的细节而打断人。

（4）不要激动：不要匆忙下结论，不要急于评价对方的观点，不要急切地表达建议，不要因为与对方不同的见解而产生激烈的争执。要仔细地听对方说些什么，不要把精力放在思考怎样反驳对方所说的某一个具体的小的观点上。

（5）尽量不要边听边琢磨他下面将会说什么。

（6）问自己是不是有偏见或成见，它们很容易影响你去听别人说。

（7）不要使你的思维跳跃得比说话者还快，不要试图理解对方还没有说

出来的意思。

（8）注重一些细节：不要了解自己不应该知道的东西，不要做小动作，不要走神，不必介意别人讲话的特点。

2. 学会积极倾听

（1）要体察对方的感觉。一个人感觉到的往往比他的思想更能引导他的行为，愈不注意人感觉的真实面，就愈不会彼此沟通。体察感觉，意思就是指将对方的话背后的情感复述出来，表示接受并了解他的感觉，有时会产生相当好的效果。

（2）要注意反馈。倾听别人的谈话要注意信息反馈，及时查证自己是否了解对方。你不妨这样："不知我是否了解你的话，你的意思是……。"一旦确定了你对他的了解，就要进入积极实际的帮助和建议。

（3）要抓住主要意思，不要被个别枝节所吸引。善于倾听的人总是注意分析哪些内容是主要的，哪些是次要的，以便抓住事实背后的主要意思，避免造成误解。

（4）要关怀、了解、接受对方，鼓励他或帮助他寻求解决问题的途径。

倾听技术源自于沟通学和心理咨询技巧。建设性倾听是有效领导者的第一要素，是解决问题的有效方式，也是提升自我意识的有效工具。在体验培训中培训师要与学员共同做到积极倾听，高效的完成培训课程目标。培训师在培训过程中如何做到积极倾听呢？首先看下面的两个案例：

【案例1】

美国知名主持人林克莱特与小朋友的故事

美国知名主持人林克莱特一天访问一名小朋友，问他说："你长大后想要当什么呀？"小朋友天真的回答："嗯……我要当飞机的驾驶员！"林克莱特接着问："如果有一天，你的飞机飞到太平洋上空所有引擎都熄火了，你会怎么办？"小朋友想了想："我会先告诉坐在飞机上的人绑好安全带，然后我挂上我的降落伞跳出去。"当在现场的观众笑得东倒西歪时，林克莱特继续着注视这孩子，想看他是不是自作聪明的家伙。没想到，接着孩子的两行热泪夺眶而出，这才使的林克莱特发觉这孩子的悲悯之情远非笔墨所能形容。于是林克莱特问他说："为什么要这么做？"小孩的答案透露出一个孩子真挚的想法："我要去拿燃料，我还要回来！"

你听到别人说话时……你真的听懂他说的意思吗？你懂吗？如果不懂，就请听别人说完吧，这就是"听的艺术"：（1）听话不要听一半。（2）不要把自己的意思，投射到别人所说的话上头。

【案例2】

三个小金人的故事

曾经有个小国的人到中国来，进贡了三个一模一样的金人，把皇帝高兴坏了。可是这小国的人不厚道，同时出一道题目：这三个金人哪个最有价值？皇帝想了许多办法，请来珠宝匠检查，称重量，看做工，都是一模一样的。

怎么办？使者还等着回去汇报呢。泱泱大国，不会连这个小事都不懂吧？最后，有一位退位的老大臣说他有办法。皇帝将使者请到大殿，老臣胸有成足地拿着三根稻草，插入第一个金人的耳朵里，这稻草从另一边耳朵出来了。第二个金人的稻草从嘴巴里直接掉出来，而第三个金人，稻草进去后掉进了肚子，什么响动也没有。老臣说：第三个金人最有价值！使者默默无语，答案正确。最有价值的人，不一定是最能说的人。老天给我们两只耳朵一个嘴巴，本来就是让我们多听少说的。善于倾听，才是成熟的人最基本的素质。

3. 体验培训师要做到积极倾听，要掌握以下原则：

（1）从内在认识到倾听重要性；

（2）从肯定对方的立场去倾听；

（3）要有正确的心态、克服先验意识；

（4）学会给对方以及时的、合适的反应。

所以，体验培训师在进行积极倾听时要做到：解释、向对方表到你对他感受的认同、适当表达反馈意思、综合处理对方信息，从听话者的角度大胆设想。

4. 在培训分享过程中的几点积极倾听建议

培训师在分享过程中，要注意尊重学员的感受，尊重意味着学员有思想感情、内心体验、生活追求和独特性与自主性。尊重意味着完全接纳、一视同仁、以礼待人、信任对方、保护隐私和真诚。积极关注学员的分享和交谈，在尊重、热情和共情的基础上给与积极回应。

（1）即使你认为对方所讲的无关紧要或是错误，仍然要从容而耐心的倾听；

（2）不仅听对方说话内容，而且留意他人的情绪；

（3）必要时，经对方所说的予以提要重述，表现你的注意力，鼓励对方；

（4）安排充分而完整的分享时间，不要因他事打断；

（5）分享中，避免直接的质疑或反驳，让对方畅所欲言；

（6）遇到你想知道的，鼓励对方进一步解释；

（7）注意对方尽量避而不谈的方面，症结所在；

（8）对方确实想知道你的观点，诚实以告；

（9）不要在情绪上过于激动，不要妄加评论；

（10）倾听不是任何情况下都能用，需要条件。

（三）咨询技术——开放与闭合

咨询：商议、询问、咨问、咨访、征求意见。通过某些人头脑中所储备的知识经验和通过对各种信息资料的综合加工而进行的综合性研究开发。咨询产生智力劳动的综合效益，起着为决策者充当顾问、参谋和外脑的作用。

咨询技术源自于咨询学和心理学咨询技术。咨询技术在体验培训过程中发挥重要的作用，贯穿着培训的始终。培训师的咨询提问技术分为开放性提问和闭合性提问两种。一般在初次咨询和交流时采用开放性提问，在进入深入咨询与交流后则进入闭合性提问。体验培训中，布课和体验阶段一般使用开放性的咨询技术，而在分享和总结阶段则采用闭合式的咨询技术。

（1）组织活动前，培训师首先要对活动的开展进行前期策划，安排好行程、食宿、天气、课程内容、项目设置、团队划分、突发事件备案以及对学员进行前期调查走访，从而制定出科学可行的实施方案。

（2）参训过程中的，学员在体验项目的过程中会涉及到疑惑需要咨询，那么咨询技术与方法就很重要，具体的咨询技术有：系统分析法、问题数分析法、80/20 原则法、SWOT 分析法、头脑风暴法、特尔斐法、纸牌法、侧面思考法、游戏创意策划法、语意直觉法、分脑比较创意法、比较分析法、比率分析法、缺点列举法、希望列举法、模型法、解析分析法、控制分析法等。

（3）培训接受后，培训师要实施授课效果的评估与总结，要对学员进行训练意见反馈性的咨询工作。

咨询既是一项研究工作，又是一项社会活动。培训师的交流与沟通的能力、发现与解决问题的能力、缜密分析与思维的能力和实际的工作经验等在培训中的协调应用是咨询师在体验培训中的重要体现。

（四）催化技术——情境与推进

催化即改变反应物的活化能，使物质改变化学反应速率。催化是利用催化剂致使药品之间出现化学反应或加快化学反应速度的一种工艺。催化也是一种化工单元过程，催化剂本身在反应中不会被消耗，却能够加快反应速度，许多没有催化剂不能发生的反应，在加入催化剂后则能迅速反应。

培训行业的“催化”引自于西方现代管理培训，培训就像是化学反应，学员的体验与培训结果之间就是化学反应的要素，培训师在培训工程中注入催化剂，学员立即对体验出现感悟，完成化学反应。培训师注入的知识、技能、观念、引导语、环境设计、情境制造等都是培训师可利用的催化剂。

体验培训的催化过程要分为三个阶段：环境阶段、体验阶段和感悟阶段。每个阶段的划分并没有严格的时间、空间的界定。需要根据不同培训主题和培训项目的操作而定。但总体而言，在环境阶段一般多采用环境设计和情境制造式的催化，当学员进入一个特点的自然环境或音乐、语言环境时，学员已经身临其境，这时的学员内心已经开始向着项目培训目标的方向反应，于是就进入了催化阶段。如：感恩的心，在眼罩带起、音乐响起后，学员心中已经向着感恩、情感交融的方向体验了。在体验阶段，学员会在情境中体验原我与超我的不断挑战。这时培训师的催化剂就是培训师的引导语，在特定的规则要求下，学员不断地分析和挑战，完成在内心领悟基础上的项目任务，学员的思想跟随着培训师的思路不断深入，如：学员通过荆棘之路时，感受来自朋友的力量和关怀，来到特定环境中，打开眼罩，与培训师一起完成感恩的心手语操，共同体味来自父母、老师、公司、同事和社会的关怀。在感悟阶段，学员已经从前两个阶段获得深刻的体验，培训师需要运用煽情的手法，诱导学员分享自我的感悟，运用知识、技能和观念对学员的分享加以提炼后，反馈给学员，感染学员出现感动的高峰体验，达到培训目的。

（五）迁移技术——深化与拔高

迁移本意是指离开人或物原来的所在地而另换地点。遗传学中叫基因流，是指个体从一个群体迁入另一个群体或从一个群体迁出，然后参与交配繁殖，导致群体间的基因流动。物理学称渗移，泳移。在场的作用下，物质的分子、离子或其他粒子等沿一定方向的运动。场可以是电场、磁场、重力场或离心力场、浓度场等。心理学中是指一种学习对另一种学习的影响，指在一种情境中获得的技能、知识或态度对另一种情境中技能、知识的获得或态度的形成的影响。根据迁移性质的不同可以分为正迁移和负迁移。正迁移是指一种学习对另一种学习产生积极的促进作用。负迁移是指两种学习之间相互干扰、阻碍。

体验培训中的迁移技术的运用是至关重要的，也是体现培训师培训层次和水平的重要标志。体验培训的特点是学员在“做中学”，学员会在体验的过程中悟出一定的道理，但往往沉浸对项目的体验的兴趣中，在分享中，多见的是学员分享项目本身的特点，很难联想到实际工作和生活。作为培训师，要始终牢记培训的目标，有针对性的引导学员对分享进行层次化的迁移。迁移技术共分为三个层次：就项目本身体验迁移到项目的感悟、就项目本身体验迁移到实际工作学习、就项目本身体验迁移到人生观和价值观。

迁移技术在信任背摔这个项目的分享中应用，培训师首先要引导学员谈

谈个人挑战、人床保护中的个人感想；而后引导学员分享由于先后挑战与保护次序、保护者位置的不同、学员间的充电等内容引发的关于信任的三个层次和信任的五大要素；最后从站立90°—倾倒45°—平躺0°的过程引导学员分享关于对幸福的理解和追求的三天理论（天真无邪、天道酬勤和天伦之乐）。

通过迁移技术的运用将看似简单的体验项目深化到平时的工作和生活中，拔高学员对人生价值的追求和实现，使学员产生顿悟，实现培训目的。

（六）点化技术——高峰与感悟

点化，道教传说中神仙能使用法术使物变化。后借指僧道用言语启发人，使其悟道泛指启发开导。

在体验培训中，学员的体验往往是表面的、肤浅的、零散的感悟，分享的也是因人而异的，高峰体验高低不一，有些体验和分享点是培训目标的主要感悟点，而有些则是次要的，如果培训师囫囵吞枣地对体验和分享进行总结的话，只能带给学员粗糙的培训效果。这一状况直接导致培训效果的参差不齐，影响到学员的后期提升与应用，更影响到团队培训后的工作效果。解决这一问题是体验培训出现高端化的核心。作为体验培训师，正确恰当的运用点化技术是解决这一问题的灵丹妙药。具体说就是培训师在学员分享的过程中，抓住学员在体验全过程零散表现中的目标体验方向和分享过程中的目标分享点进行深入的点化，使学员的体验分享感悟趋向于培训目标，形成团队统一化的培训效果。但要注意的是不是所有的培训师都能够恰当的运用点化技术，必须经过长期的磨炼和不断积累后，培训时才能对点化技术了如指掌，这就要求培训师在学习过程中不断总结经验，设计个性化的点化目标，针对性、恰到好处的点化，使学员以及团队不断地出现高峰体验，增强学习深度和感悟，从而提升体验培训的效果。

（七）嵌入技术——项目与现实

嵌入多用于信息技术和艺术装饰术语，通常是指把较小的东西卡进较大的东西上面的凹处。潜入技术在体验培训中的应用是非常重要的，是指针对体验培训目标的设定，将目标体验点、目标分享点以及论证其成立的案例、哲理故事名人名言等恰如其分的嵌入培训目标中的一种技术。对于整个培训目标来说，课程是关键；对于培训课程来说，项目是关键；对于项目来说，体验点和分享点是关键。所以项目的体验点和分享点是整个培训目标的关键。如何将培训项目的小点嵌入整个培训目标呢？这需要从培训的目标来分析和设定项目，针对客户的需求将体验点和分享点嵌入其中，充实培训课程，实现培训目标。

在军事体验培训课程中，一般来讲主要是为了实现服从、执行和团队等培训目标进行设计课程的。此课程中体验点就是团队作战和服从命令完成任务，学员在完成体验后的分享中只能回忆体验过程的点滴，如何升华体验呢？我们不妨可以试试将西点军校的校训：责任、荣誉、国家嵌入整个培训目标，深入分析西点军校对商界的巨大贡献，从而指明团队执行力和服从的灵魂是责任、荣誉和国家的利益。要注意的是嵌入技术的运用需要注意火候的把握，一步一步将学员引入高峰体验中，实现项目体验分享与培训目标的现实相结合。

（八）解剖技术——观察与分析

解剖，医学术语，本意为剖开生物的躯体，以研究各器官的组织构造，引申为比喻对事物作深入的分析研究。体验培训中的解剖技术是指培训师在观察和监控的基础上利用知识、技能和经验将学员的体验表现解剖开来，细细分析和研究，剖析学员的行为表现，触动学员的内心，提高体验和分享感悟的一种技术。解剖技术一般多与点化技术交错使用，在经过深入观察和分析的基础上点化学员。在应用解剖技术时一定要注意解剖对象和时机的选择。培训师要深入观察和了解学员的个性特征，有针对性的解剖，切不可随意解剖，形成对抗，背离了培训目标。解剖一般分为两类：一类是针对团队共性问题进行解剖，第二类是针对个体化的问题进行特例解剖。无论哪一种都要做到解剖位置准确，观察详细、分析到位。这样，学员才会报以信服的心态和投射尊重的眼光。

第八节　讲授技术

讲授是教师通过口头语言向学生系统传授科学文化知识的教学方式。它主要通过叙述、描绘、解释、推论等引导学生了解现象，感知事实，理解概念、定律和公式，从而使学生认识问题、分析问题、解决问题，并促进学生智力与人格的全面发展。讲授技术是体现培训师功力的重要表现，一般多用于总结环节。主要包括讲述、讲解、讲读和讲演四种基本形式。[①]

一、讲授原则

（一）充分备课

体验培训课程虽然具有很强的个性化，但培训师还是要依据培训主要纲

① 讲授法，百度知道，www. baidu. com

要积极准备课程教案、培训计划等材料，理清思路。培训师应对计划讲授内容作全面的分析和把握，做到准备充足，力图系统的呈现培训内容。因此，培训师是否具有广博的知识、开阔的思想、独特的见解，直接影响讲授的效果。

（二）科学严谨

体验培训的科学严谨是指要有科学准确的、经得起实践检验的的体验和讲授内容，切不可一味追求生动形象，违背科学性的要求。要具有科学严谨态度，要以科学的认识论和方法论为指导，实事求是，从实际出发。要运用严密的语言、精确的词汇表述。

（三）结合体验

体验培训过程中，培训师所讲授的内容要与体验呈现相吻合，能够在体验环节中寻找到发生的情景。使学员“如临其境”“如见其形”“如闻其声”，生动形象、富有趣味的讲授，激发学员的兴趣，使他们集中注意、积极思维，对学习内容产生深刻的印象。

（四）简明扼要

培训师要使用简洁明快，既准确又精练，既有逻辑性又有概括性的语言进行讲授。经过体验后的学员，本身已具有感悟，培训师需要的是点拨，这就要求培训师对语言进行加工、提炼、斟酌能力要强，用最简练的语言表达最丰富的内容，使每一个字、每一句话都起到相应的作用，只有这样，才能启迪学生的思维活动。

（五）和谐和美

培训师在讲授过程中，应注意自己的语速、语调、响度等的科学运用，并根据学员的反应及时做出相应的调整。培训师应该声音洪亮，吐字清晰，发音规范，节奏适宜，语调平直自然，也要善于运用抑扬顿挫的声音变换吸引学员注意力，达到教学语言和谐性的一个重要因素。

（六）辅助手段

体验培训中绝大多数培训师不太善于运用画板、ppt、话筒等辅助设施。这样的习惯是非常不好的，基本的教学规范是要求讲授与板书、ppt 相互配合的，这样会更好的发挥讲授的作用。而书写的基本内容包括图画、文字、公式和表格。内容一般都是教学内容的重点，培训师利用讲授对精心设计的书写内容加以点拨、讲解，能引导学生抓住学习的重点，达到培训的目的。

二、三美四讲

1. 体验培训师的三美——形体美、语言美、心灵美形体美是指身材要美，灵活健康；语言美是指培训师在说话、授课中能够准确文明地表达自己的观点和意见；心灵美主要是指培训师要善良、诚信、做到诲人不倦，以传道授业解惑为己任。

2. 体验培训师的四讲——故事、历史、管理、人性

按照培训师的发展与晋级，应该学习讲故事、讲历史、讲管理和讲人性。初级培训师一般以讲故事、名言等谚语为主；中级培训师则应该增加讲历史，通过历史分析和管理知识要点来阐述观点；高级培训师则应该上升达管理和人性的角度讲授课程。

第九节　评估技术

评估又称为评价估量，是对方案、执行过程进行评估和论证，以决定其价值等方法。培训评估，是指对培训项目、培训过程和效果进行评价。可分为培训前评估、培训中评估和培训后评估。培训前评估是在培训前对受训者的知识、能力和工作态度进行考察，作为培训者编排培训计划的根据。培训前评估能够保证培训项目组织合理、运行顺利，保证受训者对培训项目的满意度；培训中评估是指在培训实施过程中进行的评估。培训中评估能够控制培训实施的有效程度；培训后评估，是对培训的最终效果进行评价，是培训评估中最为重要的部分。

一、培训评估理论①

培训评估理论主要有唐·柯克帕屈克（Donald L. Kirkpatrick）的评估模型，舍贝克（Sheppeck）和科恩（Cohen）的效用公式，以及将收益分析与唐·柯克帕屈克四层次模型相结合的评估框架等。

（一）唐·柯克帕屈克的评估模型

国际著名学者、威斯康星大学（Wisconsin University）教授唐·柯克帕屈克于1959年提出的四层次模型理论，这四层次模型为：

（1）反应层次，即一级评估。是培训评估中最低的层次。可以通过对受训者的情绪、注意力、兴趣等研究，得出受训者对培训的看法和态度，这一层次的评估通常采用调查问卷的形式。

（2）学习层次，即二级评估。该层次的评估主要是用来了解受训者通过

① 王成．咨询业务的全程运作．北京：机械工业出版社，2003。

培训学到了什么。主要采用书面测试、操作测试、等级情景模拟测试等评估方法。

(3) 行为层次，即三级评估。行为层次的评估是用来测定受训者在日常工作中是否自觉运用了培训所学到的知识和技能。主要依靠上下级、同事、客户等相关人员对受训者的业绩进行评估来测定。

(4) 效益层次，即四级评估。用来判断培训后员工工作业绩提高的程度。具体可以通过事故率、产品合格率、产量、销售量等指标来进行测定。该层次的评估需要采集大量的数据，对企业来说有一定的困难。

唐·柯克帕屈克四层次评估模型中前两个层次主要是对培训的过程进行评估，而后两个层次主要是对培训的结果进行评估。但是唐·柯克帕屈克没有给出具体的评估方法，该模型的缺点是不能对培训效益进行定量的评估。

(二) 舍贝克和科恩的效用公式

虽然在培训评估时，评估者依据唐·柯克帕屈克四层次模型进行前 3 个层次的评估对培训评价有一定的效用，但是随着对培训重要性的认识，人们已无法满足于前 3 个层次的评估，确定培训的投资回报率成为人们普遍考虑的问题。但由于对培训进行定量分析时变量很多，又很难区分工作改进到底是由什么因素带来的，因此具体的运用存在很大的困难。就连唐·柯克帕屈克也曾经说过："由于许多复杂的因素在同时起着作用，从效率的角度来衡量某一项培训的效果，如果说不是不可能的话，那也是极其困难的。"

目前在国际学术界关于培训投入产出分析仍是一个薄弱点，但这不是说对培训进行效益分析是完全不可能的，国外一些研究者提出了一些著名的经验公式。

1985 年由舍贝克和科恩提出了一个效用公式，公式如下：

$$\text{效用} = YD \times NT \times PD \times V - NT \times C$$

式中：YD ——培训对工作产生影响的年数；

NT——接受培训的人数；

PD——接受培训者和未接受培训者在工作上的差异；

V ——价值，对工作成绩的货币计算；

C ——为每一位成员提供培训所支出的费用。

但是由于舍贝克和库恩的效用公式中 YD、PD、V 都是一些模糊的变量，很难在操作中准确地把握，因此这个公式还不能得到人们的普遍认同。

(三) 收益分析与唐·柯克帕屈克的四层次模型相结合的评估框架

随着人们对培训评估研究的进一步深入，有关培训收益率的计算公式越来越多，并且渐趋完善。在 2001 年夏天发行的《The Journal of Personal

Selling&Sales Management》中 Earl D Honeycutt Jr，Kiran Karande，Ashraf Attia，Steven D Maurer4 位研究者把效用理论与唐·柯克帕屈克的四层次模型结合在一起，并据此提出了销售培训评估的框架，研究结果在埃及一家美国跨国公司所进行的一个销售培训中得到了进一步的验证，他们提出的公式如下：

$$U=(T'\times N')(d_t\times SD_y)(1+V)(1-Ta_x)-(N\times C)(1-Ta_x)$$

式中：T' ——培训产生收益的时间长度；

N' ——在考虑的时间范围内，最终留在企业的受训人员数目；

d_t ——受训人员和未受训人员工作成绩的差异，$d_t=(Xt-Xc)/SD$；Xt，Xc 分别是受训人员和非受训人员的工作成绩，SD 是所有销售人员工作成绩的标准偏差；

SD_y ——未受培训人员工作成绩的标准偏差，是由以前的工作记录或者由熟悉工作的管理者凭主观估计而得来的，但是这并不是随意估计而得来的，要依据 Schmidt 、Hunter 和 Pearlman 所估计的 SD_y 估计。

$(1+V)$ 和 $(1-Ta_x)$ ——用来调整易变的培训花费和企业税率的影响，这可以用会计的方法计算而来，*Boudreau* 也为此提供了一个可以查找数值的表格。

C ——每一位受训人员培训中所有花费，包括所有直接成本和间接成本。

N ——所有参加培训的人数，因为 N 是用来计算培训的花费，所以即使最终的培训成绩不符合标准的或者中间退出的人员都应该包括在内。

与舍贝克和科恩效用公式相比，这种模型优越性在于它为一些依靠主观而得来的数据例如 T'、d_t 及 SD_y 提供了可依据的标准，从而也为更准确地进行培训评估奠定了基础。但是这种方法的缺陷是它仅仅适用于销售类的培训评估，如何对其他类培训评估需要做进一步的研究。

二、体验培训评估的层次和方法

柯氏将评估活动分为 4 个级别，对培训效果进行评估。一级评估：观察学员的反应；二级评估：检查学员的学习结果；三级评估：衡量培训前后的工作表现；四级评估：衡量公司经营业绩的变化（见表 3－5、表 3－6、表 3－7、表 3－8）。

表3-5 柯氏（Kirkpatrick）培训四级评估模型

评估级别	主要内容	可以询问的问题	衡量方法
一级评估 反应层评估	观察学员的反应	受训者是否是否喜欢该培训课程； 课程对受训者是否有用； 对培训讲师及培训设施等有何意见； 课堂反应是否积极	问卷、评估调查表填写、评估访谈
二级评估 学习层评估	检查学员的学习成果	受训者在培训项目中学到了什么？ 培训前后，受训者知识、理论、技能有多大程度的提高？	评估调查表填写、笔试、绩效考核、案例研究
三级评估 行为层评估	衡量培训前后的工作表现	受训者在学习上是否有改善行为？ 受训者在工作中是否用到培训内容？	由上级、同事、客户、下属进行绩效考核、测试、观察绩效记录
四级评估 结果层评估	衡量公司经营业绩的变化	行为的改变对组织的影响是否积极？ 组织是否因为培训而经营得更顺心、更好？	考察质量、事故、生产率、工作动力、市场扩展、客户关系维护

三、体验培训效果评估的重要意义

（1）体验培训效果评估是对企业负责的工作，对企业未来的投资和发展的负责，通过评估能够有效地观测到培训的价值和存在的问题。

（2）客户培训负责部门应全面掌握并控制培训的质量，对不合格的培训，应该及时找到失误的地方进行纠正，逐步提高员工对培训项目以及组织培训部门的满意度。

（3）评估是对参加者的知识、技能、态度的接受与更新能力，综合素质与潜在发展能力的评价。参与评估的学员和经理等应以对自己、对同事、对教员、对企业负责任的态度，正确认识评估的重要性，客观地、实事求是地进行评估。

（4）评估是为了改进培训质量、提高培训效果、降低培训成本。

表3－6　培训效果跟踪表

以下由学员本人填写：

学员姓名		所属部门	
培训项目			
组织部门		培训时间	
培训内容（列明要求学员掌握的技能）			

以下请学员的部门领导填写：

问题	学员的部门领导意见
该学员运用了培训中学到的技能吗？ 请实际举例。	
您怎样督促该学员运用这些技能的呢？	
通过这次培训，该学员的工作绩效有了怎样的改进？	
您对我们的培训工作还有何建议与要求吗？	领导签名：

非常感谢您的合作！

××培训中心：____________

年　月　日

表 3－7　培训效果调查表

培训课程名称：

组织部门：　　　　　　　　　　　　　　　　姓名：（可以不填）

说明：1. 本表请受训学员如实填写，并请填妥后交组织部门。

2. 请在你认可的选项上打勾。

3. 请你给予真实的反映批评，以帮助我们对将来的培训计划进行改进。

序号	评估项目	差		中		好
		1	3	5	7	9
1	培训目标已达到？	1	3	5	7	9
2	教师讲解技巧如何？	1	3	5	7	9
3	是否鼓励学员参与课堂教学？	1	3	5	7	9
4	是否很好地回答学员的提问？	1	3	5	7	9
5	讲课内容是否丰富，吸引人？	1	3	5	7	9
6	知识面是否宽广？	1	3	5	7	9
7	所讲内容是否切题？	1	3	5	7	9
8	培训内容对自身全面发展是否有启发？	1	3	5	7	9
9	培训内容是否紧密结合实际？	1	3	5	7	9
10	培训内容能否应用到岗位上？	1	3	5	7	9
11	教师对所讲内容是否掌握得深、理解得透？	2	4	6	8	10
12	讲义编写质量如何？	2	4	6	8	10
13	整体上，您对这次课程的满意程度如何？	2	4	6	8	10

（注：满分 100 分，前 10 题满分 7 分，后 3 题满分 10 分，汇总后填入“讲师总得分”里）

您的其他意见：＿＿

＿＿

＿＿

讲师总得分：＿＿＿＿＿＿＿＿＿＿＿＿＿＿＿

谢谢合作！

××培训中心

表3-8 培训考核记录表

培训课程				讲师		
考核内容				考核地点		
部门	姓名	培训科目			培训时间	
		考核结果	考核结果	考核结果	开始日	结束日

填表人：　　　　审核：　　　　日期：

第十节　后期技术

后期技术对于体验培训的效果和价值延续起到至关重要的作用。体验培训中的后期技术主要是指运用拍摄技术记录下培训过程中的各个环节、情景和人物的活动，然后运用编辑技术将其按照一定的主题编辑成为电子相册、VCR或画册的形式。依据培训需求呈现给客户。主要包括：培训期间呈现和后期赠送呈现两种形式。

一、资料获取

后期技术重要的是创意，但更为重要的是如何获取后期的元素。在培训中获得第一手资料是非常重要的，毕竟巧妇难为无米之炊，无论后期设计人

员的水平有多高，都不能够编造培训过程信息。为方便后期制作，一般要从培训中获取图片、文字、表情、声音、环境等特有的资料。

（一）图片资料

在培训中，图片资料是非常重要的，主要通过拍摄来收集。学员往往需要图片资料作为自己作为有效地回忆；作为组织来讲也需要运用图片进行文化宣传和资料储存。所以，培训中拍摄图片很重要。在拍摄图片的过程中，要注意四结合：（1）场面和特写相结合；（2）主题与人物相结合；（3）表情与行为相结合；（4）人物与环境相结合。

（二）文字资料

文字资料是后期制作的灵魂，一般在培训中注意收集以下几方面的资料：课程方案、培训师教案、ppt 文稿、学员记录、评估记录、培训监控记录和讲师画板记录等。收集的方法为拍摄、摘录和笔记等。

（三）声音资料

声音资料是现代体验培训经常使用的。主要通过录制来完成，一般包括录音和录影两种，对于后期的使用录影比录音效果更好。因此收集过程中，要培训师的讲授、体验活动的过程、学员的感悟分享语言和与主题相符合的音乐。

（四）环境资料

后期制作的目的是为了强化和延续培训的效果，因此体验培训环境，特别是在户外进行培训的课程，更加应该注意从不同的角度收集环境的资料。如：山、水、空、地、树林、草地、雪景、云彩等的现场资料。收集的方法一般多采用拍摄和录制。

二、制作技术

（一）依据主题寻找主线

任何一次体验培训都有其主题，客户在选择参加体验培训时就选定了培训活动的主题思想和目的。对于客户来讲，他们都希望自己在培训过程中的好的展现能够在回到生活中依然留恋和回忆，这对后期制作要求极高，要求制作团队能够寻找到与主题最为关联的主线，将所有体验培训的要素和过程连贯起来。培训后期制作主线包括：

1. 时间式主线

以时间为序排列诸要素，从开始到结束，如第一天、第二天等；

2. 空间式主线

以转换培训的地点排列诸要素，如地面、高空、室内、水上等；

3. 团队与个体式主线

以团队发展中的团队展现要素和个体展现要素惊醒分类排列，如团队篇、个人篇等；

4. 主题发展阶段式主线

以培训主题要素的发展关系为序进行排列，如团队形成、团队动荡、团队融合、团队高产等；

5. 模块式主线

以不相关联的部分随即的组合的排列顺序，如体验模块、引导模块、提升模块、晚会模块等；

6. 表情式主线

以学员在培训过程中所表现出来的情绪分类排序，如沉默篇、兴奋篇、愉悦篇、沉思篇、从容篇等。

（二）依据主线分析元素

确定主线后，制作团队就要根据主线分析现有资源，这就要求后期技术人员和参与培训的团队人员共同完成。将最佳的图片、文字、影音环境等整合分析，将有用的素材按照主线分类。在分析元素的过程中要注意：（1）确保元素与主题的高度吻合；（2）确保元素的真实、合法与有效；（3）尽量照顾到组织者和参与者的多方感情和利益。

（三）依据元素编辑制作

1. 编辑工具

（1）Photoshop 作为比较专业的图形设计处理软件，在数码照片处理方面的能力比起其他的软件处理的效果要更好一些。但另一方面，它不像专业的数码照片处理软件那样有许多可以直接套用的各种现成模板效果，所以用 Photoshop 处理照片更多的是在照片的效果上，有“数码暗房”之称。

（2）PhotoImpact 是友立的一款图像处理软件，它的功能比较全面，和 Photoshop 相比滤镜效果和预制模板的内容更丰富，给不太会处理图像的用户提供了傻瓜型的编辑方式。

（3）Fireworks 在照片处理的功能上比起 Photoshop 稍弱一点，不过也可以做很多基本的数码照片处理工作。Fireworks MX 2004 中增加了红眼消除功能，使用很方便。

（4）ACDSee 并不仅仅是一个看图软件，充分利用它的各项图片后期处理功能，我们可以完成简单的数码照片处理，还可以在照片上制作出一些简单的效果。

（5）友立 Cool 360 度软件可以将数码相机连拍的照片制作成全景图，制

作好的全景图还可以输出为图片、网页、屏保程序等。整个制作流程分为三步：开始、调整、完成。“我形我速”是友立公司开发的一款专业的数码照片后期处理软件，面对大众用户，软件的操作功能简单易学，纯属傻瓜型。

2. 编辑技术

后期制作技术包括：剪辑、音乐编辑、录制旁白、增加配音或效果音、合成、修正视讯/音讯（色校之类）转变讯号、DVD的编制、压制影音材料、母带的复制、形式转换与生成。

3. 编辑成果

编辑成果主要以影视DV、VCR和电子相册、印刷版纸质画册等呈现。这些资料将会成为客户永久保存的组织资料。这些资料的价值作用表现为：它丰富了组织者在未来开发中的实证性资料；丰富了客户的企业文化与发展档案资料；使组织者与客户之间建立良好的伙伴关系；留存了客户个体和团队的永久记忆。

第四章
体验培训课程

在教育培训领域中，课程是含义最复杂、歧义最多的概念之一。“课程”一词在我国始见于唐宋期间。唐朝孔颖达为《诗经·小雅》中“奕奕寝庙，君子作之”句作疏：“维护课程，必君子监之，乃依法制。”宋代朱熹在《朱子全书·论学》中多次提及课程，如“宽着期限，紧着课程”“小立课程，大作工夫”等。到了近代，由于班级授课制的施行，赫尔巴特学派“五段教学法”的引入，人们开始关注教学的程序及设计，于是课程的含义从“学程”变成了“教程”。①

体验培训的课程的定义是指培训机构为培训客户指定的所应学习的体验培训内容的总和及其进程和安排。广义上是指为了实现培训培养目标而规定的所有培训的总和，狭义上是指某一类培训。

一、体验课程的作用

（1）体验培训课程是体验培训教学活动的基本依据。

（2）体验培训课程是实现参训客户学习目标和组织培训机构培训目标的基本保证。

（3）体验培训课程是培训实体的产品，是实现经济与社会利益的媒介。

（4）体验培训课程为培训机构进行内部管理与人员、效果等评估提供标准。

二、体验培训课程的发展趋势

（1）体验培训课程的价值取向是科学精神与人文精神的融合，培训目标更加关注人的综合素质，关注社会和谐并指向终身学习。

（2）体验培训课程内容的理论化、综合化、现代化、生活化融合度更加明显。

（3）体验培训课程的类型趋向于多样化和个性化，由单纯的拓展培训发展出多种个性化的课程。

（4）体验培训课程重视思维开发、学习能力培养、幸福感体验等。

（5）体验培训课程的个性化与适应性不断加强，组织机构与参训机构在课程设计中的协商性将越来越突出，针对性地开发适合参训团队个性化的课程，强化了研发能力。

（6）体验培训课程的设计、开发将与现代计算机信息技术密切结合，由户外向室内延伸，向桌面化延伸。

---

① 明庆华. 教育学导论. 武汉：湖北人民出版社，2005。

（7）体验培训课程在激烈竞争的条件下，逐渐走向规范化、系统化、体系化、精细化、个性化和专业化。

三、体验培训课程结构

体验培训课程结构是体验培训目标转化为培训成果的纽带，是体验培训课程实施活动顺利开展的依据。

体验培训课程结构是课程各部分的配合和组织，它是培训体系的骨架，主要规定了组成体验培训课程体系的组成门类，以及各培训内容的比例关系、比重关系、户外课程与室内课程的搭配等，体现出一定的培训理念和课程设置的价值取向。

体验培训课程结构是针对整个培训体系而言的，体验学习的知识、技能构成是课程结构的核心问题，课程的形态结构是课程结构的骨架。

在体验培训课程理论与实践中，典型的课程类型可分为：思维培训课程与能力培养课程、户外体验课程与室内体验课程、心智类课程与管理类课程、青少年课程与成年人课程、问题解决类课程与破冰热身类课程、体验辅导类课程与沙盘类课程等。

第一节　体验培训课程创新技术思路

创新技术思路是体验培训创新与开发的重要保证，清晰明确的技术思路对体验培训科学有效的实施起到至关重要的作用。本章主要以问题为本、以理论为本和以环境为本的创新技术思路分析体验培训的创新和开发，为体验培训界的创新发展提供科学的依据。海尔总裁张瑞敏说："高度决定远度，思路决定出路。"显然如果没有思路，体验培训的创新开展是无法进行的。当前体验培训生搬硬套的现象非常明显，给整个体验培训市场发展带来很大的阻力。无技术含量的体验培训充斥着整个行业，一度被相关人士认为是低端的培训。当我们认真反思时，不难发现许多其他行业的讲师，也将体验的方式运用到他们的培训中，如理论讲授型的讲师们同样也会用到破冰、热场。所不同的是"大师们"是由其助教或助理来破冰的。在培训界，特别是当前我国的培训界，许多培训师为了能够显示自己的"高端"，抬高身份和价码，搞假大空、虚夸、隐身、虚名等现象非常严重。自己对培训的研究知之甚少，又不能很好的熟悉客户，甚至自己根本没有从事过相关的工作，就敢上台"讲课"。这也是当前许多组织对培训的投入与产出产生怀疑的根本原因。所有行业发展的影响因素中，人是最重要的因素。培训业需要解决好培训师的自身素养因素。“梅花香自苦寒来”“十年磨一剑”，真正的培训师是在实践中不断磨练出来的，是术业有专攻的成果。不重视创新、不提高创新技术的培训师是没有发展前途的。研究体验培训创新技术是当前体验培训界人士的重要任务。

一、以问题为本的创新技术思路

（一）体验培训中客户容易提出的问题

就客户的需求来看，客户在发展中遇到了不同的问题，而客户解决这些问题的方法之一就是通过培训来完成。客户容易产生的问题有哪些呢？这些问题中又有哪些是可以通过体验培训得到解决的呢？因此，找到客户存在的问题很重要。因为问题是体验培训创新和开发的基础，更是设计体验培训课程的基础。

实践研究表明，客户容易提出的并能够通过体验培训解决的问题包括以下内容：团队凝聚力、员工流失、人才招聘难；团队协作、角色认知不清；心态问题、创新力不够；家族企业内部的弊病、沟通能力不够；市场开拓差、竞争力不够；责任心、管理机制、拜金主义、规则性不够；压力过大、集体荣誉、企业感情、新员工入职问题；抱怨指责、服务意识、企业文化融入、领导力不够；协调组织、小团队意识、员工归属感、忠诚度、积极性不高；客户关系、积极性和主动性、不知道组织存在的问题等。

这些问题是推动体验培训创新工作发展的首要因素。作为体验培训师要怎么去发现问题呢？客观地讲，如果要去寻找问题，在80%的企业中我们都能找到这些问题，而这其中80%的问题在绝大多数企业中都存在，因此我们说没有问题的企业或组织是不存在的。既然他们都存在这些问题，那么也就是说这些问题是他们需要解决的，并且是不容易发现的。因此，体验培训师要做的功课就是帮助企业找出一些诊断性的问题。其中一个最主要的问题是：当我们去拜访企业的人事经理或者负责人的时候，他往往会告诉你：“我不知道我们公司存在什么问题。”这是组织存在的最大问题。这时候也是最需要体验培训师出现的时候，我们帮助客户找问题，是帮助客户解决问题的第一步，也是获得培训合作的基础。

作为组织体验培训的机构，我们需要开发和设计以问题为本的问卷（见表4—1），形成培训机构的客户问题调查系统，定期把《企业问题调查表》发给客户，帮助客户做阶段性调查问卷。问卷调查统计分析完成后，我们再帮助客户针对这些问题设计体验培训课程。由此，我们便可以用问题与客户

对话，从而一步步地将这些客户牢固地锁定为自己的老客户，并长期为企业做好咨询与培训服务，从而实现培训的价值。有位资深的培训师说："我相信所有的企业都存在问题，不然他们也不需要培训。"作为培训师要有信心用培训的方法解决企业问题。有一句话说得好："有条件上，没条件要创造条件上。"培训师要给自己一个概念，那就是企业有问题我们去，没有问题主动发现问题也要去。现代社会激烈的竞争造成企业最直接的问题就是压力过大所引起人的各种问题。公司能够给员工最重要的就是EAP、员工福利、员工激励、家庭元素管理等。体验培训最有效的方式就是将娱乐、教育、审美、逃避等类型的体验用身体、心理、灵魂、精神形态在适合的环境中充分表达出来；也就是为客户提供综合的、个性化的问题解决方案。

表4-1　组织发展性问题调查问卷表

序号	核心问题	问题程度	希望解决的方式	需要的资源
1				
2				

（二）培训问题分类

把问题找到后，就要对问题进行梳理和分类，企业培训的问题一般分为以下几类：

1. 团队问题、个人问题和组织综合性问题

团队问题是指组织在发展中出现的群体性、组织性的问题，如团队凝聚力差等；

个人问题是指个人在组织中出现的各种问题，如忠诚度不够、归属感差等；

组织综合性问题是指组织发展中由人的因素所导致的综合的、文化的和社会的问题，如人才招聘问题等。

这些问题跟行业、区域、企业文化、薪资、产业等相关。有多少人愿意下井去挖煤呢？因为这一岗位太危险，不到万不得已，没人愿意去。所以让当代的大学生去下井，这是很困难的，除非工资待遇特别高。这就属于行业特征带来的问题。

我们做问题调查列表是为了前期诊断，为培训、咨询做基础性准备。前期问题调查主要是帮助客户把核心问题找到，用量表的方式、恳谈的方式发现核心问题。目前，许多的咨询机构采用体验培训的方式为企业作前期的诊断，方法也很简单：跟企业接触后，发现部分表象问题，然后为所发现问题

的部门员工设计和开发体验培训活动。在培训后将对应的问题和体验培训监控，进行定量和定向分析后，向客户提交针对性的、以问题为本的体验培训课程方案。

2. 高层问题、管理层问题和执行层问题

高层问题属于领导的战略思想问题，决定组织的发展方向；管理层问题属于关系协调和资源配置的问题，决定组织的可持续发展；执行层问题属于基层的事务性、落实性的问题，决定组织的绩效成果；比如层级之间互动、协作问题的处理、小团队意识问题等。

3. 外部环境问题、组织内部协作问题

外部环境问题对于组织的发展影响很大，一些地域性的文化是组织问题产生的关键，并且是我们改变不了的，必须要适应的。有些是组织内部的协作问题，如家族企业存在的内部管理问题，特别是江浙的家族性企业。我曾经在宁波遇到这样一个企业的问题：老爸是总裁，老妈是财务总监，儿子是总经理，儿媳是人事经理，四个人担当公司的主要岗位。核心问题是：儿子听儿媳妇的，儿子也听老爸的，老爸又听老妈的，形成了一个循环，各方制约，没有了公司运作的模式，行政部经理不好开展工作；公司会议变成了家庭会议，其他各部门经理开会的时候非常为难。行政部经理很尴尬，他的任务变成了协调四方的关系，这个问题不好处理，他感到很困难，非常痛苦。所以他让我去看看用什么方法可以解决问题。

4. 规划问题、执行问题和协作问题

规划问题是组织发展过程中存在的方向性问题；执行问题属于落实战略的效率问题；协作问题是团队在执行任务的过程中存在的相互间的关系性问题。

5. 态度问题、知识问题和能力问题

态度问题包括拜金主义、责任心不强、积极性主动性不够等。

知识问题包括专业程度不够等，针对体验培训能够解决的问题主要是非技术性的问题，也就是人的基本因素所导致的问题。

能力问题包括现代人才观中的 48 种能力不足的问题，不同行业、不同岗位和不同的时期对人的能力要求不同。因此，针对性的解决人的能力问题，是体验培训的重要内容。

把问题分类后，进行调查设计和组织调查工作，再经过分析后，就能够明确组织要解决什么问题。建立在这个基础上，培训师实施项目和课程开发就比较明确了，就不是盲目的、随机的了。

（三）以问题为本的项目创新技术思路

1. 体验培训项目本身并没有太大的意义

项目和课程创新是两个不同的概念，项目是体验培训课程众多元素中最为重要的，是课程的支撑点，是体验的重要部分，所以项目很重要。实际上体验培训项目本身并没什么意义，如果撇开了分享要素、总结要素和项目设置的特定环境，它仅仅只是个游戏而已，如同幼儿园的小孩喜欢玩的游戏一样，对于成年人没什么意义。比如说跳大绳，幼儿园的小孩都在玩，他们跳完了就没有了，目的是为了锻炼身体的协调性和跳跃能力，可是为什么放在体验培训挑战150项目中就协调一致了呢？像能量传输、巧抛彩球等，都是儿童游戏，放在我们那儿就有了深刻的意义。由于有了课程的主旨思想和项目在分享总结前的预设，使它具有深刻的意义，这是很重要的。

2. 真正的意义在于项目背后带给学员的感悟，也是体验培训的奥秘所在

培训师一定要注重分享和总结，不能没有这些，也不能草率了之，即使时间非常紧，只有1～2min，培训师的点评和总结一定是深思熟虑的，如何将100句话，浓缩成为一句话，这需要培训师动脑筋思考和设计这一句话该如何表达，并且一定是触及学员内心灵魂深处的表达。比如，断桥结束后，没有时间分享了，这时候怎么办？你不能再说“大家谈谈感受。”这时候培训师就可以说“大家刚才经过断桥的时候，是不是有‘断桥一小步，人生一大步’的感受呢？我们在接下来的时间里好好思考一下，在后面的活动中大家去进一步体会，到结束的时候，我们再来分享这句话的含义。”这样，我们就把这个项目的分享和引导的语线放长了，放长线钓大鱼。放到最后课程结束的时候学员一直还在思考，我们的引导语要帮学员做深入的思考，而不是说：好，结束了。

3. 从要解决实际问题出发选择支持的项目主体

一个项目的研发成功与面世，一定有其核心的目的和价值，有其要解决的核心问题。项目要有架构，一定要有核心价值，就像我们最早开发的渔翁得利项目。这个项目早期的时候是怎么开发出来的呢？有一次，我和我夫人吵架，因为过年的时候，我多给自己家一千块钱，她说：“为什么要多给你爸妈一千块？”我说：“这很简单啊，我爸妈是农民啊！他们没有工作，需要我这个儿子养他们啊！这是没问题的，我得养他们啊！你父母有退休金。”她说：“都是父母应该给一样多。”我说：“我们应该按实际情况来，哪家情况差一点就多给一点。”她说：“不行，应该一样多！”我说：“不行！”她说：“不和你讲了”“我也不和你讲了”我们开始了冷战。我走到三楼看书，随手拿起一本《读者》看，翻开第一页，看到一个小故事叫《钓鱼》，也就是现在该项目的任务书上的内容，突然灵光一闪，顿时有了灵感，就坐在电脑前将项目

内容的文字稿打出来了。后来，先在大学里试验，再拿到企业里去用，效果非常好。因为创作，也忘了生气，就是因为我夫人激怒了我，就激出来一个项目，所以我感谢我夫人。而这一项目所表达的意思是：感情比金钱更重要！这就是要解决的核心问题。确定这样的主题是让人们知道感情比金钱更重要，让一些人去思考这个问题。拜金主义问题就可以用这个项目来解决。你认为金钱为什么如此重要？比如重庆的文强，他对钱的概念都没有了，他家里的钱用油纸包着，好多，他连钱见都没有见过，他为什么喜欢钱呢？其实他对钱只是占有和满足私欲，等他进了监狱以后，他才反思，知道再多的钱也没用。因此，在体验培训中，要创设一种环境，让学员有强烈的反思。

如果企业真正把问题解决掉，不是依靠我们，而是企业本身。我们能做到的只是引导他们发现问题，引导他们关注问题，引导他们在解决问题的方法上有所突破。问题留给他们自己去解决。

一个老师曾经说过："父母教育孩子 20 多年，都没有改变孩子，寄予希望在几天内改变你孩子确实很困难，但通过精心设计的体验培训课程是可以做到的。"因此，我们尽量做好引导，给出一些方法。在体验过程中，让客户自己发现问题，然后提供一些解决问题的方法和思路。但是最为根本的是：培训后回到组织中，还需要客户自己解决问题，这是需要切实去做的。

对组织来讲，通过体验培训可以为其提供一些方法和思路，但是组织的改革和创新发展需要涉及咨询及企业内部的执行落实。通过一次培训，就把组织命脉全部改变，那是不现实的，但是通过培训，改变一个人的思想观念、行为方式、动力和团队关系是没有问题的。通过提升组织凝聚力和融合组织文化，推进组织创新和持续发展。

4. 紧密围绕课程主题所要表达的核心含义来选择项目的分享

体验培训中的每个项目都可以找出几十个分享点。只要有人参与体验就有其个性出现，在项目中有几十个队员参与项目体验，每个人的体验和感悟都不尽相同，汇集起来就有几十个思想点和关注点。作为培训师要注重每一次培训的积累。可核心的问题是：项目在不同的课程中，只要一个或几个分享点就足够了。在实施培训课程时，培训师就紧紧围绕课程主体讲就可以了，其他的内容就不需要讲了。

5. 形成项目文书

每个项目都有一本项目文书。

体验培训项目的创新需要源自于生活的灵感。丰富的生活阅历是创新项目的重要条件。项目创编八步法①包括：

---

① 薛保红．体验培训师培训教程．北京：中国计量出版社，2009。

第一步，提出问题。项目的创编首先要在实践过程中提出培训存在的缺陷。以培训客户需要解决的实际问题和培训过程中反映出来的各种问题为基本依据。

第二步，寻找理论支撑。在分析和调研的基础上，针对需要解决的问题，寻找相关的理论支撑点，以便于分享和总结。

第三步，设计方案。设计方案是项目创编的书写环节，内容包括项目名称、项目所有人信息、项目摘要、项目开发背景、项目原理、项目设计与试验（项目命名、项目场地与器械、项目性质、项目人数、项目时间、项目操作与规则、项目试验情况）、项目分享总结与应用、参考文献等。

第四步，提炼。根据设计方案对项目进行试验，而后对项目进行提炼，分析原理以及项目中的行为表现和相关理论等有效结合，形成分析报告书。

第五步，检验。将完成的项目分析报告书进行再一次的检验和试训，形成最终的检验报告书。

第六步，完善。根据项目的创新原理、试验结果和提炼与检验后的总体情况进一步完善项目，实现项目能够普遍操作和普及的目的。

第七步，形成项目创编书（论文或科研成果）。将完善后的项目创编资料写成项目创编书，形成科研论文或研究成果。

第八步，发布。项目创编书完成之后，要根据实际情况采取公开发表、行业通信、内部公开或项目创新年会的形式进行发布。

项目创编书格式如表 4－2 所示。

表 4－2　×××项目创编书

<table>
<tr><td>项目名称</td><td></td></tr>
<tr><td>项目研发主持人</td><td></td></tr>
<tr><td>项目研发参与人</td><td></td></tr>
<tr><td>项目摘要</td><td></td></tr>
<tr><td>项目开发背景</td><td></td></tr>
<tr><td>项目开发原理</td><td></td></tr>
<tr><td colspan="2">项目设计与实验</td></tr>
<tr><td>项目命名</td><td></td></tr>
<tr><td>项目场地与器械</td><td></td></tr>
<tr><td>项目性质</td><td></td></tr>
<tr><td>项目人数</td><td></td></tr>
</table>

表 4-2（续）

项目设计与实验	
项目时间	
项目操作与规则	
项目试验记录	
项目分享总结与应用	
项目分享要点	
项目总结要点	
项目应用范围说明	
参考文献	

新项目的研发需要经过系统的研究、编制、试验、修改和定稿等过程。调查中发现，对于从事咨询培训的企业来讲创新与开发工作难度很大。缘由是没有人敢轻易让自己的客户成为试验品，而企业成年累月的绩效和利润的要求，使得从业人士很难深层次的思考创新和研发。当然，部分非常感兴趣的行业人士，一年开发两三个项目应该不成问题，但是快速而精准的将项目研发出炉难度很大，没有良好的普通试验常模是项目研究无法继续进行的最大障碍。而长期致力于体验培训实践性研究的安徽工程大学体验教育研究中心是能做到的。中心利用自身培养体验培训人才和开设体验培训专业课程的优势，在大学校园内开展体验培训研究工作，中心培养的学生从大学一年级至大学四年级，都是在实践和研究中完成自己的学习。学生们几乎每天都要思考新项目的编制工作；积极主动的创新意识和良好的创新环境，使得中心拥有了 50 余人的稳定的研发团队，并有几十项优秀的创新成果。第一，好的项目来自于好的灵感。团队成员在创新思维的引导下，大胆尝试、深入探索、寻找适合体验培训的元素进行编制并设计项目，完成后开始试验，试验过后就形成项目初稿，最后再校对审定；第二，好的项目来自于实践。团队成员坚持在培训一线进行实践性训练，寻找来自于实践的问题，并将解决问题作为项目开发的根本。第三，好的项目来自于团队协作。团队中分工明确、责任到人、奖惩分明、各司其职、流水线作业、互补式循环，形成了一套体验培训元素开发系统。每周九个班的教学课程，每班分成三个小队，一个新项目便有 27 次的试验观察，而且学生来自不同的专业，思维、认知和行为都有其专业的特殊性素养。因此，建立了良好的普通试验常模。项目成熟之后，再在本地社会化常模基地进行实验，最后交由战略合作伙伴使用。当然，我

们也要感谢长期为我们提供问题源的伙伴们，由于有了一线问题的引导，才使我们的研发具有了针对性、现实性和科学性的特点。因此许多组织选择与安徽工程大学体验教育研究中心合作，这是有效解决咨询和培训机构持续创新问题的有效途径，也是行业细化分工和协作的重要标志。希望研发能够推动行业健康良好地发展，能够更好地为社会的进步发展做出应有的贡献。

(四) 以问题为本的课程创新技术思路

以问题为本的课程创新技术思路包括：主题化设计、以问题为主线、分解问题要素、建构问题模型和形成课程方案五个方面的内容。

项目是体验培训的元素，课程是体验培训的标准化产品。必须要注意的是国内拓展训练是体验培训的重要分支，称其为行业。而在国外有些国家认为体验是一种方法，称其为做中学、体验学习和体验培训。从方法学的角度讲，开发的体验培训课程应该是产品，而拓展训练、沙盘模拟等仅仅是体验培训的分支，不能将其定位为产品，而与之相关的课程才是产品。

主题是什么？主题来自哪里？来自于客户，来自于客户产生的问题，来自于客户在特定环境下的特殊要求。比如国企，特别注重在建党、五一和各种节假日等特殊背景下的主题体验培训课程。我们要把问题作为一条主线，建议性的解决问题，但不能太多。每次解决的问题最好具有针对性和专属性。比如客户就说："我们企业凝聚力不够。"那么凝聚力产生要素或者导致没有凝聚力的原因有哪些呢？一般情况下决定组织凝聚力的要素有忠诚度、人际关系、归属感、沟通、责任心、团队意识、领导方法等。根据这七个要素，分析出支撑凝聚力的因素，建立一个问题模型（见图 4-1）。在设计课程、与客户谈判或课程分享总结的过程中用这样的问题模型与客户或学员对话，客户可以直接地找到他们存在的问题。

体验培训的模型如何设计呢？最为简单的方法是在选择好组织需要的模型要素后，融合组织的文化，运用思维导图的方式进行设计，可以运用思维导图软件或运用 ppt 自行绘制图片。当客户认为其组织核心问题是凝聚力不够时，我们所要思考的是从哪些方面去设计课程？这些方面的关系是什么？通过哪些体验活动来呈现，每个活动的核心要素是什么？又是通过什么样的主线将活动串联起来？运用思维导图法将以上问题解决好，就必须用到模型。从模型的要素出发填充活动，按照一定序列链

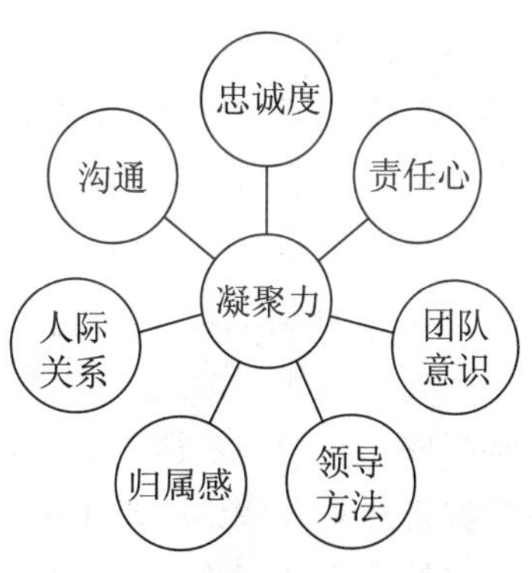

图 4-1　体验培训凝聚力模型

接起来就形成了课程。

模型设计是否科学、合理呢？这需要认真仔细的分析后才能得出准确的答案。以图 4-1 为例进行分析。

中间的凝聚力是核心问题，这个核心问题主要由七个方面决定，这七个方面分别是归属感、领导方法、忠诚度、团队意识、沟通、责任心和人际关系。这七个元素之间也有一定的关联，团队意识是由领导方法来决定的，而团队意识又与归属感和忠诚度关联性很大，由于沟通不畅会导致人际关系不和谐，从而产生责任心不强等问题，责任心不强也会导致领导方法偏差等问题，人际关系和沟通能力之间是相互影响的，如果你的沟通能力强的话，那么人际关系肯定会有所提高，人际关系提高的同时，你会发现你的沟通能力也在提高。领导力不够的时候会影响员工的归属感；当员工归属感不强的时候，会映射出他们的责任心不强；每个元素之间都是互相关联的，解决凝聚力的问题，你首先要解决团队中这七个要素，当某一要素方面的问题得到解决后，其他的问题也会慢慢改善。整个模型要素之间就像是一个循环系统，各个问题之间是相互关联的。

二、以理论为本的创新技术思路

（一）相关理论在体验培训中的分类

与体验培训相关的理论很多，可以说包罗万象，五花八门，按照一定的规律来分类，便于体验培训师深入的学习和提升。

1. 学术科学理论

学术科学理论是指在体验培训中经常会涉及的语言、数学、物理、化学、工业、历史、地理等门类的科学知识。比如物理学在青少年夏令营课程中的应用，为了让营员学会野外生存技能，学习钻木取火和放大镜取火的基本技能，需要讲解物理学中的能量守恒定律和聚光原理等。生理学知识在体验培训中也经常运用到，比如有一个惩罚项目“大笑 30 秒”，就是通过大笑的方式舒缓团队压力，达到打破团队坚冰的目的。

2. 管理实战理论

管理实战理论是体验培训中设计到的管理、沟通、组织、人力资源、团队等理论和管理定律。管理培训的过程是实战的过程，需要培训师能够熟练掌握管理实战理论，但可惜的是目前国内很多的培训师并没有管理实战理论，更多的是管理理论。由于理论与实践具有一定的差距，因此客观上，没有管理实战能力的培训师进行管理类培训的过程仅仅算是他人知识的传授而已。实战性的管理理论对于体验培训创新和针对性组织体验培训至关重要，这也

是行业中深层次的培训师是来自于企业实战经验丰富的管理者的根本原因。从事组织管理工作是成为优秀培训师的必修课之一；第二，需要将知识学习常态化，利用各种资源进行学习和提升。

3. 生活常识理论

生活是体验培训的源泉。生活中许多的常识被运用到体验培训中。比如保健、运动、伦理、道德、膳食、营养等方面的知识，在体验培训中经常用得到。比如当学员拉肚子后，不用药怎么治疗？吃蒜、热敷腹部；为什么通过运动可以减压？运动的身体机能的变化可以促使人的身体和心理的健康；各种健身保健的方法都用得到，特别是给经常坐办公室的人培训时教给他们一些健身保健的方法，他们会非常开心地体验和参与，这与他们的需求直接相关，可以调动学员的积极性和参与性，为提升培训质量做好铺垫工作。

4. 人才教育理论

人才教育相关理论对于体验培训创新和开发至关重要。体验培训是人才教育的重要组成部分。新世纪人才战略规划对人才培养的要求中提出了要多采用参与式、体验、探究式的教育方法和手段。培训师必须要掌握现代人才教育的基本理论有《教育学基本原理》《职业教育》《人力资源》《素质教育》《学校教育》《营地教育》《户外教育》《生涯规划与发展》等。

5. 体验教育理论

经过多年的发展，国内外教育界人士对体验教育进行了大量的研究，也有一些相关理论和专著是体验培训行业人士必须要掌握的。国外相关理论和著作有杜威行为主义教育学说、库伯的体验学习学说、卡尔朗基的著作《牛棚与眼镜蛇》、克林斯恩的著作《体验学习的力量》、库尔特哈恩的 OB 理论和贝登堡先生的木章训练等；国内的体验教育理论有孔子、墨子、韩非子、荀子、朱熹、陆游的关于知行教育的学说，特别是陶行知先生的生活教育学说及“教学做合一”的思想、林思宁老师著的《体验学习》，钱永健老师著的《拓展训练》《拓展》《自助式拓展》，李冈豳老师著的《做最好的拓展培训师》等。

（二）以理论为本的项目创新技术思路

理论来源于实践，而又高于实践，并指导实践。在以理论为本的项目创新中，要遵循这个规律。要以寻找理论要点、填充体验元素、对接链接环节和形成项目文书等思路来完成项目的开发和设计。

1. 寻找理论要点

理论要点的寻找，需要依托体验培训师们持久的学习能力，但更要注重平时实战中的积累，每个人都不可能是万能的，更不会神通广大，都会有自己擅长的和短板，因此发挥自身优势，在开发项目中显得非常重要。比如，体验培训中经常会用到的“戴明环”质量管理定律、时间象限理论、三天定律、三才理论、四元流程法、三因理论等300多个经典的理论，关于定律的寻找方法，通过网络搜索能够寻找到很多的相关定律，当然名师的点悟也很重要。以“四元流程法”举例，四元流程法是东方文化和中国人思维的精髓，它是将人物、事件、时间、环境四个要素进行精细化匹配的绩效定律。对于任何一项工作，都存在着什么人适合？完成什么样的任务？什么时间做？多长时间完成？在哪里做？因此，在以情景、活动为主要呈现手段的体验培训中，将四者有机结合形成程序，就是体验培训要解决的重要问题。

2. 填充体验元素

为理论填充体验元素在项目研发的过程中是最为复杂的，许多的培训师具有项目体验的经验，但对于项目呈现点没有深入的研究和思考。大多数时候，他们都是在操作项目的过程中总结理论的，对于预设理论而选择项目感到很困惑，这是由于教师专业化的训练不足所导致的，因此培训师对理论的深层次分析，在理论中寻找体验环节上的呈现点是非常重要的。如何填充体验元素呢？如四元流程法。这样的理论在体验培训中发挥着重要的作用，几乎每一次行为的体验都会涉及。但是哪些体验元素对于解释这一理论更加有效，在体验中双高体验更加明显呢？这就需要为四元流程法选择体验元素。此时，培训师的脑海中如果仅有几十个体验活动，完成体验元素填充就会受到限制，因此大量的体验元素储备是体验培训师的必修课。我们建议，每一位体验培训师都应该存储600～800个元素，这样才能拥有丰富的资源库。

由于四元流程法涉及人、事、时、地四大要素，所以在选择项目填充时，采用了需要在时间压力下，分工奔跑到异地完成翻生肖任务的“大海捞针”。为什么选用“大海捞针”呢？这就要深入的分析两者之间的对接连接环节。

3. 对接链接环节

相由心生，人的外在的行为能够反映内心所想，而人的内心所想也能够通过行为表现出来。当人在生气的时候，面部表情很气愤，脸会拉长，而当人在开心幸福的时候，面部又会变得放松。由此，以思想意识为主要载体的理论能够在体验活动的过程中表现出来。

团队在大海捞针项目体验的过程中，会对团队成员进行分工，会将任务明确到每个队员的角色中，能够在15min内确认完成的效果，并在另一个地点完成翻牌的任务，这些体验环节无形之中便将四元流程法中的四个要素进行了体验的呈现。由于在体验过程中会因为沟通不畅、协作不好、业务不熟等问题导致效率降低或任务失败，这也正是体验培训中的负向体验，学员会

出现自我反思、寻找原因和受挫压力的状态，会激起学员的学习兴趣（见图 4－2）。这同样对于学员的学习提供了很好的呈现载体。在将理论与体验元素进行对接和链接的过程中，要注意以下 3 点：

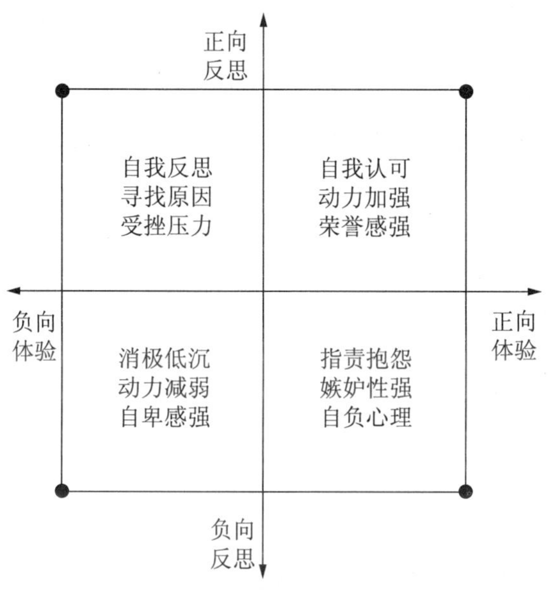

图 4－2 体验培训极象图

（1）体验点所呈现的现象如何与理论有效对接；

（2）理论要点要表达的含义如何与体验点链接；

（3）关注体验环节中，人的初始状态和改变状态的异同。

比如蝴蝶效应在电网中的应用，哪个体验点能够引出这个理论点呢？但是当培训中出现了巧合，没有触网的现象，课程目标中要呈现这个理论分享点，由该怎么办呢？从项目开发的角度看，培训师要做好培训过程的控制，有意识的将培训环节的控制点引导到这一理论点，需要培训师运用身体暗接触操作技术，促使其触网，而引发学员对触网的思考，这是培训的控制技巧之一。学员体验后的分享：一个学员很细小的动作就会导致整个任务的失败。这就是链接点。还有一些局部影响整体的项目，如齐眉棍、八百里加急、不倒森林、能量传输、大海捞针、挑战 150 等。由此来看，项目本身是不固定的，需要根据课程所要表达的主题，针对性的设定情景、规则和操作控制。

体验元素的演进范例：在 15 年的发展历程中，电网逃生已经发展到 10 个版本。

版本一：法柜奇兵

器材：一根绳（可根据场地来选择长短）。

规则：

（1）用一根绳拴在两颗树（只要是两个支撑物）之间，高度约1．5m；

（2）要求学员全部从绳子的上部通过，过程中不可碰触到绳子，一人触绳，所有队员返还重头开始；

（3）挑战时间为30min；

（4）所有的队员全部安全通过绳子才算挑战成功。

分享：自我牺牲精神（第一个人和最后一个人），合作与沟通、领导和决策。

版本二：呼啦圈电网

器材：电网一套、呼啦圈一个；

规则：

（1）用绳子把呼啦圈拴在绳子的中间，并拴在两颗树或柱子中间；

（2）要求学员从呼啦圈中通过，过程中有一人碰到，所有队员返还重头开始；

（3）挑战时间为30min；

（4）所有的队员全部通过呼啦圈才算挑战成功。

分享：队员之间的协作性，训练学员的细致性。

版本三：横卧电网

器材：电网一套；

规则：

（1）把电网横着拴在树或柱子中间，离地面约50cm；

（2）要求学员跨过网洞来穿越电网，过程中不可接触网绳，否则触网者返还，网洞被封；

（3）挑战时间为30min；

（4）所有的队员全部穿越才算挑战成功；

分享：团队决策的有效性和资源的合理配置。

版本四：穿越电网

器材：电网一套；

导入：第二次世界大战时期，德军将盟军关入集中营，盟军费劲千辛万苦终于从集中营逃脱，在逃脱过程中他们遇到了电网，必须穿过电网才能安全逃离；

规则：

（1）把电网拴在树或柱子上；

（2）过程中一个洞只可过一个人，过完封洞；

（3）如有碰触，立即返还，此洞依然被封；

（4）挑战时间为 30min；

（5）有人违规时，要封住最大的一个洞作为惩罚。

分享：

（1）领导与决策，任务完成的方法；

（2）PDCA 戴明环质量管理定律；

（3）故事“扁鹊三兄弟”；

（4）名言：方法总比困难多。

版本五：魔鬼电网（一般不让其成功）

器材：电网一套；

规则：

（1）把电网拴在树或柱子上；

（2）在过洞的过程中，如有一人触网，全体受罚做俯卧撑，并且所有队员重头再来；

（3）挑战时间为 30min；

（4）所有队员穿越才算成功；

分享：

（1）包容与原谅；

（2）协作的能力；

（3）面对失败的态度；

版本六：商业电网

器材：电网一套；

规则：

（1）网洞有不同的价值，容易过的价格高，不容易过的价格低；

（2）给学员一定的本金，每过一个网就要付出相应的网洞的价值（或者学员没有本金，每过一个学员，可以得到相应的网洞的价值）；

（3）触碰到电网即返还，网洞被封，付出的金额也一去不回（得不到相应的金额）；

（4）挑战时间 30min；

（5）所剩金额多的团队胜利（得到金额多的团队胜利）。

分享：

（1）统筹规划、商业头脑；

（2）商业中的团队协作；

（3）管理层次理论。

版本七：智慧电网

器材：电网一套；

规则：

（1）共23个洞，22个人，每个洞只用一次（没有说明一个洞可以过多少个人）；

（2）挑战时间为30min；

（3）一人触网，所有队员返回；

（4）所有队员穿越完成才算挑战成功；

分享：

（1）如何做到事半功倍；

（2）思维的创新；

（3）理解力。

版本八：盲人电网

器材：电网一套，眼罩若干；

规则：

（1）把自以为是，合群能力最差的人蒙上眼罩，作为盲人；

（2）找两个人故意在盲人身边对话。一人说："让盲人先过。"另一人说："不行，盲人过去了，帮不上什么忙，让健全的人先过。"；

（3）穿越电网，过程中不可碰触，一人触碰，全队重新开始（如果为了降低难度，只让触碰的人返回）；

（4）挑战时间为30min；

（5）所有的队员全部穿过才算挑战成功；

分享：

（1）执行力的加强；

（2）弱势群体怎么关注；

（3）配合力、协作力、领导力。

版本九：平衡电网

器材：电网一套；

规则：

（1）两队在网的两侧，两队分别轮流穿越电网；

（2）过程中如有碰触，触网者立即返回，并且网洞被封；

分享：合作与共赢。

版本十：声控电网

器材：声控电网一套；

规则：

（1）两队在网的两侧，两队分别穿网；

（2）只要电网一碰，电网就发出惨叫的声音；

（3）挑战时间为 30min；

（4）所有的队员通过，才算挑战成功；

分享：

（1）心态训练；

（2）快乐体验；

（3）抗压力、合作力。

4. 形成项目文书

项目文书参见表 4-2 项目创编书。

（三）以理论为本的课程创新技术思路

1. 整理理论体系

每一套体验培训课程都是一个系统的工程，培训师在开发课程的时候，要从组织需求的角度系统和科学的设计。课程需要解决的问题和中心主题思想要明确。避免早期以拓展训练为主的体验培训课程的抄袭、雷同和大而全的现象。针对性的课程开发是当前乃至未来培训行业发展的必然趋势，也是体验培训可持续发展的重要保证。比如开发团队建设体验培训课程，首先需要明白团队建设的定义和概念、方法原则、形成时期和团队的最终目标等理论体系，并且需要把理论体系整理出来，然后分解理论要素。

分解理论要素是指在以理论为本的体验培训创新和开发初期根据课程需求将完整的理论体系中的诸要素分解开来，并详细分析要素与客户、课程和体验元素之间的深层次关系。理论要素的划分方法包括：

（1）要素罗列法：将组成理论的要素分解罗列的分解方法。如沟通信息传递中的信息发出人、编码、媒介、信息接收人、译码、环境、感染源等。

（2）时间序列法：按照理论在体验培训环节中出现的先后顺序进行分解的方法。如沟通与冲突管理课程中的沟通信息传送、产生冲突、倾听、化解冲突、达成共识、形成有效沟通等。

（3）阶段划分法：按照理论的阶段性进行分解的方法。如团队建设课堂中的团队形成期、融合期、动荡期、高产期和消退期等。

（4）关系网络法：在要素罗列法的基础上，将诸要素之间按照促进、制约、影响、决定和关联的关系进行网络化划分的方法。比如高绩效团队课程中课程模型（见图 4-3）。

2. 整合单元模型

体验培训课程决不是体验项目的简单罗列和叠加，一堂实效针对性的体验培训课程都有其单元模式。因此，以理论为本的课程开发必须要整合课程的单元模型。

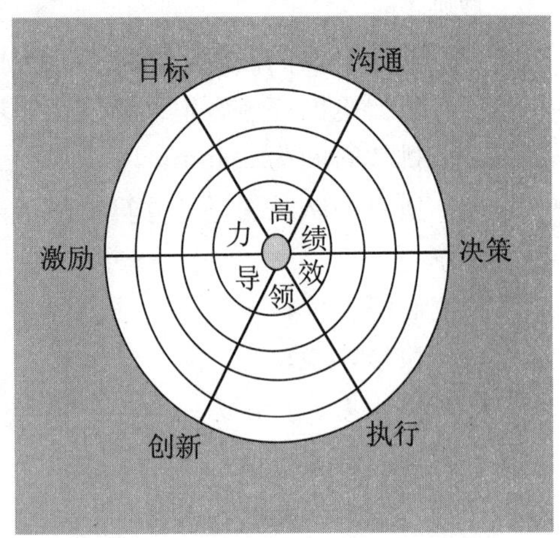

图 4-3 高绩效领导力理论模型图

如××市初级中学校长高级效领导力体验培训课程目标为：

(1) 建立领导力模型思维；

(2) 结合教育战略规划和芜湖市教育改革，提高初中校长的高效领导能力；

(3) 增加各位校长间的沟通与协作，创建良好的人际氛围；

(4) 提升团队科学化管理技能和整体意识。

与之相对应的课程单元如表 4-3 所示。

表 4-3 ××市初级中学校长高绩效领导力体验培训课程单元举例

单元	模块
第一单元	团队融合
第二单元	决策能力
第三单元	激励能力
第四单元	沟通能力
第五单元	创新能力
第六单元	目标管理

3. 填充体验环节

将项目元素与单元进行有效的匹配是体验培训课程开发的重要环节，需要综合化选择。例如，在××市初级中学校长高绩效领导力体验培训课程的单元中选用的项目元素为：团队融合单元选用机缘破冰法；决策能力单元选用大海捞针和电网逃生；激励能力单元选用鼓舞飞扬；在沟通能力单元选用七巧板和不倒森林；在创新能力单元选用囚徒困境；在目标管理单元选用足够高。项目元素的填充要根据训前对客户的调查分析结果进行针对性设计，切不可随意编凑。不同的客户性质在使用项目上有很大的区别，比如年龄上的区别，年龄偏大的客户尽量少使用体力消耗过大的项目。

4. 分析要素衔接

体验培训课程的要素衔接分析是一项比较复杂的工作，需要考虑的因素很多。体验培训课程的要素包括：主题、学员、项目、理论点、环境、器械道具、辅助手段等。将这些要素进行有效匹配，是课程开发的关键。诸要素之间的关系按照矩阵列表的方法来分析（见表 4-4），将各要素之间的特点和相互的关系在调查的基础上进行需求型分析，然后形成课程文书（见表 4-5）。

表 4-4　××市初级中学校长高绩效领导力体验培训课程要素分析举例

	主题	学员	项目	理论	环境	师资	器械	ppt	音乐
主题		领导力修炼	轻松欢快	领导理论	阳光半岛室外	讲师版	地面道具	无	无
学员			体力消耗较小	领导技巧	户外	幽默风趣	安全	不需要	没关系
项目				表达领导理论	宽敞	技术娴熟	配套美观	不需要	不需要
理论					室内外均可	熟悉校长工作	新奇震撼	有必要	没关系
环境						熟悉阳光半岛	地面水上	无	本身就有
师资							安全美观	没关系	没关系
器械								无	无
ppt									无
音乐									

5. 形成课程文书

以理论为本的体验培训课程文书需要在课程主题思想的指导下，通过主次要之间的关系性分析，按照实际需求设计课程文书，为课程方案的设计提供依据。设计过程中要注重课程核心思想的体现（见表 4-5）。

表 4-5　××市初级中学校长高绩效领导力体验培训课程文书

单元	体验活动	分享点	项目功能
第一单元 团队融合	破冰之旅	1. 从破冰到融冰； 2. 从热身到热心； 3. 团队凝聚理论； 4. 苹果理论	1. 以特殊形式在新环境中认识与了解团队成员； 2. 初步形成热烈而和谐的团队氛围； 3. 为后续培训做好心理准备； 4. 了解体验培训基本理论知识； 5. 了解培训计划、安全纪律及注意事项
第二单元 决策能力	大海捞针	1. 决策程序； 2. 有效信息传递； 3. 分工与协作的基础； 4. 精细化领导理论	1. 提高统筹策划能力、分工协作能力 2. 如何正确的看待教育目标和困难； 3. 对教育法规与政策的充分理解和运用； 4. 校长高效决策的要素分析； 5. 充分理解整合教育资源的重要性
	电网逃生	1. 有效决策能力； 2. PDCA 教育质量工程； 3. 细节与教育管控； 4. 扁鹊三兄弟的启示	1. 体验活动中细节决定成败的重要性； 2. 有效的领导方法来自于科学的决策； 3. 有效的教育成果来自于强有力的团队运作； 4. 决策、控制、危机应对在学生管理中的运用和思考
第三单元 激励能力	鼓舞飞扬	1. 目标激励； 2. 情感激励； 3. 团队激励 ； 4. 团队凝聚理论	1. 提高校长选贤任能与有效授权的能力； 2. 危机状态下的压力管理； 3. 充分调动团队、激励成员的能力； 4. 任务的繁琐性与有序工作的效用； 5. 加强多元化激励手段的运用
第四单元 沟通能力	七巧板	1. 有效沟通模式； 2. 竞争与合作的关系； 3. 领导、协调与执行； 4. 领导信任危机处理； 5. 资源有效整合能力； 6. 三个老鼠的故事	1. 充分了解沟通在领导管理工作中的重要性及其方法运用 2. 学校内部、外部资源有效整合利用的意识； 3. 建立上下级关系型信任模型，了解、能力、责任、风格、约定、沟通在团队绩效中的作用
	不倒森林	1. 高效执行力与沟通； 2. 危机状态下的自我暗示与情绪控制； 3. 工作目标管理； 4. 命令的一半出于下属，执行的一半来自上级； 5. 山田本一成功启示	1. 提高团队成员的绩效； 2. 对个人目标与团队目标的认同与执行； 3. 完成时的喜悦与成功的分享； 4. 团队成员共享协作的心态

表 4-5（续）

单元	体验活动	分享点	项目功能
第五单元 创新能力	囚徒困境	1. 创新思维的突破； 2. 创新能力的培养； 3. 穷则思变； 4. 逆境求存	1. 校长岗位赋予创新的核心意义和价值是突破和改变； 2. 创新是发展核心，是高素质人才培养的保证； 3. 创新方法与自我、团队、社会的有效管理
第六单元 目标管理	足够高	1. 战略目标的设定； 2. 方法的选择； 3. 行动的管理； 4. 目标的实现	1. 充分了解团队设定教育战略目标的意义和作用； 2. 领导团队完成任务方法的决策； 3. 团队执行在于领导者有效管理和有效激励； 4. 教育任务目标的有效实现依赖于团队全体成员的共同拼搏与奋斗

（四）以环境为本的创新技术思路

1. 适合体验培训的环境

体验培训不同于其他培训的重要标志之一就是对环境的要求。谚语讲“环境造就人才”。的确，什么样的环境造就什么样的人才，历史上有“孟母三迁”的故事，现代教育中有许多家长择校的现象，都是想为自己的孩子成长提供良好的学习环境。人在不同的环境中会有不同的心理感受，不同的心理感受使人表现出不同的行为，因此，在培训的过程中决不可忽视环境的作用。适合体验培训的环境主要有景区、营地、专用拓展训练基地、公园、广场、会议室、学校操场、原始的大自然、森林、竹林、草地、游轮、飞机等，大自然中人可以到达的地方均可以作为培训的环境。（见图 4-4）我们必须要改变的思维和认识是：体验培训绝不是“教师讲课学员听”的单纯模式。它是一种以学员为主体的学习模式，培训师的辅助性功能表现明显。学员会因为外界不同因素的影响而获得学习和感悟。“老师讲了什么并不重要，重要的是学生获得和接收到了什么！”由此，学员

图 4-4 中惠旅上海体验酒店

的自我积极主动地学习才是真正的学习。陶行知先生说：体验出真知！任何学习的过程都需要学习者自我的体验，在此基础上的学习才称为真正的学习。环境在人的学习过程中扮演着体验之母的角色，让学员置身在其中，自由地吮吸着营养的乳汁，不断地滋润着自我的成长。比如万科老总王石先生不断地挑战雪山，获得自我突破的学习；有人愿意花巨资去月球走一圈，增加自豪感和荣誉感，回到地球上改变了自己，学习到了对环境保护重要的认知；当人置身在西夏王陵墓碑前，面对凄凉的贺兰山，对生命便产生另一种理解；行走在茫茫沙漠中，接受着炙热的太阳烘烤，劳累和干渴让人感受到水和相互帮助的重要性。

2. 体验培训的环境分类

（1）国家、民族、地域、组织文化、非正式文化等环境

不同的国家、民族和地域会有不同风土人情，这些都是文化的表现，这些深入人心的文化会为当地的环境注入特定的含义，而这些含义将会在当地人的心中打下根深蒂固的文化烙印。因此，这一类型的文化在学员的学习过程中发挥着重要的作用。西方文化与东方文化是截然不同的。西方开放的文化特点，引导着人们在行为上的开放；东风文化的内敛引领着东风人纯朴而深厚的行为文化。

案例：有一次，我在枣庄做培训。学员中有两位是回族兄弟，我们并没有调查清楚；上午的培训非常顺利，效果很好，大家都觉得此次培训很值得。但当中午用餐时大家都兴致勃勃地坐到餐桌前，突然有两位伙伴站了起来，并将手中的筷子甩在了地上，生气地说："这是人吃的吗?"起初我认为是饭菜质量有问题。当其他学员告知后，我才恍然大悟，赶紧道歉，并让厨房赶紧做回民餐，由于态度的端正和诚恳的弥补，才化解了这次危机。从此后，我更加注重对社会学的学习和研究，因为社会学是体验培训的支撑学科，社会学会让培训师明确区域文化特征，从而在开发设计课程的时候能够针对不同文化特征设计元素，不仅可以避免出现错误，还可以运用文化增强课程的高峰体验。

在河南郑州的多次培训中，我发现了这一带的培训师们喜欢运用感恩的课程。起初我一直没有搞清楚这是什么原因。经过调查，发现感恩的课程在中原地区比较多，而在南方和北方相对较少。这一类课程具有很强的地域性特征。对区域文化的研究发现：中原人比较重感情、对家庭和恩泽的理解深入人心，尤其是河南和山东，这种概念根深蒂固，但是在珠三角和长三角一带的文化中经济效益成分比较浓厚、渤海湾一带政治文化浓厚一些。

（2）城市、郊区、大自然

这一类型的环境决定了培训的具体执行地点，根据体验培训的不同类型针对性的选择环境很重要。比如客户要求时间较短又不远离城市的课程便可选择在城市和郊区完成；但是，涉及快乐、减压和时间较长的课程便可以选择在大自然中进行。

（3）国内、国外环境

现在很多组织喜欢去国外参观考察和培训，这也是体验培训的一种类型。到别国参加培训和学习，了解不同国家的文化对提升能力、开阔视野很重要，比如到尼泊尔开展穿越性学习活动，目前游学很时髦，我国春秋时期的孔子周游列国也是一种游学。青年时期的毛泽东在湖南境内游学，前往沩山密印寺等地考察学习后，深刻的感悟到了："救国救民在于找到大本大源，而大本大源在于工农大众!"（如图 4－5）。

图 4－5　青年时期毛泽东曾经游学的沩山

（4）室内、户外环境

室内环境主要适合沙盘模拟、音乐辅导和教练技术类的培训课程的开展。户外环境主要适合拓展训练、历奇营地、野战运动、趣味运动会等培训课程的开展。

（5）水上、地面、空中

体验培训中的项目设置按照空间性质可以分为水上项目、地面项目和空中项目。水上项目有扎筏泅渡、龙舟竞渡、水上闯关等；地面项目主要以体验游戏活动为主；空中项目包括断桥、天梯、单杠、缅甸桥、合力过桥、相依为命、桥降、攀岩、树上探险、丛林穿越、攀树等。培训中可以根据不同课程性质进行针对性的选择和设计。

（五）以环境为本的项目创新技术思路

1. 根据环境选择主题

井冈山、延安、石牛寨可以开发红色革命主题体验课程；北京以奥运为主题、上海以世博为主题、枣庄以地道战为主题；厦门、海南、青岛、日照等以大海为主题；四川、西藏等可以以雪山为主题；新疆、内蒙、宁夏可以以沙漠和草原为主题；安徽、浙江、江苏可以以黄山、西湖、长江等为主题；山西可以以地上文物、晋商、平遥古城、太行山等为主题；河南可以以中原文化为主题等。五千年的中华文明都是我们培训的好资源，根据各地自身的优势开发以体验为主的教育培训项目，这是建设环境友好型社会和绿色产业的必然趋势，也是体验培训和旅游行业深度结合的必然。

2. 根据环境选择项目元素

不同的地貌和场地条件，可针对性的设计和开发不同的户外体验培训项目。比如说户外定向体验培训课程，可以根据沿途地形设置电网、梅花桩、雷区等项目在其中。生涯 360 职业能力提升体验培训课程就一个根据神山特殊地理位置开发的大型体验课程。弦歌不断项目是根据安徽工程大学校园环境设计的一个个性化的责任、沟通和突破性的体验项目。石燕湖开设了全国最长原始森林休闲探险项目，1km 多长的森林探险中设有穿越、跨越、思维小屋、休闲茶吧、创意空间、冒险时代等内容。总之，不同的环境可以开发不同的体验项目，培训师和机构可以根据环境的特征开发不同的体验培训项目。

3. 根据环境选择项目分享与总结要素

环境可以使人震撼。环境可以教育人。利用环境的因素让学员进行特定性的学习和思考是体验培训课程的重要功能体现。比如做静思类的项目，可以选择杜甫墓祠、浏阳古风洞景区、通道万佛山国家地质公园、芋头古侗寨、皇都侗文化村、恭城书院、宁乡沩山温泉山庄、密印禅院等，也可以把学员带到西夏王陵前。我们的分享就是生命的重要性，开场引导语：“千古帝王一堆尘土而已，更何况我们这些凡夫俗子！”马上就可以将学员引入情景，这时候学员的状态非常好，当引导到心灵深处时，很多人都会哭泣，将心灵洗礼后再带出戈壁滩。进入戈壁滩非常安静的地方，那 12km 的路就是一种行为催眠，荒芜的戈壁，没有任何吃的和其他人，只有水和酸枣。走累了，都坐在贺兰山脚下，灰蒙蒙的几座大山，随即便可以进入状态。但是在寺庙中，就要讲禅修的内容。在竹林里面，就要运用林思宁老师的竹林静思了。

4. 形成项目文书（同表 4－2）。

（六）以环境为本的课程创新技术思路

选择适合于课程主题的环境，不是所有的课程主题在所有的环境都能执行。

1. 根据环境选择课程主题

2011 年红色革命主题体验课程非常火爆，这是特殊时期的政策导向。因此，以红色旅游为主的景点针对性地开发了很多的课程。比如井冈山开发了挑粮小道、石牛寨开发了红色军事拓展等。根据不同的环境根据当地的政策和时期特殊主题，针对性设计主题体验课程是验培训行业的一种发展趋势和潮流。

2. 根据环境选择理论元素

将学员带到井冈山去培训，肯定讲的是共产党的优良传统和以及红军精神对现代组织管理的启发。如小米加步枪赢天下，要靠团队协作力；没有吃、没有穿，敌人给我们送，没有枪、没有炮，敌人给我们造。还有井冈山精神，星星之火可以燎原，引发组织成员思考。这就是根据特殊的环境去选择培训理论，当然效果也非常好。

3. 根据环境选择客户对象

体验培训中要根据环境选择客户。比如说基地路程大概在一小时左右的车程，可以固定下来长期的做青少年周末营体验培训课程。如果太远，经济成本和安全成本会提高，一天 200 元的费用家长是可以接受。可是一天 200 元带到基地执行此课程，机构的成本就会增加，所以应该选择在城郊的地方，家长骑车就可以送接，周六送来，吃个晚饭，晚上篝火，第二天吃个早饭，中午家长来接走孩子，这样成本会降低，家长比较放心也很方便，孩子也可以完成第三课堂的学习。课程中可以帮助孩子设计很多内容，比如说参观企业、做各种各样的训练，语言训练，沟通能力训练，生存能力训练，包括一些专业课的内容都可以设计。暑假集中半个月或一个月时间，带到基地参加特训营。

4. 形成课程方案（同表 4－5）。

5. 开发课程销售方案

销售方案和课程方案是不同的呈现形式。销售方案是站在客户的角度出发，注入了推广和营销的信息内容，能够吸引客户的需求，没有太过于详细的课程执行内容的介绍。作为培训机构需要将销售方案制作成一套彩色宣传手册或活页，一般以一年为单位开发主题品牌课程，以便于销售团队进行推广和销售。

第二节 体验培训课程编制原则与方法

一、体验培训课程编制的原则

编制，本意为把细长的东西交叉组织起来，制成器物，如用柳条编制的筐子；现指组织机构的设置及其人员数量的定额和职务的分配；也指根据资料做出规程、方案、计划等。体验培训课程的编制指的就是编制培训课程方案。

体验培训课程编制是体验培训实施的第一要务。它关系到培训机构课程营销、课程实施的顺利进行。在编制课程时要始终遵循体验学习基本原理中的设计原则，从以下高度重视课程编制：（1）规范培训，便于应用；（2）现场培训控制，有效提高培训师的水平；（3）作为对课程、培训师、效果等进行整体评估重要依据。

在编制体验培训课程的过程中要遵守以下原则：

（1）整体性原则：体验培训课程的编制必须把握其整体性，要从培训的目的与意图的高度，把握项目、时间等的安排。协调好项目之间的转换与场地之间的转换。协调好培训课程之间的结构安排，主训师与带队教练的关系。在进行分组设计时，要充分考虑到学员的年龄结构、性别结构、人际关系结构等。

（2）连续性原则：培训项目之间应保持一定的连续性，开始项目之前应该留出一段时间进行热身小项目，这有助于团队氛围的预热，项目之间的间隔时间不可太久，否则项目之间会有脱节感。不应连续进行两个或多个分享方向相同的项目。培训师要尽可能多的准备趣味性的游戏、歌曲、笑话、哲理故事等，遇到交换场地时间冲突或沿途前进行，培训师在整个过程中都要调控团队的氛围，确保团队始终处于高涨热烈的氛围之中。

（3）完整性原则：根据培训主题设计不同的培训项目，从培训主题分享的方向对项目进行调整和搭配。根据参训群体的现场呈现应有所侧重，突出一两个分享方向，不易将体验项目中的所有分享点全部分享。

（4）顺序性原则：体验培训的项目安排要求有一定的顺序，人的心理变化有一个过程。例如，在实际操作中我们逐渐总结得到拓展训练项目设计模式为：破冰—团队融合—沟通—综合能力培训—团队合作—总结。在设计时注重考虑：破冰、团队建设与融合、团队合作、总结性项目操作时一般为团

队完成，而沟通类项目，不建议在协调场地与时间上调整其项目次序，沟通和各项综合并行的项目分队完成，可以根据培训需求与现场管理需要进行项目次序调整。

（5）主题性原则：任何一次体验培训都会有其主题，而主题的设定必然会有培训目的和意义的支撑。在编制课程之前就要着重分析培训主题，进一步了解培训意图，针对培训主题设计培训的环境、时间和控制培训的节奏。

（6）实效性原则：五花八门的培训，只注重花架子，同一套体验培训课程无数次的运用，没有仔细分析和研究客户的基本状况就随意的培训，导致培训效果较差，以至于许多的参训机构不再信任培训机构的培训。所以，在营销培训课程时必须具有针对性的对客户进行调查和分析之后，再进行课程设计，保证培训课程能够实现达到客户满意的目标。

二、体验培训课程编制的方法

体验培训课程的编制要经过以下两个步骤。

（一）前期分析

体验培训课程编制的前期分析主要是指在确定参训意向以后，对参训团队的组织结构、学员特征、学习目的等内容进行前期分析。做好前期分析是对整个培训负责的态度，只有认真地进行前期分析，才可能在后期参加培训时取得好的效果，也是体验培训课程的必要环节。前期分析分为客户调查与客户分析两个阶段。调查和分析参训客户对培训的认识和重视程度、培训需求的确认、培训目标要求、培训的组织实施与管理要求、培训资源、培训对象（年龄阶段、年级专业、学历背景、职位等）、培训质量与效果的要求、客户的培训计划、培训经费管理等诸多因素的影响，这些因素都直接约束并影响后面课程设计，不同的课程体系有着不同主题的课程目标，也直接决定了参训学员的体验和收获的主题方向不同。

1. 前期调查

体验培训课程前期调查的手段一般采取客户方负责人访谈和参训学员问卷调查两种形式，一般多见于送达客户调查和反馈分析结果后，连同课程初稿一并送达或由客户主管部门负责人直接口述参训团队、个体调查信息后编制课程。

2. 前期分析

前期分析是在前期调查之后，测量实际绩效与期望绩效的差距、培训需求评估、教学目标的分解、测量学员培训前起点行为。利用专业的统计工具进行数据整理分析，已得到量化数据，准确判断参训团队整体状况的过程。

【案例1】

培训需求调查问卷（面向管理层）

<table>
<tr><td>培训需求调查问卷</td></tr>
<tr><td>尊敬的________：
您好！
非常感谢您对本公司的关注。
为了能够为贵单位提供更为客户化的培训服务，我们特意设计了本问卷，旨在进一步详细了解贵单位的培训需求与期望达成的目标，因而，希望贵单位能够真实、具体、详细、慎重地回答以下问题，如有补充，可附加在问卷后面。
请按照题目的顺序依次回答所有问题，并于　　年　月　日前将回答完毕的问卷按照本问卷最后部分的要求返还给我们。
我们将对贵单位提交的任何资料严格保密。
非常感谢您的合作。

年　月　日</td></tr>
<tr><td>1. 贵单位的主要业务范围？
2. 贵单位主要的组织结构、部门职责与主要业务流程？
3. 贵单位主要领导人的姓名与简历？
4. 贵单位希望借助于本次培训解决什么问题？达到什么目的？
5. 贵单位参与本次培训的对象具体岗位名称及岗位职责？
6. 贵单位对本次培训时间的要求？
7. 贵单位本次培训的培训对象的基本素质（学历、年龄等）以及专业素质（工作经验、专业特长、兴趣点等）状况？
8. 贵单位之前接受过何种培训？培训的具体内容是什么？效果如何？请分析其原因并在此次基础上结合本次的培训需求提出具体的培训要求？
序号
时间
培训课程
执行公司
培训效果
原因分析</td></tr>
</table>

<table>
<tr><td>对本次培训的要求与期望是：
9. 贵单位对本次培训的基地与环境的具体要求？
10. 其他需要说明的问题？

（本公司将对贵单位提供的所有资料和信息严格保密）</td></tr>
<tr><td>请将完成的问卷以以下方式返回：
时间：　年　月　日　时前
方式：传真　　信函　　问卷回收箱　　人员现场回收
地址（或地点）：
传真：
如有疑问，请与　　　联络（电话：　　邮编：　　电邮：　　）</td></tr>
</table>

（二）课程编制

在前期分析结束之后，马上就要进入课程编制环节。在整理好分析数据后，培训总监要负责召集培训师团队成员召开参训组织“会诊”会议，确定培训目标、行为表现目标、开发评估工具、教学策略建议，得出培训的方案后，要及时反馈给参训组织的负责人确定。

体验培训课程编制要针对不同参训群体的特点及需求进行设计。课程编制对于整个课程来说非常关键，直接决定着培训是否能取得预期效果。

体验培训课程的编制是以整个团队的学习目标为主旨，课程的项目选择要有针对性，编制时要注意协调项目与培训师的关系，培训师需要有备份项目。

1. 课程编制四步流程法

第一步：提炼分析结果阶段。根据分析问卷数据，提炼参训群体目前表现出的一些现象的倾向性调查，对参训学员的年龄、学历、参训需求等情况进行统计，综合评估这个群体的现状。

第二步：训前“会诊”会议阶段。由培训总监召集培训师团队对该群体的现状及需要解决的问题通过课程方案的形式给出解决方案。

第三步：确认面谈阶段。由培训课程专员与参训组织负责人进行面谈，以进一步确认课程需求、方案细节、其他操作细节等事项确定方案，前期周密准备工作，包括器材的准备、培训师的安排、行程计划等细节筹划。

第四步：确定课程方案阶段。由培训总监根据本次课程的具体要求和条件进行方案审定并组织团队按方案进行操作。

2. 体验课程编制内容

体验培训课程的内容一般包括培训课程分类描述、培训课程性质、培训课程功能、培训课程计划、培训实施方案、参训客户标准与分析、课程项目设置、培训师教学与学员学习手册、相关费用、参考资料、相关提示等。

3. 课程编制的注意事项

（1）课程的特性要求。这要从四方面来把握，即：①完整性，课程的内容、程序要配合培训目标，使其具有完全性和统一性；②动力性，课程不仅是变动的生活经验和活动，而且是动态的经验，而不是静态的知识；是参与的活动，而非强迫替代的学习；③联系性，课程的联系性包括纵向的联系性和横向的联系性，前者指相同学科的衔接，后者指不同学科间的配合；④平衡性，良好的课程必须注意不可偏重某一领域，以致不能帮助受训者作平衡的发展。

（2）课程发展的程序。课程发展的程序大致可分为课程决策、课程设计、课程改进和课程评鉴四个部分，它们之间的次序是先有决策，然后再根据决策进行设计，研究讨论后再改进，最后，以合适的标准评鉴课程的效果。

（3）课程涵盖的范围。范围不宜过大或过小，过大易造成课程间重叠现象及不易把握重点，过小则无法了解培训的整体内容。

（4）课程流程的排定。课程的排定须注意相关项目间的先后次序，须以循序渐进的方式，由浅入深的原则，让学员有系统地了解全盘的培训内容。

【案例2】

培训课程合作建议书

培训课程合作建议书
培训合作背景
1. 专业机构对行业与企业的了解 2. 单位培训需求描述与说明 3. 对培训需求的理解（含：培训需求的调查方式）
合作内容简介
1. 培训课程名称 2. 期待培训达成的效果 3. 双方协商或建议的体验培训形式 4. 受训者的构成与分析 5. 使用的具体方法 6. 培训期间

培训实施计划

说明：培训实施计划部分主要是介绍培训的日程安排与教学大纲

日期

时间

培训课程

主要内容

培训对象

培训方法简述

讲师介绍

培训前期准备工作

说明：该部分主要是对培训场地、器材、教材等细节工作进行约定。所有的工作应该具体到人并提供对应联络方式。所有的准备工作应该列明完成时间用于监督。

1. 培训时间与场地的基本要求
2. 使用器材与准备方法
3. 教材制作与负责人
4. 培训准备调试时间与具体负责人
5. 双方准备工作的监督人

培训后期效果评估与跟进建议

说明：

1. 针对本次培训内容和培训对象特点应采取何种评估方法和指标
2. 为延续本次培训效果，单位应该采取的后续行动

培训费用预算

费用项目	预算
培训师费	
课程开发	
场地租赁	
设备器材	
茶点费用	
交通费用	
其他杂费	
费用合计	

培训师资团队介绍

说明：本部分主要就培训讲师团队的工作、培训经历、培训课程等进行简要介绍。

三、设计一套完整课程

设计一套完整的课程一直是困扰众多体验培训师、课程开发人员、课程销售专员、企业培训专员的难题。体验培训在我国经历近二十年的发展，开发体系和设计方法还不太成熟，大多数的开发仅仅局限于拼凑的基础上，因此带给客户的培训必然出现效果差的现象。能够自主研发和设计课程的能力已经成为现代体验培训的核心能力。通过前面的理论、原理和技术的学习，我们已经具备了完整课程开发的基本能力。开发一套完整课程有哪些内容呢？开发的基础是课程创编书（见表 4－6）。

首先课程是基于客户的模型化、专题化、问题化的产品，是培训师的执行培训的有效方案，是培训有序化、科学化的保证，所以课程开发设计包括课程主题、课程销售方案、个性化课程方案、课程进程、师资调配、器械流程、培训师教案、器械包、调查问卷（A. 参训群体　B. 组织者　C. 高层访谈　D. 调查问卷结果分析系统）、培训评估表、电子书、VCR、纸质相册等。

（一）课程方案

课程方案是呈现给客户的精美手册，主要内容包括：

（1）扉页（包括：客户的 LOGO、企业图片、企业文化、企业色彩、主题名称、执行方 LOGO、公司名称、企业文化、客户经理的姓名、联系方式）；

（2）项目需求（包括：公司背景、合作背景〈谈判过程、需求、目标〉）；

（3）体验培训策划原理（包括：培训流程、功能与内容、体验原理模型、体验形式重点）；

（4）体验培训时间进程表包括：（日期、时间、单元〈主题体验、分享、培训目的、活动说明〉）；

（5）体验培训流程（前期：对客户调查、沟通）；

（6）培训费用和计算（包括：培训费、师资费、课程设计费、版权费、培训师住宿、就餐）；

（7）公司目前合作客户展示；

（8）培训师推荐（ 包括：培训师姓名、授课资历、推荐理由）；

(9) 基本服务（包括：菜单〈分 ABC 款〉）；

(10) 末页（包括：培训公司信息、口号）。

需要注意的是在设计过程中，内容需要精炼，而版式色彩则需要与客户的文化相关联，建议印刷交付。随着培训越来越受重视，许多的培训已经开始走向规范化，大型公司多采用招标的形式进行，这对专业性很高的培训公司来说是非常有利的。客观上存在的关系营销的手段，也导致了许多培训关注的是价格、人情而非品质的现象很多，但总体的趋势是向着规范性方向发展的，毕竟组织需要的是团队得到好的发展，学习是最为重要的方式之一。因此作为体验培训的开发设计人员需要坚定信心，认真地做好课程开发工作。

（二）课程方案系统

当前体验课程设计一般手工设计完成，一般需要 3～10 天的时间，速度较慢，而且容易出现偏差和错误，不能够很好地满足客户的需求，这也是影响着制约行业发展的重要因素。课程方案的开发与设计的发展趋势是：

(1) 专业化趋势，有 IT 技术人才和体验培训课程开发人才组成的课程开发团队专门致力于课程的开发。

(2) 速效化趋势，一套完成的个性化课程仅需要 30min 就可以完成设计、印刷等工作。

(3) 系统化趋势，客户课程方案选择自主系统将会得到有效利用，培训组织者只需要将本组织的培训系统客户端账户密码交给合作伙伴的负责人，其便可以进入课程选择系统中，按照需求采用菜单的方式选择由自己相关联的课程需求模块，完成课程选择，提交后生成课程方案。

（三）体验培训的十大要素

体验培训是系统工程，影响体验培训的要素共有十大要素系统，分别是参训学员、组织文化、培训课程、培训项目、培训环境、授课讲师、培训器械、总结评估、市场开发、调研分析。这 10 个要素系统直接影响着体验培训的质量，因此在课程设计中认真对待。

表 4-6　体验培训课程创编书

体验培训课程

创

编

书

课程名称：________________________

研发机构：________________________

研　发　人：________________________

研发时间：________________________

安徽工程大学体验培训研究中心　制

<table>
<tr><td colspan="7">一、课程创新基本部分</td></tr>
<tr><td colspan="2">课程名称</td><td colspan="5"></td></tr>
<tr><td colspan="2">课程主题
含义诠释</td><td colspan="5"></td></tr>
<tr><td colspan="2">课程研发
参与团队</td><td colspan="5"></td></tr>
<tr><td colspan="2">课程摘要（100～200 字）</td><td colspan="5"></td></tr>
<tr><td colspan="7">二、课程创新理论依据</td></tr>
<tr><td colspan="2">课程命名
理论依据</td><td colspan="5"></td></tr>
<tr><td colspan="2">课程需求与
可行性分析</td><td colspan="5"></td></tr>
<tr><td rowspan="6">课程
创新
元素
分析
采集</td><td>理论</td><td colspan="5"></td></tr>
<tr><td>项目</td><td colspan="5"></td></tr>
<tr><td>环境</td><td colspan="5"></td></tr>
<tr><td>器械</td><td colspan="5"></td></tr>
<tr><td>音乐</td><td colspan="5"></td></tr>
<tr><td>时间</td><td colspan="5"></td></tr>
<tr><td colspan="7">三、课程创新序列</td></tr>
<tr><td rowspan="2">课程
编制
程序</td><td colspan="2">项目序列</td><td>理论序列</td><td>环境序列</td><td>音乐序列</td><td>器械序列</td></tr>
<tr><td colspan="2"></td><td></td><td></td><td></td><td></td></tr>
</table>

四、课程教案

<table>
<tr><td colspan="3">培训内容</td><td>培训任务</td><td colspan="4">培训重点与难点</td></tr>
<tr><td colspan="3"></td><td></td><td colspan="4"></td></tr>
<tr><td>结构</td><td>时间</td><td>体验内容</td><td>理论链接</td><td colspan="4">培训元素与教法</td></tr>
<tr><td>破冰
部分</td><td></td><td></td><td></td><td colspan="4"></td></tr>
<tr><td>结构</td><td>时间</td><td>体验内容</td><td>理论链接</td><td colspan="4">培训元素与教法</td></tr>
<tr><td>主题
部分一</td><td></td><td></td><td></td><td colspan="4"></td></tr>
<tr><td>结构</td><td>时间</td><td>体验内容</td><td>理论链接</td><td colspan="4">培训元素与教法</td></tr>
<tr><td>主题
部分二</td><td></td><td></td><td></td><td colspan="4"></td></tr>
<tr><td>结构</td><td>时间</td><td>体验内容</td><td>理论链接</td><td colspan="4">培训元素与教法</td></tr>
<tr><td>主题
部分三</td><td></td><td></td><td></td><td colspan="4"></td></tr>
<tr><td>结构</td><td>时间</td><td>体验内容</td><td>理论链接</td><td colspan="4">培训元素与教法</td></tr>
<tr><td>主题
部分四</td><td></td><td></td><td></td><td colspan="4"></td></tr>
<tr><td>结构</td><td>时间</td><td>体验内容</td><td>理论链接</td><td colspan="4">培训元素与教法</td></tr>
<tr><td>主题
部分五</td><td></td><td></td><td></td><td colspan="4"></td></tr>
<tr><td>结构</td><td>时间</td><td>模型</td><td>组织链接</td><td colspan="4">培训元素与教法</td></tr>
<tr><td>总结
部分一</td><td></td><td></td><td></td><td colspan="4"></td></tr>
<tr><td>结构</td><td>时间</td><td>模型</td><td>组织链接</td><td colspan="4">培训元素与教法</td></tr>
<tr><td>总结
部分二</td><td></td><td></td><td></td><td colspan="4"></td></tr>
<tr><td rowspan="2">场地
器材</td><td rowspan="2" colspan="2"></td><td rowspan="2">学员对课程的总体评价</td><td>很好</td><td>较好</td><td>一般</td><td>差</td></tr>
<tr><td></td><td></td><td></td><td></td></tr>
</table>

课程测试与效验

<table>
<tr><td colspan="2">课程试验
过程记录</td><td></td></tr>
<tr><td colspan="2">课程试验
常模选择</td><td></td></tr>
<tr><td rowspan="5">课程
试验
结果
分析</td><td>适合群体</td><td></td></tr>
<tr><td>适用时间</td><td></td></tr>
<tr><td>适用区域</td><td></td></tr>
<tr><td>适用行业</td><td></td></tr>
<tr><td>回避问题</td><td></td></tr>
<tr><td>训后
进阶
课程
建议</td><td></td><td></td></tr>
<tr><td colspan="3">课程创新结语</td></tr>
<tr><td colspan="2">课程执行
要求</td><td></td></tr>
<tr><td colspan="2">参考文献</td><td></td></tr>
</table>

第三节 体验培训课程类型及组织

一、体验培训的组织体系

(一) 明确客户参与培训的目的

在组织体验培训之前一定要明确客户参与培训的目的，它是指导培训工作的基础，也是衡量培训工作效果的标准。体验培训的直接目的是提高学员的知识、提高学员的技能、改变学员的态度；体验培训的间接目的是使组织与学员形成共同目标以维持组织的持续发展。一般而言，客户参加培训有以下几个主要的目的：

（1）优化人岗匹配。以岗择人、人岗相适是组织发挥员工积极性的重要途径。随着企业的发展，大部分员工都不同程度地存在达不到岗位要求的情况，组织需要通过培训使员工更好地胜任自己的本职工作，以便在自己的岗位上发挥更大的作用。

（2）提高员工的能力和技术水平。组织的发展对员工的能力和技术水平提出了新的要求，只有通过培训才能使员工的能力和技术水平与企业的发展同步。

（3）提高员工的综合素质。员工的素质包括思想素质、知识素质、能力素质、心理素质等。员工的综合素质优劣直接关系到组织的发展。通过体验培训提高员工的综合素质是组织培训的重要手段。

（4）有效沟通、团结合作。通过体验培训使得企业各部门之间及员工之间能够有效地进行思想、观念、信息、情感的交流以促进彼此间的了解，形成组织内部和谐的人际关系、高效的工作团队，团结合作完成组织的目标。

（二）体验培训组织原则

培训原则是指导组织培训的纲领性文件。只有确定培训的原则，才能更好地组织和实施企业的培训。组织培训的主要原则有：

（1）前瞻性原则。组织应根据自己的战略及同行业发展的趋势安排员工的培训工作，从组织的实际出发，因人而异、因岗而异、因部门而异地进行培训。

（2）长期性原则。组织对员工的培训应具有长期性，只有长期性的培训才能使员工的综合素质得到提高。

（3）系统性原则。组织对员工应进行有系统、有计划、有步骤地培训。

（4）实用性原则。组织对员工的培训应强调针对性、实践性，企业发展需要什么，员工缺少什么理论和技术，企业就应及时地安排相应的培训。

（5）效益性原则。组织应注意培训的成本，作好培训预算。通过对员工的培训不但要能提高组织的经济效益，而且能够使组织形成良好的学习氛围，为形成学习型组织打下良好的基础。

（三）体验培训的设计

培训设计是以传播理论、学习理论和教学理论为基础，运用系统论的观点和方法，分析培训中的问题和需求，从而找出最佳解决方案的一种理论和方法。是将学和教的原理转化成培训材料和培训活动方案的系统化过程，是

一种培训问题求解，侧重于问题求解中方案的寻找和决策过程。

培训设计是为了实现一定的培训目标，依据课程内容主题、学员特征和环境条件，运用“做中学”的原理，为学员策划学习资源和学习活动的过程，即培训设计是在现代教育理论指导下，为了促进学员学习和发展而设计的解决教与学问题的一套系统化程序。

培训设计方案，内容包括学习内容特征分析、学习者特征分析、任务分析、培训目标、设计思路或意图、培训过程、培训小结、自主性培训评价、培训资源链接等。

（1）评估需求确定培训目的：测量学习差距、确定完成培训后能够做什么；

（2）培训内容分析：学习者学习之前的知识技能分析；

（3）学习者分析：学习者个性特征和学习环境分析；

（4）设计培训目标：具体陈述学习后能够做什么；

（5）开发评价方案：准备如何评价学员的学习；

（6）开发和选择培训材料：设计各种培训资源和材料为培训做准备；

（7）实施与评价：实施设计并进行多方面的评价；

（8）修改：整理反馈资料和数据，进行修改培训设计；

（9）总结性评价：对学习者使用效果进行最终评价。

（四）体验培训的实施

体验培训具体实施原则上应由培训部负责，其主要的工作应包括：

（1）体验培训内容的设计。根据对客户培训需求分析，设计每一次培训的内容。培训内容要具有针对性、实用性。

（2）培训师的选择及聘请。培训师可来自于本公司内部专职培训师，也可以外请其他公司或大专院校、同行业公司等的培训师。培训师的选择可根据培训的内容和培训师的特长而定。培训师的选择直接影响到培训的效果。培训师的聘请应签订工作合同。特别要强调的是培训师的专业程度决定了课程的专业程度，决定了培训的专业程度，一定要慎重选择。

（3）体验培训课程描述。课程描述是有关培训项目的总体信息，主要包括课程名称、目标学员、目的陈述、课程目标、地点、时间、预先准备的培训设备及培训教师名单。

（4）培训时间的安排。每个培训项目都要制定一个课程时间安排表，它包括培训项目的主要内容、相应的时间安排以及时间间隔的计划。

（5）培训场所的安排。培训场地舒适、安静、独立，不受干扰且有足够大的空间或专用基地，能够在培训中使用的范例（如录像、产品样品、图表、幻灯机等)。

(6)培训资料及器材的准备。每一培训项目都应准备培训资料,主要包括培训教案、培训课程描述书、培训时间的安排表、培训记录表、培训监控表等。准备培训所需的器材。

(7)培训资料的保存。为每一位参训人员建立个人培训档案,记录每一次培训的基本情况和培训的考核结果。对每一项目的培训教材、培训课程描述书、培训时间的安排表、培训记录表都应保存。

体验培训的三会制度:培训前的筹备会、培训中的协调会和培训后的总结会。

(五)体验评培训的评估

为了提高体验培训效果,需要对参训人员的每一个培训项目进行评估,通过评估可以反馈信息、诊断问题、改进培训工作。评估可作为控制培训的手段,贯穿于培训的始终,使培训达到预期的目的。

培训评估主要包括以下几个部分:

培训过程中——评估培训项目包括哪些内容,参训人员对此是否感兴趣?

培训后——评估参训人员学到了什么?

培训后——评估参训人员对管理是否有促进?

参训人员回到岗位后评估培训的内容是否在工作中有用?

培训效果的评估可采用问卷调查、访谈、对比分析等方式。

(六)体验培训的具体操作程序

体验培训是由不同类型的体验项目组成的,不同的项目会有不同的体验收获和分享方向。针对不同年龄段客户的学习需求,安排不同内容组合的体验培训内容,如沟通能力、学习能力、团队合作、亲子互动等,不同的主题课程内容将分别设置不同的具体体验项目,根据客户要求安排一天或两天甚至更长时间的培训。

但是无论项目如何变换,体验培训都要严谨的按照这一套完整的培训体系进行操作,切不可随意丢弃任何环节。我们曾经尝试过在大学学员体验培训课程操作时减短分享部分,由于人数多无法做到人人分享,为了完成项目数量的任务,将分享部分减短,但在随后的学员反馈时,我们发现绝大多数学员谈到了游戏好玩,而对学习效果则认为收获不大。从那次后,我们的培训师团队再也没有忽视课程的严谨,因为课程的严谨决定着培训的质量。

体验培训的具体操作程序分为:训前分析—培训设计—情景布置—活动体验—分享回顾—引导总结—提升心智—改变行为,共8个环节。

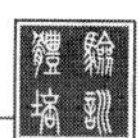

环节一：训前分析

体验培训的前期分析是对参训团队以及参训学员的综合分析。目的是为了准确地判断培训课程与参训学员是否能高效的融合。培训分析内容包括对参训团队的组织结构、学员特征、学习目的、培训经费来源、团队行业性质等。培训师在进行前期分析时，一定要按照培训课程的需求从实际出发，抱着高度负责的态度，认真详细的分析。

环节二：培训设计

培训计划是培训师在培训过程中使用的正式文件，除了具备详细具体、逻辑性强、内容明确、版面设计简洁生动这些基本要求之外，应特别注意设计要素。

培训计划设计要针对不同参训群体的特点及需求进行设计。培训计划对于整个课程来说非常关键，直接决定着课程是否能取得预期效果。

培训计划的设计是以整个团队的学习目标为主旨，项目选择要有针对性，设计时要注意协调项目与体验培训师的之间关系，培训师需要预留备用项目。

1. 培训计划的要素

目标：应该让学员掌握什么，了解什么；

培训重点：需要学员体验的重点内容；

培训难点：需要特别强调或解释的部分；

培训过程：由培训内容、设计思路、培训模式、培训行为、详细的培训构成、时间分配、热身、体验、分享与总结环节等；

培训回顾与内容强化：在培训进入尾声时通过何种方式对重点、难点内容进行回顾；

后期培训相关联的课程：后期有哪些培训与本培训有一定的关联度；

培训后的提升与应用：针对培训中的体验和感悟在哪些方面能够提升和应用。

2. 培训教案设计分类

（1）空白式培训教案

培训内容

（2）两栏式培训教案

培训内容	培训方法

（3）三栏式培训教案

培训内容	培训方法	场地器材设备

（4）四栏式培训教案

培训内容	设计思路	培训时间	场地器材设备

3. 专业培训机构常用培训教案模版

企业培训外课教学程序实施表

时段	一组	二组	三组	四组

企业培训外课教学过程监控记录表

<table>
<tr><td colspan="2">课程主题</td><td colspan="5"></td></tr>
<tr><td colspan="2">组织机构</td><td colspan="2"></td><td>服务主体</td><td colspan="2"></td></tr>
<tr><td colspan="2">训练基地</td><td colspan="3"></td><td>培训师</td><td></td></tr>
<tr><td colspan="2">起至日期</td><td colspan="3"></td><td>周次</td><td></td></tr>
<tr><td colspan="2">起至时间</td><td colspan="5"></td></tr>
<tr><td colspan="2">课程体系</td><td colspan="5"></td></tr>
<tr><td colspan="2">课程内容</td><td colspan="5"></td></tr>
<tr><td colspan="2">课程教法</td><td colspan="5"></td></tr>
<tr><td colspan="7">单项教学</td></tr>
<tr><td>程序</td><td>项目序数</td><td></td><td>项目名称</td><td></td><td>教学时间</td><td></td></tr>
<tr><td>课程
概要</td><td colspan="6"></td></tr>
<tr><td>监控
记录</td><td colspan="6">场记：</td></tr>
</table>

4. 学校常用的培训教案模版

学年________学期________教学时间 ________周次________课次________任课教师________

<table>
<tr><td colspan="2">教学内容</td><td colspan="2">教学任务</td><td colspan="5">教学重点与难点</td></tr>
<tr><td colspan="2"></td><td colspan="2"></td><td colspan="5"></td></tr>
<tr><td>结构</td><td>时间</td><td>教学内容</td><td>时间</td><td>次数</td><td colspan="4">组织与教法</td></tr>
<tr><td>准备部分</td><td></td><td></td><td></td><td></td><td colspan="4"></td></tr>
<tr><td>结构</td><td>时间</td><td>教学内容</td><td>时间</td><td>次数</td><td colspan="4">组织与教法</td></tr>
<tr><td>基本部分</td><td></td><td></td><td></td><td></td><td colspan="4"></td></tr>
<tr><td>结构</td><td>时间</td><td>教学内容</td><td>时间</td><td>次数</td><td colspan="4">组织与教法</td></tr>
<tr><td>结束部分</td><td></td><td></td><td></td><td></td><td colspan="4"></td></tr>
<tr><td rowspan="2">场地器材</td><td colspan="2" rowspan="2"></td><td colspan="2" rowspan="2">学员对课程总体评价</td><td>很好</td><td>较好</td><td>一般</td><td>差</td></tr>
<tr><td></td><td></td><td></td><td></td></tr>
<tr><td>课后小结</td><td colspan="8"></td></tr>
</table>

体验培训过程监控记录表

<table>
<tr><td>项目名称</td><td></td><td>项目类别</td><td></td><td>学员评价</td><td></td></tr>
<tr><td rowspan="3">器材</td><td>保护用</td><td colspan="2"></td><td colspan="2"></td></tr>
<tr><td colspan="3">学员/培训师用</td><td colspan="2"></td></tr>
<tr><td>整理用</td><td colspan="2"></td><td colspan="2"></td></tr>
<tr><td>任务</td><td colspan="5"></td></tr>
<tr><td>对培训师的记录</td><td colspan="5"></td></tr>
<tr><td>对项目的记录</td><td colspan="5"></td></tr>
<tr><td colspan="2">回顾理论点</td><td colspan="2">引导方法/所提问题</td><td colspan="2">案例/小故事/寓言/名言</td></tr>
<tr><td colspan="2"></td><td colspan="2"></td><td colspan="2"></td></tr>
</table>

环节三：情景布置

情景布置对于整个体验培训来说也是非常关键的一环，情景布置是按照项目的内容特点，合理利用环境，准确布置器材。所需要注意的细节非常多，如破冰环节里需要准备笔、纸、旗子、旗杆、秒表等物品；有些项目的环境设计需要背过学员进行，否则就会失去或减弱学员的学习效果，眼罩类项目的设计就需要在学员蒙上眼之后进行布置。不同的项目进行前需准备不同的物品，例如高空项目准备安全衣、头盔、绳索、锁具等安全器械尤为重要，缺少任何一件器械，安全都没有百分之百的保障，都会直接导致项目不能进行。如果培训场地是专用的，建议由后勤人员于此项目开始前 15min 将器材配备到位，特殊性器材需要与体验培训师沟通后配备，不主张当着学员的面着急的运送器材，这样会给培训效果带来一定的影响。我们在实践中采用了这样的操作模式效果比较好：在培训方案确定后，根据培训器材清单，将方便携带的培训器材分发给体验培训师，由体验培训师以背包或拉杆皮箱的形式直接携带，后勤人员只需要准备大器材和无法携带的器材就可以，减少因小器材容易遗忘而带来的培训失误。

孤岛求生项目中，需要鸡蛋、乒乓球、胶带、报纸等物品，如缺少其中的一件项目也是无法进行的，需要强调的是鸡蛋一定要用生鸡蛋，在鸡蛋破裂的瞬间，会使学员有强烈的挫败感，所以不能用熟鸡蛋或者乒乓球代替。

在盲人类项目中，因为情景模拟的是学员失明或在黑暗的情况下完成任务，这里需要眼罩来帮助学员寻找真实的情景感受，眼罩在这个项目中是必需的，眼罩要定期消毒清洗，佩戴时用纸巾垫上，这些细节要求也是必需的。

除了硬件方面的情景布置重要外，项目的情景模拟、规则等软件的布置也同样重要。体验培训师对于规则的布置必须讲解清晰，而且项目的语言布置必须按照每个项目的特点讲到位，如依照项目的名称、性质、安全系数、操作要领、挑战时间、注意事项等，这要求体验培训师具有丰富的实战经验和对项目特点的深刻理解，否则很容易引起学员的疑义，导致项目效果不佳。情景布置一般会在 5～20min 内完成，时间不宜过长。

环节四：活动体验

活动体验是体验培训的实践环节，也是学员最直接感悟的环节。在这一环节中，学员的兴趣点非常多，引导学员按照预定方案的目的进行体验。对于学员来讲，高峰体验是最美好的，即最深刻的、最感悟的过程，体验培训师要根据项目的本身要求和课程目的的要求，组织学员按照规则进行挑战，不同的课程体系都有其突出强调的重点，有的侧重个人挑战，这样的项目挑战难度较大，与之相反，一些注重团队协作的项目挑战，个人挑战难度相对

较小，这取决于前期的课程设计。体验培训师在整个体验培训过程中承担着重要的引导作用，项目挑战中要求体验培训师首先对规则和目标用简明扼要的语言叙述详尽。针对不同的项目特点，体验培训师要充分发挥自己的引导作用，如激励、鼓励、暗示、反问、沉默等不同的引导手段，确保团队及团队每个成员全身心地投入到项目体验中。

活动体验环节并非是从学员操作项目开始，而是在体验培训师环境布置开始时就已经开始了。活动体验开始后的过程就是学员实践的过程，整个体验过程要具有连续性，中途不要断裂，除非特殊天气条件或其他特殊情况影响，否则会使学员的学习感悟差到极点。

一些项目开始时，体验培训师应注意引导，由队长合理组织安排第一个学员，如信任背摔，第一个进行的应该是体重较轻且自信的学员，男女性别应该注意调整，一般情况下先由 3～4 个女士挑战后，再由体重最大的男士进行挑战；高空抓杠、断桥项目中，第一个进行的应该是身体素质较好，胆子大的学员。第一个学员顺利安全地完成项目，是项目的良好开端，示范效应会鼓舞所有学员的士气。同时也要注意在挑战次序上交叉进行，值得注意的是性格内向的几个人不宜安排在一起进行挑战。

体验培训项目难度与学员判断分析提示表①

项目本身的难度	学员挑战前的认知	体验培训师的提示	提示目的
较高难度的项目	较高难度的项目	这是一个有一定难度的项目，注意安全与时间把握，只要认真努力，也许你们会完成得与其他队伍一样好，我对你们有信心	认可有难度，给予信心和鼓励
	中等难度的项目	正确对待任务，不要轻视任务，每一项任务都需要付出努力，请多努力吧	提醒作用
	低等难度的项目	这是一个成功率很低的项目，可能会出现许多意想不到的困难，一定要认真对待	提醒、警示、暗示困难很多

① 钱永健．拓展训练．北京：企业管理出版社，2006。

（续）

项目本身的难度	学员挑战前的认知	体验培训师的提示	提示目的
中等难度的项目	较高难度的项目	有时候困难并没有想象中可怕，要相信自己，你们能行	多些鼓励，从受挫情绪中振作
	中等难度的项目	机遇是给有准备的人准备的，你们准备好了吗	认可不需太多提示
	低等难度的项目	别觉得你们完全有把握，有不少队伍都在这个项目上后悔不已啊	让学员感知自己有些轻敌
较低难度的项目	较高难度的项目	树立信心是成功所必需的，困难有时就像纸老虎，相信自己，我对你们充满信心	防止过于谨慎避免保守行为
	中等难度的项目	信心的建立在于我们能够取得成功，给自己一次获得成功的经验吧，加油	导向成功态势
	低等难度的项目	仅仅完成是不够的，做得更好一些，有些队伍完成得非常优秀	让大家在成功中追求卓越

环节五：分享回顾

分享回顾是指学员完成项目的高峰体验后，大家围坐在一起，在体验培训师的引导下，把自己在项目进行中、项目完成后的最直接的体验，结合自己的生活和工作中的最真实感受表达出来。分享回顾环节也是体验培训的核心组成部分，通过分享回顾能让团队成员充分感受到体验培训的内涵，内心深处受到启迪，学员之间共同学习。

在体验培训中，一直强调以学员为中心，作为一个体验培训师主要的职责就是营造一个氛围，搭建一个平台，让学员在此基础上发挥。体验培训的项目本身充满了魅力，对很多学员，尤其是初次尝试的学员有很大的冲击力，每做完一个项目都有他独特的体会。做为体验培训师，关键是要在培训时营造一个分享和学习的气氛，针对不同学员的感受，强化他的体验，给予理论的养分，从而达到学习的目的。

1. 项目的分享回顾是从培训前开始的

每个体验培训项目都是一个道具，或者说是一种方式，培训组织者希望能通过这样的形式，达到他们的培训目的，这个目的是和参训单位的要求相关联的。所以做好分享回顾最直接的是为了了解培训目的和了解培训对象。

而这两者又是不可分的，因为目的和企业本身的现状息息相关。除了参考客户经理的训前资料外，体验培训师还应该自己去收集一些资料，以咨询顾问的眼光去看待这一次培训，从而达到真正帮助企业和员工成长的目的。

2. 项目操作对分享回顾的影响

有一句话非常正确，分享回顾不是在项目结束后才开始的。的确，项目的不同操控方法对学员来讲有不同的感受。比如，在一些项目中允许学员用时间购买资源，可以给学员领悟所有资源的获得都是要付出代价的。另外，体验培训师在项目进行过程中一定要密切关注学员的表现，尤其是有突出表现的学员，这实际上是在积累回顾中的素材。

3. 分享回顾的组织形式

分享回顾的方式是所有学员共同参与，体验培训师根据项目设置的学习要点和体验过程的观察情况进行前期铺垫引导，把学员带回项目的情境中。分享回顾环节能充分体现一个体验培训师的综合素质，优秀的体验培训师能把团队带入一种高涨的分享氛围，反之则会冷场，变成了程序化。只有把学员的真实感受引导和挖掘出来，才能达到分享回顾的目的。

很多体验培训师的分享方式是按座位顺序或按项目进行的顺序依次进行，这种方式并不是团队分享回顾的最佳状态。一名优秀的体验培训师完全可以把学员引入一种争抢发言的状态，体验培训师的作用就是引导、点评，以一个会议主持者的身份，安排发言顺序、决定发言时间、分配发言权。很多体验培训师在分享时滔滔不绝，套话、空话连篇，这样的回顾方式绝对不是完美的。

4. 分享回顾的操作

体验培训最大的特点是在分享回顾中学员领悟了什么？有没有营造出团队相互学习的气氛？学员能否真正完成体验学习圈中“发表”“反思”和“理论”三个阶段的学习。过山车一样很好玩，很刺激，但是为什么大多数人玩过后说不出什么呢？因为缺少了“分享回顾”这个阶段，体验的刺激保留的东西很少，更不用谈能达到“应用”了。

分享回顾操作一般有下面四个阶段：

第一，自然发挥阶段：这可以说是一个从“活动”到“发表”的过渡阶段。因为刚刚完成项目，学员的身心还沉浸在活动给他带来的冲击当中，或者兴奋、或者沮丧、或者满足……在这个阶段，体验培训师应该留有一定的时间给学员梳理心情，以顺利代入分享回顾的状态，并营造一个轻松、自然的气氛，以便学员放松心情投入分享回顾当中。如果是培训刚刚开始，学员还没有形成分享回顾的习惯，可以予以适当的引导。

（1）对项目的介绍引导。我们刚刚完成的项目叫做“×××”，为什么会有这样一个名字呢？大家都体验过了，请谈谈？

（2）鼓励和赞扬引导。在刚刚体验的项目中，我们队所有的队员都成功完成了挑战，证明了我们的能力和毅力。大家给自己一些掌声。

（3）自由议论引导。如学员已经养成分享回顾习惯或者某些项目使他们情不自禁地发表议论，可以任其自由议论一段时间，如有条件，可以将其所说的话写在白板上。

第二，学员发表阶段：这个阶段，主要是让学员把自己的体验讲出来与其他人分享，体验培训师在这个过程中应该是引导学员开口。在整个培训过程中，体验培训师要灵活准确的运用七种引导方式引导整个分享回顾。

例如：体验培训师运用漏斗式引导技术引导分享。

所谓漏斗式就是由开放式的问题，并从项目本身带来的感受开始引导，随着回顾阶段的深入，运用其他的提问方式，如选择性提问，或者封闭性问题而达到“反思”和“理论提升”的目的。

在发表阶段，最常用的提问方式有：

（1）个人感受式提问。刚才的那个项目，你最大的感受是什么？刚才你看到了什么？听到了什么？

（2）项目评价式提问。刚才的那个项目，你认为我们做得怎么样？大家觉得我们做得如何？

（3）突出重点式提问。如果在项目进行过程中对学员进行了观测的，可以针对其不同的表现而提问，同时将“漏斗”收窄。作为第一个做的人，你最大的感受是什么？你是最后一个做的人，感觉如何？

在发表过程中，有两点需要注意：

（1）可以挑选比较活跃，或着比较喜欢表现的学员首先进行分享回顾，比较内向的学员放在中间。而领导等一般不安排在第一个，因为往往领导定下了基调，其他人未必肯把自己的真实感受说出来。

（2）在这个阶段，应对学员的分享予以回应，但不应在这个阶段评价，或者只做简单的评价。如学员对自己克服困难，完成项目有自豪感，可以带领团队用掌声予以肯定。学员没有领悟到项目进行中的错误或者观念不符合培训目标时，可以重复学员讲的原话，表示重视，也提醒其他的学员重视。如有学员之间产生了争论，不宜马上表明观点，可以给予争论的时间，但是要注意控制，不可产生不良的后果，影响学习效果。

第三，反思阶段：这个阶段，体验培训师带领团队发掘“行为”背后的“态度”。从“怎么做”到一个“为什么这样做”的阶段。使项目和我们日常

的工作相结合起来。这是决定整个培训是否成功的关键步骤。反思的好，学员方能够从中领悟到现实中有用的东西，否则不但回顾的目的没有达到，甚至还使学员产生抵触情绪，影响整个培训。

（1）陈述事实法：我注意到了，在第 20min 的时候，有××的现象，为什么呢？刚才大家的行动停顿了约 5min，在做什么？有什么作用？

（2）直接提问法：你为什么会感到信任呢？信任对团队工作有什么影响？

（3）结合法：这和我们平时的工作有没有像类似的地方？在工作或生活中，你会怎样做？做得如何？

（4）反思法：为什么会有这种现象呢？问题在哪里？

（5）隔山打牛法：在说到一些团队暴露的问题的时候，可以照顾学员的感受，运用故事或者案例来予以说明。实际上不只是不足的方面要“反思”，其实好的方面也要知道为什么好，使好的行为成为习惯和制度。

第四，理论提升阶段：这个阶段，体验培训师主要根据培训目的和学员在项目执行过程中的表现，对这个项目所诉求的学习点相结合，给予理论模型或者指导。

（1）归纳总结法：谢谢大家刚才的发言，其中我们谈到信任的问题，以及信任对团队的作用。让我们来看看……

（2）故事、案例引导法：有这样一个故事……曾经有这样的一个案例……

（3）名人名言法：伟大哲人×××说过：“……”

（4）定律、定理法：刚才的项目是对×××定律/定理最好的解释，我们分析分析……

（5）对比法：在我带过的一个团队中，他们做这个项目……

（6）升华法：对于项目的理解，从人生意义的角度讲，你认为你悟出了什么？对你有何影响？

在这个阶段中，是最能展示体验培训师风采的环节，体验培训师的水有多深往往在这个阶段就能试出来。时间不可以太长，以 5～20min 左右为佳；点不可太多，根据主题，以 1～2 个点为益。可以让理论内容与学员实际工作相结合，用他们平时工作中的事例予以说明。以一两句名言或者发人深省的话结束理论提升。

第五，“应用”环节过渡：到此为止，个别项目回顾的环节已经结束，可以创造一些条件，让学员在本项目中学到的东西马上应用到下一个项目中，可以采用以下的一些方法。

（1）团队合作法：从刚才那个项目中，我们总结出在领导、沟通方面有问题，请大家制定一些原则，指导我们团队。

（2）鼓励法：大家有没有信心把这个优秀成绩一直保持下去？

如果没有了回顾，培训中的活动只是游戏，只有靠体验培训师的带领，让学员发掘出感悟和心得，才是他们真正的收获。

5. 分享回顾的原则

（1）即时性原则：一个项目挑战完成后，应该立即进行分享回顾，项目刚刚结束学员还完全沉浸在项目的氛围之中，信任背摔里彼此间的信任、合力天梯成功后的成就感等高峰体验还在内心激荡着，此时进行分享回顾有利于学员把自己最真实的体验滔滔不绝地表述出来。

（2）求同存异原则：在体验过程中，每一位学员的感受都不一样，每位学员的生存环境也不尽相同，想让大家分享出一样的内容，那是太难了。事实上，不同角度的分享带来的信息足以增长学员的见识，这不就是我们分享的目的吗？虽然我们不主张针锋相对的辩论，但是不同观点的并存，带给每个学员的不正是他们自我思考与提升的过程吗？作为体验培训师只要引导好，我们的点拨有时是苍白无力的，因为学员的体验足以让他坚定了他自我学习的感受。

（3）主体性原则：作为一名体验培训师一定要清晰地知道，分享回顾是以学员为主体，而不是体验培训师，许多体验培训师由于经验不足，对于分享回顾环节把握不到位，引导组织得不够，又怕冷场，于是自己成为分享的主体，长篇大论、套话空话连篇，偏离了分享的主题。体验培训师是一个主持者、引导者，或者说就是一个记者，提出一些开放性问题，引导学员分享出项目的核心内涵。

（4）层次性原则：分享回顾对于学员来说是至关重要的，但是分享回顾的层次就显得更加重要，一般我们将体验培训的分享回顾设定为三个层次，体验培训师只有把握了这三个层次的分享，要求学员从三个层次进行分享才能真正的把握培训的主题思想。第一层次就项目表象谈内心感受，主要是项目的操作直接的感想；第二层次是联系现实工作、学习和生活分析通过项目获得的感悟；第三层次结合社会、人生理想、价值观等谈项目内涵的人生哲理。

（5）主题性原则：每个拓展项目都有其核心理念，但同时也有其他方向的分享点。项目之间的分享点有许多地方是相同的，所以每个项目的分享回顾应重点突出其核心内涵，同时根据参训团队的需求展开分享点，如“盲人方阵”这个项目应重点引导分享“沟通”这一分享点；孤岛求生重点突出“层级管理”的分享点。分享时许多学员情绪高涨，都积极发言，这时要求体

验培训师及时引导，围绕主题进行分享，避免跑题。

环节六：引导总结

引导总结时将项目体验中出现的问题和认知感受进行引导，用符合体验培训理论基础的理念进行科学总结，使其理论更加严谨与体系化。这一环节一般由体验培训师完成，有时也可交给学员来总结。需要说明的是一般的体验培训大总结应该有主训师组织完成。但是，无论由谁总结，同样需要抓住项目的核心分享方向，避免空对空、理论套理论。总结中要遵循“四讲”原则，就是指培训师要根据参训学员的不同结构和目的有针对性的选用分享的类型，包括讲故事、讲历史、讲管理、讲人性（引自康世军老师）。“四讲”可以分开使用，同时也可以交错使用，在具体的项目中要做到活学活用。总结中会用到前面讲到的相关学科的理论知识、一些定律，如“木桶原理”、一些哲理小故事、名人名言和名人传奇等进行总结，这样学员吸收起来更加深刻、贴切到位。体验培训中的总结一般为点播性的，所有体验培训师往往需要学会四两拨千斤的绝技，要能够做到融会贯通。

环节七：提升心智

提升心智是在分享回顾与引导总结后，将学员感悟与理解进行提升，主要运用鼓励与肯定的形式，让其对自己的能力与潜力有一个新的认识，对团队的进展充满信心，并相信自己能够在实践中合理运用的一个过程。

成功的体验，使得学员的心智模式不断提升，这是体验培训的主要目标，但是就提升的方式而言，并非全部的鼓励与夸奖就会出现最佳的心智提升。有时候我们可以适当的采取团队分析比较的形式，让其寻找自己的差距，而同时我们又需要从反面使学员的心态得到反面提升（如挑战150项目的巨大挫败），从而回归到现实中面对困难时就不那么恐惧了。

环节八：改变行为

马斯洛说：“心若改变，你的态度跟着改变；态度改变，你的行为跟着改变；行为改变，你的习惯跟着改变；习惯改变，你的性格跟着改变；性格改变，你的人生跟着改变。”改变行为是将体验培训中的感悟在现实生活中得以运用，达到课程设计设定的目的。改变某种行为所付出的代价是培养这种行为所需要付出代价的5倍。体验培训的最终目的是让学员将所学的知识得以运用，能否在体验培训之后继续保持当日的激情，回到现实中，行为能否有所改变，能够在现实中运用多少？为什么在培训时大家激情四射、亲密无间，而回来后大家又回到了从前的状态，本来曾抱头痛哭的队友，工作中见到过点头擦肩而过。这是由于目前国内的体验培训发展并不平衡，重实践而轻理论研究的状态下出现这种局面是正常的现象，但我们希望行业的精英们能够将带队中的体验从理论学术研究的角度进行分享总结，提升培训师的心智，从而改变体验培训只是盈利工具的这一行为，让体验培训回归其教育本质，成为培养人的最有效形式，更好地服务于和谐社会建设与发展。

二、破冰与热身课程的组织

破冰和热身是所有体验培训课程开始部分的核心。破冰与热身的质量直接决定着学员与学员、培训师、培训课程和培训环境之间的融合，关系着整个培训课程的质量。作为体验培训师必须掌握好破冰和热身课程的组织技巧，必须要掌握的基础知识有破冰的理论来源、破冰与热身的关系与区别、破冰技术、破冰的组织原则、需要掌握的破冰项目、破冰的过程和破冰的技巧。

（一）破冰与热身的基础

1. 破冰的来源

这个叫法起源于“冰山理论”，是指人就像一座冰山一样，显现意识的部分只占了很少的部分，而更大的部分是潜在的意识，或者说是不容易被分辨的意识，而破冰就是把人的注意力引到现在，因为注意力在现在无法或者不容易被潜在的意识影响，这样就可以达到团队融合，离开怀疑、猜忌、疏远，为了相同的目标而共同奋斗。

“破冰”在体验培训中的意义是打破人际交往间怀疑、猜忌、疏远的樊篱，就像打破严冬厚厚的冰，通过培训项目的参与帮助人们放松并变得乐于交往和相互学习，拉近人与人之间的距离，建立氛围，增进了解。

破冰是培训当中一项专业的技术，特别在体验培训当中，可以说成功的破冰是整个培训达到预期效果的关键。

2. 破冰与热身

很多时候我们容易把热身和破冰混为一谈，但是其实两者是有差别的，破冰的目的是把人与人之间的间隔给消除；而热身的目的是让参与者保持专注或者是兴奋的程度。这两者在培训的时候会类似，但是根本的目的有很大的距离。

3. 破冰的技术

（1）疯狂运动：疯狂运动不是疯癫运动，而是让参与者忘我的运动。原理是运动的时候学员就会少了很多没有必要的想法，这样就达到的破冰的目的，但缺点是参与者一清醒过来，无形的隔膜又会恢复。

（2）直接亲密：直接亲密是指设计一些让参与者直接进入培训预想状态的练习或活动，让破冰后的彼此无间和亲密既成事实，这个缺点也和上面类似，这个活动亲密不等于下个活动就没有隔膜，很可能好不容易破的冰很快

又恢复了，而且表面上看似热情的，而心底却筑起无形的墙，这样使课程接下去的难度会更高。

（3）自我消除：自我消除就是让参与者真正认识到彼此隔阂的存在，利用自己的力量来消除它，这个技术是难度最高的，所以操作比较复杂，技术含量高，而且万一无法像预期那样，破冰很可能会遭遇反弹，令培训无法继续，应该说这个技术做得好是三个破冰技术中最成功有效的，但是使用不当造成的负面影响也是最大的。

（二）破冰与热身操作原则

（1）破冰与热身的熟知原则：就是要掌握参训学员的人数、年龄、性别、身份的信息等。

（2）破冰与热身的“三忘记”原则：要求学员忘记年龄、身份和性别。

（3）破冰的破一融一升原则：让学员感受到从生疏逐渐进入熟悉状态的过程，并形成默契。

（4）热身的“热身”到“热心”原则：掌握参训学员在热身活动中的身体感知与精神表现的程度。

（5）破冰与热身的“四层”原则：第一层为打破学员之间的坚冰；第二层为打破学员与培训师之间的坚冰；第三层为打破学员对原有培训课程模式与体验培训课程模式之间的坚冰；第四层为打破学员原有学习理念与体验培训理念之间的坚冰。

（三）需要掌握的破冰项目

作为一名体验培训师需要熟练掌握以下二十个破冰项目：集中注意力、踩轮胎、卧式传递、新疆求婚舞、潜力击掌、寻人游戏、面对面介绍、进化论、寻宝游戏、怪兽、角色 PK、生肖分组、松鼠与大树、逢三抓手、名字叠罗汉、抬人游戏、您好、春去秋来、雨点变节奏、团队圆舞曲等（详见第五章）。

（四）破冰与热身的组织过程（以拓展训练为例）

第一步：集合队伍

培训师将学员带到培训基地的第一件事首先是集合队伍。在集合队伍的时候一定要按照军事化的要求进行组织，在宽阔的场地上或教室内，培训师确定好自己的站位后，将学员按照性别、身高依次列队（一般 12～16 人一排），集合口令如下：×排（全体）都有、立正、向右看齐、向前看、稍息等四步口令法。要求学员快速完成动作，整个过程保持安静，然后由主训师或培训公司经理致欢迎词。值得注意的是：培训师与学员之间的距离一定要规范，一般应该为培训师站立好后不需要转动头部，用余光能够将学员尽收眼底的位置为最佳。集合队伍的操作过程为：集合队列指挥方法为指挥位置应当便于指挥和通视全体。在队列指挥中要求培训师做到：（1）指挥位置要正确；（2）姿态端正，精神振作，动作准确；（3）口令准确、清楚、洪亮；（4）清点人数；（5）严格要求，维护队列纪律。

第二步：配发服装与急事处理

配发服装是体验培训的重要内容，培训前应根据学员的身体条件配备迷彩服或统一的运动装（注：运动鞋一般自备），也可根据学员单位的具体要求制作印有公司标志的运动服装。培训师组织学员根据队列的次序依次领取服装，结束后回到队伍中。培训师统一规定 10～15min，留给学员换衣服、方便以及放置贵重物品和容易伤害身体的其他随身携带物品。

第三步：问好与自我介绍

学员队伍集合完毕，培训师要做以下工作：

（1）问好：培训师向大家问好：各位朋友，大家晚上（上午、下午）好！……当我向大家问好时，请大家回答四个词“好、很好、非常好、YE”加上一个动作：左臂弯曲 90°，左手紧握拳头，砸向自己右腿，同时右腿提起 90°（也可以用双臂下砸或将“YE”转化成“好的不得了”外加头部顺时针转圈动作），那么我们再试一遍，好吗？……很好，谢谢大家。（注：问好的方式可以根据主题和对象改变）

（2）自我介绍：首先欢迎各位来到我们青山依依、绿水悠悠、风景宜人的石燕湖体验培训基地参加此次培训（体验项目：风雨来临）。谢谢大家的热烈掌声，然后做个自我介绍，我叫××，是中惠旅体验产业基地的培训师。

（3）抓住机遇：有请全体队员变成两排面对面站立，进行几轮握手。引导语：请每一位队员仔细的欣赏你对面的这位朋友，你们曾经认识（或不认识），但你们每次见面都握手吗？我们不知失去了多少与朋友交流的机遇，今天我们要好好把握机遇。第一轮：用你深情的双眼看着对面朋友的双眼，伸出你的左手，紧紧地抓住你对面学员的手，对他/她说：“我叫×××”；第二轮：用你深情的双眼看着对面朋友的双眼，伸出你的双手，紧紧地抓住你对面学员的手，对他/她说：“我叫×××，请多关照！（我喜欢你或我爱你）”；第三轮：伸出你的右手紧紧抓住对面学员的手，两人一起按照口令节奏摆动手臂，先上下（口令：上下五千年），后左右（口令：人口七十亿），两人相拥抱（口令：缘分呐）！第四轮：两人伸出右手做握手姿势，但握而不抓。当听到培训师喊 1～9 中单数时，确定一方抓另一方手；喊到双数时，另一方抓一方。可以通过加减法，或乘除法增加难度，但轮次不宜超过 4 轮次。被抓住的人要求向对方鞠躬，并说：“对不起，我错了！”以示“奖励”。

第四步：破冰的时间、程序和参与性问询

培训师做完自我介绍后，紧接着就要讲解破冰的时间、程序和参与性问询等工作。

（1）破冰时间及内容：破冰课程大约持续 40min～1.5h；

（2）主要有三方面内容：①介绍拓展训练的起源与发展和本次课程的主题；②团队建设与展示；③参训注意事项。

（3）问询内容包括：①有没有参加过体验培训的学员，如果有，请你们谈谈自身的感受；②听说但没有参加过体验培训的学员，请你们谈谈自身的感受（学员相互发表感受）；③从未听说也未参加过体验培训的学员，你们认为拓展训练是一种什么培训？每一次都需要鼓掌。

破冰与热身的先后次序

次序	过程
生理次序	1. 静态到动态；2. 简单到复杂
心理次序	1. 开心到有难度挑战；2. 近到远
人际关系次序	1. 个体到互动；2. 个人投入到小组规范；3. 不说话到不得不说直到积极分享

第五步：介绍课程的基本理论体系（以拓展训练为例）

（1）拓展训练的起源与发展

首先请两名队员代表上台为大家画一幅军舰和潜艇的图画；

由图画引出故事，导入拓展训练的起源——拓展训练起源于“二战”时期的英国，我记得英国首相丘吉尔曾在《二战回忆录》中写道：我不惧怕伦敦上空的鹰，但我胆寒大西洋海底的狼。那么当时来往于大西洋上的英国舰队，屡遭德军潜艇的袭击，沉船后，绝大多数海员葬身海底，但是却有极少的一部分人能够生还。英国军方的救生专家们对这一部分生还者进行了生理、心理方面的种种测试，发现他们都存在一些共同的特点，大家想象一下他们到底是具备什么样的特点呢？

看来大家都经历过战争的洗礼。正如大家所说的一样，能够生存下来的海员是凭借他们丰富的人生阅历、良好的心理素质、极强的求生欲望。

那么大家再想想生存下来的海员群体的年龄多在什么范围？

他们的年龄在 30～40 岁之间。而那些年轻的海员们落水后，首先感到这下可完了，大陆遥远、危机四伏。首先是心理防线的崩溃，随之而来的是智力活动的终止和体能的迅速下降，因此很快葬身海底。当军方了解到应对困境时人的心理状态、自我调节能力是解决问题的关键。因此，为了保证兵员生命安全，在1941年决定成立一所叫“阿伯德威”海上训练学校，让那些从未经历过战争的年轻士兵在上战场前，通过经历一些模拟战争的情景去体验一下战争的气氛，让他们从生理到心理能够快速的适应残酷的战争环境，实践证明效果显著。

第二次世界大战结束后，战争渐渐远离人们，这所学校也就随之退出了历史舞台，但是这种新颖的培训模式继而保留了下来。拓展训练经过几十年的演变与发展，已经更为系统和专业，已经成为现代人和现代组织全新的学习方法和训练方式。它是利用大自然及人工设置的各种环境，通过各种精心设计的活动，让大家在解决问题和应对挑战的过程中，达到“磨练意志、陶冶情操、完善人格、熔炼团队”的目的。

(2) 学习方式

“体验”已成为现在最为时尚的词语，我们为什么需要去体验，体验学习到底能够给我们带来多少收益呢？这样，先问大家几个问题：有谁会开飞机、有谁会开汽车、有谁会骑自行车、你的外语学习怎样？——我们记住外界的信息：20%来自于我们看见和听见的、80%来自于我们说过和做过的。那么通过体验培训就能去获得你想到和没想到的。体验培训中的每一个活动都是精心设计的，按照大家的需求控制其中的条件，使体验更加有组织、有目的、更为个性化。“体验培训”是属于大家的，积极参与是“体验”的关键。拓展训练就是体验培训中的一个典型模式。

体验培训与其他培训到底存在哪些不同呢？从形式上讲：我们大多数是让大家在户外利用一些自然条件和人工设施来进行培训。从内容上讲：我们关注的是人的非智力层面的因素，如观念、态度、人格等，而并非仅仅是知识、技能。从培训的方式和方法上讲：我们采取的是互动式，大家会在培训师的带领下体验一些项目，项目结合了许多生活和工作中的情境，培训师只告诉你们任务和规则，活动你们自己做，做完项目后我们围坐下来一起回顾，联系生活和工作，从活动中能得到哪些启发，大家畅谈感受、相互学习，由此完成一次培训活动。

体验项目：齐眉棍。4～8人一组面对面站立，每人平举右臂伸出食指侧面全部接触齐眉棍的下部，在手指不离开齐眉棍的情况下，大家一起将齐眉棍从眉毛处下降到膝盖部位。培训师引导：齐眉棍为什么会向上跑？是不是每一位队员盲目性的全力参与工作，工作就能做好？协同默契是团队重要的要素。

(3) 学员对收获的期待

大家来到这里参训，想收获到什么？拓展训练能够为我们带来些什么？

①培养积极心态；

②改善人际关系；

③体验—接触打破心理鸿沟；

④提高团队绩效；

⑤改善团队沟通；

⑥提供团队练习机会。

体验培训的四大功能：激发个人潜能、改善思维模式、熔炼团队、愉悦身心。

体验项目：团队圆（见图 4-6）

第一轮击掌：所有学员变成正方形，自己双手击掌（由乱到整齐到变快再乱）；第二轮击掌：所有队员左手掌心向上，右手掌心向下与旁边人同步击掌（困难，有人叫痛）；第三轮击掌：双臂交叉后，掌心外翻与旁边人同步击掌（队形逐渐调整变成圆）。培训师讲解：当个人单独击掌时，容易整齐也容易乱，个人自我意识的驱动，很难协同；但与他人击掌时不舒服，更难达到协同，需要思考他人感受；当克服自身困难是与他人击掌时，需要换位思考调整自己，团队的圆就形成了，这就是我们的团队，每个人都尽力团队就会变圆。几何中圆是周长最小而面积最大的图形，这就是团队合力强大的表现。

图 4-6　团队击掌的队形变化

（4）核心竞争力的讲解

自 1995 年起体验培训进入中国，到现在已发展了近 20 年的时间。中惠旅是专业从事体验产业的公司。我们致力于成为中国户外体验培训行业的排头兵。

根据客户的需求及企业文化的不同，我们会有针对性的设置不同的课程。如团队建设、新人融入、高效沟通、企业文化整合、职业压力疏解课程等。

我们还会根据环境的不同分别设有场地训练、水上挑战课程、野外生存穿越、定点寻宝、沙盘模拟、魔鬼训练、野战运动、青少年夏令营、职业素养拓展训练等。希望我们多元化的课程体系，带给大家更为快乐的体验、更为深层的思考。

第六步：团队建设与展示（见图 4-7）

团队建设与展示环节是拓展训练的重要环节，要让学员在组建团队、团队设计与展示的过程中寻找到内心的归属感。时间一般控制在 15～20min。

图 4-7 团队文化展示

(1) 团队建设

①自我认知（名字叠罗汉）

团队成员围成一圈，由第一位学员首先介绍自己：我叫×××，来自×××，第二位学员紧接着介绍自己：我是×××后面的×××，来自于×××，依次进行，最后一位学员要将前面所有人的名字重复一遍。

②选队长、队秘

曾经担任和现任的领导发扬风格，让其他人担任。选择的方法：统一选举，少数服从多数原则。群体队员围成一圈后，首先选拔队长，而后选择队秘。培训师："首先选拔队长。请大家将左手食指指向天，问天，这××天我们团队将要在这里共同生活，一起奋斗，我们需要一位具有能吃苦耐劳，热心帮助我们的人担任我们的队长，三、二、一，全体队员将食指指向心目中的队长。下面选拔队秘。请大家将右手食指指向地，问地，我们奋斗的土地，创造无限价值的宝地，为我们送来了善良的队秘，他/她将任劳任怨的服务于我们，三、二、一，全体队员将食指指向心目中的队秘。

确认队长和队秘人选，鼓掌通过，请队长和队秘发表就职感言。全体队员相拥喊加油！然后由队长带领大家完成下面任务。

③起队名

要有特色和意义，符合主题。要注意的是如果有一队选择了老虎队，另一队绝不能选武松队，防止出现制约性很强的暗示。

④画队徽

设计美观、简约、大方、具有主题化，体现团队文化。

⑤设计队训

要有气势和感召力 4～8 个字。

⑥唱队歌

简单、可以创造、可以改编，国歌和“我们是害虫”不能使用。

⑦摆队形

体现团队文化和气势，安全第一。

（2）团队展示

队员展示程序：队长首先做自我介绍，队员依次介绍自己，而后介绍队徽和队标的设计含义；其次组织大家一起摆好队形展示团队，队长高喊：“我们的队名是”，其他队员齐声回答队名；队长高喊：“我们的队训是”，其他队员齐声回答队训；队长高喊：“我们的队歌是”，其他队员齐声高唱队歌。

第七步：参训规范要求

为了让大家能够充实而愉快地度过培训生活，以下事项一定要讲给学员听：

（1）规范要求

①安全（没有培训师允许任何人不得攀爬任何训练设施）；

②禁烟、酒（培训中任何人不得吸食）；

③环保（请不要随地吐痰和口香糖）；

④疾病（有骨折、脊椎劳损、经常性脱臼、严重的心脑血管疾病……，建议不参加高风险的挑战项目），另询问有无恐高症的人（如果有，培训师则回答：拓展活动的一大特色就是治恐高症）；

⑤服装、鞋（穿着运动服、运动鞋，裙子、超短裤、板裤、皮鞋、凉鞋、拖鞋对培训有影响建议不穿）；

⑥手机（调到震动或关机，培训过程中无特殊情况不得接、打电话）；

⑦为保证大家安全，请队员夜间不要擅自行动离开基地；

⑧禁止私自破坏、摘取基地植物；

⑨作息时间：为了统一行动，向大家介绍这次体验培训的大概流程和时间安排并核对时间，让队员心中有数。

（2）团队奖罚

在整个培训过程中，请遵照有关规定参加学习，如果有人犯错，按照以下规定进行处罚：一人犯错，全队受罚，队长、队秘加倍，犯错者不受罚！

问询以上规定能不能做到！

（3）致谢

告诉学员的破冰到此结束，感谢大家的积极参与与配合！下面将要进行分队分专项进行训练。

（五）关于破冰和热身的技巧

（1）尽量多的记住参训学员的姓名、爱好，在培训过程中加以应用，拉近距离，增加感情；

（2）选择对方感兴趣的话题作为例证，激发参训学员的兴趣和认可；

（3）善于称赞，满足对方的成就感，尤其针对那些个性比较强的“意见领袖”，是消除阻力寻求合作的利器；

（4）微笑是一把利剑，可以穿透学员的内心。恰当的使用“笑”的武器，让学员的兴奋点达到最佳；

（5）破冰中观察学员的身体状况与心理变化，做到心中有数。

破冰和热身是体验培训的必要过程，任何一种体验培训形式都有必要组织好破冰和热身的工作。这里只是希望能够从举例中让大家获得直观的感悟，并非所有的体验培训形式的破冰和热身都固定不变的。成功的破冰和热身形式与内容需要根据客户的特点和培训种类进行针对性的调整。掌握破冰和热身的理论与原理比掌握其形式本身更重要。

三、拓展训练课程的组织

（一）拓展训练课程的意义及其功能

近些年来，拓展训练的独特创意和训练方式逐渐被推广开来，参与对象扩大到军人、学生、工商业人员、公务员等群体。训练目标也由最初的心理训练、人格训练、职业素养训练、管理训练等发展成为集培训学习、休闲与健康为一体的户外体验休闲活动，在越来越多的领域发挥其特有的作用。这种训练利用户外活动的形式，模拟真实情境训练和良好的训练效果，因而使户外拓展训练在教育培训领域保持着极大的优势。

作为一种体验培训模式，拓展训练是其他各相关学科相互结合的最好载体，在拓展训练的任何角落都能发现其他学科知识的附载，都能模拟再现和反映现实生活，这使得参训学员对这种教育模式给予了极高的评价。目前的企业拓展训练培训课程主要分为水上、野外、基地、室内四类。课程训练模式主要由设计、布课、体验、分享、回顾、总结、提升和应用八个部分组成。拓展训练是一种突破传统教育思维和教学模式要求的全新的教育和学习模式，它通常在设定的陌生情景或特定的环境条件下，以教练技术为主要手段，以身体活动为主要载体，以团队合作与个人挑战为组织形式，以游戏为主要活动形式，通常利用独特的自然环境，通过精心设计的活动达到“解除压力、调整心态、磨练意志、陶冶情操、完善人格、熔炼团队”的教育目的。

如今，由于各拓展训练专业培训机构、户外运动俱乐部、旅行社、管理咨询公司、教育咨询公司、文化发展与传媒公司等都积极跻身拓展训练行业，为拓展训练的发展植入了多元化的因素。所以，拓展训练课程不仅注重的是

对学员身体能力的训练，更加注重对学员个体适应能力的发展和团队意识的培养；不仅仅是企业人力资源培训的闪亮部分，更是学员减压、休闲健康运动和陶冶情操必不可少的好方式。

目前，我国大中型企业人力资源培训、企业内训等课程中，拓展训练是必不可少的一个重要环节。早在 2002 年，北京大学开风气之先河，率先在国内高校建设素质拓展训练专用基地，并在 MBA 课程中开设了拓展训练课，引起了较大轰动。如今，拓展训练已经在祖国大地上遍地开花。

（二）拓展训练的价值

15 年前，拓展训练引入我国是在企业内训模式单一化的现实条件下进行的。当时企业的人力资源开发与培训仅仅局限在以传授知识和技能为目的，多次的培训使得员工厌倦情绪严重。在不断的创新和引进先进方法和理念的同时，拓展训练作为一种体验培训，其新鲜与巨大的力量迅速被各大中型企业所接受，并运用在新员工入职、老员工激励、团队融合、沟通等人力资源训练工作中。不同层次的员工在相对应的课程训练中找到了自我定位，没有了级别的界限，没有了人与人之间的层级感，进一步融合了团队，激发了员工为企业服务的自觉性和积极性。这就是拓展训练最初的价值体现。

1. 拓展训练对员工的情感抒发价值的扩展

由于拓展训练的户外化、野外化，远离了复杂的工作环境，没有了职位、级别、工作的困惑，员工的情绪得以释放。在拓展训练的特殊限定条件的要求下，通过教练技术的运用，使得群体内部关系得以优化，冲破了原有的企业内部阶层关系，熔炼了团队，员工的个体情感在拓展过程中得到最大化的释放，强化了人与人之间的沟通意识；通过项目模拟的感悟，使员工在内心深处重新定位自我、定位他人、定位团队，使人与人之间的情感意义和价值得以扩展。

2. 拓展训练对员工的压力管理价值的扩展

压力管理在国外被企业视为战略发展的核心课程，引入我国后，被大型企业首先运用，并以企业员工心理援助计划（EAP）的形式开展。压力管理已经被企业视为员工职业生涯发展必不可少的一部分，也是企业持续发展的原动力，是企业人才战略的核心内容。××的压力死亡、××的流水线作业模式等都直接导致员工个体的压力过大。拓展训练作为一种自我心理修正手段，理所当然的被企业选择与应用，其特有的参与、体验、分享、总结、提升学习循环使得员工在参与游戏的过程中，激发其心灵世界变迁，对人生的感悟更加自然化，更加注重生命价值的意义，摆脱功名利禄的困惑，使其内心中生命健康价值的体现更加明显。从而帮助员工个人进行心理自助，更好的管理好自己的情绪，提高了员工的情商，协调好身体与工作、情感与工作、家庭与工作等的关系，注重以健康的心态、健康的身体和健康的生活方式参与工作。

3. 拓展训练对员工的社会福利价值的扩展

改革开放以来，我国的企业发展迅速，企业是以追求经济价值和效益为主，员工的个人社会福利容易被弱化，员工的个人生活方式单一化，他们的生活质量受到严重侵犯，幸福指数降低，跳槽现象频繁，非正常化人才流动过多，直接影响到企业的生产和效益，不利于企业的战略发展。研究发现：员工的倦怠原因有90%来自于个人情感感受，仅有10%来自于经济待遇，从帕森斯生涯发展理论来看员工对其内职业生涯（价值体现、能力、观念等）特别注重。所以，企业每年组织一到两次的拓展训练，用于员工的福利休闲旅游，是对重视员工的一种表现形式，更是实现企业战略发展的最有效手段之一。目前，企业以休闲为目的的拓展训练已经形成一定规模，并逐渐与休闲体育旅游融为一体，成为企业战略发展中对人的价值体现的重要方面。企业也已经意识到员工个体发展对企业可持续战略发展的重要性，并逐渐规范、不断加大了对员工休闲拓展训练的投入。

4. 企业拓展训练对员工的审美价值的扩展

长期单调而紧张的企业生活会改变员工的生活方式，员工对现实生活的理解与理想的生活之间有了很大差别。回归自然、获得自由是人类的天性，在大自然中放飞心情，参与挑战，能够让员工在拓展训练中寻找到自我的定位，重新审视自我生活方式和对待生活、工作、家庭的态度，从而帮助员工进行自我再认识与反省，在回顾中提升员工的审美价值和情趣。回归工作环境后，能够有效的进行自我心理干预，从而有效的提高员工的生活与工作质量。

（三）拓展训练课程分类①

今天的拓展训练课程的理念及培训方式是融合先进的体验培训——拓展训练、潜能训练、教练技术、魔鬼训练、木章训练和历奇等教育手段，进行潜能开发、思维观念转换、自我激励、职业人格培养、专业技能修炼等，以帮助和推动参训学员心灵的成长。拓展训练课程具有其鲜明的特点，而国内使用较多的分类方法有以下几种：

1. 按照课程的时间长短划分：长课程和短课程

哈恩将标准课程定在26天，美国按照这个标准引入后，根据各个学校的

---

① 钱永健．拓展训练．北京：企业管理出版社，2006。

特点和季节变化，将国家标准课程定为 21～26 天，当然也有一些更长的课程。短课程一般在 16 天以内，最少不低于 5 天。我国现有的拓展训练课程多见于 1～2 天，而绝大多数青少年拓展训练课程在时间上是没有保证的，因为平时比较繁忙，只有寒暑假时间相对较长，但一般而言，选择参加拓展训练的学员对于全中国的青少年来说那是少之又少。所以我们急需科学地规范拓展训练课程时间，以保证学习的效果。

长课程是指时间上一般为 1 个月，最长的有 3 个月以上的的课程。其中包括体能训练、安全教育、识图定向、攀岩、沿绳下降（速降）、远足、马拉松、溯溪、泛舟、扎营、救护、野外生存以及对社区服务与环保行动等活动。长课程以磨练意志、改变态度、重新认识自我、激发潜能与学会与人相处为主。现有的生存训练将体验农村劳作与生活的活动、少年军校将军事训练与拓展项目结合的活动、野外生存与场地拓展训练的结合等都是拓展训练开展的好方式。

短课程是指时间一般为 5～16 天，有时也会有 2 天左右的课程。活动往往选择长课程的一两个项目进行，或者以参加拓展基地的各种活动项目为主。短课程能够让学员保持更大的激情，这种课程在用于企业团队文化渗透时会有很好的效果。如果能够将野外活动与拓展基地的活动相结合，往往能够取得更好的效果，而且也便于操作，具备这种能力的组织机构也较多。在我国现在最流行的拓展训练以 2 天的课程为主，这种课程主要是在拓展训练学校的专业基地开展，活动的项目主要是以场地户外项目为主，同时大量融入一些室内培训的经典项目，通过各种体验以个人挑战激发潜能与共同挑战熔炼团队为主。

2. 按照项目本身特点划分

按项目本身特点划分为户外场地课程、水上课程、野外课程、室内课程等。

户外场地课程是在专门的训练场地上，利用各种训练设施，如高架绳网等，开展各种团队组合课程及攀岩、跳跃等心理训练活动。攀树：攀树原先是由美国科学家玛格丽特·罗曼为研究树冠生态而发展的研究技术，而攀树和攀岩之间有一些技术及装备是相同的，攀树带给青少年是一种自我超越、探险、新奇、登高望远的感觉。攀岩：攀岩是一种既刺激又迷人的运动，唯有执着与自信，才能在这活动中不断自我挑战与学习。攀岩感觉是一种危险运动，但确实可以让青少年增强体适能能力，并增进感觉统合，又可以培养勇气、毅力、自信与判断能力。攀岩也是一种团队活动，必须互助合作，相互帮助及鼓励才能达成。

水上课程是指以水面为特定的环境设计的，通过经历一个艰难、刺激而充满挑战的历程，与水亲密接触，增强青少年的体能，培养坚毅的性格，相互协作的精神，享受人与自然和谐共进的课程，主要包括：游泳、跳水、扎筏、划艇、溯溪等。

野外课程是指在利用户外山水、自然风光等条件开展的拓展训练课程，包括：远足露营、登山攀岩、伞翼滑翔、户外生存技能、野外定向等。野外定向：利用地图与指北针穿越一个未知的地区，在欧洲北部广阔的土地上覆盖着一望无际的森林，其中还有无数的湖泊、城镇、村庄稀疏散落，人们主要利用那些隐现在林中湖畔的小径往来，在这种地理环境中生活的人，理所当然地比地球上其他地区的人更需要精确辨别方向的技能，否则想要穿越那片林海将是十分危险而困难的事，而让青少年在活动过程中学习面对问题及解决问题的能力，也学习户外基本技能。

3. 按照学习目标划分

按学习目标划分为沟通课程、激励课程、团队课程、创新课程、解压课程、学习能力课程、生涯发展课程、职业意识课程、选拔拓展课程等。

沟通课程是通过拓展训练来使学员获得更多更佳的合作、减少误解、使人更乐于作答、使人觉得自己的话值得聆听、使自己办事更加井井有条、增进自我清晰思考的能力、使自己感觉能把握所做的事的主题课程。主要包括：交通阻塞、盲人方阵等。

激励课程是通过拓展训练项目激发学员的动机，唤起他们的内在动力，朝自己所期望的奋斗目标努力的拓展课程，多用于调动学员的积极性，提高学习工作效率。主要包括：制造巨人、打击团队之魔鬼、人类工程、争夺奖金、同心协力等。

团队课程是通过拓展项目培养员工的团队的目标、团队的角色、团队的关系、团队的运作等整体配合意识，营造团队合作与信任的气氛。主要包括：迷失丛林、生死电网、高空飞蛋等。

创新课程是通过让学员在拓展项目中进行创造活动体验，在认识基础上形成的对创造的高度敏感性和自觉，培养他们自发进行创造活动的能力。主要包括：大大圈、数码效应、天涯若比邻、高瞻远瞩等。

解压课程是由于人们因学业、工作、家庭生活等压力过大，需要通过拓展来疏解的系列课程，此类课程对大自然环境要求较高，现代减压课程多融入了催眠、瑜伽放松等专业知识。主要包括：悠悠丛林、采集阳光、桃花潭水、禅雨金身等。

学习能力课程主要针对学生的课程，通过拓展训练教会孩子学习方法、

开发学习能力，提高孩子成绩的同时，更能改变以前养成的不良的学习习惯与生活习惯，塑造一个各方面都具有良好品质的孩子。主要包括：课堂行为训练、学习动机的训练等。

生涯发展课程是通过拓展训练向学员提供一个完整经验的学习过程，使每一个学员透过这些经验学到如何准备及投入即将成为他（她）人生一部分的工作。生涯发展课程旨在帮助青少年具备工作所需的适应技巧，使他们能在社会变迁当中所从事的工作（包括有酬和无酬）成为个人整体生活形态的一部分，并能在其中展现其意义和收获。主要包括：对正向自我概念影响力的认知、对成长和变化之重要性的认知、教育成就的达成、生涯发展机会的认知、了解工作与学习间的关系、定位、了解与使用生涯发展咨询的技巧、对寻找并获得工作时所需技能的认知、做决定的技巧、对生活角色相互关系的认知、对不同职业中男/女性角色变化的认知、了解生涯规划的历程。

职业意识课程是指通过拓展训练培养学员对职业的认识、意向以及对职业所持的主要观点，职业意识的形成不是突然的而是经历了一个由幻想到现实、由模糊到清晰、由摇摆到稳定、由远至近的产生和发展过程。主要包括：诚信意识训练、顾客意识训练、团队意识训练、自律意识训练、学习意识训练等。

选拔拓展课程是为企业、社会团体选拔人才的一种主题式拓展训练，根据人力资源管理的人才选拔标准设计的体系性课程，让参训者在活动中表现出自己真实的一面，增加了选拔结果的准确性。

4. 按照组织方的性质划分

按组织方的性质划分为培训机构课程与学校教育课程等。

培训机构课程指的是由社会营利性的培训机构组织的拓展训练培训课程。利用周末时间，组织企业对其员工进行培训、组织家庭亲子等教育活动。国内以这种形式出现的拓展训练比较多，被业内人士称为周末经济。

学校教育课程是学校进行素质教育改革引入的拓展训练课程。国内的部分大、中、小学校开设此类课程，一般以心理辅导课程、体育课程和职业素养训练课程形式出现。在我国学校拓展课程的开设，使拓展训练得到更加蓬勃的发展。学校的开设主要是以场地训练项目为主，部分有条件的学校可能会搭建高空项目的训练架，有些学校虽然开设了拓展训练课，但还未来得及建设更多的训练设施，只是做一些地面项目，结合校园定向、校园寻宝等活动，或者结合一些体育项目将它融入拓展训练的理念，同样能取得很好的效果。

5. 按照拓展参与特色划分

按拓展参与特色划分为入职拓展课程、学团骨干拓展课程、庆典拓展课程、假日主题拓展课程。

新人入职拓展课程主要进行新老员工关系融合、新员工的企业文化导入、角色认知及新员工的基本沟通技巧和做事方法的观念引入。据权威机构研究表明：一个新人要摆脱外来者的心态，一般需要半年左右的时间，而一个新人要真正了解自己的公司则需要三年甚至更长的时间。但其中最难解决的问题实际上是一个新人对这个公司文化的理解和融合。如何能使新员工以最快的速度融入现有公司？如何能在新人投入产出比上得到最优结果？这是每一个企业，特别是成长中的企业都必须面临的问题。

新人入职拓展课程的目标：通过营造团队气氛、培养团队意识促进新员工在关系上与团队成员的融合，在精神上与企业文化的融合。完成从单纯追求自我实现到协同配合的思想转变。

新人入职拓展课程的预期效果：

①完成从学生到职业人的转变，以适应新的工作环境、社会环境；

②加强新人之间的彼此了解和沟通，培养团队合作精神；

③帮助新人加深对企业文化的理解，加快融入企业文化过程；

④帮助新人认同企业目标，建立归属感，明确努力方向；

⑤培养新人积极向上的心态和良好的心理素质，从容应对压力与挑战；

⑥加强新人的组织纪律性，提高自我控制与自我调节能力；

⑦提高新人认识问题和解决问题的能力；

⑧磨炼意志、培养毅力、增强责任心，有助培养适合企业的荣誉感及价值观；

⑨团队领导还可以多方位地考察、选择新人，为今后的继续培训及晋升提供依据。

通过后续服务提升培训效果，并使之发生裂变、催化和持续的作用，确保培训效果的最大化。实施方案一般为1～2天的拓展培训，可以选择场地拓展或者野外拓展。

学团骨干拓展课程是专门为学校在校学生中的学生会、团组织、社团、班级干部等群体设计的综合素质拓展训练课程，通过拓展训练后的学生骨干可以从进取心和热情、沟通技能、策划、组织、理性思考、面对压力和挫折、成熟、果敢、乐观、自信、积极等多方面能力和素质得到培养和提升。

庆典拓展课程是一种专为集体或个人开发设计的特定庆典课程，此类课程一般多选择在风景秀丽的基地或大自然中进行。目前开展过的课程有公司周年庆典拓展训练、高校大学生毕业庆典拓展训练、个人婚礼庆典拓展训练等课程。此类课程的发展趋势较好，是值得关注的一种课程类型。

假日主题拓展课程是与休闲旅游紧密结合的一种拓展训练课程，在课程中注入了体育运动与休闲旅游的元素，一般是特定的群体在特殊的时间段以特定的主题进行的拓展训练课程，如：三八妇女节“巾帼英雄”拓展训练、五四青年节拓展训练、六一儿童节拓展训练等。

（四）拓展训练的组织

在体验培训领域中，拓展训练在我国发展最早。最初，国内许多的企事业单位将其作为提高组织运作能力培训的一种形式。经过不断发展，现代的拓展训练出现了多元化的发展方向，拓展训练与休闲旅游不断融合，发展成为休闲拓展训练，甚至有的地方将拓展与旅游混为一谈。由于国内许多企业的拓展训练费用来自于福利经费，所以相对而言费用开支较少，渠道不畅。由于国内的拓展训练教练的自身水平参差不齐，培训效果不尽相同，价格不断下降，培训水平不断下降。由于以上综合因素的影响，拓展训练的发展正在经受着严峻的考验。所以，我们要从高度负责的态度看待和分析拓展训练的发展。

1. 拓展训练的规范定位

拓展训练是体验培训领域的一个重要分支，但不能代替体验培训行业。由于拓展训练在中国开展较早，所以拓展训练必然成为体验行业在中国的基础模式，随着拓展训练多元化的发展，会衍生出更多的体验培训方式。国内外一些后期发展的体验培训方式，如教练技术、沙盘模拟、音乐治疗、野战运动等都会快速的发展，形成独特的培训体系。

多元化的拓展训练是拓展训练的高端化发展的必然阶段，与其他形式的结合也是市场需求的结果。但是，从体验经济的高度分析，拓展训练只是体验培训的一种有效方式，休闲旅游也是一种体验，只是遵照的模式与拓展训练不相同。拓展训练与休闲旅游的结合是由于拓展训练基地一般多建设在风景优美的景区或大自然环境中，绝大多数结合是形式上的结合，是课程营销的打包手段而已。从本质上讲，如果能够从培训课程的质量上严格把关，休闲拓展训练课程的品质也不会降低。所以，无论拓展训练如何的多元化发展，只要能够认清拓展训练是一种体验培训模式，参训学员需要获得的是体验。作为组织机构能够出售给客户的就是“体验”这个精神产品，那么，我们只需要考虑如何让客户获得对自身、组织发展积极有效的体验，这样的拓展训练就是成功的。

2. 拓展训练组织技巧

拓展训练的培训师作为培训实施的核心，应具有过硬带队技术、协调能力和组织策划能力。在培训实施的全过程中都要严谨工作，做到对每一次培训负责、对客户负责、对培训公司负责、对职业负责。

（1）分析和熟悉客户的技巧

作为培训师，分析和熟悉客户是第一位的。利用召开筹备会的机会了解客户团队的行业特点、实际状况、存在问题和学员的姓名、性别等信息，以便在培训过程中增进沟通的机会。

（2）拓展训练组织流程（以石燕湖拓展为例）

指定地点接客户—驱车前往石燕湖—整理物品、安排住宿和整理着装—集合清点人数—破冰、团队建设—项目实施、用餐和休息—晚课—晨练—项目实施—大总结—驱车返回。以上流程是培训师参与培训的整个过程，每一环节的规范操作都会对培训效果起到推动的作用，作为培训师要掌握好每一步的工作流程。

第一步：指定地点接客户

一般情况下，培训师应该与学员同坐一辆车前往石燕湖培训基地，这样可以节约成本，更能够多一次了解学员的机会。在到达指定地点接客户时，培训师发挥着重要的作用。培训主管或后勤人员组织学员上车的过程中，培训师团队成员需要在车下列队站立于车边，等待学员上车后一同上车。这一过程的作用在于：第一、向学员传递培训团队专业的品质和服务的质量，在培训开始之前给学员留下严谨专注的印象，区别于旅游之前的上车；第二、培训师要根据之前掌握的学员信息，迅速的对学员的外貌加以强化记忆，以便于在培训中快速熟悉学员；第三、用余光观察学员的衣着，了解学员是否穿皮鞋、裙子等不适合运动的衣物。

第二步：驱车前往石燕湖基地

在这一过程中，许多培训师喜欢高声聊天，有的喜欢谈天论地，有的喜欢谈论户外专业的话题，有些故意在学员面前显示自己，最为突出的是培训师的聊天语言中带有不文明的口头禅，这是一种非常不好的现象。言多必失，当我们还不了解学员的时候，过多的谈吐会让学员对培训师的基本素养产生怀疑，这也是不礼貌的。规范的的做法应该是：第一、培训师安静地坐在座位上，闭目养神，梳理本次培训的内容；第二、需要交流时，低声与身边的工作人员快速简单的交流；第三、可以利用闭目养神的机会，仔细的听学员们的交流，从中发现学员群体的特点，掌握第一手资料与素材，以便于在培训中发挥。

第三步：整理物品、安排住宿和整理着装

到达石燕湖后，培训师要首先下车在空旷的场地上迅速集合队伍后，要求学员将随身物品带好后，跟随培训主管前往宾馆安排好住宿，换好训练服

装和鞋子，在十分钟后返回集合地点。需要注意的是贵重物品要求学员随身携带，十分钟之内要迅速解决好所有个人事务，包括洗漱和方便。

第四步：集合清点人数

培训师做到早于学员前往集合地点。准时是每个人都应遵守的规则，作为培训师提早到集合地点是一个非常好的习惯。在前往石燕湖基地前，早到集合地点能够充分接触学员，建立第一印象。一般情况下，这一次集合或多或少会有人迟到。作为培训师应该以微笑面对学员，按时集合整队后，开始点名熟悉相互认识。切记学员迟到后请勿批评，笑着请他归队，因为批评容易引起学员的对立，而微笑是一把利剑，可以穿透学员的心灵！

第五步：破冰、团队建设

破冰对于整个拓展训练非常重要。一般而言，破冰主要遵循以下程序：集合完毕、见面礼问好、介绍自我、拓展训练起源发展史、拓展训练意义、学员期望、讲解团队、分组建团、选拔团队领导、完成团队文化建设、团队文化展示、团队士气提升、培训基本要求、认识培训师团队。在破冰环节中，一般由主训师负责组织完成，其他培训师作辅助，在进行团队文化建设的过程中培训师要根据学员分队基本情况和自身的培训风格，有针对性的监督和指导。主训师的自信与点燃激情的能力对于破冰至关重要，作为培训师一定要恰当的处理好破冰中的度，既不能过于兴奋也不能过于沉闷，要逐渐点燃学员心中的激情。

第六步：项目实施、用餐和休息

项目实施是拓展训练的主体，每个项目的操作过程都要严格按照本项目在培训课程中的培训意图组织实施。项目的实施要遵照体验学习圈的模型从环境引入、参与体验、分享回顾到总结提升环环相扣。注意体验培训十大技术的灵活运用。从多鼓励少批评的原则出发，使学员自信心的不断提升。要强调是的项目的排序安排不能随意，要遵照团队理论中的团队形成期、动荡期、高产期和衰退期的规律和人的心理变化的规律对项目进行有机排序，同时也要按照课程目的和意义的不同对项目进行调整。人力资源管理团队课程与营销团队课程的项目排序就是截然不同的。

热身项目与主项的组织也要慎重，热身项目一定是服务于主项目的，严格意义上讲热身项目应该作为主项情境引入的重要内容。在七巧板项目开始之前设置无声换位作为热身项目的目的就是通过无声换位的安静和七巧板中的争吵形成鲜明的对比，给学员的心理上造成更强烈的高峰体验，促使学员获得深刻的感悟和反思，同时也可以相对准确的将不同年龄段的学员均匀划分。

热身项目与主项目对照表

热身项目	主项目	热身项目	主项目
疾风劲草	信任背摔	绳结	解手链
大胆叫出来	盲人方阵	链锁环	蛟龙出海、大木鞋
收绳法保护学习	高空断桥	怪兽	风火轮
梅花朵朵开	紧急命令	数字传递	沟通造桥
盲人信任行	弦歌不断	齐眉棍	孤岛求生
双指抬人	挑战 150	海难逃生	经营之道
交通堵塞	雷阵图	寻宝	吉塔星遇险
信任传递	电网逃生	斗转星移	幸存者
无声换位	七巧板	顶针传递	荆棘取水
打绳结	渔翁得利	七巧板正方形	高空飞蛋
高台演讲	纸箱博弈	潮起潮落	创意奥斯卡
苹果与凤梨	鼓动人心	支援前线	逐鹿中原

在拓展训练中用餐是非常讲究的一个环节，属于团队用餐，应该从团队管理的角度看待用餐，不能简单的理解为吃饭。全体学员项目完成后，将学员整队带到用餐处，在门口列队，由队长带领大家完成团队文化展示后，培训师问候："下面的任务是?"学员高声回答"吃饭"后，带入用餐。在实践中，时常会发现，学员在这时候的情绪不太稳定，如果出现了第一队展示的不够精彩时，培训师一定要要求该队再一次准备，让下一队开始展示。这样便于对团队进一步的熔炼。用餐前一般要开展餐前文化：上下五千年，有缘来相会。相会石燕湖，缘分啊！在用餐过程中间，培训师要再一次体醒学员时间的安排。过程中，会有侗族民族歌舞互动增加用餐文化。

休息时间是培训师调整状态的时间：（1）通过睡觉调整自身精神状态；（2）通过与工作人员沟通协调调整培训状态；（3）通过熟悉教案调整课程状态；（4）通过整理培训过程中发挥出的创新内容和不足之处提高水平。

第七步：晚课

晚课是拓展训练的必修课，但是许多的培训机构为了迎合学员的需求，将晚课取消，这样的做法会严重降低培训的效果。经过一天的训练后，学员身心兴奋点达到了较高水平，利用晚课 2～3h 的时间进一步催化，对于熔炼团队和激发学员间的感情具有很重要的意义。根据培训性质的不同，晚课一般有以下几种类型：第一类是"按压式"晚课。对于白天情绪过于高涨的团

队，晚课一般采用此类型的晚课，一般多采用挑战 150、七巧板项目；第二类是“情感式”晚课。此类课程一般常用于青少年、新员工融入等拓展课程的拓展课程，一般多采用感恩的心、创意奥斯卡、高台演讲等项目；第三类是“欢庆式”晚课。此类晚课常用于年会拓展训练课程，用以强化团队融合氛围，一般多采用团队 PK、踩报纸、新成语接龙等欢乐性的破冰游戏；第四类是“思维式”。此类晚课主要适用于以营销、创新等为主题的拓展训练团队，一般采用九点连线、水池扩大等项目。

需要注意的是在组织晚课时，培训师要注意观察团队的精神状态，根据团队的基本状况调整晚课的项目和时间，灵活掌握，切不可生搬硬套。

第八步：晨练

现代人的坚持晨练的人很少，特别是能够以团队晨练的形式出现的更少。一堂生动有趣的晨练课会给参训学员带来意外的收获。晨练的程序为：集合队伍、问候、热身慢跑 15～20min、感恩按摩操、热身小游戏、整队准备洗漱和早餐。

热身慢跑时要注意男女学员的运动能力和不适于晨跑的人。一般要求女学员在前，男学员在后，成两列纵队，在统一的口令下热身慢跑。感恩按摩操是晨练必做的项目，按照四八拍口令完成，全体队员尽量男女交叉，围成一个大圆圈，双眼紧闭，后面队员为前面队员按摩每节换转位置。第一节九阳白骨爪，第二节捏肩运动，第三节肩胛骨画弧运动，第四节摸腰运动，第五节疯狂摆臀运动，第六节团队举腿运动。热身小游戏一般多采用数字抱团、进化论、支援前线等。

晨练时间一般控制在 30～40min，不宜过长。

第九步：大总结

在完成所有项目之后，培训大总结是非常关键的环节，它关系着整个培训的效果的聚合与升华。大总结一般有以下程序：第一、首先祝贺学员挑战成功；第二、回忆全部培训过程的精彩部分；第三、点出在团队中表现突出的学员以及其代表性的行为与语言；第四、请各队队长、队秘代表本队发言；第五、感恩；第六、请本次培训的“最高领导人”讲话；第七、培训师答谢团队；第八、“做与说”的启发；第九、颁发参训证书；第十、全体合影留念。本环节中，培训师扮演的是煽情角色，在煽情的氛围中，将学员的高峰体验提升到最高度，在学员出现意犹未尽的情绪时收场。所以，这一环节对培训师要求就是能够准确把握尺度。

第十步：驱车返回

结束全部培训后的团队在返程的车上会出现两种状态：一种是“全体卧

倒”睡觉；第二种是学员之间热烈的交流培训感想。在返回途中，是培训师检测培训效果的一个好机会，安静的听听学员对培训的评价和在项目中的感悟，从学员的自然分享中获得对培训效果的建议和意见。将学员送回后，整个培训的任务全部完成。

第十一步：训后总结学习会

学员安全返回后，培训师的工作并未完成。随后的总结会议和训后学习评估会是培训师不断提升培训能力的关键一步。作为培训机构，要规定培训师参加会议，不断提升公司的整体培训师资水平；培训师也要积极的参加会议，不断总结经验，提高培训课程的总体水平，为行业的发展奠定基础。

培训师在培训过程中的忌讳：

（1）培训师需要正确确认自己的身份，无论是专职还是兼职的培训师，都要以培训公司工作人员的名义出现；

（2）在培训休息过程中与学员的交流中不要过多询问学员的个人信息，以免出现一些不必要的尴尬；

（3）培训过程中，一定要各司其职，副训师要摆正心态，不要过多的干涉主训师的培训过程，特别是不能当学员面与主训师发生争执。除安全监控以外的一切不同意见都需要在培训后说明和交流。

四、沙盘模拟课程组织

（一）沙盘模拟课程概述

沙盘模拟是通过引领学员进入一个模拟的竞争性环境，由学员分组建立若干模拟公司，围绕形象直观的沙盘教具，实战演练模拟企业的经营管理与市场竞争的体验培训。在经历模拟企业3～4年的荣辱成败过程中提高战略管理能力，感悟经营决策真谛。每一年度经营结束后，学员们通过对“公司”当年业绩的盘点与总结，反思决策成败，解析战略得失，梳理管理思路，暴露自身误区，并通过多次调整与改进的练习，切实提高综合管理素质。

沙盘模拟是一种源起于西方军事决策的战争管理艺术，它跨越了实兵检验的巨大成本障碍和时空限制，在近几个世纪大大小小的战争中得以广泛应用。伟大的普鲁士军事理论家卡尔·冯·克劳塞维茨在他的巨著《战争论》中总结到：“军事是政治关系的延续”。战争沙盘模拟推演通过红、蓝两军在战场上的对抗与较量，发现双方战略战术上存在的问题，提高指挥员的作战能力。政治在军事上得以延续，战场在商场上得以延续，而商场则在沙盘模拟训练中得以升华。英、美知名商学院和管理咨询机构很快意识到这种方法同样适合企业对中、高层经理的培养和锻炼，随即对军事沙盘模拟推演进行

广泛的借鉴与研究，最终开发出了沙盘实战模拟培训这一新型现代体验培训模式。

沙盘模拟演练课程是欧美工商管理硕士的核心课程之一。欧、美、日等发达国家的众多大中型企业将其作为中高层的常设必修课程，目前，沙盘模拟培训已风靡全球，成为世界500强企业中高层管理人员经营管理能力培训的首选课程。北大、清华、浙大、人大、上海交大等18所高等院校相继将系列沙盘模拟培训课程纳入其MBA、EMBA及中高层经理在职培训的教学之中。

随着这种体验培训教学方式的不断发展，角色扮演、情景模拟、工具软件和点评内涵等的不断完善，沙盘模拟训练在二十世纪八九十年代，风靡欧美和日本的企业管理培训界和高等教育界，并已成为世界500强中超过80%的企业中高层管理人员首选的企业经营管理培训课程。

在沙盘模拟训练中，受训学员被分成若干个团队，每个团队数人，各代表着CEO、财务总监、市场营销总监、生产总监和采购总监等管理角色。每个团队经营一个拥有销售渠道、资金良性循环的虚拟公司，连续从事数个会计年度的经营活动。通过直观的企业沙盘，模拟企业实际运行状况，内容涉及企业整体战略、产品研发、生产、市场、销售、财务管理、团队协作、绩效考核等多个方面，让学员在游戏般的训练中体验完整的企业经营过程，感悟正确的经营思路和管理理念。在短短几天的模拟过程中，学员们将遇到企业经营中常出现的各种典型问题，他们必须一同发现机遇、分析问题、制定决策，模拟公司才能保持成功及不断的成长。

（二）沙盘模拟课程优势

沙盘模拟课程特有的互动性、趣味性、竞争性特点，能够最大限度的调动学员的学习兴趣，使学员在培训中处于高度兴奋状态，充分运用听、说、学、做、改等一系列学习手段，开启一切可以调动的感官功能，对所学内容形成深度记忆，并能够将学到的管理思路和方法在实际工作中很快实践与运用。在沙盘模拟培训中学员得到的不再是空洞乏味的概念、理论，而是极其宝贵的实践经验和深层次的领会与感悟。

（三）沙盘模拟课程形式

沙盘模拟的形式是一般需要可以容纳60人左右的室内空间，布置成六组圆桌合围的操作台，每组分配8～10人，赋予不同的管理角色，通过沙盘和相关模拟货币等教具，模拟六家公司进行4～5会计年度的企业经营对抗。（分组最低不少于4组，每组最少不少于7人）一般需要2～3天的整天时间。学员在几天的模拟训练中，通过仿真环境的经营对抗，亲身体验企业经营中经常出现的各种典型问题，体会取得经营业绩时的惊喜和经营失败时的痛苦，对抗之初，有老师进行全面操作方法和理论指导，在每会计年结束，都有老师进行专业点评，分析每组的成败得失。同时，有相关的奖惩仪式强化竞争意识。使学员充分意识到企业残酷的内外部竞争环境，端正管理态度，增强管理意识。

（四）沙盘模拟课程类型

沙盘模拟课程比较多，归结起来有区域营销沙盘模拟课程、财智管理沙盘模拟课程、全面管理沙盘模拟课程、销售技术沙盘模拟课程、团队建设与人财物管理沙盘、经营决策能力沙盘模拟课程、物流管理沙盘模拟课程、生产模拟沙盘课程等、资源开发沙盘模拟课程、企业管理信息化（ERP）沙盘模等。如沙漠掘金、地产风云、帽子工厂、七巧板等。

（五）沙盘模拟课程组织

1. 沙盘模拟课程的结构要素

（1）组建模拟公司

首先，学员将以小组为单位建立模拟公司，注册公司名称，组建管理团队，参与模拟竞争。小组要根据每个成员的不同特点进行职能的分工，选举产生模拟企业的第一届总经理，确立组织愿景和使命目标。

（2）召开经营会议

当学员对模拟企业所处的宏观经济环境和所在行业特性基本了解之后，各公司总经理组织召开经营会议，依据公司战略安排，作出本期经营决策，制定各项经营计划，其中包括：融资计划、生产计划、固定资产投资计划、采购计划、市场开发计划、市场营销方案。

（3）经营环境分析

任何企业的战略，都是针对一定的环境条件制定的。沙盘训练课程为模拟企业设置了全维的外部经营环境、内部运营参数和市场竞争规则。

进行环境分析的目的就是要努力从近期在环境因素中所发生的重大事件里，找出对企业生存、发展前景具有较大影响的潜在因素，然后科学地预测其发展趋势，发现环境中蕴藏着的有利机会和主要威胁。

（4）制定竞争战略

各“公司”根据自己对未来市场预测和市场调研，本着长期利润最大化的原则，制定、调整企业战略，战略内容包括：公司战略（大战略框架），新产品开发战略，投资战略，新市场进入战略，竞争战略。

（5）部门经理发言

各职能部门经理通过对经营的实质性参与，加深了对经营的理解，体会

到了经营短视的危害，树立起为未来负责的发展观，从思想深处构建起战略管理意识，管理的有效性得到显著提高。

（6）部门沟通交流

通过密集的团队沟通，充分体验交流式反馈的魅力，系统了解企业内部价值链的关系，认识到打破狭隘的部门分割，增强管理者全局意识的重要意义。深刻认识建设积极向上的组织文化的重要性。

（7）年度财务结算

一期经营结束之后，学员自己动手填报财务报表，盘点经营业绩，进行财务分析，通过数字化管理，提高经营管理的科学性和准确性，理解经营结果和经营行为的逻辑关系。

（8）经营业绩汇报

各公司在盘点经营业绩之后，围绕经营结果召开期末总结会议，由总经理进行工作述职，认真反思本期各个经营环节的管理工作和策略安排，以及团队协作和计划执行的情况。总结经验，吸取教训，改进管理，提高学员对市场竞争的把握和对企业系统运营的认识。

（9）讲师分析点评

根据各公司期末经营状况，讲师对各公司经营中的成败因素深入剖析，提出指导性的改进意见，并针对本期存在的共性问题，进行高屋建瓴的案例分析与讲解。最后，讲师按照逐层递进的课程安排，引领学员进行重要知识内容的学习，使以往存在的管理误区得以暴露，管理理念得到梳理与更新，提高了洞察市场、理性决策的能力。

（10）沙盘模拟环境要求

沙盘模拟属于室内体验培训课程，对于室内环境有一定的要求，一般需要能够容纳 60 人左右的会议室或教室，要求桌椅分离，并且能够移动，桌子最好为方桌，完整的多媒体设施、白板、沙盘模拟教具等。

2. 沙盘模拟培训流程

沙盘模拟培训的流程一般包括课程导入、模拟经营、业绩盘点和总结点评四个部分，每一部分都由几个比较严谨的环节组成。培训师要按照课程主题和学员特点按照规则组织培训。

（1）课程导入

第一步：学员分组。首先由培训师或培训企业按照学员年龄、性别、职务和能力均衡的原则，将学员分成 4～6 个实力相当的学习小组，在接下来的学习中，学员将以小组为单位建立模拟公司，组建管理团队，参与模拟竞争。每一个学习小组就是一家模拟企业，同时也就是一个掌控模拟企业经济资源的决策集体。

第二步：组建管理团队。分组之后，每个小组的学员将以全身心参与的积极心态相互介绍，充分沟通，在有限的时间内做到最大可能的深入了解。小组要根据每个成员的不同特点进行基本的分工，选举产生模拟企业的第一届总经理，确立组织原则和决策模式，注册公司名称。

第三步：学习运营规则。沙盘培训课程为模拟企业预先设置了全维立体的外部经营环境体系和内部运营参数，这些内容以背景资料的形式向学员公布，总经理组织学员认真学习，并将学习中遇到的问题记录下来，由培训师进行解释答疑。

第四步：确立经营目标。当学员对模拟企业所处的宏观经济环境和所在行业特性基本了解之后，各个模拟公司就要依据自己对“市场”的理解，明确经营理念，设计一句口号，设计组织结构，进行职能分工并确立模拟经营的总体目标。

（2）模拟经营

第一步：进行市场调研。各“公司”根据自己对未来市场预测发展情报的需要，进行市场调研，市场调研以有偿购买专业市场调研公司提供的客户需求信息的形式代替；

第二步：制定、调整战略。各公司本着长期利润最大化的原则，制定、调整企业战略，战略内容包括：公司战略（大战略框架），新产品开发战略，投资战略，新市场进入战略，竞争战略；

第三步：进行新产品的研发。为参与模拟竞争，各公司需获得新产品的生产制造技术，产品研发以模拟制作（智力挑战）的形式代替，通过测定各公司模拟制作完成所需时间，决定各模拟公司在该类产品上的技术水平和产品功能质量提升的能力；

第四步：拟定经营计划。各公司依据战略安排，作出本期经营决策，制定各项经营计划、融资计划、生产计划、厂房设备投资计划、采购计划、市场开发计划、市场营销方案；

第五步：根据经营计划配置内部资源。各公司依据生产经营计划，进行固定资产投资、原材料采购、销售渠道建设，为生产经营合理配置各项资源。各种形象直观的教具代表企业生产经营中投入的各类生产要素，企业所拥有的资源及存在形态在“沙盘”上一览无余；

第六步：进行市场竞争。依据竞争规则和模拟公司制定的营销方案，进行公平的市场竞争，市场竞争以竞标的形式出现，各公司的市场竞争力由每个公司在不同细分市场上的价格定位、广告投入、渠道规模、质量水平决定。

讲师根据各公司市场竞争力排名决定各公司选择订单的优先顺序，各公司依据本公司的经营策略选择自己认为理想的客户订单。

（3）业绩盘点

第一步：学员填报交易记录表；

第二步：学员填报库存统计表；

第三步：学员填报成本费用表；

第四步：学员填报利润表。

（4）总结点评

第一步：召开期末总结会议。各公司在盘点经营业绩之后，围绕经营结果召开期末总结会议，认真反思本期各个经营环节的管理工作和策略安排，以及团队协作和计划执行的情况。总结经验，吸取教训，改进管理，提高学员对市场竞争的把握和对企业系统运营的认识，增强对四项管理职能的理解。期末总结之后，各小组总经理进行工作述职，以达到相互学习共同提高的培训目的；

第二步：讲师点评。在汇总各公司期末经营业绩之后，讲师对各公司经营中的成败因素进行深入剖析，提出指导性的改进意见，并针对本期存在的共性问题，进行高屋建瓴的分析与讲解。最后，讲师按照逐层递进的课程安排，引领学员进行重要知识内容的学习。

五、历奇营地课程组织

历奇营地课程是最近几年发展起来的一种体验培训课程。随着我国基础教育课程改革和人才观从“知识中心”向“能力中心”转变，青少年素质教育工作逐渐走向多元化。历奇教育因其寓教于乐、以人为本、针对性强、参与性高、趣味性浓、使用广泛和效果持久等特点，迅速被人们接受后，广泛应用于青少年素质教育工作中，主要代表是广东青年干部管理学院培训中心和广州市海珠区教育局等。

（一）历奇的概述

历奇在《牛津字典》中是指冒险的活动及奇遇。历奇的资深工作代表人物是美国人卡尔·朗基。由于中国传统思想中对孩子教育的谨慎性，当今青少年历奇活动冒险的活动较少，一般组织形式多见于营地课程：夏令营、冬令营、主题郊游等，所以我们把这一类课程确定名称为历奇营地课程。主要类型有历奇康乐、历奇训练、历奇教育、历奇辅导和历奇治疗等。

（二）历奇营地课程特点[①]

历奇营地课程是将游戏与历奇活动融合于教育之中的课程，在活动竞争

① 杨成．历奇教育．广州：广东人民出版社，2007。

过程中，体验成功的快乐，寻找失败的原因，寻找个体对团队的归属感；以“经历有趣、体验乐趣、引发志趣”的“三趣”教育过程为基础。历奇营地课程具有安全性、趣味性、刺激性、参与性、新鲜感和富有挑战性的特点，从而引发高峰体验。

历奇营地课程的编制要注重对课程内容、理论知识、技巧方面的重点把握。要遵循团体辅导的热身期、互动期、凝聚期、探索期和结束期五个发展阶段的衔接和连续性。注意建立培训师与学员之间的良好的辅导关系，促进学员自我成长，同时要准确运用各种培训与辅导技术，实现课程目标，注重对课程实施过后的反馈和评价。

好的历奇营地课程的实现必须具备新奇刺激、真切情感、团队合作、安全挑战、主动奉献、情景交融、反省超越七个基本条件。历奇营地课程的设计要素包括活动目的、学员分析、人数与分组、器材设备、场地要求、课程时间、项目设置、教学设计和讨论回顾。历奇营地课程的评估要遵循安全性、趣味性、参与性、创造性、实用性等原则。

(三) 历奇营地教育理念

历奇营地教育的“三格”培养思想和生本教育模式：

(1)“三格”主要是指历奇营地教育注重培养人的完善人格，即健康的体格、坚韧的品格和和善的性格。

(2) 生本教育模式是：以学生为本，以生命为核心，从生活技能、生存能力、生态意识、生机潜力、生命价值和健康生长六个维度开展的素质发展教育。

(四) 历奇营地课程类型

1. 夏令营课程和冬令营课程

夏令营（Summer Camp）起源于美国，1861 年夏天，一位来自康乃迪克州的户外教育师肯恩（Frederick W. Gunn），率领孩童进行为期两周的登山、健行、帆船、钓鱼等户外活动，来均衡孩童身心。“肯恩营队”每年八月都在一座森林的湖畔持续进行了十二年之久。通过过去十年国外营队经验，“肯恩”得出结论：夏令营是一个非常特殊的环境，透过一群训练有素、专业热忱、细心耐心的工作人员精心架构出能培养孩子潜能的相关课程，让孩子在自然环境中关心别人；在克服困境中建立自信；在团队竞赛中与人合作；在学习过程中积累能力。

夏令营活动是实施素质教育的有效途径。它是提高青少年思想道德教育的重要渠道，它是学校教育和家庭教育的良好补充。我们感受到学生们通过一种不同于学校和家庭的生活，尝试一种全新的生活体验。尤其在夏令营训

练过程中，每个孩子都能积极参与，获得了很大的乐趣和帮助。这是书本上和课堂上所没有的，感受不到的。夏令营提高了学生自理自立的能力。夏令营活动在父母不参与的情况下，由孩子们自主进行自理生活，这对于娇生惯养的“小皇帝”“小公主”在生活上的自理还是第一次。所以参加夏令营的学生自理能力都普遍得到提高，对他们的成长也是很有益处的。

夏令营培养了青少年团结协作的精神。夏令营里几十个孩子聚在一起，同吃同住，真诚互动，这无疑是培养他们团结协作的最佳场所。

夏令营活动的特点是一种体验，它使青少年融入到社会的大课堂。夏令营活动中安排了众多的校外体验活动。

1992 年，由日本方提出建议，在内蒙古草原上举办了一场中日草原探险夏令营。夏令营中暴露出来的中国独生子女在生存方面的诸多问题，被作家孙云晓所意识到，他所著的《夏令营中的较量》，引发了上百家传媒参与的大讨论。在这场大讨论逐渐淡去之后，国内夏令营的组织者不再只是学校、教委等教育部门，能参与到夏令营中的学生也逐渐增加，这时，真正意义上的大众化夏令营才开始发展，出现了大批收费低廉的夏令营活动，曾经有全校参加一个夏令营的情况出现，且“吃苦”夏令营风行。目前夏令营课程的类型繁多，主要包括：军事夏令营、外语类夏令营、探险夏令营、科技夏令营、网上夏令营等。

冬令营课程形式上与夏令营差别不大，有两方面不同：第一时间不同，第二项目选择不同。很多家长不理解，为什么要在冬季开展营地活动。其实在寒假期间，天气寒冷，户外活动相对较少，这就更容易让孩子沉迷于电视和电脑，不利于青少年身心健康的发展。而冬令营活动正好可以把孩子们组织起来，通过正确引导和训练，使他们在娱乐中得到了学习和锻炼，提高自身能力和水平。冬令营受到中国人关于过年的传统教育思想、天气因素和假期时间较短的影响，发展状况不如夏令营火热，随着人们的不断改变，相信冬令营的未来会更好。

2. 主题历奇课程

主题历奇课程是指针对大学、中小学生等各级各类学校学生和家庭亲自开展的主题化课程。此类课程的编制与实施对培训师的水平要求较高。作为培训机构应该站在人才培养的高度负责任的组织开展此类课程。

大学生历奇课程主要是针对高校大学生的体验教育课程，目前一般多见于职业素养课程、体育课程、心理咨询与辅导课程中。大学生历奇课程是未来高校素质教育的重要课程，目前没有统一的标准化体系。经过不断的发展，主题历奇一定会发展成为体系完善的素质训练课程。

中、小学生营地课程是以发展自我的智识，冒险的精神，以及好奇的心去发现新事物的课程。营地教育是一种生活教育，营地教育是补充学校和家庭教育的不足。营地教育是去发现教室以外的世界，提倡可以学习的技术和传送知识给别人。营地教育是好玩的，但具有教育的目的，营地教育是由团队合作的方式，并以趣味来引发学生的兴趣，帮助学生发展身体、知识、群性和精神的目的。做中学、学中做，和别人一起实际操作，以小队制度发展领导能力、团体技能和个人责任。营地活动是与大自然接近的，从大自然特有的简易性、创造性和发现性的丰富学习环境中，提供青少年冒险和挑战的机会，进而引发学生在学校无法发现的特质。主要项目有：露营生活、绳结、小队餐桌、罗马战车、悬空旗杆、指北针定位、野战实操演习、过河搭桥、飞夺泸定桥、绳网、扎筏泅渡、工地工程、综合实践、传统文化学习等。

家庭亲子课程主要是通过历奇教育改善平常生活中不知如何跟自己的孩子相互沟通，了解孩子的想法及传达自己的看法。当你想要告诉孩子我们的想法，却又得不到认同及正面的响应时，往往因此暂停沟通甚至彼此隔膜。历奇课程是采取体验的方式，感受平常家长与孩子是如何沟通的，有沟但却没通，是否只是单方面的要求而常常忽略孩子的想法。在课程学习中，让家长和孩子在学习中彼此合作，达成共识，建立良好互动模式与增进家庭合作，让父母及青少年学习沟通、相处及相互信任的方式及技巧。

（五）历奇营地课程的组织

历奇营地课程要遵循青少年教育的特征来进行组织和带领，要按照小组工作的热身期、互动期、凝聚期、探索期和结束期的五个阶段层层深入的开展培训工作。

1. 历奇营地课程的组织过程

（1）准备阶段

对学员的分析是历奇营地课程的第一环节，也是准备阶段的重要任务。对学员的分析由学员的年龄、性别、年龄、民族、职务、群体特点等组成，同时还可以利用向参加者发放资料、胸卡、名牌等机会认识和了解学员，记住他们的名字、特征、习惯用语、个人习惯，搜集有关的心态、情绪、兴趣和对培训的期望等。对培训的场地环境的准备是历奇营地课程的重要内容。场地一般划分为室内、室外和野外三种。选择场地时要注意人数、课程要求对场地的特殊要求。可以选择学校教室、操场、宾馆、公园景区等。一名合格的历奇营地培训师的基本素养要求是精神投入、着装统一、了解学员、熟悉培训目标和程序、统一的培训标准。要注意准确运用身体语言，让参加者感受到悠闲、热情和温暖，以便于促进学员的积极参与。

（2）布课阶段

布课是历奇营地课程的开始，要注意与学员订立契约，契约包括：口头契约、文字契约和团队契约。制定团队目标是为团队成员确立共同行动的关键，一定要由团队学员共同完成制定。培训师要将课程的要点、培训主题、培训方式等清晰、简捷、生动等讲给学员。要强调的是不能单独采用讲授的方式进行，需要采用体验的方式来提高学习效果。

（3）带领阶段

带领过程是学员在做中学的关键环节，带领工作一定要掌握好以下几种方法：观察是培训师很重要的方法之一，有效的观察将促进互动、评估、激励和应变的开展。通过观察学员的表情、态度、团队的整体表现，有助于培训师对整个培训的控制。聆听，培训师通过聆听学员的发言的语气、语调、语音的态度和激情，了解学员团队的熔炼程度和团队动力。评估是对整个培训过程的有效判断，培训师要针对培训过程中出现的各种现象和状况进行有效评估培训的质量。

（4）解说阶段

解说培训过程是交流、分享与总结的总称。解说的时机把握很重要，要根据学员的状态和临场的需要，目标是高素质的讲解。当学员身心疲惫、团队未打造好、成员缺乏自信、没有值得整理的经验、紧急事项要先处理、时间所限等情况下可以暂时不解说。解说的关键是要主题明确、时间充足、正面引导、目标强化、经验深化、转移贴切、适可而止和及时介入。解说的模式一般有小组分享、大组分享、录影为辅的解说、游戏式解说、个人整理等。

2. 历奇营地课程的内容

历奇营地课程的主要内容有八个方面：开营活动，包括表决心、签契约活动、分组活动、设计团队文化；热身活动，热身小游戏、唱歌、带动唱和动作歌、团队游戏和简易集体舞等；团队初期的认识活动，棒打健忘者、见面认识你、新命名等；凝聚、信任的催化活动，包括图画接龙、野外定向站、圆圈坐腿、胜利跨越等；凝聚期的活动，包括角色带入活动（爱心餐、心理剧、课本剧）、突围闯关活动、角色期待活动、自我探索活动等；营火（烛光）晚会；探索期活动，包括探访服务活动、学校交流活动，野外成长活动、科技与头脑奥林匹克活动；团体后期的结束活动。

3. 历奇营地课程的组织技巧

（1）准备技巧

历奇营地课程的准备技巧包括活动方案的设计及活动计划书的编写、主办机构和参训单位的宗旨、学员的需要和资源的利用情况。具体内容有时间的确定、主题和目的意义的确定、内容安排（活动行程表、分配辅导性活动、教育性活动和娱乐活动性的比例）、具体的活动方案（理念、目标、活动细则、程序、分工和说明）、培训师修改定稿、设置制作。培训前例会包括理论知识的学习整理、活动内容的演练、参加者的提名和挑选、活动物资的准备、营员手册的编印、确定见面会内容。

（2）带领技巧

历奇营地课程的带领技巧包括培训前的准备（参加者的背景、年龄、性别、人数、场地、环境、设施等活动物资、培训目的）、过程的带领（充满自信，开放自我、尊重个人意见，不强迫参加、适当的竞技性）、催化技巧（反应、互动和主动等应用）、小组分享（自我表述、自我肯定、第一人称语句、同理心和非评估性称赞、肯定的反馈）、突发事件处理（成员不积极的处理、捣蛋和擅自离开的处理、成员之间出现矛盾处理、成员以自我中心的处理等）。

六、团队教练课程组织

（一）团队教练及定位[①]

团队教练源于体育教练，是运动员夺冠军、拿金牌的重要支持者。团队教练是一个中立的、启蒙的、无私的支持者；

团队教练在西方已经有 20 多年的研究成果，形成了一整套完整的理论体系和架构。实践证明，它是一个可以支持个人、企业、家庭和青少年成长的跨领域的技术和工具。

团队教练是通过方向性和策略性的有效问题，激发被教练者发掘自己的潜能，向外探求更多的可能性，令被教练者更加快捷、容易的达到目标。

团队教练不是顾问，并不是某个领域的专家，不提供解决问题的方案，而是支持你自己去发现早已潜藏在心中的属于自己的最适合的答案；

团队教练不是老师，甚至不比你懂得更多，并不灌输概念和知识，但他能支持你发掘自己的潜力和智慧；

团队教练不是心理医生，不会去平复你的情绪，而是支持你提升自己管理情绪的能力；

团队教练不针对你的过去，而关心你的未来；“对人不对事”，不提倡“对事不对人”，因为事情是由人解决的，教练相信并支持你自己解决；

---

① 陈国海．企业心理教练．广州：暨南大学出版社，2005。

团队教练不是知识训练或者技巧训练，而是一种拓展信念与视野的能力和习惯的培养。

（二）团队教练的价值①

指南针——教练是一个有方向的过程，没有目标就没有教练；但是指南针不会告诉你什么是正确的方向，因为目标是你自己制定的。

镜子——教练是一面会说话的镜子，如实地反映人们当下的状态；镜子不会告诉你如何穿衣服，但镜子会让你看到自己穿的怎么样。

催化剂——教练相信你已具备变化的所有条件，他只是帮助你行动更快一点。

团队教练技术被誉为当今最具革命性和效能的管理技术，已成为当今欧美企业界提高生产力的最新、最有效的管理方法之一。与其他管理模式的不同之处在于，教练针对的不是管理制度、流程、生产设备，而是针对人的。更准确地说，是针对人的态度的。教练理论认为，如果执行的主体——人没有一个好的态度，无论多么完美的管理制度也是难以落实的。"企业教练将运动场上最精彩的部分移植到企业管理上，运用一系列的技巧和工具，通过让企业中的员工建立正面的态度去最大限度地提升企业生产力，最终取得成果。

在企业中的具体作用有：第一，清晰员工或团队的目标，协助订立业务发展策略，提高管理效益；第二，激发员工的潜能和创意，提升解决问题的能力，冲破思想限制，创造更多的可能性；第三，使员工的心态由被动待命转变为积极主动，素质得以提升；第四，把所有的能量都集中在团队的目标上。

（三）团队教练方法②

1. 聆听

聆听被教练者说话背后的心态、事实与真相、感受、情绪。聆听者的态度是忘我的、抛开自己的判断和看法。

忽视的听：不用心的听；

假装在听：外表装着是在听；

有选择的听：只注意自己感兴趣的部分；

专注的听：从我的角度去听，专注于对方所说的话；

同理心倾听：从对方的角度倾听（用他的眼睛看世界）用心倾听及回应来了解对方的感受；

① （英）索普，等编著．黄德海译．企业教练．北京：北京大学出版社，2005。

② 唐渊．教练：教练型管理者施展操作指南．北京：经济管理出版社，2007。

全身心聆听：发动全身心聆听，焦点在情绪、身体语言、声调、语气等。

为什么要聆听？只有聆听才能发现对方的需要；使对方有被尊重的感觉；更好了解对方，给予适当的回应。

2. 发问

通过发问发掘被教练者的心态，收集资料，让对方找到自己的方法去解决问题。发问的态度是中立的、有方向和建设性的。

(1) 团队教练必须清晰为什么而问？

资料性：搜集资料，拿取信息，多用于团队教练的开始阶段；

选择性：提供取向给客户选择，范围更明确；

引导性：引发客户看某些特定的方向；

测试性：检测客户的真实状态；

可能性：启发客户看不同的角度，突破局限；

宣言性：拿取客户下一步的行动与成果，多用于行动计划；

挑战性：冲击客户的信念，支持其迁善，多用于心态迁善。

(2) 团队教练常用的问法：

你想要的是什么？

发生了什么？

对你有什么影响？

它对你有什么重要？

目前的现状如何？

是什么阻止你现在就达成这个目标？

你打算这么做的原因是？

你如何得知你已经达到了目标？

你认为你是一个什么样的人？

从这件事中你了解了什么？

是什么因素促使了这种改变？

还有呢？

说多点？

那对你意味着？

3. 区分

理清事实与演绎，避免含混，让被教练者了解自己的心态、固有信念和处事模式。

区分的目的是让对方清晰自己的信念，也是体现团队教练价值很重要的一环。团队教练是在客户信念的层面上帮助客户作区分，令到客户在信念上

看到更多的可能性和多面性。

区分的作用包括协助对方提高对自己的了解、协助对方清晰自己的位置、开拓对方的信念范围、支持对方迁善心态。

区分的方式：发问、直接指出、回应、比喻。

区分的主要方向：

事实：真实发生的事件本身；

真相：事实背后的真正原因；

演绎：客户选择的看待事实的特定角度或逻辑。

4. 回应

回应是一种强有力的工具，让被教练者清楚自己的实力和弱点。回应的方向是明确直接的、负责任和即时的。

团队教练就像一面镜子，做镜子最重要的一个途径就是即时给出客户当下的真实状态。回应的目的是让客户看到自己的盲点、反映现状，让客户清晰目前的位置、让客户认识需要学习及改善的地方。

有效回应的技巧：准确表达你所回应的内容，含糊梗概不能帮助客户；回应是关于客户真实的综合状况，不是仅仅关于负面的；回应作用的最佳时刻是当下的瞬间，回应没有“过去式”；不给假回应（糖衣的回应和建议）；留意客户的反应（保护自己、解释、辩驳、选择性接收、抗拒、自我检视、接受）；安抚客户的情绪，表明团队教练贡献的立场；以贡献的心态回应客户当下的心智模式；帮助客户理请内在的干扰是什么？

总之，回应时要注意：真诚、善意、欣赏优点、焦点明确、明白、具体。

（四）团队教练组织

第一步：理清目标。就是先要清晰你做事的真正目的，否则你的行为将不是最有效的，甚至可能是南辕北辙。因此教练的指南针作用，可以让你最有效的实现目标？

第二步：反映真相。就是让你知道你目前的状态和位置。这是教练的镜子作用。镜子是不会教你怎样穿衣打扮的，但它会让你看到你现在打扮成什么样，是不是你想要的样子。

第三步：谦善心态。一个人有什么样的心态，就会带来什么样的行为。教练与传统的“顾问”等管理方式最大的不同就在于，教练针对你的心态，而不会教你具体方法。发生了什么事情并不重要，重要的是你面对它的态度。

第四步：目标行动。当你在镜子中看到自己的打扮和想要的不同时，你自然会做出相应的调整。而且，教练会要求你定出切实可行的计划，并让你看到你的潜能以及新的可能性，挑战你做得更好。

七、野战运动课程组织

（一）野战运动课程概述

野战运动课程是指是运用军事训练技术、军事情报学、军事地形学、野外定向等专业知识组织的一种模仿军队作战的体验培训课程。参加者都穿上各款军服，手持激光枪械，配备各款野战装备，穿梭丛林之间，展现各种队形阵势、个人技巧，全部投入扮演一个士兵或将领的角色。

野战游戏也叫生存游戏，是20世纪50年代起源于美国中西部的一种户外活动。广大的美国中西部是畜牧业重镇，辽阔的草原上有数不清的牧场。在当时，为了方便牛仔们管理牛群和马匹，有人发明了一种用二氧化碳为动力的色弹枪可以发射专门的色弹替不同的牲畜做记号。由于色弹枪可以不必冒险接近牲口，牛仔们对这种工具异常喜爱，很快的色弹枪就成了各牧场主人经营牧场的必要装备。后来，一批顽皮的牛仔们在闲暇之余开始拿着色弹枪在农场内互相射击，被打中身体的人必须买一箱啤酒请客，最后没被射中的人可以赢得好几箱啤酒，被称为“生存者”，生存游戏因此得名。①

wargame游戏现在在许多国家流行，但是在我国是违法的！虽然我国法律并没有明文规定不许玩wargame，但游戏所用玩具枪按照我国《枪支管理法》中之规定属于“仿真枪”范畴，不允许生产、运输、销售、购买和持有，因此许多人玩wargame都是秘密的。

真人CS激光枪战是一种集运动与游戏于一体，紧张刺激的高科技娱乐活动。激光枪战游戏起源于20世纪80年代，其灵感来源于好莱坞巨片“星球大战”。游戏无论是在装备还是场景设置上都模仿影片中未来世界的激光枪战。作为一种运动和游戏参半的娱乐方式，激光枪战游戏很快在欧美风靡一时，并成为互动游戏和网络游戏体验的代名词。在美国，激光枪战游戏是几乎所有家庭娱乐中心的主打项目。近些年来，这一娱乐项目正逐步向亚洲各国推广，并备受欢迎。

由于，西点军校现象在企业中的不断深化，国内许多企业开始重视军人素养对企业运营的作用。于是，野战运动课程作为一种培训应用于组织培训中。

（二）野战运动的特点

1. 真实的战场体验

学员全身武装作战背心、头戴激光头盔、手持AK47或MP5镭射枪，标

① 薛保红．体验培训师培训教程．北京：中国计量出版社，2009。

准的现代特种战士装备快速激发强烈的战斗欲望。利用迷宫、丛林、废墟、堡垒、壕沟等自然环境单打独斗或分组对抗中奋战，体验真实的战场带来无比的刺激与成就感。

2. 安全的真人对抗

镭战枪发射红外不可见激光代替发射实弹，对人体100%无伤害。不用担心被“子弹”打到的痛楚和受伤，也不用担心传统的彩弹会把衣服弄脏。在安全中展示您的管理天赋和团队带领能力。

3. 公平的科技竞技

镭战系统采用先进的激光、计算机、无线通信等技术实现战场互动，实时纪录战斗数据，保证战斗在公平环境下进行，并可以进行后台数据处理，设置战绩排行。老师可以进一步教练学员的管理技能。

4. 完全的释放压力

从“战场”上走出来，工作、生活中的郁闷与压力已混合着汗水不知不觉地从你身上流走。同时帮您释放压力、舒缓精神，获得超越自我的能量。

5. 先进的管理培训

一个能够充分考虑各种因素，制定完整战略，执行有效战术的团队将是一个常胜的团队，只有充分的考虑战略，应用有效的战术才能够取得实战中的胜利。沙场上的佼佼者往往是一支拥有优秀领导的队伍。领导者可以带动整个团队，完成一个看似不可能完成的任务，正是挑战自我和熔炼团队的目的。

（三）参与野战运动的意义

(1) 野战运动运动使参与者成为战士的梦想成真，而且不会留下任何伤痛；

(2) 先进的激光科技使参与者拥有无限的弹药库，在“战场”上发挥你最大的潜力；

(3) 整个“战场”处于高科技的实时监控之下，电脑自动而公正的判别不给作弊者半点余地；

(4) 无论参与者是狙击手还是突击队员，射程最高可达500m的野战运动仿真“贝司”使他们有充分施展技能的空间；

(5) 不管年龄和性别，也不管是新手还是久经沙场的老将，只要参与者梦想体验团队作战的刺激与快感，野战运动运动都能够满足他们的需求。

更重要的是，野战运动运动对参与者的“情商”具有全面的培训功能。

(1) 通过实践体现团队的能力：一个人只有在面对艰难的实战状况下，才能够充分领会到队友与团队的重要性，参与者学会了和他人协作，增强了合作能力；一个组织有序的团队总是能够战胜一个没有组织的团队。

（2）在实战中考验领导者：真正的领导者可以带动整个团队，完成一个看似不可能完成的任务，增强了领导能力和组织观念；沙场上的佼佼者往往是一支拥有优秀领导的队伍。

（3）锻炼战略、战术性思考：只有充分的考虑战略，应用有效的战术才能够取得实战中的胜利；商场如战场，一个能够充分考虑各种因素，制定完整战略，执行有效战术的团队将是一个常胜的团队。为了达到目标，需要参与者不屈不挠、敢于战斗的精神。

（4）放松身心，充分锻炼身体：位于郊区的战场风景秀丽，空气新鲜，是放松身心的绝佳地点；在战斗中不断奔跑、跳跃、匍匐、攀登或突袭对手，在体验刺激的战斗快感同时，不知不觉中做了大量运动，达到了强身健体的目的。

（5）参与者之间广泛结交"战友"，培养了"战友"般的友谊，扩大了社会交往面。

（四）野战运动的十种课程类型

1. 保护领袖

（1）10 名队员为保护领袖方，10 名为攻方。保护方一名成员生命数多于其他所有游戏参与者，从而成为领袖（相当于穿着防弹背心）。

（2）游戏开始，2 名保护方队员和领袖进入指定场地隐蔽，剩下 7 人在初试地点留守。3min 后，进攻方 10 人开始进攻。再过 3min，防守方 7 人开始进入阵地拯救领袖。

（3）保护方胜利条件：领袖和至少一名前来拯救的队员回到初始地点。全歼进攻敌人。

（4）进攻方胜利条件：击杀领袖，歼灭除领袖外所有保护方成员。

2. 攻防战

（1）一组队员设为防守，一组队员设为进攻。

（2）设定进攻时间。

（3）在进攻时间内，进攻方必须将防守方歼灭，否则进攻方判输。

3. 生存战

参与的团队各自为政，互相清剿，最后活下来的为胜利者。适合"攒积分冲军衔活动"。

4. 阵地战

（1）划出一片区域或山头为阵地，设置双方团队各一人为医疗兵。

（2）游戏开始，双方团队抢阵地，有一人在阵地则为其所属队伍计时。队员生命数为零后可找医疗兵补充生命。

（3）胜利条件：将对方医疗兵歼灭，攻占阵地并保持住要求时间。

5. 拆除炸弹

（1）设定一小块区域为安装炸弹地点。划分为安装炸弹蓝方和拆炸弹红方两队。

（2）匪徒到达指定区域安装炸弹，红方寻找蓝方，拆除炸弹。炸弹安装时间，从安装到爆炸时间，拆除炸弹时间可比赛前约定。

（3）胜利条件：蓝方胜利：炸弹“爆炸”或全歼警察。红方胜利：拆除炸弹或全歼蓝方（蓝方全歼炸弹爆炸仍然为蓝方胜利）。

6. 夺旗战

（1）人员分为红队和蓝队，红队用红旗，蓝队用蓝旗。旗帜各五只。划分双方阵地，选定插旗点。设立医疗兵。

（2）游戏开始，双方争夺对方旗帜，拿到对方旗帜插到本方旗帜安放点为获得一面旗帜，此面旗帜不可再夺回。

（3）夺旗过程中如果团队成员被“击毙”应自觉停止移动，将旗帜放在原地，如果此时有同队队员，可将旗帜继续带回阵地而得分。如果被对方队员抢夺则可带回原处继续保护。

（4）胜利条件：判定谁得的对方旗帜最多。

7. 狙击战

（1）此游戏共六人，分为两队。

（2）一名队员为狙击手，持狙击步枪。两名队员为掩护，生命数比狙击手多。

（3）每人分配一天的水和干粮，持 GPS 定位器，指南针，地图，手台。在较大区域内互相寻找对方。

（4）胜利条件：歼灭对方狙击手。胜利方可获得狙击手积分并获得相应荣誉勋章。

8. 游击战

（1）分为两队，5 人、10 人一队均可。

（2）将每队队员安排在较大区域内，本队队员之间有 1km 以上不可视间隔，配备指南针，GPS 定位，对讲机，地图，手台，一天的干粮和水。

（3）队长通过地图手台寻找集合本队队员，搜寻敌方队伍。

（4）场景分为白天和黑夜两种模式。

（5）胜利条件：歼灭对方队长。获得团队积分，获得相应荣誉称号。

9. CQB 巷战

（1）分为两队，5 人、10 人一队均可。

(2) 一队进入巷中防守，另一队攻击，可以以搜索秘密文件、解救人质等形式展开，配备指南针，GPS定位，对讲机，地图，手台。

(3) 胜利条件：找到秘密文件或成功解救人质。获得团队积分，获得相应荣誉称号。

10. 特殊地区作战（待定）

沙漠战、抢滩登陆战、山地战、林海雪原。

(五) 野战运动课程组织

1. 野战运动课程规则

(1) 军事对抗训练是非接触性运动；

(2) 只能够使用培训机构提供的设备或经过培训机构批准的设备；

(3) 不允许有任何能够伤害他人的动作；

(4) 不允许用手或任何物品遮挡感应探头；

(5) 不允许投掷任何物体；

(6) 比赛开始前不允许开枪射击；

(7) 比赛开始前必须在起点10m范围内等待命令，不可超出这范围；

(8) 必须在预先指定场地范围内进行比赛；

(9) 必须遵守裁判的决定；

(10) 如果比赛过程当中裁判发出暂停所有人必须停止射击并停留在自己的位置上；

(11) 每一个人的生命值是有限的，生命值耗尽后必须将头盔摘下并高声喊叫“我已出局”然后回到基地（起点）；

(12) 一旦出局请不要与其他未出局的成员对话；

(13) 裁判为了保持比赛的公平性有权重新分队；

(14) 在参加运动前必须在声明上签字，表示你理解运动具有一定风险而且你接受此风险；

(15) 任何人不可将俱乐部的设备带离场地；

(16) 不允许带任何武器与非法物品上场地，包括刀、枪等；

(17) 游戏过程当中绝对不允许抽烟、饮酒。

2. 野战运动组织程序

野战运动培训的操作程序包括破冰、团队建设、共同条令学习、队列动作训练、检阅、熟悉枪械、沙盘战术研究与分析、开始战斗、分享与总结等部分。

(1) 破冰与团队建设操作程序参照破冰与团建内容，但要按照本次实战的情况进行角色认知，班排长、副班排长、参谋、爆破手、卫生员、突击队

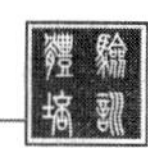

员、侦查员、炊事员等的选拔。

（2）共同条令学习包括内务条令、纪律条令和队列条令。具体根据不同的团队进行相对应的学习。共同条令的学习一般包括军人职责、军衔制度、内部关系、军人礼节和军容军纪、作息、日常制度、紧急集合等。

（3）队列动作训练

单个军人的队列动作包括立正、跨立、稍息、停止间转法（向左转、向右转、向后转）、行进（齐步、正步、跑步、便步、踏步、移步、立定）、步法变换、行进间转法（齐步、跑步向左向右转，齐步、跑步向后走）、坐下、蹲下、起立、脱帽、带帽、整理着装、敬礼（单个军人敬礼、分队敬礼）。

分队的队列动作包括队列队形、集合与离散、整齐与报数、出列与入列、行进与停止、队形变化、方向变换。

检阅是野战运动培训中很重的一环，要求所有参训学员向领导或培训总监汇报团队训练的成果。既是队列训练的检验又是提升战斗士气的关键。

野战运动培训课程的检阅包括全体队员迎接队旗、队长请领导检阅、领导向队旗敬礼、领导检阅团队、领导观看团队表演（看齐、停止间转法、团队文化的展示等）、领导宣布战斗开始。

熟悉枪械是战斗的必要过程，由教练带领学员熟悉。沙盘战术研究与分析是进入战斗前全体战士在班排长的带领下，根据沙盘或地图共同研究本次战斗战术策略。

开始战斗是野战运动培训课程的核心部分之一，根据不同的战术思想战胜敌方，获得本团队的胜利。

分享总结是野战运动培训课程的感悟阶段，培训师带领学员结合实际工作、生活共同分享本次培训的收获和意义。可以在不同的阶段多次分享，也可以在最后一次分享。

3. 野战运动课程注意事项

（1）凡患有严重的心脑血管疾病等不适宜激烈运动的病症患者不建议参加军事拓展训练及对抗活动；

（2）参与者须在工作人员的指导下佩戴装备，培训过程中，严禁拆卸装备，未按规范使用造成损坏，须照价赔偿；

（3）对战中不允许与对手进行肢体接触或任何可能造成伤害的动作；

（4）对战中不允许投掷任何物体；

（5）必须在指定场地范围内进行比赛；

（6）必须遵守领队的各项要求和指挥；

（7）对抗过程当中裁判发出暂停信号，所有人必须停止射击并停留在当前位置上；

4. 野战运动课程分享要点

（1）通过实践体现团队的能力：

（2）一个人只有在面对艰难的实战状况下，才能够充分领会到队友与团队的重要性；

（3）一个组织有序的团队总是能够战胜一个没有组织的团队。

（4）在实战中考验领导者：

（5）真正的领导者可以带动整个团队，完成一个看似不可能完成的任务；

（6）战场上的佼佼者往往是一支拥有优秀领导的队伍。

（7）锻炼战略、战术性思考：

（8）只有充分的考虑战略，应用有效的战术才能够取得实战中的胜利；

（9）商场如战场，一个能够充分考虑各种因素，制定完整战略，执行有效战术的团队将是一个常胜的团队；

（10）放松身心，充分锻炼身体：

（11）战场风景秀丽，空气新鲜，是放松身心的绝佳地点；

（12）在战斗中不断奔跑、跳跃、匍匐，在体验战斗快感的同时，不知不觉中做了大量运动，达到了强身健体的目的。

5. 野战运动通用手势和暗语技术

成人：手臂向身旁伸出，手部抬起到胳膊高度，掌心向下。

小孩：手臂向身旁伸出，手肘弯曲，掌心向下固定放在腰间。

女性：掌心向着自己的胸膛，手指分开呈碗状，寓意是女性的胸部。

人质：用手卡住自己的脖子，寓意是被劫持的人质。

指挥官：食指、中指、无名指并排伸直，横放在另一手臂上。

手枪：伸直大拇指及食指，互成90°，呈手枪姿势。

自动武器：手指弯曲成抓状，在胸膛前上下扫动，像弹奏吉它一样。

霰弹枪：发信号的是手持霰弹枪的队员，只需用食指指指自己的武器便可。

门口：用食指由下方向上，向左再向下，作出开口矩形的手势，代表门口的形状。

窗户：用食指由下向上，向右，向下再向左作出一个闭合矩形的手势。

听到：举起手臂，手指间紧闭，拇指和食指触及耳朵。

那里：伸开手臂，用食指指向目标。

掩护我：把手举到头上，弯曲手肘，掌心盖住天灵盖。

放催泪弹：手指分开呈碗状，罩住面部的鼻子和嘴巴。

集合：手腕作握拳状，高举到头顶上，食指垂直向上竖起，缓慢地作圆圈运动。

推进：弯曲手肘部位，前臂指向地上，手指紧闭，从身后向前方摆动。

明白：手腕举到面额高度并作握拳状，掌心向着发指令者。

发现狙击手：手指弯曲，像握着圆柱状物体放在眼前，如同狙击手通过瞄准镜进行观察一般。

赶快：手部作握拳状态，然后弯曲手肘，举起手臂作上下运动。

看见：掌心稍微弯曲并指向接受信息的队员，手指间紧闭，将手掌水平放置在前额上。

检查弹药：手执一个弹夹，举到头顶高度，缓慢地左右摆动。

向××拢：伸开手臂，手指间紧闭，然后向自己身躯的方向摆动。

指令已收到：伸开手，大拇指和食指呈圆形状，同“OK”的手势相同。

八、音乐辅导课程组织①

音乐辅导是以音乐的实用性功能为基础按照系统的辅导程序应用音乐或音乐相关体验作为手段治疗疾病或促进身心健康的体验培训。只要是系统的，有计划有目的的应用音乐作为手段从而达到促进人类身心健康的目的的辅导方法和辅导活动，都应属于音乐辅导的范畴。（陈菁菁《音乐辅导的定义、形成及其在中国的发展》，2004 年）

音乐辅导源自于音乐治疗，它是集音乐、心理学和医学为一体的交叉边缘学科。它依靠音乐对人的心理与生理的感化作用，依靠特定的环境场所和氛围，让学员在音乐中内看和发现自我，从而准备定位自我，从而优化心灵的过程。

《音乐治疗定义》一书中所做的定义：“音乐治疗是一个系统的干预过程，在这个过程中，培训师利用音乐体验的各种形式，以及在治疗过程中发展起来的，作为治疗动力的治疗关系来帮助被帮助者达到健康的目的。”

音乐辅导与音乐治疗都同属于体验的范畴。

（一）世界各国对音乐辅导定义

由于音乐辅导是一门年轻的应用学科，涉及学科广泛、应用领域庞杂、流派思想丰富，因此由目前的发展状况来说，并没有一个统一的学科定义标准。这是因为音乐辅导毕竟是比较年轻的学科，还因为不同国家、不同民族的音乐辅导师，受文化、历史、经济、政治、医疗条件等多方面因素的影响，

① 高天．音乐治疗导论．北京：世界图书出版公司，2008。

加上各国专家开展音乐辅导的领域及辅导方法的不同，所以产生了不一致的定义。简单地说，音乐辅导就是运用一切音乐活动的各种形式，包括听、唱、演奏、律动等各种手段，使人达到健康目的。音乐辅导在体验培训中应用刚刚开始，一般意义上的音乐辅导有别于音乐治疗，治疗注重的是病症患者，而辅导则注重的是正常的客户对象（一般学员）。

（二）较权威的音乐辅导定义①

现代的音乐治辅导最初起源于美国，再由美国发展至世界各国。因此，在目前的世界音乐辅导学术界，美国的音乐辅导专业技术，特别是音乐心理辅导实践研究一直是值得其他国家借鉴的。从大量文献中可以看出，我国多数学者比较认同布鲁西亚（K Bruscia）的说法。

以音乐为中心的体验；以辅导师和来访者的关系为基础的辅导过程和以健康为目的的系统的辅导程序和评估手段等重要的音乐心理辅导要素。在中国，有许多的学者认同此定义，将音乐辅导归于应用心理学的范畴并加以诠释。

（1）音乐辅导是一个科学的系统的辅导过程，在这一过程中，包括了各种不同方法和流派理论的应用，而不是像有的人误解的那样，以为音乐辅导只是一种简单单一的辅导。

（2）音乐辅导是运用一切与音乐有关的活动形式作为手段，如听、唱、演奏、音乐创作、音乐与其他艺术等等各种活动，而不只是听听音乐。

（3）音乐辅导过程必须包括有音乐、被辅导者和经过专门训练的音乐辅导师这三个因素。

（三）音乐在辅导中的运用原理

音乐是一种强有力的感觉刺激形式和多重感觉体验。它包含了可以听到的声音（听觉刺激）和可以感到的声波震动（触觉刺激），在观看现场演出时可以产生视觉刺激的体验，在音乐的背景下舞蹈或运动可以产生肌肉的动觉刺激的体验。另外音乐结构的体验可以长时间地吸引和保持人的注意力，促进人的注意力集中的能力。不言而喻，以上各种体验都是伴随着愉悦的快感进行的。这与柯林教授的体验学习密码锁的基本思想吻合。

处在压力极大的人的共同心理特点是不能正确的接受自己，不能够成功地与他的外部世界建立起正确的联系。对于个人而言，音乐可以成为一个人内心自我表达的媒介，以及丰富自我情感和促进自我成长的途径。对于团队而言，团队在音乐活动这种无威胁的，安全的人际环境中，通过音乐的语言

---

① （美）约瑟夫·英雷诺著．谢嘉幸，等主编．张鸿懿，等译．音乐治疗和心理剧：演出你内心的音乐．上海：上海音乐出版社，2008。

因素和非语言因素的途径来自由表达自己的情绪、情感和意念、思想。音乐辅导通常是集体的参与活动，这种共同的参与过程又常常会有助于建立起一个良好的，亲密的合作关系，并进一步为自己创造一个和谐的，安全的社会环境。音乐的本质要求参与者的密切配合和精确的合作，任何合作上的失误或失败都会马上导致音乐效果的不谐和与失败，而且这种不谐和与失败会立即反馈给每一个参与者的耳朵，造成听觉、心理、甚至生理上的不快感。因此音乐本身具有一种强大的力量来强迫所有参与者进行完全的合作，并迫使人们控制可能破坏音乐和谐的任何自我冲动和个性表现行为，因此病人在音乐活动的过程中学习与他人合作和相处的能力和技巧，这种在音乐中的合作能力最终会泛化和转移到他们的日常生活中。另外音乐的魅力和愉悦性也会吸引那些社会性退缩的人们参与到音乐的社会活动中去，从而改变其自我封闭状态。这是高天教授关于音乐治疗的治疗的基本思想。该思想注重对学员在音乐中的自我体验和治疗。

从高峰体验模型来看，学员在音乐中感悟音乐、内看自我、挣扎、反省与接纳的体验过程都是高峰体验的不断增加，高峰体验的波谷和波峰随着体验的不断深入而不断地提高，这样就达到了强化自我心理适应能力，提高了生理控制能力，从而达到优化自我的目的。

（四）音乐辅导的特点

事实上，音乐能够被做为一种深具潜力的辅导工具，是由它所潜在的特性决定的：

（1）音乐能直接影响一个人的内在感情；

（2）音乐能使一个人得到对“美”的满足感；

（3）音乐能诱发一个人的活动力；

（4）音乐是多元性的；

（5）音乐是一种非语言的沟通工具；

（6）音乐有一定的构造性与组织性；

（7）音乐活动能使一个人感到自我满足；

（8）音乐活动能促进一个人统合运动机能；

（9）音乐活动能帮助一个人宣泄内在的情绪；

（10）团体音乐活动能帮助促进人际关系。

（五）音乐辅导实施步骤

1．分析参训学员基本状况

包括对学员群体的工作单位、工作性质、工作强度和最近团队的基本状态，学员年龄、性别、身份、婚否、家庭结构等个人信息的收集和整理，当然需要在尊重和保密的前提下完成以上调查分析，形成音乐辅导分析报告。

2. 设定辅导目标

在分析完客户的基本状况后，紧接着就要进行辅导目标的设定。科学、合理的辅导目标是完成音乐辅导的重要标志。根据客户的不同需求，设定辅导目标。青少年的音乐辅导目标主要是以完善人格、树立人生观、开放自我、改善、净化心灵和感恩为主题的辅导目标。对于成年职业人士一般为压力释放与管理（EAP）、人际交往与沟通、心态调试、回归大自然等为主题的辅导目标。

3. 制定辅导计划

根据目标制定与客户的生理、智力、音乐能力相适应的音乐辅导计划。辅导计划内容包括：

（1）音乐辅导形式：团体音乐辅导（禅院悟语、音乐剧编演等）、个案音乐辅导（即兴演奏、竹林静思等）。

（2）音乐辅导环境：音乐辅导的环境对于辅导效果起到很大的作用。根据目标选择辅导环境是做好音乐辅导的关键一步。在实践中，音乐辅导的环境一般有专业的音乐辅导室、教育与心理咨询室、安静的夜晚、安静竹海中、鸟语花香的溪流畔、崇山峻岭之巅、沐浴阳光的清晨等。

（3）音乐辅导的时段：音乐辅导的时间不宜过长或过短，应该根据客户的表现分开阶段实施，在实践操作中，我们常用的是按照人的成长阶段进行划分：出生前、出生、出生后的若干第一次、现在、未来等。每个阶段的操作实施时间 30～50min。

（4）辅导中的音乐选择：音乐辅导的关键要素就是音乐的选择。音乐在各种不同的辅导领域中所起到的作用是不同的。根据欧美国家的临床治疗实践情况来看，可以分为两大类：辅导中的音乐和作为辅导的音乐。“辅导中的音乐”意味着音乐在辅导的过程中起到辅助性的作用，它配合其他手段的共同达到帮助客户健康的目的。在这里，音乐不能被单独使用。“音乐作为辅导”意味着音乐辅导在某些领域的辅导中作为唯一的、基本的辅导手段来使用。这里借鉴了高天教授关于音乐治疗的一些观点。辅导中常用的音乐有以下内容①：

①解除忧郁的乐曲有：《春天来了》《喜洋洋》《啊，莫愁》《步步高》《采花灯》《喜相逢》，以及西贝柳的《悲痛圆舞曲》，李斯特的《匈牙利的狂想曲》，门德尔松的第三交响曲《苏格兰》C 小调等；

---

① 高天．音乐治疗导论．北京：世界图书出版公司，2008。

②振奋精神的乐曲有：《娱乐生平》《狂欢》《解放军进行曲》《金蛇狂舞曲》等；

③舒心理气的乐曲有：《春风得意》《江南好》、抒情戏曲等；

④消除疲劳的乐曲有：《假日的海滩》《矫健的步伐》《锦上添花》等；

⑤镇静安神的乐曲有：《春江花月夜》《平沙落雁》《塞上曲》《苏武牧羊》《小桃红》，以及贝多芬的奏鸣曲，肖邦和斯特劳斯的圆舞曲，柴可夫斯基的《花之圆舞曲》，门德尔松的《第四交响曲》等；

⑥宁心催眠的乐曲有：《二泉映月》《平湖秋月》《烛影摇红》《军港之夜》《宝贝》《春思》《大海一样的深情》《银河会》，以及门德尔松的《仲夏夜之梦》，莫扎特的《催眠曲》，德彪西的钢琴协奏曲《梦》，海顿的《G大调托利奥》，舒曼的小提琴小夜曲《幻想曲》等；

⑦促进食欲的乐曲有：《花好月圆》《欢乐舞曲》等。

4. 音乐辅导的流程

恳谈、诱导、聆听体验和分享感悟是音乐辅导的四个环节。

（1）恳谈

恳谈奠定辅导的基调，建立辅导双方的信任关系。进一步对学员的基本信息进行辅导前的评估，并解释辅导中可能出现的联想状态等。

（2）诱导

在完成与辅导者恳谈后，评估并确立辅导目标后，培训师开始对学员进行诱导。诱导包括两个内容：放松和注意力的集中。通常使用的放松方法有两种形式：肌肉渐进放松和自主放松。例如，具有焦虑状态的学员，一般使用对比紧张和放松的肌肉渐进放松训练的方式；心理防御状态的学员，一般使用自主放松的训练方式，让学员逐渐地感受到身处自我控制中具有舒服的感觉。全身逐步放松操：在肌肉渐进放松训练中，让学员绷紧、保持和放松特定的肌肉群，并控制着放松的过程。这个过程可以是先放松脚，然后小腿、大腿、臀部、腹部、胸部、背部、胳膊、双手、肩膀、脖子以及面部。培训师在引导的时候语音应该配合绷紧，保持和放松肌肉的状态。而在自主放松训练中培训师使用情景想象来促进放松和注意力的集中。对于情景想象的内容的选择应该根据学员的情绪状态和需要。例如，如果学员需要增强安全感和情感的支持，培训师就可以引导他想象一个舒适和安全的自然环境（如一片美丽的草地）或能够带来安全感和舒适感的物品（如一个发出温暖光线的球体）。

在放松训练之后，培训师为学员描绘一个开放式的想象的情景。这是为学员的联想提供一个“桥梁”，这个“桥梁”是为了学员在随后的音乐聆听的时候的自由联想创造一个方向或目标。同样，学员的问题，情绪和精力状态在描绘开放式的想象场景前都需要加以考虑。在自主放松的训练中所使用的某些想象的场景和物体也可以被用来作为“桥梁”。如想象沿着草地中间的一条小路向前走，或仔细地端详发光的球体，看看能够看到些什么东西等。

（3）聆听体验

在“桥梁”之后，开始播放预先选择好的音乐片段组合。音乐聆听的时间通常在30～40min左右。在这个期间，学员在聆听音乐的同时向培训师口头报告自己所联想到的内容。培训师则支持和促进学员的联想，并通过提问的方式来提供各种机会来探索所有联想可能带来的体验。这时培训师使用基本的语言咨询技术，如反射、共情、解释、引入意识、移情、反移情等。无论是在音乐联想期间或之后，对联想内容都不作分析和诠释，但是培训师必须通过对联想内容的澄清、语言鼓励和共情来保持与学员的沟通联系。

在聆听体验联想的阶段可以有3个状态：先导、桥梁、核心。快速变化的联想是“先导”的联想的特点。联想的变化可能是音乐变化的反应，或者在一系列的联想中间会出现联想的稀疏或偶然出现的象征性联想。这时联想中可能出现的体验，包括（但不限于）：图像的运动、电视画面、自然景色、几何图形、色彩条纹、或情绪等。从“先导”到“桥梁”的过渡表现为学员更加投入联想的过程。这个过渡可能表现为坠落、在空中飞翔，或者沿着台阶或楼梯向上或向下行走等，另外过渡过程中的联想还可能是岩石或墙壁的裂缝、洞孔、隧道、山洞，或任何形式的开口。有些人，特别是那些抑郁的学员常常会报告长时间地，缓慢沉重地行走，直到自己感到挫折。而培训师也会强化和促进他的这种挫折感，因为挫折感可能导致愤怒的情绪升浮出来，进而成为促使学员改变自己的行为的动力。在“桥梁”之后，核心联想可能显现。

（4）分享感悟

在音乐聆听之后，培训师与学员需要花一些时间来回顾音乐联想的体验，并探讨这些联想体验与学员的需要和辅导目的有什么关系。培训师并不提供任何对联想材料的分析和诠释，而是鼓励学员找出联想材料与自己现实生活的联系。如果培训师对联想材料进行了分析和诠释，实际上就会把问题引入学员的体验中去，使学员感到培训师不能与自己共情。相反，让学员自己找到联想材料所包含的意义，他就会获得独立能力和自信心，并进行自我审视。根据培训师的理论取向不同，在音乐聆听之后的总结可能会有不同的变化方式。有些培训师可能让学员通过画画的形式来整合在联想中的体验；有的可能运用认知的方式通过语言来进行体验的整合。还有培训师用音乐即兴演奏

或运动的方式来达到同样的目的。

5. 音乐辅导的实施与评估

各种不同的音乐活动可以帮助学员发展其听觉、视觉、运动、语言交流、社会、认知以及自助能力和技巧。同时音乐还可以帮助学员学习正确地表达自我情感的能力。有效的音乐辅导实施与评估需要建立在辅导后期效果的延续上。辅导当时的状况只是辅导效果的初步映射，不能够反映实际的培训效果，通过后期个案回访、问卷调查和状况分析等手段进行效果评估。

第五章
体验培训活动

第一节 活动策划

一、活动的定义

活动是由共同目的联合起来并完成一定社会职能的动作的总和。活动由目的、动机和动作等要素构成，具有完整的结构系统。苏联心理学家从20世纪20年代起就对活动进行了一系列研究。其中A. H. 列昂节夫的活动理论对苏联心理学的发展影响很大，成为现代苏联心理学的重要理论基石①。

(一) 活动与动作

活动和动作都是以实现预定目的为特征的，但是动作受单一目的的制约。而活动则受一种完整的目的和动机系统的制约。活动是由一系列蕴含、体现和表达着组织或个体的思想、情感、情绪、文化等要素的动作所构成的系统②。

(二) 活动与意识

活动是对意识的反映和集中表现，人们通过活动完成对知、情、意等的体验、体认、感悟和领悟。有意识的活动才是人的活动与动物行为的本质区别。本书中活动特指有意识的活动。人的意识是在活动中形成和发展起来的。通过活动，人认识周围世界，形成人的各种个性品质；反过来，活动本身又受人的意识的调节。这种调节具有不同的水平。肌肉的强度、运动的节律是在感觉和知觉水平上进行的调节，而解决思维课题的活动则是在概念水平上进行的调节。

(三) 活动与关系

活动蕴含在关系之中，各种关系可以通过活动调节和改善。人与人之间的关系、人与社会的关系、人与自然的关系、个人与团队的关系等都可以通过活动有效的建立和诠释。

(四) 活动的对象

活动总要指向一定的对象。对象有两种：(1) 制约着活动的客观事物；(2) 调节活动的客观事物的心理映像。离开对象的活动是不存在的。活动总是由需要来推动的，人通过活动改变客体使其满足自身的需要。人对客观现

---

① [美] 朱迪·艾伦著．卢涤非译．活动策划全攻略．北京：旅游教育出版社，2010。

② 张云鹰．开放式活动课程．北京：教育科学出版社，2009。

实的积极反映、主体与客体的关系都是通过活动而实现的。在活动过程中主客体之间发生相互转化，通过活动客体转化为主观映像，而主观映像也是通过活动才转化为客观产物的①。

活动可以分为外部活动和内部活动。从发生的观点来看，外部活动是原初的，内部活动起源于外部活动，是外部活动内化的结果。内部活动又通过外部活动而外化。这两种活动具有共同的结构，可以相互过渡。

人的活动的基本形式有三种：游戏、学习和劳动。这三种形式的活动在人们不同发展阶段起着不同的作用，其中有一种起着主导作用，而游戏是贯穿人生全过程的。例如在学龄前，儿童的主导活动是游戏；陈鹤琴说："孩子天生是好动的，是属于游戏的"。到了学龄期，学习活动便超越游戏活动成为学生的主要任务。因此，对于青少年而言，活动对其的心理发展和个性品质的形成具有特别重要的作用。因为教育是教育者通过有目的有计划的组织受教育者的活动而实现的。所以研究青少年的心理必须从分析他们的活动入手，只有这样才能起到教育的作用。到了成人期，创造性劳动便成为人的主导活动，人们通过各种劳动创造属于自己和社会的价值，尽管许多人的专业性活动、职业性活动和事业性活动并未达到有效统一，但劳动还是社会进步与发展的主要活动。

21 世纪是活动经济时代。今天，活动并非仅仅是传统意义上所理解的娱乐、休闲、营销等，已渗透到人们生活的方方面面。活动已不仅是维系社会运行的工具，更承载着未来社会政治、经济、文化等诸多领域的发展方向。

二、活动策划

活动策划是一门科学，是创意性科学，因此掌握活动策划必须要从研究策划开始。

（一）策划

策划是指依据确定的目标结果，为达成这一目标结果所采取的战略和战术的综合②。

策划的价值在于以一个组织的具体任务为焦点，创造一个能完成这些任务的明确的路径。具体包括：提供一整套完备的战略方案；辨别并解决问题的执行方案；保持活动竞争力的具体措施与战术。充分了解影响策划的内外

① 肖志军．6S活动实战［M］．广东：广东经济出版社，2005。

② 王伟，浮石．活动创造价值［M］．湖南：湖南科学技术出版社，2009。

部条件是做好策划的重要前提。《史记·高祖本记》有云："夫运筹策帷帐之中，决胜于千里之外。"活动策划的关键是处理好策划与执行的关系，策划有高下之分，执行有到位与否的差别。成功的活动策划，是由实效、针对、独特的创意策划案与优秀的执行组成的。

（二）活动策划

活动策划是针对客户和体验者需求，将活动诸要素有机组合排列形成活动有效创意的规划设计与高效执行结果的总和。活动策划是融洽团队、群体、客户的载体，更是搭建合作的有效平台，好的活动策划来自于符合需求的创意，而科学的策划必须依据其策划案。

我国具有庞大的活动策划运营市场。保守的估计，每年用于活动策划运营市场的直接投资均超过两千亿元，比全国所有电视台加在一起的广告额还要高一倍。庞大的市场与少数活动运营专业机构完全不对称，因而目前活动策划几乎被全国大大小小的文化传媒公司、广告公司、礼仪公司所瓜分，与此相关联，到目前为止，中国还没有一个具有世界影响力的活动运营品牌，所以市场呼唤能诞生专业级的活动策划运营品牌。而专业的活动策划人才更是少之又少。

1. 活动策划的内容①

（1）活动的整体战略规划。一次成功的活动策划来源于活动战略规划者的有效决策，而决策的有效性受到规划的直接影响。因此，活动策划师需要站在活动主办方的战略高度，思考活动的价值和意义。合理准确地制定活动的整体战略规划，具体包括活动的核心目的和意义、活动的目标、活动实现的途径和策略、效果与评价体系、后期影响与价值延伸等。

（2）活动的创意方案。活动的成果来源于创意。人类天生具有猎奇的心理特征，对于新鲜的事物总是十分关心和青睐。活动的创新设计是活动策划与组织的灵魂，更体现出活动策划者的水平和层次。

（3）活动的运行计划与执行。三分靠策划，七分靠执行。在优秀的策划方案，离开了优秀的执行团队和运行机制，都无法实现策划的目的。

2. 活动策划的问题表现

活动策划具有个性化的特点，是针对不同对象的需求而个性化策划与设计的，因此在活动策划的过程中容易出现以下问题：

（1）策划过度，在策划中预设了太多细节，并与整体的战略思路相违背；

---

① 吴粲．策划学——原理、技巧、误区及案例［M］．北京：中国人民大学出版社，2005。

（2）把策划案看成是成型的范本，而不是可以适应环境变化的灵活的文件；

（3）把策划案看作是结论性的，而不是指导性的方案；

（4）没有充分的调查与分析，主观臆测，纸上谈兵；

（5）执行团队素养低，执行力不到位，影响策划的效果；

（6）活动内容烦躁，导致无法关注活动的细节；

（7）过于注重程序环节的控制，忽略活动整体效果；

（8）夸大活动效果，忽略了体验者的真实需求和感受。

因此，作为专业的活动策划从业人员应当明确的认识到活动策划的专业性，避免出现策划失败的现象。

三、活动的分类

（1）按照功能划分，活动有营销主导型活动、传播主导型活动、混合型活动等。

（2）按照属性划分，活动有：

①赛事类活动，主要是以体育为主要内容的活动，通过体育载体实现组织与个体发展的需求的体育活动，主要包括：竞技运动、娱乐体育、大众体育、医疗体育和传统体育等。

②学习类活动，主要是以会议、培训、学术交流等为主要内容的活动。

③庆典类活动，现代社会最为时尚的活动，也是组织举办最多的活动，其策划的水平不断提升，主要包括年会、开业、婚礼、宴请、聚会、典礼、签字仪式等类型。

④展览类活动，主要是通过展览会的形式实现不同目的的活动。展览会包括集市、庙会、展览会、博览会。

⑤咨询类活动，主要包括顾问咨询活动、管理咨询活动、战略咨询活动、财务咨询活动、市场营销咨询活动、人力资源咨询活动、企业文化咨询活动。

⑥民俗类活动，即民间风俗活动，指一个国家或民族中广大民众所创造、享用和传承的生活文化活动。民俗包含以下几大部分：生产劳动民俗、日常生活民俗、社会组织民俗、岁时节日民俗、人生仪礼、游艺民俗、民间观念、民间文学等。

⑦新闻类活动，主要包括采访活动、品牌推广活动和危机公关活动三大类。

第二节　体验培训项目开发设计

一、体验培训项目创新设计

作为体验培训的体验核心元素，项目元素深受大家喜爱。毋庸置疑的是，体验培训中的体验环节非常重要。它承载着体验者的参与、反思和感悟。所以开发和设计项目元素是非常必要的。

项目不仅仅是指游戏，而是能够让体验者身临其境的参与其中，能够在身体、心理、情感和精神产生高峰体验的元素，因此，项目是包含游戏在内的一些体验元素的综合。

用以体验培训的项目有很多，通过整理大约有 2000 多种项目可以供体验培训使用，它们分别来自大自然、体育游戏、音乐领域、历史文化等。

项目创新设计的基本步骤包括：根据需求提出问题、寻找理论支撑、设计方案、项目提炼、检验、完善、形成项目创编书（论文或科研成果）、发布等。

项目的设计要素包含以下几方面：

（一）项目主题和命名

项目创新设计的第一个要素是设计项目的主题和名称。项目主题和名称的选择需要依据问题的来源，比如要解决训练员工搜索、获取信息的能力就需要设计观察发现相关联的项目，也就是训练搜商能力的培养，因此命名为“火眼金睛”。

好的项目主题和名称对于开展体验培训就有很重要的意义，具体表现在为：便于学员理解，通过名字就能一目了然的知道自己所需要完成的内容是什么，如信任背摔；引发学员兴趣，看到名字就对培训感到好奇，急切的想参加培训课程；恰当表达项目，名称是对项目的概括，用名称来概括项目的全部；增加项目深度，向学员传递培训思想；更重要是好的名字可以吸引客户签约，同时能够很好的提高培训质量，促进行业发展。项目命名有 6 种方法：

1. 原理命名法

依据项目开发的原理为项目本身命名。引导学员思考项目背后的概念。如：渔翁得利。

2. 功能命名法

依据项目所要达到目的和意义进行命名。让人直观感悟项目。如：信任

背摔。

3. 器物命名法

依据项目器械的名称命名。通过视觉直观冲击学员内心。如：空中单杠。

4. 隐含命名法

依据项目背后的隐含深刻含义命名。促使学员体验与顿悟的交融。如：BCS、无言的结局

5. 表象命名法

通过项目的表面显现命名。寻找体验反思的反差性效果。如：弦歌不断。

6. 成语命名法

通过与项目相关的历史故事、成语等命名。通过项目实践与历史文化的联系增加趣味，推进培训效果。如：风平浪静、飞檐走壁。

（二）项目所有人信息

按照成规的科研程序要求，项目研发人信息包含项目的所有权单位、个人等信息。项目的所有权单位是指该项目的研发成果归属单位。项目的个人信息则包括研发主持人和参与人。研发主持人一般有1～3人承担，可以单独承担，也可以联合承担，其主要任务是全面负责项目的研发策划、组织和成果申报等工作；项目参与人，一般情况下对人数没有限制，但要求必须是要参与其中的，并承担一定的工作任务，其主要任务有需求调查分析、信息资料收集、项目文书撰写、项目试验等工作。

（三）项目摘要

项目摘要是项目的重要组成部分，它是以简明、确切地记述文献重要内容的短文。项目摘要由项目目的、开发方法、试验结果和研究结论4部分组成。项目目的部分应简要说明项目设计的目的，说明提出问题的缘由，表明该项目的范围及重要性；开发方法部分应说明研究项目的基本设计，使用了什么元素和方法，研究应用范围以及精确程度，数据是如何取得的以及经过何种统计学方法处理。结果部分要列出该项目的主要结果和数据，适用对象，说明其价值及局限。结论部分应简要说明、论证取得项目开发试验的正确观点极其理论价值或应用价值，是否值得推荐或推广，并说明范畴等。项目摘要的书写一般不超过300字。

（四）项目开发背景

项目开发背景需要详细介绍存在的问题以及为什么要设计这个项目来解决这些问题。要充分地说明问题的严重性与紧迫性，最好能提供一些数据，这样不但可以充分地说明问题，同时还能表明开发者对这一项目的了解。要

说明项目的起因、逻辑上的因果关系、受益群体及其与其他社会问题之间的关联等。

（五）项目原理

项目原理是指开发本项目的所需要的基本理论依据，包括体验环节的理论依据、分享总结使用到的理论依据、问题解决所需要的系统的理论依据。目前用于体验培训项目开发的理论依据多见于管理学、社会学、哲学、人力资源学等学科。项目原理的书写一般采用定律、原理等概要，不需要过多的展开，一般在300～500字以内完成。

（六）项目设计与试验

项目设计包括项目命名、项目场地的选择和说明、项目器械道具的设计图纸与材料选择和道具的制作、项目性质的确定、项目人数的限定、项目时间的范围、项目操作的方法、安全注意事项和规则设定。

项目试验包括选择试验的时间、地点、试验对象、参照对象和试验参与人员的确定、项目试验过程记录和结果分析等。

（七）项目分享总结与应用

项目的分享设计：包括引导方法选择、引导技术、引导语设计。

项目的总结设计：包含适合项目总结使用的理论观点、体系、故事、名言、定律、原理、历史名人事迹、时事政治资料等。

项目应用设计：包含该项目的适用对象的范畴，以及在不同对象中使用的具体要求和相关注意事项。

（八）参考文献

书写参考文献是保护和尊重史实产权的重要环节。在参考文献书写的过程中，主要考虑的因素是规范性的问题，一般情况下，在参考他人作品后，应当规范的标注。参考文献著录项目有主要责任者、文献题目、文献类型、出版项、文献出处或电子文献的可获得地址、文献起止页码、文献标准编号等。书写范例：［1］薛保红．体验培训师培培训教程［M］．北京：中国计量出版社，2009.

二、体验培训项目创编原理与方法

（一）体验培训项目创编的思路

成功的体验培训项目绝非只是游戏，要根据实际的情况来设计项目。

1. 从项目本身要解决的问题出发

体验培训的项目本身并没有太大的意义，真正的意义在于项目背后带给

学员的震撼之处，这也是体验培训的奥秘所在。所以在开发创编新项目时，从要解决的实际问题出发选择支持的项目主体。

2. 以项目本身要结合的知识为突破

体验培训的项目多数被人认为是游戏，如果单单从游戏的角度出发，学员体会到的仅仅是游戏而已，真正的感悟是学员通过自身的体验后，能够结合管理、沟通、团队运作、危机管理、领导组织协调、人生价值等科学知识对自己进行反思和总结，从而获得学习的直接信息，达到培训的目的。

3. 用项目本身要使用的场地器材来实现

“做中学”的理念告诉我们，任何一个项目都必须让学员亲自参与项目来完成体验，所以项目的创编必须要考虑到实现项目培训目的的场地和器材。场地的设计以及器材的制作都是新项目创编的重要内容之一。

4. 以正确的心态表达项目创编的双重含义

项目创编的本身意味着创新、开拓和开放。项目创编包括来自于现实问题的项目创编和适应客户发展需求的老项目创新。作为体验式教育的研究者和推行者，必须以开放的心态来对待项目的创编，共同推进体验培训行业的规范化发展。

（二）体验培训项目创编的八步法

体验培训项目的创编需要来自于生活的灵感。生活阅历丰富是创编项目的重要条件。项目创编八步法包括：

第一步，提出问题：项目的创编首先要在实践过程中提出培训存在的缺陷。以培训客户需要解决的实际问题和培训过程中反映出来的各种问题为基本依据。

第二步，寻找理论支撑：在分析和调研的基础上，针对需要解决的问题，寻找相关的理论支持要点，以便于分享和总结。

第三步，设计方案：设计方案是项目创编的书写环节，内容包括项目名称、项目所有人信息、项目摘要、项目开发背景、项目原理、项目设计与试验（项目命名、项目场地与器械、项目性质、项目人数、项目时间、项目操作与规则、项目试验情况）、项目分享总结与应用、参考文献等。

第四步，提炼：根据设计方案对项目进行试验，而后对项目进行提炼，分析原理、项目中的行为表现和相关理论等有效结合，形成分析报告书。

第五步，检验：将完成的项目分析报告书进行再一次的检验和试训，形成最终的检验报告书。

第六步，完善：根据项目的创新原理、试验结果和提炼与检验后的总体情况进一步完善项目，实现项目能够普遍操作和普及的目的。

第七步，形成项目创编书（论文或科研成果）：将完善后的项目创编资料写成项目创编书，形成科研论文或研究成果。

第八步，发布：项目创编书完成之后，要根据实际情况采取公开发表、行业通信、内部公开或项目创新年会的形式进行发布。

×××项目创编书

项目名称	
项目研发主持人	
项目研发参与人	
项目摘要	
项目开发背景	
项目开发原理	
项目设计与实验	
项目命名	
项目场地与器械	
项目性质	
项目人数	
项目时间	
项目操作与规则	
项目试验记录	
项目分享总结与应用	
项目分享要点	
项目总结要点	
项目应用范围说明	
参考文献	

表 5-1：项目创编书范例

编号：AHGCDX2011TJY865

安徽工程大学
体验教育研究中心

项目创编书

项目名称：火眼金睛
研发机构：安徽工程大学体验教育研究中心
研 发 人：薛保红　　李　　明　　王云龙
研发时间：2011-5-13

安徽工程大学体验教育研究中心　制

沟通类课程需求量级表

<table>
<tr><td>项目名称</td><td>火眼金睛</td><td>名称取义</td><td>孙悟空“火眼金睛”的故事，比喻能明察秋毫的慧眼</td></tr>
<tr><td>项目研发主持人</td><td>薛保红
李　明
王云龙</td><td>项目研发参与人</td><td>戴凤、黎云龙、刘小英、毛苏皖、邓亚、董阿强、许艳、都蕾、徐亚琴、束鑫、张阿路、刘[illegible]璨、张欢、陈婉莉、陈莉莉、王鹏程、丁铜、韩冲、叶刘海、代露、许可、张百祥、王昌兴、张三金</td></tr>
<tr><td>项目摘要（100～200字）</td><td colspan="3">火眼金睛是一项“搜商”能力训练与团队协作类项目，通过趣味性的游戏，使团队之间展开竞争与合作，寻找方法，完成任务，考验活动参与者的信息搜寻能力，观察能力，记忆能力，紧急决策能力，细节把握能力。使活动参与人员了解到细节的重要性，学会整合信息、把握工作重点，对紧急事件的决策和处理，合理分配工作、时间、人员，以及在复杂的现代环境中搜寻和提取对自己有利的信息，从而达成目标。</td></tr>
<tr><td>项目开发背景</td><td colspan="3">现代网络信息高度发达，各种信息充斥着社会和人们的大脑。人们对于知识的辨别变得无助。面对充满诱惑的各种信息，如何有效的分析信息成为现代人面临的重要课题之一。满腹经纶固然重要，但当今的社会信息量大的无法区别和判断，那些有用和无用，我们要改变一种思维方式，将学以致用的思想，转变为用以致学的思想，以提升快速学习的能力。
20世纪90年代前，人们可以用智商、情商来决定一个人的水平和层次，那是在信息量有限的情况下可以实现的。今天，面对庞大的网络信息，人们需要第三种能力——搜商，完成自己对知识和外界信息的有效获取，从而实现自我的发展。生活中，我们发现，有许多的人往往因为消息闭塞，错失了很多的机会，当更多的情况是，有许多人因为在繁杂的信息中无法抉择，而失去了发展的机遇。如果说：机遇是给有准备的人，那么，训练搜商则是人们准备着获取机遇的重要能力之一。
针对这一现象我们开发设计火眼金睛体验培训项目，以期望能够在体验中，让更多的人认识搜商、学习搜商，建立搜商的思维，有效获取信息，实现自我发展。</td></tr>
<tr><td>项目开发原理（300字）</td><td colspan="3"> 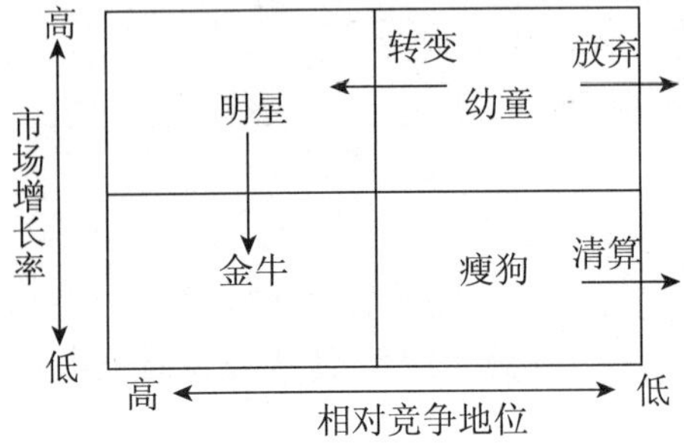高
市场增长率
低
明星
转变
幼童
放弃
金牛
瘦狗
清算
高　低
相对竞争地位</td></tr>
</table>

（续）

<table>
<tr><td>项目开发原理（300字）</td><td>一、“ABC”理论
A表示诱发性事件。B表示个体针对此诱发性事件产生的一些信念，即对这件事的一些看法、解释。C表示自己产生的情绪和行为的结果。通常人们会认为诱发事件A直接导致了人的情绪和行为结果C，发生了什么事就引起了什么情绪体验。然而，诱发事件A与情绪、行为结果C之间还有个对诱发事件A的看法、解释的B在作怪。因此，我们应当控制自己的不合理信念，从而产生好的情绪和行为结果。
二、“ABC”法则
C角色代表的是需求，A角色代表的是希望，B角色代表的则是一座桥梁。B的作用就是在C需求与A之间架起一座桥梁—成功的关键在于借力。
三、三元流程优化
人员，时间，事件的优化，合理分配，从而提高效率。包括人员的人职匹配原理，事件的82法则，象限理论，事件的关键路径原则。
四、经营单位组合分析法：
“金牛”：市场占有率高，业务增长率较低。
“明星”：市场占有率高，业务增长率高。
“幼童”：业务增长率高，目前市场占有率很低。
“瘦狗”：市场份额和业务增长率都较低。
1. 把公司分成不同的经营单位；2. 计算每一单位的市场占有率；3. 根据在企业中占有资产的多少来衡量经营单位的相对规模；4. 绘制公司整体经营的组合图；5. 根据每一单位在图中的位置，确定应选择的经营方向。
五、82法则
包括人员的82原则，信息量的82原则，收获的82原则。其中人员与信息量呈正比，信息量与收获呈反比。
六、正和、零和、负和博弈理论
负和博弈，是指双方冲突和斗争的结果，是所得小于所失，即通常所说的两败俱伤。零和博弈，是指博弈的结果是一方吃掉另一方，一方的所得正是另一方的所失，整个社会的利益并不会因此而增加一分。正和博弈，是指博弈双方的利益都有所增加，或者至少是一方的利益增加，而另一方的利益不受损害，因而整个社会的利益有所增加。
七、“搜商”概念
继智商、情商之后，当代人需要具备的第三种能力——人类通过工具获取知识的能力——如何在信息量庞杂的现代社会搜寻和提取对自己有用的信息</td></tr>
<tr><td colspan="2">项目设计与实验</td></tr>
<tr><td>项目命名</td><td>火眼金睛</td></tr>
<tr><td>项目场地与器械</td><td>一块宽敞的平地，中间有小圆的环形/方形塑胶布1张，项目物品，物品得分统计表若干张，人员序号身份牌若干，总分统计表1张</td></tr>
</table>

(续)

项目性质	搜商、知识与能力、团队协作、问题发现和决策、方法、竞争与合作类
项目人数	20～40 人
项目时间	30～50min
项目操作与规则	1. 分组，以 2～3 个组为最佳。 2. 热身，使项目参与人员的身体关节得到充分活动。 3. 任务布置： (1) 以提问不同的日常问题方式导入； (2) 引申至孙悟空的“火眼金睛”或企业人的经典故事。 4. 项目场地布置：摊放塑胶布，呈向心圆形在场地中间摆放物品； 5. 介绍规则： (1) 由教练分发人员序号牌； (2) 每队选择任意 3 样物品和信息纸条（如英文、企业文化等），并搜索记下物品上所有信息； (3) 每次取还物品的人员必须是同一个人，每人只能有取还一次的机会； (4) 每件物品观察时间为 2min，2min 后还回，信息纸条可一直保存； (5) 所有队员不允许借助道具取还物品，不允许抛扔物品，身体及任何身体附属物不能触碰项目区域，如有违规，扣 1 分； (6) 40min 后，对各队分别进行考察，每队有 9 次答题机会；考察过程中，各队针对每件物品团队决策后选择 A、B、C 不同等级的题目作答，答对加分，答错扣分，分多者获胜； (7) 询问学员是否对项目有疑问。 6. 任务开始。 7. 过程监控（给队员犯规者扣分，注意队员取还物品时的安全保护）。 8. 任务结束。
项目操作图示	
项目试验记录（试验后填写）	项目改进： 1. 器材需要更加完善； 2. 表格制作应更加详尽、规范； 3. 规则需要更加规范； 4. 改进使得弱势群体能够参与到项目中去； 5. 统一着装——户外运动服装； 6. 故事背景可以与传统文化相结合，如名称更换为“进京赶考”； 7. 做企业类内容时，需更换道具。

（续）

项目分享总结与应用	
项目分享要点	1. 团队有没有领导出现？ 2. 怎么做出决策的？ 3. 决策的方法是什么？ 4. 决策有科学性吗？ 5. 任务分配是否合理？ 6. 如何从混乱的环境中搜寻和提取有效信息？ 7. 如何有效整理记忆？ 8. 你们所在的团队选取了哪三样东西？ 9. 在项目中，团队之间是否产生了恶性竞争？
项目总结要点	1. 在面对紧急事件时，我们应当做好紧急决策，即既看到机会，也不忽略风险。引自马云的“机会的背后也隐藏着风险，许多人只看到机会，没看到风险”； 2. 当你与竞争队手同时完成任务的重要部分时，要将重点转移到之前看来不重要的部分上去。即重点发生了转移，此时细节成为重中之重； 3. 对细节的观察能力十分重要，许多人正是注重生活中的细节，从而比别人更加优秀； 4. 成功是一个团队协作的过程，在这个项目中，只有优化人职匹配，各尽所能，群策群力，才能达成最终目标，这要求领导者知人善任，善于观察，抓住工作重点，执行者注重细节，努力执行； 5. 当今社会，如何从庞杂的信息风暴中搜寻和提取有效信息对自己的发展道路十分重要，成功的一个重要因素在于借力，不断积累，不断充实，做好准备，才能在挑战来临时抓住机遇，获得成功； 6. 抓住生活的重点，处理好本职工作与业余生活的关系； 7. 博弈中的共赢需要良好的决策，充分的沟通，密切的合作以及准确的自我定位； 8. 在市场环境复杂时，领导者的战略目光，发展方向，目标定位至关重要——“一流的企业做战略，二流的企业做市场，三流的企业做生产”； 9. 继智商、情商后，强调“搜商”对我们发展的重要性。
项目应用范围说明	该项目在校园以及企业中可广泛应用，但不适用于政府机关培训，同时老年人不适合参加。
参考文献	[1] 薛保红．体验培训师培训教程［M］．北京：中国计量出版社，2009. [2] 邱庆剑．世界500强企业管理工具精选［M］．北京：机械工业出版社，2006. [3] 周三多．管理学［M］．北京：高等教育出版社，2004. [4] 陈沛．搜商——人类的第三种能力．［M］．北京：清华大学出版社，2006.

表 5-2 火眼金睛项目______物品得分统计

难度等级	题目内容	问题答案	得分			
			第一队	第二队	第三队	第四队
A						
B						
C						
该物品各队总分						

表 5-3 火眼金睛总分统计表

得分项目	轮　次	第一队	第二队	第三队	第四队
80 分信息记忆	第一张				
	第二张				
物品得分	1				
	2				
	3				
总分					

第三节　体验培训经典项目

一、破冰热身类项目

破冰是体验培训中一项专业的技术，特别在户外拓展当中，可以说成功的破冰是整个培训是否能达到预期效果的关键。

适用于体验培训的 10 个破冰项目：集中注意力、潜力击掌、进化论、寻宝游戏、怪兽、角色 PK、松鼠与大树、逢三抓手、名字叠罗汉等。

项目一：集中注意力

项目学员：所有学员参与其中。

项目时间：30～40min。

项目控制：体验培训师要求参训学员围成一个圆圈，相邻两位学员的双臂分别抱在对方的肩膀上，在统一做下蹲动作的同时，一起说“集中注意力”。

器材场地：宽阔平整的场地，室内外均可。

分享回顾：从1～20次，第3、5、8、10、12、13、15、19次时只能下蹲不能讲话。如有某一人出声，则认定为没有完成，需要从新再来，直到全部通过为止。

项目二：潜力击掌

项目学员：所有学员参与其中。

项目时间：5min。

项目控制：体验培训师组织学员面向里按照圆形站立，要求学员想自己在10s内击掌的次数有多少次，然后计时10s击掌，体验自我认识的能力以及自我潜能的开发。

器材场地：室内外均可。

分享回顾：体验培训师与学员一起分享回顾潜力的发现与人的智慧。

项目三：进化论

项目学员：所有学员参与其中，扮演鸡蛋、小鸡、凤凰、大猩猩和人。

项目时间：20min。

项目控制：体验培训师要求全体人员先蹲下作为鸡蛋，相互找同伴进行猜拳，赢者进化为小鸡。赢者找小鸡同伴再猜拳，赢者进化为凤凰，猜输者退化为前一个阶段。赢者找凤凰同伴再猜拳，赢者进化为大猩猩，猜输者退化为前一个阶段。赢者找大猩猩同伴再猜拳，赢者进化为人，猜输者退化为前一个阶段。一直进行几分钟，直到大部分的人都进化为人，只剩余4人为止，剩余4人表演节目后进化成为人。

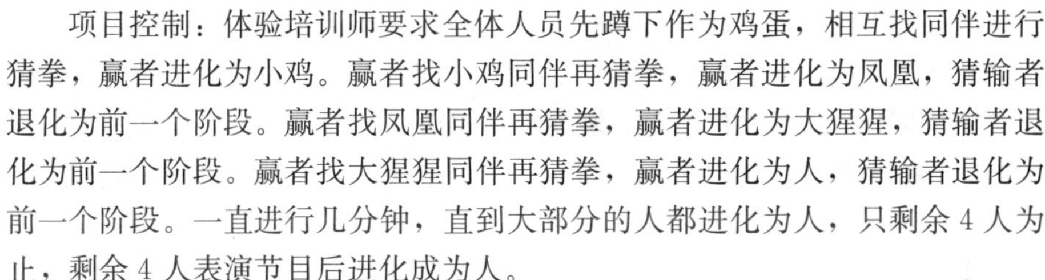

器材场地：一块空地。

分享回顾：体验培训师应尽量使气氛保持轻松和愉快，消除学员间的陌生感，活跃课堂气氛，增强学员间的友谊。

项目四：寻宝游戏

项目学员：所有学员参与其中，要求5人一组为最佳。

项目时间：20min。

项目控制：体验培训师让全体学员自由组成几个5人小组，每组选出一位代表作为组长。然后把寻宝游戏工作表分给各组的组长，让他们在 5min 之内收集齐表中的所有物品，并展示在全体学员面前。体验培训师检查最快完成的小组是否收集到了所有的物品，而后给他们一些奖励。寻宝游戏表要求小组收集以下的物品，其项目时间限制及评分标准由体验培训师来解释。

物品有：回形针、一把泥土、肥皂、牙刷、小组学员名单、石头、衣架、一包香烟、红圆珠笔。

器材场地：寻宝游戏工作表、教室。

分享回顾：在经过了一段项目时间的讲课后，教师可以利用这类破冰游戏来改善课堂气氛，也可以借此游戏让学员体会一下团队合作效果。

(1) 分享回顾一下活动的项目控制，是否小组的全体学员都有参与?

(2) 做事之前是否有一个计划，哪怕是这样的简单活动?

(3) 大家是否能体会到以投资项目时间来争取项目时间的道理?

项目五：怪兽

项目学员：所有学员参与其中，要求 12 人为一组最佳。

项目时间：5～10min。

项目控制：体验培训师给出要求：团队要创造出一个怪兽，这只怪兽只有 11 只脚、4 只手在地上。全体人员必须连接在一起成为一个整体。

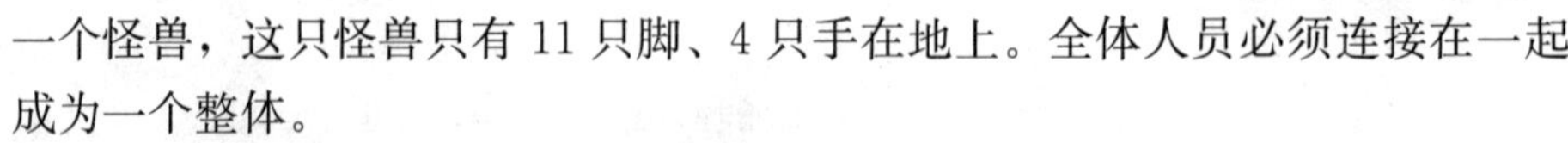

(1) 首先需要团体确定一个组合方案。

(2) 学员必须高度配合去执行该组合方案。

(3) 组合方案要考虑到学员身体上的个体差异性。

器材场地：一块平整的地。

分享回顾：活跃团队气氛、发挥团队创意。

(1) 大家用什么方法达成共识?

(2) 你认为最有创意的地方在哪里?

项目六：角色 PK

项目学员：所有学员根据情况扮演水果、大猩猩、美女、帅哥和洗衣机等角色后参与其中。

项目时间：20～30min。

项目控制：体验培训师要求各队学员按照四边形的形状面对面站成为四列，进行两轮次的 PK，第一轮为水果类，由各队自行选择，第二轮由体验培训师指定。口令为“XX 蹲、XX 蹲完、YY 蹲”同时做下蹲动作，如有任何一队的某一个学员出现指向或口令错误本队将接受“奖励”，下一轮将从此

队开始。

器材场地：无需器材，空旷的场地，室内外均可。

分享回顾：在 PK 中，你的感受的如何？

项目七：松鼠与大树

项目学员：所有学员参与其中，扮演大树和松鼠。

项目时间：10min。

项目控制：体验培训师按照以下要求操作：

（1）所有人围成一个大圆圈，按照 1～3 报数分组，三人一组。报 1 和 3 二人扮大树，面对对方，伸出双手搭成一个圆圈；报 2 的一个人扮松鼠，并站在圆圈中间；体验培训师或其他没成对的学员担任临时人员。

（2）体验培训师喊“松鼠”，大树不动，扮演“松鼠”的人就必须离开原来的大树，重新选择其他的大树；体验培训师或临时人员就临时扮演松鼠并插到大树当中，落单的人应表演节目。

（3）体验培训师喊“大树”，松鼠不动，扮演“大树”的人就必须离开原先的同伴重新组合成一对大树，并圈住松鼠，体验培训师或临时人员就应临时扮演大树，落单的人应表演节目。

（4）体验培训师喊“地震”，扮演大树和松鼠的人全部打散并重新组合，扮演大树的人也可扮演松鼠，松鼠也可扮演大树，体验培训师或插其他没成对的人亦插入队伍当中，落单的人表演节目。

器材场地：一块平地，室内外均可。

分享回顾：增加破冰的趣味性，找不到“归宿”的角色，在最后表演节目后到队伍中。

项目八：逢三抓手

项目学员：所有学员参与其中（人越多氛围越好）。

项目时间：20min。

项目控制：体验培训师要求所有学员坐着围成一个圆圈或几个圆圈，所有学员平伸出左手，掌心向下，同时伸出右手的食指向上，每个学员用自己的右手食指顶住自己右侧学员的手掌心，同时左手配合伸到左侧学员的食指上。体验培训师会发出口令，当听到 3 字或 3 的同音时，要求所有学员左手要抓住左侧学员的食指，同时自己的右手食指要迅速逃离，不要被右侧学员抓住。体验培训师可以讲一段故事，也可随时作检测。

器材场地：一块平整的地或室内。

分享回顾：活跃团队气氛，感受听的重要性，体验培训师应注意口令的节奏、音量的控制，给学员设置陷阱。

(1) 你逃掉了多少次?

(2) 你被抓住了多少次?

(3) 你认为你的反应是否很快?

(4) 听的重要性，你有没有认真听? 认真听到什么?

(5) 思考：聆听、注意力及反应三者之间的关系。

项目九：名字叠罗汉

项目学员：所有学员参与其中，最好 20 人分组。

项目时间：20～40min。

项目控制：体验培训师让学员围成一个圆圈，确定一个学员为开头，与其相邻的某一学员为尾，从开始的学员开始介绍自己："我叫 XXX"，第二个学员："我是 XXX 后面的 YYY" 以此类推，最后一位学员将前面的学员全部说一遍。项目控制中，不许说错他人的名字，否则受到"奖励"。

器材场地：一块空场地或教室。

分享回顾：最好用在团队学员并不熟悉的团队，让学员快速记住学员和伙伴。

二、思维学习类项目

体验培训的主要任务是通过体验不断的学习，学习的效率取决于思维模式与学习方法和技巧。体验培训的任务就是通过项目体验让学员直接获得思维模式的改变，从正反方面反思自我，达到优化学习方法和技巧的项目目的。本部分的项目主要用于训练学员的思维与学习能力。

项目一：高空飞蛋

项目目的：体现小组学员的创造力及团队精神。

项目时间：30min。

项目学员：3 个人一个小组为最佳。

器材场地：每组鸡蛋一只，小气球一只，塑料袋一只，竹签 4 只，塑料匙、叉各 2 支，橡皮筋 6 条；3 层楼及楼下空地。

项目学员：所有学员

项目控制：

(1) 体验培训师把上述所说器材、场地发给每组，而后让学员在 25min 之后到指定的 3 层楼的地点把鸡蛋放下来，为了不使鸡蛋摔破，可以用所给的器材来设计保护伞。

(2) 25min 之后，每组留一位学员在 3 层楼高的地方进行放鸡蛋，其他学员可以到楼下空地观赏及检查落下的鸡蛋是否完好。

（3）鸡蛋完好的小组是优胜组，可以进行决赛，胜出者，体验培训师可以给一些小礼品作为奖励。

分享回顾：

（1）你们组的创意是怎么得来的？

（2）在小组合作项目控制中大家的协调程度如何？

项目二：找方块

项目目的：让学员领会思考时要打破框框，从不同的角度去看问题。

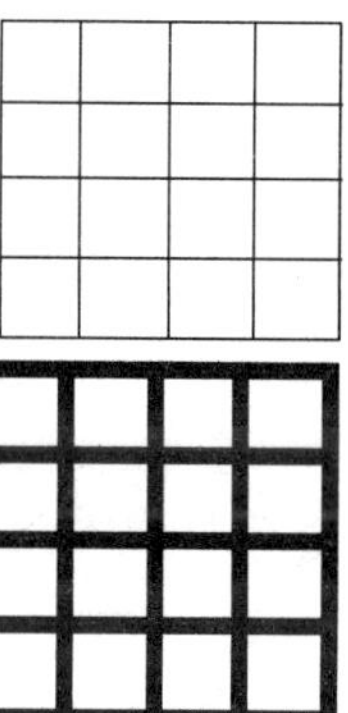

项目学员：随意。

项目时间：每人 3min。

场地器材：投影白片如下

项目控制：

（1）请学员数一下有多少方块；

（2）请方块数最多的学员上台演示如何数的。

答案：60 个，可以将上图认为是下图（方块的边缘是有宽度，因而是内外各有一个框。

分享回顾：为什么没想到？

项目三：呼啦圈

项目目的：如果单纯改善熟练程度和技巧对结果的改善是缓慢的，只有新的创意，创新的方法才会对结果的改善有突飞猛进的效果。

项目时间：30min。

项目学员：12 人或 14 人为一组都可以。

器材场地：每组 1 个呼啦圈，2 个足球，一块平整的场地。

项目控制：（见下表）

（1）教师交给每个小组 1 个呼啦圈、2 个足球并要求全组人都要手拿着球穿过呼啦圈。

（2）最好有 2 个小组进行比赛，以最快完成的一组为优胜组。

（3）每个小组有 10min 的练习项目时间，而后开始比赛。

（4）在 2 个小组开始比赛前，让他们报出自己对完成这个任务所需要的预定项目时间。

（5）在第一次比赛之后给每组 3 分钟的项目时间进行分享回顾，总结后再进行比赛。

（6）由体验培训师来掌握是做 3 次还是做 2 次。

队名	比赛1	比赛2	比赛3
红队	预计：	预计：	预计：
	实际：	实际：	实际：
黄队	预计：	预计：	预计：
	实际：	实际：	实际：

分享回顾：

(1) 两次比赛中最大的差别在哪里，为什么？

(2) 为什么两次比赛的比分差距这么大，或这么小？

(3) 革新及创造力在改善动作项目控制中所起到的作用是什么？

项目总结：此游戏说明不改变方法而仅仅是改善熟练程度及技巧对结果的改善是缓慢的，但是如果有新的创意，会对结果的改善有突飞猛进的效果。让学员们体会到革新和创造力的巨大力量，认识到仅通过熟能生巧来提高效率是不够的。

项目四：找不同

项目目的：通过对对方细致的观察，使双方彼此熟悉起来，并锻炼学员的观察能力，使其认识到观察沟通的重要性。

项目时间：20min。

项目学员：不限。

器材场地：一块空地。

项目控制：

(1) 将所有学员分为两人一组，并面对面站立；

(2) 首先请每位学员仔细观察对方身体、服装等各方面的特征；

(3) 然后，双方均向后转，背向对方，调整各自身体、服装等个方面的特征，共计3处。调整后，双方恢复至面面相对，各自说出对方发生变化的地方；

(4) 若希望加大该游戏的难度，可以继续增加改变的细节数量。

分享回顾：你是如何观察他的？

项目五：解手链

项目目的：让学员体会在解决团队问题方面都有什么方法，聆听在沟通中的重要性，以及团队的合作精神。

项目时间：20min。

项目学员：10人一组为最佳。

器材场地：一块空地。

项目控制：

（1）体验培训师让每组学员圈着站成一个向心圈。

（2）体验培训师说：先举起你的右手，握住对面那个人的手；再举起你的左手，握住另外一个人的手；现在你们面对一个错综复杂的问题，在不松开的情况下，想办法把这张乱网解开。

（3）告诉大家一定可以解开，但答案会有两种。一种是一个大圈，另外一种是两个套着的环。

（4）如果项目控制中实在解不开，体验培训师可允许学员决定相邻两只手断开一次，但再次进行时必须马上封闭。

分享回顾：

（1）你在开始的感觉怎样，是否思路很混乱？

（2）当解开了一点以后，你的想法是否发生了变化？

（3）最后问题得到了解决，你是不是很开心？

（4）在这个项目控制中，你学到了什么？

项目六：抬人游戏

项目目的：活跃团队气氛，增强团队意识，感受团队的潜力和凝聚力。在学员做的项目控制中，体验培训师要留意女学员的项目安全问题。

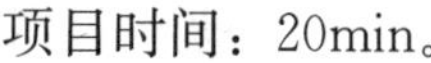

项目时间：20min。

项目学员：人员要求 5 名男学员和 1 名女学员。

器材场地：一块平整的地或室内。

项目控制：体验培训师邀请一名体重中等的女学员站在地面上，邀请 5 名男学员都伸出两只手指，分别紧紧贴在女学员的下巴、双手手心、脚后跟下面，使平均受力，体验培训师发出“起”的指令，要求大家一起把女学员抬起来，并坚持 10s。

分享回顾：

（1）关于团队的合力，众人添柴火焰高的道理。

（2）关于团队的潜力，冰山理论，自我设限。

项目七：分割图形

项目目的：思维训练、反应速度训练。

项目时间：20min。

项目学员：全体学员分组进行。

器材场地：一跨空地或教室

项目控制：请用三条直线将如图划分成九个三角形。

分享回顾：动手试验与动脑的不同之处？

项目答案：

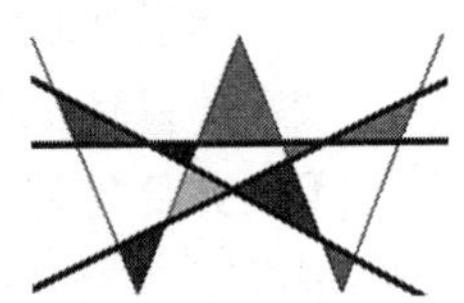

项目八：扩大水池

项目目的：冲突固定思维模式

项目时间：15min。

项目学员：所有学员。

器材场地：室内。

项目控制：图中有一个正方形水池。水池的四个角上，栽着四株老橡树。现在要把水池扩大，使它的面积增加一倍，但要求仍然保持正方形，而又不移动老橡树的位置。

分享回顾：

（1）看到水池你在思考什么？

（2）时间压力带来的感受是什么？

（3）如何做到快速反应。

项目答案：要把水池扩大一倍，保留原来的形状，而且不移动四株老橡树，是完全可以做到的。上图表明：让四株老橡树恰好位于新扩建的正方形水池四条边的中点，这样挖成的新水池，其面积正好是旧水池的一倍。这是不难验证的：只要在代表旧水池的正方形上画出对角线就可以了。

三、信任沟通类项目

信任与沟通是一个人成功必备的两种能力。信任是一切成功的基石，没有了信任就谈不上合作，更谈不上成功。当今社会是共赢的社会，依靠单打独斗的勇气获得成功的几率越来越小，所以青少年必须学会信任。而谈及信任就会联系到利益，正因为有利益的出现才会存在对方相互的信任与否，所以要正视利益，充分信任自我、充分信任伙伴和充分信任社会，看到互惠互利才是人与人、人与社会、社会与社会和谐发展的标志。

没有了沟通社会将无法运行，当代社会的沟通系统非常发达，可以说沟通无处不在，沟通广及世界与宇宙。青少年掌握好沟通技巧，养成有效沟通的好习惯，是走向成熟的重要标志。本部分项目主要用以训练青少年信任与沟通能力。

项目一：面对面介绍

项目目的：相互了解，建立信任。

项目时间：15min。

项目学员：人员要求 20 人以上，参与扮演不同的身份和角色。

器材场地：一块平整的场地。

项目控制：培训时将学员相对排成两个同心圆，边唱歌边转，内外圈的旋转方向相反。歌声告一段落时停止转动，面对面的人彼此握手寒暄并相互自我介绍。歌声再起时，游戏继续进行。

分享回顾：每个学员如何能迅速融入团队并相互熟悉和了解，打破学员之间的坚冰？

项目二：信任背摔

项目目的：全队每个人轮流上到背摔台，背摔学员背向队友，双脚后跟 1/3 出台面（体验培训师做示范动作），身体重心上移尽量垂直水平倒下去，下面的学员安全把他接住即为完成。

项目时间：90min。

项目学员：全体学员。

器材场地：背摔台、背摔绳。

项目控制：背摔学员：当学员站到背摔台上后，应双脚开立，与肩同宽。体前双臂交叉，十指握拢翻至下额处。头略含，双手离下巴略约 10cm，双臂向胸前夹紧，然后并拢双脚；

搭建人床学员：每位学员寻找与自己身高体形相仿的队友，在背摔台前相对站立，伸出同侧腿。前面的腿弓，后面的腿略绷（严禁蹦直），脚心相对约 10cm 距离，膝窝相抵形成轴心，上身挺直。伸出双臂，十指平伸，手心、肘心朝上，肘窝略弯，与队友手臂交错搭在队友的肩胛骨处。头向后仰并侧向背摔队友背部，利用身体上肢移动可调整承接背摔学员的倒下方向。

搭人床学员将分为若干组，第一组学员的肩膀距背摔台沿约 30cm；每组学员的肩膀应紧密相连，勿留空隙；整个人床形状应保持由低（背摔台近端）渐高（背摔台远端）的坡状；第 2～4 组学员由于承受的压力较大，所以必须选一些力量较大的学员，同时要互换组位以免疲劳。力量较小身材较低的学员排在两端，一般搭建 5 组即可。如果学员足够多，未搭建人床的学员可用双掌推住最后一组队友的肩膀处（面向背摔台），以保证人床的牢固。

分享回顾：

（1）换位思考问题，己所不欲，勿施于人。练达思维、化解烦恼、从容应对；

（2）为什么信任？信任是如何产生并建立起来的？

（3）关于悖论。

（4）为什么会恐惧？为什么会弯曲？

（5）对你如果是未知的领域，怎么去面对？

（6）弯与不弯有没有本质区别？之所以弯也许是由自己的控制能力来决定的；

（7）自控能力如何把握？

（8）假设处在一个陌生的团队，大家素不相识，没有经过热身和团队建设，你还敢不敢摔？我们说：信任是建立在相互了解基础上的；

（9）如果第一个人没接住，摔伤了，你还敢不敢摔？我们说信任很难建立，但却很容易被打破；

（10）责任与承诺的关系。

（11）自信心如何建立？

（12）如何感悟人生45°？

注意事项：

（1）病情询问：如身体存有异常的（脊椎错位……），可告知体验培训师视伤病程度决定其参加与否；

（2）所有学员进行项目前都要将身上的尖锐物品（如眼镜、发卡、手表、钥匙、戒指等）放在一边，做完项目后再收回去；

（3）在做项目前都要由队长组织所有学员给他充电加油，具体方法为：将背摔学员站立在人床之间，其他学员用手扶住其头部、腿部、背部、腰部，背摔学员首先喊出自己的名字，接着所有学员喊出本队队训，并大喊三声“加油！加油！加油！”；

（4）当背摔队友项目准备开始背摔时，应问人床学员：“准备好了吗?”，人床学员应整齐高声回答：“准备好了”，最后背摔学员高喊：“1、2、3”，随即挺直身体、重心上移成垂直水平倒下。当听到背摔学员的询问：“准备好了吗”时，人床学员的头要向后仰，同时侧向队友的背部；

（5）背摔学员站在背摔台上不要向后窜跃、不要垂直向下跳，在倒下的项目控制中，背摔学员的肘关节要收紧，严禁打开，双脚也不要上下摇动并打开；

（6）所有学员在担当人床任务承接背摔队友时不可以撤手或撤腿；接住背摔学员后，停2s再先放脚，将身体扶正站稳后方可松手，不可迅速撤手或鼓掌，更不许抛接和开其他玩笑；

（7）队长协助体验培训师调整人床学员的队型，以确保项目安全；这个项目的项目安全要求比较高，所以大家一定要端正自己的态度，保持极高的警觉性，严格按照体验培训师讲解的动作要求做，方能确保自己和队友的项目安全；

（8）宣布完之后，询问学员是否还有不明白的地方，待所有学员均无疑

问后，方可开始项目。

项目三：盲人方阵

项目目的：在规定项目时间内，利用我提供给你们的资源（一些绳子）及你们的聪明才智组成一个面积最大的正方形。

项目时间：60min。

项目学员：全体学员。

器材场地：宽阔的草地或平整的地。

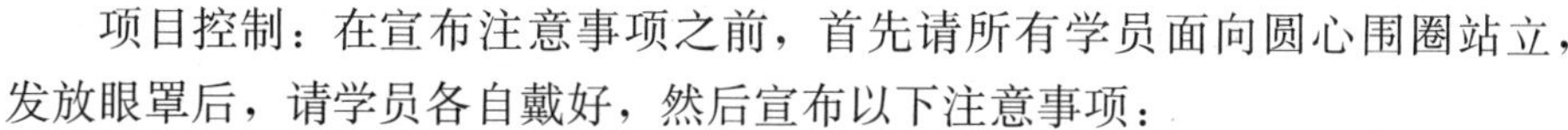

项目控制：在宣布注意事项之前，首先请所有学员面向圆心围圈站立，发放眼罩后，请学员各自戴好，然后宣布以下注意事项：

（1）任何人在项目进行项目控制中，未经我的许可不得擅自摘掉眼罩。违者将予以重罚，请大家认真对待；40min 完成任务。

（2）所有学员在项目进行时要试探性的滑步挪动，且动作要缓慢，不要莽撞以免碰伤队友和自己；

（3）令行禁止：如果我发现大家的动作有危险时，我会立即制止，请大家不要再做这样的危险动作。如学员发现身体不适也要及时示意我，我同样会停止项目进行，以保证所有学员的项目安全。

（4）项目结束后，由队长向我报告“任务完成”，等待我的口令行事；

（5）当听到我发出的“好，结束”口令后，所有学员把手伸入眼罩内，轻轻捂住双眼，慢慢揉搓眼皮后再睁开眼睛，等适应光线后再摘下眼罩。

宣布完之后，询问学员是否还有不明白的地方，待所有学员均无疑问后。请所有学员向后转（或向左转、原地顺\逆时针、前进\后退若干步）后，方可开始项目。项目目的是打乱学员头脑中的空间概念。

分享回顾：

（1）学员分享回顾完成正方形的方法，怎样确认四边等长、四角为直角、对角线相等？

（2）毛遂自荐——展己之长：队长合理授权给“专家”，并维护“专家的领导”，确保任务的完成。

（3）在非正常的沟通状态下如何提高团队的工作效率；怎样用不擅长的沟通方式有效表达或者接受信息？

（4）民主分享与决策，个体决策与群体决策，非常状态下团队中正确的沟通及决策是如何产生的？

（5）缺勤理论：暂时的放弃是一种勇气，也是为了长久的收益。

项目四：合力造桥

项目目的：团队合作。

项目时间：50min（制作 40min、对接 10min）。

项目学员：全体学员。

器材场地：树林、草地或教室。

项目控制：在规定项目时间内和不能完全沟通的情况下共同完成一座桥梁的设计和制作。

（1）桥梁的要求——符合建筑学原理，美观、耐用；

（2）每组建造整座桥的一半，要求桥的设计和制作符合任务书上的要求，同时在桥的造型、高度、宽度、装饰等各方面都要完全一致，最后拼接在一起是一座完整的桥；

（3）造桥项目控制中，两组学员有三次沟通机会，累计沟通总项目时间为 10min，三次机会用完或累计 10min 项目时间用完，将不能继续沟通；

（4）每次沟通，每队仅能派出一名学员，每次沟通之前请向体验培训师申请，体验培训师征求另一组学员意见并同意后，方可进行沟通。沟通时不允许携带器材、纸、笔等任何辅助器材；

（5）两部分桥连接时，不允许带任何辅助器材；

（6）对接时应向体验培训师提出申请，体验培训师征求另一组学员意见并同意后，方可进行，项目时间 10min；

（7）问询：大家是否明确任务说明？

分享回顾：

（1）沟通方式和效率。

（2）分工协作。

（3）合力利用资源。

（4）资源的分配和利用。

（5）项目时间和人力也是资源，其消耗是否需要付出代价的？

（6）怎样更有效地发挥团队绩效？

项目五：名字接龙

项目目的：通过游戏使学员与体验培训师间、学员与学员之间迅速熟悉起来，记住彼此的名字。

项目时间：20min。

项目学员：全体学员。

器材场地：一块空地。

项目控制：

（1）请所有学员围坐成一个圆圈；

（2）首先，请各个学员介绍自己的名字，如项目时间允许，可以请每个学员在介绍自己名字的基础上，补充介绍各自的爱好和特长。为保证整个活动的项目时间不会被拖延太长，可要求学员介绍时言简意赅，例如，总共使用三句话来介绍自己的姓名、爱好和特长；

（3）从体验培训师的左手或右手边的第一位学员起，所有学员采用以下方式进行自我介绍——第一位学员："我是 XX"；第二位学员："我是 XX（第一位学员的姓名）后面的 YY"；第三位学员："我是 XX（第一位学员的姓名）后面的 YY（第二位学员的姓名）的 ZZ."依次下去……最后一位学员将前面所有学员的名字重复一遍。

分享回顾：该项目经常在团队建设之后，大家彼此之间还不太熟悉时采用，可有效地在游戏中帮助大家记住对方的名字，为以后的项目合作打下良好的基础，让大家在一个熟悉的、愉快的氛围内完成未来几天的训练。

项目六：信任人椅

项目目的：培养学员之间的协调能力和合作精神，以及如何相互扶持达到明确项目目的的能力。

项目时间：20min。

项目学员：全体学员。

器材场地：草地。

项目控制：

（1）全体学员站立围成一圈；

（2）学员与学员之间间距一个拳头的距离；

（3）每个学员将双手放在前一名学员的双肩上；

（4）每个学员缓缓坐在后一位学员的大腿根部；

（5）全体学员都坐稳后，每个学员放开双手，上半身缓缓向后倒至大家可承受的程度，保持数秒后，恢复原状。

分享回顾：

（1）看似不可完成的任务，最终是否完成了？是怎样完成的？

（2）当你坐在队友腿上，或者腿被队友坐着时，是什么感觉？

（3）整个圈，某一个学员（环节）断开，整个圈都前功尽弃。

项目七：疾风劲草

项目目的：帮助学员体会信任的建立，取决于自己对团队学员的信心，相互之间的沟通是树立这种信心的基础，一旦信任完全建立，你会感觉到团队的工作气氛是那么轻松愉快。

项目时间：15～20min。

项目学员：全体学员，8人一组为最佳。

器材场地：空旷的草地或室内。

项目控制：

(1) 体验培训师让每组学员围成一个向心圆，而体验培训师自己站在中央来示范。

(2) 体验培训师双手绕在胸前，作出以下的沟通对话。体验培训师："我叫……(自己的名字)，我准备好了，你们准备好了没有?"全体学员回答："准备好了!"体验培训师："我倒了?"全体学员回答："倒吧!"

(3) 这时体验培训师整个身体完全倒在团队学员的手中，这时团队学员把体验培训师顺时针推动两圈。

(4) 地面旋转结束后，全队学员将其平身举起(面向上)旋转两周。

(5) 在体验培训师做完示范之后，小组的每位学员都要来试一试。

分享回顾：

(1) 信任是什么?

(2) 信任的基础是什么?

(3) 从地上到天上不同的挑战状态下的心理状态如何?

项目八：数字传递

项目目的：沟通协调。

项目时间：40min。

项目学员：将学员分成若干组，每组学员5～8名左右，并选派每组一名组员出来担任监督员。

器材场地：一块空地。

项目控制：所有参赛的组员按照纵列排好，队列的最后一人到体验培训师处，体验培训师向全体参赛学员和监督员宣布项目控制。

(1) 各队代表到主席台来，体验培训师："我将给你们看一个数字，你们必须把这个数字通过肢体语言让你全部的学员都知道，并且让小组的第一个学员将这个数字写到讲台前的白纸上(写上组名)，看哪个队伍的速度最快，最准确。"

(2) 全项目控制不允许说话，后面一个学员只能够通过肢体语言向前一个学员进行表达，通过这样的传递方式层层传递，直到第一个学员将这个数字写在白纸上；

(3) 比赛进行三局(数字分别是0、900、0、01)，每局休息1min15s。第一局胜利积5分，第二局胜利积8分，第三局胜利积10分。

分享回顾：

（1）P（计划）D（实施）C（检查）A（改善行动）循环中，在这个游戏中如何得到体现?

（2）4 个循环中，哪个项目控制更为重要?

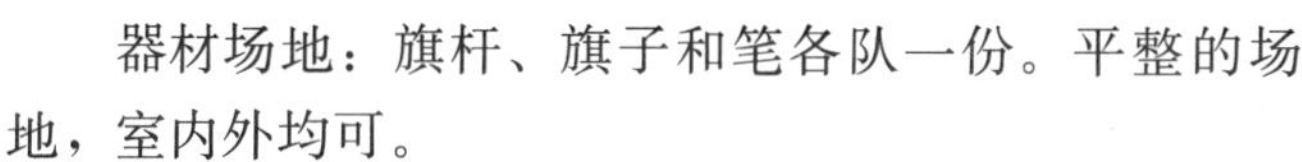

四、团队合作类项目

团队合作素质是当今人才素质的核心素质之一，良好的合作能力是生存与发展的必备。

项目一：团队圆舞曲

项目目的：组建团队，熔炼团队文化。

项目时间：30min。

项目学员：所有学员参与其中选拔队长、队秘、学员角色分配。

器材场地：旗杆、旗子和笔各队一份。平整的场地，室内外均可。

项目控制：体验培训师要求学员组建自己的团队，组建成功后进行团队展示，形成特定的团队文化。

团队建设程序：

（1）自我认知—名字叠罗汉；

（2）选队长、队秘—曾经的、现任的领导发扬风格；

（3）起队名—要有特色和意义；

（4）画队徽—设计美观、简约；

（5）喊队训—要有气势和感召力 4～8 个字；

（6）唱队歌—简单、可以创造、可改编，国歌和“我们是害虫”不能使用；

（7）摆队形。

展示程序：队长首先做自我介绍，学员注意介绍自己，而后介绍队徽和队标的设计含义；其次组织大家一起展示团队，队长高喊“我们的队名是”，其他学员齐声回答队名；队长高喊“我们的队训是”，其他学员齐声回答队训；队长高喊“我们的队歌是”，其他学员齐声高唱队歌。

分享回顾：

（1）你们团队是如何产生的?

（2）你们团队的文化基础是什么?

（3）团队的要素有哪些?

项目二：穿越电网

项目目的：团队协作项目。

项目时间：40min。

项目学员：全体学员。

器材场地：树林之中或专用平整场地。

项目控制：假设这个万伏高压电网向上及向两侧是无限延长的，大家要从有效网洞穿过去，每个有效网洞是指没系有挂结的网洞。所有学员从电网的一侧到达另一侧即算完成。

（1）所有学员进行项目前都要将身上的尖锐物品（如眼镜、发卡、手表、钥匙、戒指等）放在一边，做完项目后再收回去。

（2）项目开始后过网的唯一通道就是未封闭的网眼，每个网洞只能穿越一个人次，网洞每穿越一人次，无论成功（没触网）还是失败（触网），该网洞都将挂结封闭，不允许再次使用；

（3）任何学员和物品不允许触网，穿越项目控制中如发生触网现象，网洞挂结封闭的同时学员退回；

（4）未穿越电网的学员不能从两侧过去帮忙，穿越过的学员也不能回来帮忙，同时所有学员也不能从电网上面和下面通过，因为电网是向上下、向两侧无限延伸的；

（5）千万注意不要抛弃队友，穿越项目控制中不要跑跳窜跃；输送学员一定要遵守“先放脚后将身体扶正”的项目安全原则，不可迅速撤手或鼓掌；

（6）女学员在被输送时只允许仰面通过；

（7）令行禁止：在项目进行项目控制中，如我发现大家的动作有危险，我会立即制止，请大家不要再继续，各位需要立即停下手中的动作。同时如果有学员感到身体不适，须立即示意我，我会做出适当调整；

（8）若项目进行中有违例现象，我将予以重罚并扣分；宣布完之后，询问学员是否还有不明白的地方，待所有学员均无疑问后，方可开始项目。

分享回顾：

（1）资源合理配置。

（2）组织、策划、分工、配合。

（3）奉献精神、敬业。

（4）监督机制。

（5）工作精细度（细节把握）。

（6）舍得。

（7）为什么小洞往往能成功，而大洞却经常触网？如何避免触网。

(8) 勇于尝试。

(9) 分工是相对的，合作是绝对的。

项目三：求生墙（毕业墙）

项目目的：团队合作项目。

项目时间：40min。

项目学员：全体学员。

器材场地：专用场地。

项目控制：所有学员在指定项目时间内爬上这堵求生墙之所以叫做海难求生，是源于“二战”时期，当盟军的运输舰只遭到德军潜艇的攻击沉没后，所有学员只能通过这条唯一的上下通道爬到上层甲板求生，40min后整个船舱会沉没，所以要利用我们的聪明才智，所有学员团结一致，机智勇敢的全部逃上甲板即为完成。动作要领：①腕腕相扣（备份保护）：在项目进行项目控制中，如果拉拽队友的上肢时，只允许互相抓住双方的手腕，以防脱落时的单层保护。②抱石保护法：所有学员单腿向前迈出半步，前面的腿微弓，后面的腿略绷，双手掌心朝前，手肘略弯，呈满月状目视攀登队友的背部，以便发生倒坠时能及时做好保护。保护学员离墙较近时，可轻轻将队友贴在墙壁上慢慢滑下。保护学员离墙较远的，可双掌后挫卸力或侧边转卸力将队友轻轻放在脚下的垫子上。③大家在开始行动之前先观察一下垫子的摆放位置、与墙的缝隙和垫子的松软程度，以免项目进行时崴脚。

注意事项：

(1) 所有学员如有心脏病、习惯性脱臼、脊椎伤损等病史，请举手示意我，我们会视伤病的轻重采取不同的措施；所有学员进行项目前都要将身上的尖锐物品（如眼镜、发卡、手表、钥匙、戒指等）放在一边，做完项目后再收回去，穿硬底鞋与胶钉底鞋必须脱掉；

(2) 这条通道是唯一通道，所有学员不得从两侧上去帮助，上去的学员也不可以从两侧下来帮忙，但允许已上去的学员从原路退下，平台上方滞留项目学员通常要求不超过15人，多余人员下撤到指定地点；

(3) 需要借助队友肢体时，尽量踩在肉厚的地方，如肩膀内侧、大腿根部等，而且严禁爆发使力；任何能够延长身体的器材场地都不允许使用，如衣服、皮带等；

(4) 上去的学员不要坐在墙上拉拽队友，只能伏在墙上进行提拉动作；在需要拉拽队友时，不要仅抓衣服，要同队友的肢体一并抓起，以防人、衣脱离；当墙上队友拉拽攀爬队友的上肢时，保持握腕的同时只能顺势抄提腋下，注意不得反关节提拽队友的身体，以免造成身体伤害；

（5）需要队友下蹲接人时，首先保持身体正直，然后身体慢慢起来，后面最好有学员用腿、手顶住他的臀部、腰背；

（6）人梯上攀爬的学员要站直身体，双手手心紧扣墙壁，胸部、膝盖要与墙壁保持5cm的距离，以保持向心力；

（7）在下面搭人梯的学员要轮换进行，以防项目时间过长支持不住，造成不必要的损伤；所有未攀爬学员在项目进行当中都要站在后面做好“抱石保护”动作，以保证攀爬学员的项目安全；所有学员在项目进行当中，如出现身体不适要提前声明并坚持数秒，体验培训师会立即停止项目进行调配；

（8）当剩下最后一名学员时，你们采取什么方法一定要向我报告，经我允许后再进行；倒挂学员一定要膝盖呈十字紧贴甲板外沿，小腿下面严禁夹杂任何物体；

（9）令行禁止：如我发现大家的动作有危险时，我会立即制止，请大家不要再做这样的危险动作。如学员发现身体不适也要及时示意，我同样会停止项目进行，以保证所有学员的项目安全。

宣布完之后，询问学员是否还有不明白的地方，待所有学员均无疑问后，方可开始项目。

分享回顾：

（1）潜能；

（2）团队信心；

（3）牺牲精神，甘为人梯的精神；

（4）团队角色的分配；

（5）互相尊重——尊重分工；

（6）用人所长，容人所短；

（7）角色弹性；

（8）换位思考；

（9）木桶原理；

（10）计划、组织、领导、控制；

（11）通过团队努力，才能实现个人及团队的项目目的。

项目四：解脱困境

项目目的：团队合作项目。

项目时间：30min。

项目学员：全体学员。

器材场地：专用场地。

项目控制：在任何学员肢体和轮胎在都不触及铁杆的情况下，把圆柱中

的轮胎按倒序方式排列。

注意事项：

（1）我们可以借助的只有队友的身体，在攀爬项目控制中只有两个部位是项目最安全的借助点—大腿根部和脖颈根部。严禁登踏膝关节和肩关节，特别注意的是，当蹬踏到队友身体时，严禁爆发使力向上跳跃，没有人能够承受那么大的向下蹬踏力，更不要踩踏在学员身体上碾磨移动。

（2）“抱石”保护：两腿前后弓步站立，向斜上方伸展双臂，十指张开。“抱石”保护的原理不是将倒下的学员抱住，而是接触后给他一个阻力，且慢慢地将其从自己身体的一侧卸到垫子上。

（3）令行禁止：在项目进行项目控制中，如我发现大家的动作有危险，我会立即制止，请大家不要再继续，各位需要立即停下手中的动作。同时如果有学员感到身体不适，须立即示意我，我会做出适当调整；宣布完之后，询问学员是否还有不明白的地方，待所有学员均无疑问后，方可开始项目。

分享回顾：

（1）团队协作；

（2）支持与关注；

（3）工作的有效性；

（4）认真、责任。

项目五：雷阵

项目目的：团队合作。

项目时间：30min。

项目学员：全体学员。

器材场地：一块平地，专用扫雷图、墨镜、监控表。

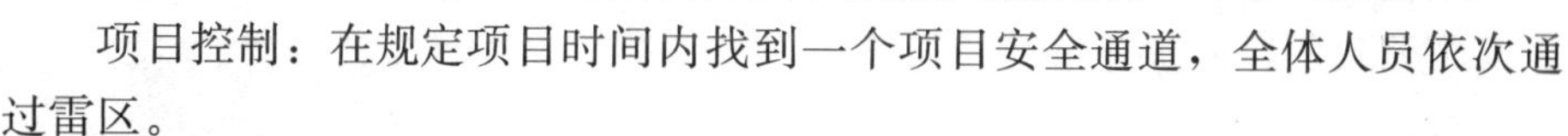

项目控制：在规定项目时间内找到一个项目安全通道，全体人员依次通过雷区。

注意事项：

（1）每一次只能有一人次进入雷区内活动；

（2）进入雷区者只能走相邻的格子，地雷的分布对你们是未知的，每走一格大声向体验培训师通报格内数字，然后听体验培训师的口令：当说“请继续”，表示无雷，可以继续前进；当说“有雷”时，即表示学员被炸伤，请该学员按原路单脚返回至入口处；

（3）被炸伤的学员单脚返回至入口处后，还有一次尝试的机会，若再一次被炸伤，即两腿均受伤，此时伤员须被健全学员按原路进入雷区将其背出；

（4）被炸伤两次的学员不可再次独立行走进入雷区，只能依靠其他学员的协助完成余下的项目；

(5) 雷区内学员不允许跨越、不允许踩线、不允许试探；

(6) 违例的6种现象：重复触雷、踩线、未按原路返回、跨越格子、试探、非进入雷区者进入雷区；

(7) 不可以在雷区内做永久性记号；

(8) 令行禁止。如发现大家的动作有危险时，体验培训师会立即制止，请大家不要再做这样的危险动作。如学员发现身体不适也要及时示意，同样会停止项目进行，以保证所有学员的项目安全。宣布完之后，询问学员是否还有不明白的地方，待所有学员均无疑问后，方可开始项目。

分享回顾：

(1) 什么是思维定势？

(2) 倾听；

(3) 团队学习，器材场地随处可得；

(4) 行为规律；

(5) 风险意识；

(6) 宏观意识；

(7) 面临不断变化的市场情况，保持冷静的心态，认识到“唯一的不变就是变”寻求解决问题的方法；

(8)“沉锚”效应：人们做决策时，思维往往会被得到的第一信息所左右，第一信息会像沉入海底的锚一样，把你的思维固定在某处，第一信息的不同，使你做出的决策也就不同；

(9) 分工是相对的，合作是绝对的。

项目六：穿越沼泽（罐头鞋）

项目目的：团队合作。

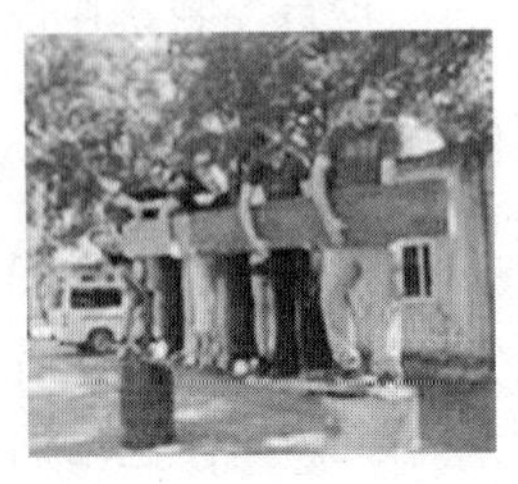

项目时间：40min。

项目学员：一块平地体学员，以组为单位。

器材场地：3个铁桶，2块长木板。

项目控制：所有学员利用我提供给你们的资源(3个铁桶，2块长木板）走到我指定的项目安全区域（预先所设置的标志物以外）成功逃生，即为完成。

注意事项：

(1) 所有学员进行项目前都要将身上的尖锐物品（如眼镜、发卡、手表、钥匙、戒指等）放在一边，做完项目后再收回去。

(2) 游戏—互换身形：请所有学员相互帮助上到木板上，告诉学员们：“从

现在开始各位嘴里不允许发出任何声音，否则我将给予重罚。”现在请各位按照出生月、日的大小在木板上依次排开，项目时间为5min。游戏完成后，告诉学员在木板上的正确换位方式：面对面，手扶腰，慢移动。这个环节是必不可少的；

（3）在移动项目控制中，任何人不允许落地，木板不可以碰触到地面，铁桶不可以放倒滚动；

（4）我们可能会搬动木板，所以手不得压在木板下，也不得在木板上横向滑动，需要挪动木板的学员需要戴上手套；

（5）铁桶、木板必须到达我放置标志的垂直平行位置时，才算完成，当你们到达我指定的标志物时，请不要急着下来，要由我来组织大家慢慢跳下来。因为你们在木板上站了很长的项目时间，双腿已经麻木，所以要注意项目安全；

（6）令行禁止：在项目进行项目控制中，如我发现大家的动作有危险，我会立即制止，请大家不要再继续，各位需要立即停下手中的动作。同时如果有学员感到身体不适，须立即示意我，我会做出适当调整；宣布完之后，询问学员是否还有不明白的地方，待所有学员均无疑问后，方可开始项目。

分享回顾：

（1）游戏热身分享回顾：信息有没有被重视；沟通的作用：肢体语言的表达；沟通定义；沟通的障碍问题，表达方式的重要性，接受的反馈工作的连续性；

（2）项目目的是什么？项目时间？质量？

（3）计划与沟通：是不是先进行了计划，有了计划后有没有很好地沟通，让团队所有学员理解。如何有效沟通？

（4）团队角色；

（5）资源、设计、选择、修正、总结；

（6）学习利用“总结”阶段性；

（7）如何参与团队工作？

（8）分工是相对的，合作是绝对的。

（9）有限理论：在规定的项目时间内（短项目时间）做事情要迅速地做决定；没有最好只有更好，找到比较好的方法后就要坚定地去执行；最好的不一定是适合的，适合的不一定是最好的；有限代替绝对，满意代替最佳。

项目七：兔子跳

项目目的：热身，增加团队协作能力。

项目时间：20min。

项目学员：全体学员。

器材场地：一块平地。

项目控制：

(1) 全体学员围成圆圈站立；

(2) 每个学员两脚与肩同宽，弯腰将右手穿过跨下，伸向后方；同时，伸出左手去抓住前方队友的右手；

(3) 按照“前—后—左—右—前—前—前”的口令，一起移动，同时全体学员齐声喊口令。(前、后口令的动作分别为双脚向前、后跳；左、右口令的动作分别为左脚、右脚向左侧、右侧抬起。

分享回顾：

(1) 协调与默契的关系？

(2) 如何做到统一？

项目九：翻叶子

项目目的：决策与解决问题的能力。

项目时间：40min。

项目学员：全体学员，小组分组。

器材场地：依项目学员多少给予大、中、小的塑胶帆布。

项目控制：参加游戏的人都必须站在塑胶帆布上，然后需要将塑胶帆布翻过来。

(1) 所有人都必须站在叶子上（包含分享回顾）。

(2) 只要有人的身体任何部分碰触到地面就要重来。

分享回顾：

(1) 我们怎么办到的？在项目控制中听到什么？有何感受？

(2) 各位觉得叶子像什么？而整个项目控制又是什么？

(3) 在生活中有无类似感受？

(4) 从项目控制中你学到什么？

项目变通：帆布面越小越难，可计算难度系数。

五、职业素养类项目

职业素养是一个步入职业生涯的能力必备，从生涯规划理论的角度分析，教育培训中应建立职业生涯规划发展的体系，从职业意识、职业认知等角度培养学员的社会角色感，从而达到在国家选拔人才时的资源高效配置。

项目一：沙盘模拟—七巧板

项目目的：团队合作，问题解决。

项目时间：90min。

项目学员：全体学员。

器材场地：室内/场地

A、每组 3 把椅子，按照图示位置摆好。

每个组之间距离 1.5m，实际上 7 个组为一个正六边形的 6 个顶点和 1 个中心点。

B、五种颜色的七巧板，共 7×5＝35 块。器材场地可以选择硬纸板、塑料板或者有机玻璃板。

C、记录白板或监控表。

项目控制：

（1）把团队学员分为 7 个组。

（2）把 7 个组学员分别带到摆好的椅子坐好。宣布 7 组的编号。

（3）向所有学员宣布：这个项目叫“七巧板”。大家所坐的椅子是不得移动的。在项目进行项目控制中，所有人的身体不得离开你们所的椅子。所有七巧板和任务书只能由第 7 组传递。你们的任务写在任务书上，完成任务，会有积分，全队在规定的 40min 内，总分达到 1000 分，团队才算项目成功。

（4）把混在一起的 35 块七巧板随机发给 7 组，每组 5 块。提醒学员在项目中使用七巧板时注意项目安全，只能手递手传递，严禁抛扔。

（5）然后将图一至图七按顺序发给 7 个组，最后将任务书一至七按顺序发给 7 组。

（6）向所有学员宣布：现在项目 40min 计时开始，请大家遵守规则，注意项目安全。

分享回顾：

（1）利益，团队利益最大化事实上就是每支队伍的最大利益。经济学十大原理中有一条，贸易会使每个人的状况变得更好在这里得到了体现，而经济学中一个很重要的假设：人都是理性的，自私的也在这里得到了体现。拿到任务单的时候所想到的肯定是立刻完成任务，战胜周围的其他团队，遇到了困难开始考虑合作，殊不知真正的合作却需要我们更大地战胜心理上的自私。

（2）沟通，在喧闹的一个场所下，人都变得浮躁起来，静下心听别人说话都不是件那么容易的事情。任何情况下人都应该保持高度冷静，虽然这很难，但是很致命。

（3）资源，资源的获取，有效利用。

（4）合作，大家明白了合作的重要性，但是互相之间还是不免在争。大家潜意识中还是把自己的团队归为自己的归属，而不是整个大团队。人心中的潜意识就是竞争，而这一点，又很难战胜。

（5）博弈论中的一次博弈和多次博弈的关系（类似红黑）在游戏中所做的选择是暂时牺牲自己的利益帮助别队并获得一定的回报这样一种协调的方式，这是一种长期博弈的必然选择，也就是所说的“双赢”。

“双赢”的概念经常被用于经济、政治领域，但事实上这种思想是可以贯穿在日常生活中的。

（1）注意要求学员不得移动椅子和身体不得离开所在的椅子。

（2）学员组好图形后，请确认图形，符合要求的，在记分表上记分。

（3）项目项目时间到 40min 时，结束项目，计算各组分数和团队总分。

（4）记分完毕，收回所有 35 块七巧板。

（5）分享回顾结束后，收回 7 张任务书和 7 张图

项目附件：任务书、监控表、任务图

一组任务书

一组的任务是：

（1）用 5 种颜色的图形分别组成图 1～图 6，每完成一个图案将得到 10 分。

（2）用同种颜色的图形组成图 7，完成后将得到 20 分。

（3）用 3 种颜色的 7 块图形组成一个长方形，完成后将得到 30 分。

每完成一个图案，请通知体验培训师，体验培训师确认后，将登记分数。

二组任务书

二组的任务是：

（1）用同种颜色的图形分别组成图 1～图 6，每完成一个图案将得到 10 分。

（2）用 5 种颜色的图形组成图 7，完成后将得到 20 分。

（3）用 3 种颜色的 7 块图形组成一个长方形，完成后将得到 30 分。

每完成一个图案，请通知体验培训师，体验培训师确认后，将登记分数。

三组任务书

三组的任务是：

（1）用 5 种颜色的图形分别组成图 1～图 6，每完成一个图案将得到 10 分。

（2）用同种颜色的图形组成图 7，完成后将得到 20 分。

（3）用 3 种颜色的 7 块图形组成一个长方形，完成后将得到 30 分。

每完成一个图案，请通知体验培训师，体验培训师确认后，将登记分数。

四组任务书

四组的任务是：

（1）用同种颜色的图形分别组成图 1～图 6，每完成一个图案将得到 10 分。

（2）用 5 种颜色的图形组成图 7，完成后将得到 20 分。

（3）用 3 种颜色的 7 块图形组成一个长方形，完成后将得到 30 分。

每完成一个图案，请通知体验培训师，体验培训师确认后，将登记分数。

五组任务书

五组的任务是：

（1）用 5 种颜色的图形分别组成图 1～图 6，每完成一个图案将得到 10 分。

（2）用同种颜色的图形组成图 7，完成后将得到 20 分。

（3）用 3 种颜色的 7 块图形组成一个长方形，完成后将得到 30 分。

每完成一个图案，请通知体验培训师，体验培训师确认后，将登记分数。

六组任务书

六组的任务是：

（1）用同种颜色的图形分别组成图 1～图 6，每完成一个图案将得到 10 分。

（2）用 5 种颜色的图形组成图 7，完成后将得到 20 分。

（3）用 3 种颜色的 7 块图形组成一个长方形，完成后将得到 30 分。

每完成一个图案，请通知体验培训师，体验培训师确认后，将登记分数。

七组任务书

七组的任务是：

（1）领导团队在规定项目时间内完成任务，达到 1000 分的项目目的。

（2）指挥其他各组学员，用所有的 35 块图形组成 5 个正方形，每个正方形必须由同种颜色的 7 块图形组成。每完成一个正方形，你将得到 20 分，组成正方形的那个组将得到 40 分。

（3）支持其他各组学员，在规定项目时间内得到更多的分数，其他各组总分的 10％将作为你的加分奖励。

七巧板监控表

队名：　　　　　　　　　　　　　　　　总分：

	一	二	三	四	五	六	七	八	九	减分	总分	名次
一组												
二组												
三组												
四组												
五组												
六组												
七组												
培训师监控记录												

记分表说明：

（1）记分表要在培训前在大白纸或白板上画好。

（2）项目进行项目控制中，体验培训师得到学员组好图形的示意后，到学员那确认学员的组好和所组的图形，然后把相应的得分记在记分表的相应位置。记分表第一行标的一至七分别对应图一至图七，八对应的是周围六组组成的长方形，九对应的是周围六组组成的正方形。第七组的第一个格记录的分数为周围六组总分的10%，第二个格记录的是周围六组组成的正方形数乘以5后的分数。注意，正方形只有5个有分，所以周围六组肯定有一组没有正方形的分数。

（3）最后把团队总分算好，如果达到1000分，宣布项目成功，没有达到则项目失败。根据任务书的记分规则，如果所有图形在规定的项目时间内都组好了，总分应该是1046分。

说明：图片为网上寻觅，所以之前游戏说明里面的图不能完全找到。但是游戏中的图是可以替换的，要求只要是由7块七巧板拼成的就OK了，所以以下的图片也能用上。

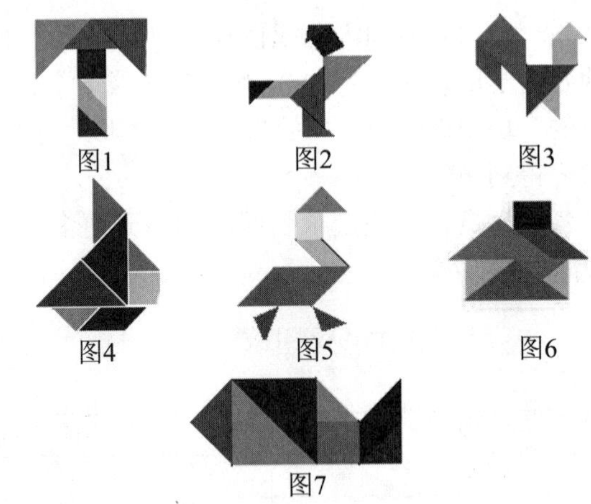
图1 图2 图3 图4 图5 图6 图7

项目二：孤岛求生

项目目的：团队协作

项目时间：40min。

项目学员：全体学员分组进行。

器材场地：平地、木箱或石阶，专用的水上场地，木板两块、任务书、鸡蛋1只、一次性筷子2双、A4白纸1张，胶带10cm、羽毛球5个、水桶1只，眼罩（人数/3＋2）个、笔1支。

项目控制：

（1）首先将所有学员分成 3 组，分别请到 3 个岛屿上；

（2）告诉所有学员，由于发生海难，各位被汹涌的波涛分隔到了 3 个岛屿上。第一组学员，由于饥饿难耐，误食了一种食物，导致暂时性的双目失明，接着请该岛学员戴上眼罩，并提醒他们周围是湍急的河流，请注意项目安全；

（3）告诉中间一组学员，由于饥饿难耐，误食了一种食物，导致失去了语言能力，成为哑人，告诉该岛学员从现在开始嘴里不允许发出任何声音，你们周围是湍急的河流，请注意项目安全；

（4）告诉最后一组，他们是最幸运的，因为他们不仅吃饱了肚子，并且都没有中毒，所以他们是健全人，所在的岛屿叫珍珠岛，你们周围是湍急的河流，请注意项目安全；

（5）告诉所有学员 3 个岛屿之间的概念距离是数千海里，相互喊叫是没有用的；

（6）当我宣布项目开始后，盲人双手不可触碰眼罩，哑人不可说话，否则将给予重罚；

（7）盲人组戴上眼罩后，手拉手由体验培训师领到盲人岛，告知有一个大约 20cm 高的平台，慢慢站上去，注意不要磕腿和乱动，逐一扶上去后，让大家用脚感知一下边缘和高度，注意不要掉下去；

（8）项目结束后，戴眼罩的盲人把手伸入眼罩内，轻轻捂住双眼，慢慢揉搓眼皮后再睁开眼睛，等适应光线后再摘下眼罩；

（9）令行禁止：在项目进行项目控制中，如我发现大家的动作有危险，我会立即制止，请大家不要再继续，各位需要立即停下手中的动作。同时如果有学员感到身体不适，须立即示意我，我会做出适当调整。

分享回顾：

（1）突破思维定势；

（2）领导艺术，敢于放权，不独断专行，事无巨细，事必躬亲；

（3）如何有效的沟通？方式？

（4）信息的组合与选择。事情分轻重缓急，应该抓住主要矛盾。鸡蛋和选择题不是最重要的任务，当有不止一个任务时应该选最重要的任务（40min 包鸡蛋的笑话）；

（5）自我意识与主动性，盲人应主动寻求帮助；

（6）把各岛的“盲人”“哑人”和“健全人”放在企业中，各代表什么层级？（健全人：决策层；哑人：管理层；盲人：基层员工）；

（7）工作和日常生活中有没有类似的“孤岛”现象？怎样解决？

(8) 信息整合；

(9) 创新和风险意识；

(10) 项目时间管理；

(11) 克服随之而来的任何不幸的第一步。

项目附件：

自由岛任务：

(1) 将15种生存物品（阿司匹林，收音机，绳子，烟雾弹，压缩饼干，电池，匕首，望远镜，指南针，帐篷，火柴，补妆镜，汽油，淡水，手电筒）按重要性排列。

(2) 用筷子、报纸和胶布将两个鸡蛋包装起来，在2m高抛下不会损坏。

(3) 用2套七巧板按要求摆出。

条件：任务开始后自由岛成员不可掉入水中。所有物品掉落水中，直接会被急流冲至盲人岛。所有任务必须在40min内完成。

哑巴岛任务：

用木板将所有人集中到自由岛。

条件：任务开始后岛上成员不可发出任何声音，否则任务失败。在盲人岛任务1没有完成之前，不能使用木板。只有哑人岛成员才能使用木板。所有物品掉落水中，直接会被急流冲至盲人岛。所有任务必须在40min内完成。

盲人岛任务：

任务1，将羽毛球投进1m外的塑料桶中（完成后由体验培训师通知哑人岛成员）。

任务2，所有人集中到自由岛。

条件：任务开始后不可拿下眼罩，否则任务失败。只有盲人岛成员可以投掷羽毛球。

所有物品掉落海中，直接会被急流冲至盲人岛。盲人岛成员离开盲人岛后，不得掉入水中，否则任务失败。所有任务必须在40min内完成。

项目三：逐鹿中原

项目目的：(1) 团队在整合有限资源时如何确定决策方案，如何把握好竞争与合作的关系，打破本位主义，创造共赢的气氛。(2) 突破思维定式。(3) 通过竞争与合作的游戏，烘托热烈的团队士气。

项目时间：90min。

项目学员：团队项目，最好多队一起做，分3～4组，每组项目学员5～12人，每组项目学员尽量平均，总项目学员30～50人较好。

器材场地：4个不同颜色的塑料桶或筐、20m彩色长绳1条，拉出边长

5m 的区域、4 种不同颜色的球，与桶的颜色相配，每种颜色 20 个，球需软的，弹性不要太大、记分白板或报纸板、10m 见方，平坦空旷，稍软地面最好，如草坪、地毯等，室内外均可（布置如下图）。

项目控制：（1）将学员平均分成 4 组；（2）共做 4 轮投球游戏；（3）计分规则：每种颜色的球代表各队，投入不同的桶中可以得到不同的分数，各颜色桶代表不同的分值，绿桶 5 分，黄桶 10 分，红桶 15 分，蓝桶 30 分，每轮投掷后把不同颜色桶中的同色球分数相加，得出各队成绩（在场地较小时，为避免投入太快，可以要求球必须是弹入桶中，不可直接投入）；（4）每轮取前三名进行奖励，奖励由体验培训师灵活掌握，精神鼓励为主，不提倡物质奖励。取前三名的项目目的是引起各队的重视，造成竞争的态势；（5）第一轮的投掷规则：在投球线后投掷，每个队 20 个球；球至少落地一次投入桶中方为有效（投球区域大时，可以直接投入）；60s 内不断投掷；每个组四个人捡球，并且把球仍回本队，不可直接投入。（6）第二轮到最后一轮的投掷规则前 4 条不变，加一条：各队可以安排一个学员在投掷区内挡球，但是不许碰球，不许把别人的球拿出来；最后一轮，提醒统计 4 队的总分，对全体项目目的有要求。

分享回顾：

（1）团队在整合有限资源时的决策？

（2）如何把握竞争与合作的关系？

（3）本位主义是什么？

（4）完成任务是依靠什么？

（5）共赢的特点是什么？

（6）如何突破思维定势？

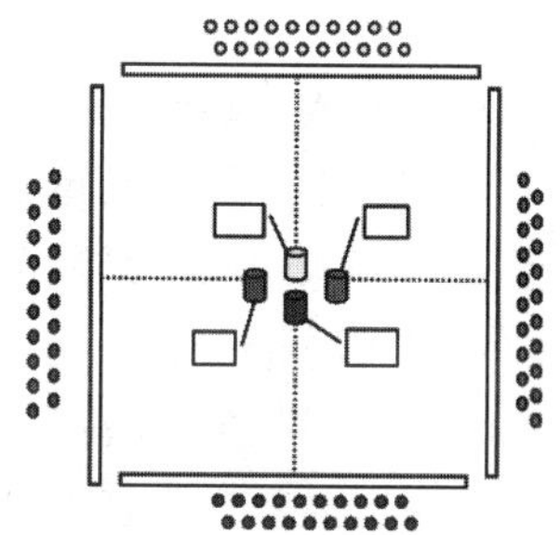

项目总结：

（1）对任务过程的总结和引导；

（2）故事启发：富家子弟吃饺子；

（3）有限资源的分配与整合；

（4）本位主义的思想；

（5）固定思维模式的打破；

（6）竞争与合作之间的微妙关系；

（7）团队时期的烘托很重要。

项目附件：布课示意图。

项目四：沙盘模拟—纸箱商战

项目目的：商场战略谋划能力训练。

项目时间：90min。

项目学员：全体学员。

器材场地：A4 白纸、模拟记录表。

项目控制：

（1）将三队分成 6 个组，分别在不同方向角落，距离 50m 以上，设定自己的公司；

（2）各队分别在队员中按照学员的个人特点招聘市场调研、产品策划、成本核算、原料采购、生产、营销、管理层等人员各一人，分别负责岗位工作；

（3）体验培训师、助教分别担任原料公司与产品需求方客户代表；

（4）程序：各队派市场调研员进行市场产品需求调研、策划设计专员进行产品策划、财务人员进行成本核算、采购员进行原料采购、生产人员进行产品生产、营销员进行市场开发与投标、签订定货协议、管理层领导整个工作的开展。

分享回顾：

（1）6 个组之间是一种什么样的关系，是竞争还是合作？

（2）企业运作的过程的复杂程度？

（3）项目开始的时候，要求学生仔细听规则，有没有认真听，听得信息有没有遗漏？

（4）完成任务的方法，如何操作？

（5）成功的原因？

（6）事前调研与策划的重要性？

（7）成功的关键环节是那些？

项目总结：

（1）对任务过程的总结和引导；

（2）故事启发：加利福尼亚大学的猴子试验；

（3）名言的启发：不要等待机会，而要创造机会；

（4）勇于尝试的重要性；

（5）创新的范围；

（6）资源的有效充分利用；

（7）成功的关键所在团队的协调发展；

（8）团队的合力与博弈理论的应用。

项目附件：

纸箱沙盘项目监控表

监控项目	1 组	2 组	3 组	4 组	5 组	6 组	7 组	8 组
标底与产品具体要求								
市场调查分析								

（续）

监控项目	1组	2组	3组	4组	5组	6组	7组	8组
产品需求调查								
产品设计研发								
原料市场调研								
原料采购报价								
产品生产时间								
性能测试								
营销推广方案设计								
营销方案实施								
投标报价								
竞标过程与看货								
开标与中标								
盈亏分析								

项目五：一寸光阴一寸金

项目目的：项目时间管理。

项目时间：30min。

项目学员：全体学员。

器材场地：细绳若干，细绳长度大约40寸长和剪刀，教室。

项目控制：

（1）绳子的长度象征一个人的寿命，1寸代表1年，正常人1～20岁和60～80岁都无法工作，人的一生真正能用于工作的可能只有40年的项目时间，让我们看看我们的项目时间是如何分配的。

（2）以下是一个正常人的项目时间账目表

项目	每天耗时/h	40年耗时/a	结余/a
睡眠	8	13.3	26.7
一日三餐	2.5	4.2	22.5
交通	1.5	2.5	20
电话	1	1.7	18.3
看电视上网	3	5	13.3
看报、聊天	3	5	8.3
刷牙、洗脸、洗澡	1	1.7	6.6
休假、白日梦、闹	2	3.3	3.3
情绪、身体不适			

可见，一个正常人真正工作的项目时间只有3.3年！

（3）体验培训师可以根据以上的项目时间账目表，每发生一个项目，就将原来的细绳剪掉相对应绳子的长度。也可以项目准备绳子让学员自己剪绳子，这样可能学员的感触更深。

分享回顾：引出一个话题：我们只有3年的项目时间去创造价值，我们如何管理项目时间呢？

项目六：吉塔星遇险

项目目的：协同作战能力的培养。

项目时间：90min。

项目学员：全体学员。

器材场地：室内或空场地。

项目控制：科学决策、共渡难关，在20个工作日之内找到人类在吉塔星的基地！在一次太空执行任务的途中，宇航飞机出现故障，迫降吉塔星，每位航天员掌握着不同的信息和资源，通过共同决策，战胜困难，回到基地。人物：伯恩利—太空军官、安德弗—太空军官（拥有第一张图）（以后只有他可以看到图）、加的夫—太空军官、伊哥赛特—太空军官、杜丝贝瑞—太空军官、罗德尔曼—太空情报官。

（1）要求地面平整，周围没有障碍物，以保证学员的安全；

（2）所有学员按照3个小组重新按1～6报数分成7组，40min完成任务；

（3）每组学员中只有安德弗能够拥有第一张地图，并且是信息员；

（4）只有信息员能够前往基地指挥中心辨别任务路径的准确性；

（5）每步骤允许5次试探；

（6）暑天尽量避免在烈日下或者其他恶劣天气下完成任务。

分享回顾：

（1）团队有没有领导出现？

（2）决策的方式与方法。

（3）决策的科学性。

（4）踏出每一步的关键。

（5）你在团队中的角色扮演。

项目总结：

（1）对任务过程的总结和引导；

（2）科学决策概念；

（3）两句名言的启发：一个人最大的破产是绝望；最大的资产是希望！成功一定有方法，失败一定有原因，我们一定有答案！

（4）各种能力的提升；

（5）前期策划的重要性和领导力执行力的重要性；

（6）故事启发：面对困难的心态（余世维的危机观）；

项目附件：

1. 伯恩利的知识

我的名字是伯恩利—太空军官

我曾经看到了安德弗画的1号平面图。每天我们都会选择朝一个方向走——东、南、西或是北，我们必须注意吉塔人，他们能带我们去基地。那些漫游着的吉塔人很可能在沙漠地区。

我了解吉塔行星，这里气候恶劣，炎热干燥，没有食物和水。唯一的水源是林中的树叶。我们不可以吃叶子，也不能折断下来，即使折下来，它们也会很快干枯。

如果我们吸了叶子中的水分，可以存活3天。没有水的话，就没有第4天了。今天是0日，所以我们必须在4日内找到水，否则将死去。

北方的树林是有水的，向北走应该是个好主意。

2. 安德弗的知识

我的名字叫安德弗—太空军官

我们遇到了问题。我们的飞船失去了无线电通信，在太空中飘泊。我们降落在了吉塔星上——一个危险的、火山经常爆发的星球。

我们的无线电没法修复，没有人知道到这儿来找我们。食物和水在坠落时都毁了。船长死了，按照规则，如果愿意的话，我们可以选出一个领导。

我们必须找到吉塔人居住的基地，那有一个大型的无线电发射器。走几天的路程，我们就能看到基地。如果能登上山冈，就能看得更远。

我画了一张平面图，标明了我们所在的位置，以及朝东、南、西、北四个方向走一天得路程后，能够看到些什么。我把它标为1号平面图。

伴随着我们的旅程，会画出其他得平面图，并随机为它们编号。

现在我们在草地上。如果我们向西走，到18号平面图，那儿有更多的草，而且再走上一天的路就能到山冈。如果向北走，到13号平面图，我们将到达树林。如果向东走——5号平面图——我们就会到达沙漠。如果向南走，到24号平面图，那儿有一种名为布兰克的灌木丛，能够产出稀有的矿物质。

我听说走在灰烬上是危险的，我会把平面图给其他人看，告诉他们我所知道的。

3. 加的夫的知识

我的名字叫加的夫—太空军官

我已经看了安德弗画的 1 号平面图，我们的处境是非常危险的，没有希望获救。船长死了，按照应急规则，如果愿意的话，我们可以选出一个领导。

我们必须找到吉塔人居住的基地，那里有一个大型的无线电发射器。走两天的路程就能看到基地。吉塔人是友好的，他们有时会在星球上漫游，一般是在沙地中。

吉塔行星上没有食物，但是有布兰克。布兰克是一种木棍状的灌木，里面不含水分，但是含有一种稀有的矿物质。我们可以折一些布兰克戴在身边，当体内缺少矿物质是可以拿出来嚼一嚼。

在比较好的条件下，如果拥有布兰克的话，我们可以活 15 天。没有布兰克，没人能活过 15 天。为了生存，我们必须在 15 天内赶到一个有布兰克的地方。

这个星球上有布兰克的地方不多，朝南走到 24 号平面图的区域去找布兰克，也许是个好主意。我们必须把所知道的告诉其他人。

4. 伊哥赛特的知识

我的名字叫伊哥赛特—太空军官

我已经看了安德弗画的 1 号平面图，也看了杜丝贝瑞的“21 天日程表”。

我们的船长死了。按照应急规则，如果愿意的话，我们可以选出一个领导。

我有一个指南针，但是这里的磁场是不确定的。我们只能朝东、南、西、北四个方向走，不能走对角线。也就是不能试图走捷径，朝东北或西南方向走。

这个星球经常有火山爆发，在有火山灰的地方或许是不明智的。

我们必须找到吉塔人居住的基地。那儿有一个大型的无线电发射器，我们可以在两天的路程之外看到。

吉塔人很友好，有时会在星球上漫步，他们喜欢在沙地上走，所以朝东面的 5 号平面图区域走或许是个好主意。

我必须把我知道的告诉其他人。

5. 杜丝贝瑞的知识

我的名字叫杜丝贝瑞—太空军官

我已经看了安德弗画的 1 号平面图。

我们每 3 天至少需要从树叶中补充一次水分，从明天算起是第一天。但是我们不能吃叶子，也不能把它们摘下来。

每 15 天，我们就要从布兰克中摄取重要的矿物质，从明天算起是第一天，我们可以折下一些布兰克，带在身边。

即使有水和矿物质，我们也必须在 21 天内到达基地，无论如何，我们都撑不到 22 天。

我已经拟订了一个日程—“21 天日程”，——这样我们就可以记下在这个星球的行程。我会记下我们走过的地形项目类型，同时加上可能有帮助的评论。

今天我们在草地上，向西走有更多的草，走一天之后就能到达一个山丘。在山丘上我们会看得更远，也许朝西走是个好主意。

如果我们上了山丘，或许就能看见基地了。

我必须把我知道的告诉其他人。

6. 罗德尔曼的知识

我的名字叫罗德尔曼—太空情报官

我们遇到了问题。我们的飞船在太空中飘泊。被迫降落在了吉塔星上——一个危险的、火山经常爆发的星球。

没有人知道到这儿来找我们。食物和水在坠落时都毁了。船长死了，按照规则，如果愿意的话，我们可以选出一个领导。

我们必须充分尊重每一个人的意见，在分享分回顾的时候，每个人有义务发表自己的见解，尽可能地统一思想，我们不能分头行动，分头行动是被禁止的！

我所掌握的信息是：在草地旁边经常会出现树林；建议大家保持和草地的距离，不要超出 3 天的路程。

走在灰烬上是非常危险的，但机会和风险总是相伴而行的，我们必须核对并分享回顾每个人的信息，却不能让别人看到自己的任务书。我们还必须经常分析我们失误的原因，找到改进的途径。往哪个方向走并不是第一重要的，关键是我们一直要坚定我们的项目目的！

进程分析表

失败次数	行动情况	失败原因	下一次行动计划
1			
2			
3			
4			
5			

日程记录表

日期	图号					地形项目类型					评论
	一	二	三	四	五	一	二	三	四	五	
0	1					草					
1											
2											
3											
4											
5											
6											
7											
8											
9											
10											
11											
12											
13											
14											
15											
16											
17											
18											
19											
20											
21											

项目七：水煮三国

项目目的：沙盘模拟、团队协作、博弈类拓展训练项目。

器材与场地：

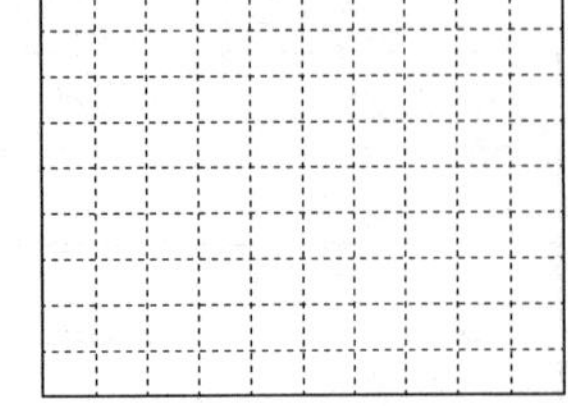

10根粉笔、平整的水泥地面；或铺有能够宽松站立1人（每块）的平整连续的地砖地面。地砖数量因人数而定，一般为人数+（人数/3）。划定场地为正方形：$[人数+(人数/3)]^2$如图：

项目人数：适合40～80人，一般划分为3个公司团队，选出公司领导人1名。

项目时间：60～90min。

项目操作与规则：

（1）讲解三国时期的故事：汉末三国，群雄争霸，战争不断，使得人口

下降，经济受损，三国皆重视经济发展，由于战争需要，各种技术都有较大的发展。三国的发展经历了三分雏形、三国鼎立、内争外战和三分归晋 4 个阶段。这段三国历史对于你们完成今天的任务具有很强的参考与借鉴意义，给大家 2min 的讨论时间，回顾这段历史，分析你们的战局。

（2）你们是三个公司团队的成员，你们将要进行的是水煮三国沙盘模拟项目，情景问话："有没有信心完成"，要求学员回答"能"。

（3）你们的任务是全队通力配合，在 40min 内完成三局市场资源争夺的比赛。

（4）在一个 10×10 的方格区域内，每局各公司选出 1 为领导者（三局不可为同一人），按五子棋的规则，排成 5 个人连在一起，即为完成任务，按照完成任务的次序排名次获得分数，三局总分合计排列总名次，最终获胜者可以获得一定的奖励。

（5）轮次分值分配表

轮次	第一名	第二名	第三名	均未完成
第一轮	10000	5000	0	10000
第二轮	20000	5000	0	20000
第三轮	30000	0	0	40000

（6）第一轮，教练将 3 位领导者带到隐蔽处一起谈话，说明什么是被惩罚的，回去不得传达，比赛直接开始；第二轮，教练安排 3 位领导者单独在一起谈话，时间 2min，内容为三队要相互配合，回去后各队组讨论 30s；第三轮，教练将 3 位领导者分别带开，让其两两谈话，时间 1min，回去与队员交流传达。比赛开始后，领导者只能喊叫队员名字，其他内容不允许讲；队员没有教练的允许不得随意讲话，需要讲话者举手示意后，经教练同意后可以讲话，整个过程中任何人不允许指点和暗示，否则视为犯规，犯规者按照相关规定进行处罚。完成任务后，需要由队长举手确认后方为有效，按照举手的先后次序确定名次。

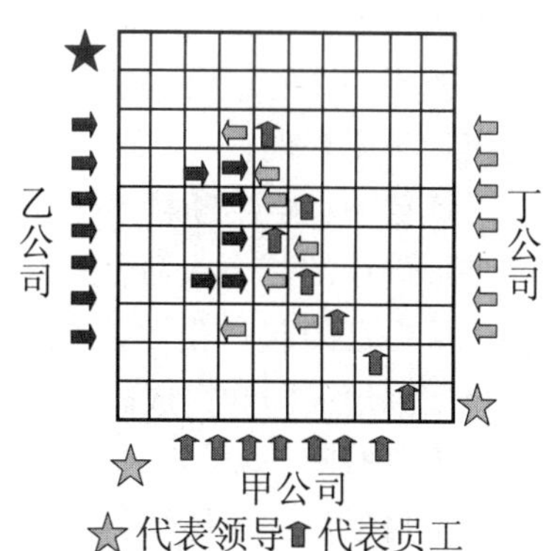

（7）犯规内容：项目暗示、未经允许随意移动、未经允许说话、下蹲、离开比赛现场，处罚扣分依次为领导者犯规 200 分/次队、队员犯规扣 100 分/次队。

（8）按照三公司团队的站位方向确定其进入后的方向，如甲公司面向北、乙公司面

向东、丁公司面向南。如图：（注：学员要背向太阳）

项目分享总结：项目分享时采取“亚瑟王”圆桌会议的形式，全体队员围坐在一起，共同分享与总结，分享时间为 30～40min。

分享队形、总结队形如下图：

（1）公司战略决策的重要性？

（2）公司领导人的重要性？

（3）执行层在执行任务时的自我思维意识？

（4）关键岗位、中间管理层作用的发挥？

（5）博弈论：如何在三足鼎立的局面下竞争、合作（在两队相互较劲的过程中，第三方是如何渔翁得利的）？

（6）如何进行资源市场的选择与利用？矩阵中的方格超过了全部人员总数，但实际竞争中各公司的选择为什么会扎堆？

（7）公司领导者的用人策略是什么？会把哪些人安放在关键岗位？

（8）在市场混杂的情况下如何辨别和分析战局，如何做到个人对整个战局的有利把握？

（9）各公司竞争的过程中，如何发挥个体的临场应变能力？

（10）如何理解独赢与共赢？共赢的市场特点？计算共赢后的各公司获利状况？企业的共赢战略遵循：诚信—依赖—合作—互赖—共赢。

（11）从 3 个老鼠吃蛋糕的哲理故事中如何获得突破思维模式的启发？（资源浪费式顶端中间吃法到各边齐头并进的共享式的吃法的转变。）

六、心智挑战类项目

强健的体魄、良好心理素质和较好社会适应能力是一个人健康的重要标志。21 世纪的挑战是智慧的挑战，由于经济飞速的发展，人们的生活节奏不断加快，各种压力随之而来，如何应对压力，管理好自己的压力已经成为各行各业所关注的重要问题。敢于挑战困难，能够正确面对和判断自我是心智健康的重要表现。

项目一：空中断桥

项目目的：个人挑战，每位学员轮流爬到高空桥面，从自己的起点位置跃到另一端点，再跃回来项目安全回到地面即为完成。

项目时间：3～5min/学员。

项目学员：全体学员。

器材场地：体验培训高空架、头盔、半身式安全衣、主锁、上升器。

项目控制：

1. 项目安全装备讲解示范

（1）头盔首先，分清头盔的正反，带有商标标志 Logo 的一侧为正面，应处于额前。

然后，调整头围大小和颈带的长短。头围以“戴上头盔晃头时，头盔不晃动”为适宜，颈带以“扣上后，食指、中指两指能较轻松穿插”为适宜。戴头盔之前，所有长发学员须将长发盘起放入头盔。

最后，晃动头部，复查头盔松紧程度，并再次检查头盔边缘是否有长发露出。

（2）半身式安全带：在结合部位有一定硬度的提环（一般颜色比较特殊醒目）提起项目安全环，整理项目安全带，分清腰带和腿带。穿戴动作类似穿短裤：左腿伸进左腿带，右腿伸进右腿带，穿上后，先将腰带提至髋部以上并系紧，再收紧腿带。注意不要先收紧腿带，腿带收紧后腰带难以上提到髋部了。

（3）主锁有“开”“闭”两种状态，在使用时，必须处在闭合状态。在挂好相应物品后，应拧紧回半圈，再小心复查一下，确保操作正确。

（4）上升器常分为左右手两种，是非常便利的升降器材场地，其原理是在上升项目控制中，“倒刺”是顺向，很容易上推，下降时，“倒刺”是逆向，能紧紧地挂住绳子。

2. 所有学员进行项目前都要将身上的尖锐物品（如眼镜、发卡、手表、钥匙、戒指等）放在一边，做完项目后再收回去。体验培训师应指导队长排好学员参加的先后顺序并选出两名学员作为项目安全员，协助学员穿戴和检查项目安全装备，看“腰带是否系紧，项目安全带反扣是否打上”（自锁式项目安全带不用反扣）。

3. 然后让所有学员一字排开，并依次奋力向前跨一大步，以便体验培训师大概了解每个学员的跨越能力调整断桥板间的距离，穿好保护装备后可以要求学员在地面进行试跳，适应保护装备的松紧程度，并记住自己习惯的起跳腿。

4. 所有学员在做项目前都要由队长组织所有学员给他充电加油，具体方法为：即将做项目学员穿戴好项目安全装备后，双手扶住立柱，其他学员围住该学员，并用手扶住其头部、腿部、背部、腰部，做项目学员首先喊出自己的名字，接着所有学员喊出本队队训，并大喊三声“加油、加油、加油”。

5. 跨越前要将前脚掌探出板沿 1/3，将保护绳向前甩，置于断桥中间，双眼平视正前方，用余光看着对面桥面，放松身心，深呼吸后大声喊出“1、2、3”，同时屈膝利用前脚掌的蹬踏及腰部的力量用力跨越；

6. 最后宣布讲解完成之后，询问学员是否还有不明白的地方，待所有学员均无疑问后，即可开始项目。

注意事项：

（1）要爱惜所用的头盔、项目安全带、主锁、上升器和动力绳等项目安全保护装备，头盔要反扣向下放置，主锁和上升器不得摔扔跌碰，项目安全带和动力绳更是怕“火”“磨”“踩”，注意正确的使用方法，避免损毁行为发生。

（2）无论是在上升，还是下降项目控制中，上升器必须高于攀爬学员的腰部，减少出现意外时的冲坠高度。

（3）学员在攀爬项目控制中，要注意将自己的身体和立柱保持为三角形，同时用自己的足弓踩踏立柱巴蹬的水平横杠上，不允许踩踏在下方的斜杠上或三角形空隙内；

（4）断桥上的学员跨越时尽量保持两臂侧平举不要抓身前的保护绳，适应比较困难的学员仅能一手轻扶绳子协助维持身体重心平衡，禁止紧握保护绳子影响绳子的滑动；

（5）过断桥必须采用跨越动作，不允许学员在断桥上“跑”“窜”“蹦”“跳”。

分享回顾：

（1）心理舒适区；

（2）面对未知、压力与恐惧，如何果断地做出决策。对没有经历的事情，挑战是自己的一个课题；

（3）调整和适应变化的能力（人对环境的四种反应：第一离开环境；第二改变环境；第三适应环境；第四抱怨环境。我们可能无法改变风向，但我们至少可以调整风帆）；

（4）如何克服恐惧心理？我们说确立项目目的、关注项目目的、分解项目目的。数“1、2、3”给自己压力和底线；

（5）感觉跳过去时困难，还是回来时困难呢？过去时难是信心问题；回来时难是因为环境的再次改变产生新的压力；

（6）行动是克服恐惧心理的良方；

（7）请记住威力—卡瑞尔万能公式的三大实施项目控制：①问你自己“可能发生的最坏情况是什么”？②如果你必须接受的话，就准备接受它；

③然后很镇定地想办法改善最坏的情况。

（8）自我设限：跳蚤实验；自我预言：意志力坚定；相信自己的能力，给自己压力底线。

项目二：齐眉棍

项目目的：突破固定思维模式。

项目时间：20min。

项目学员：全体学员，分组进行。

器材场地：一块空地，齐眉棍 2 根。

项目控制：在保证每个学员的手都在轻质塑料棍（或竹竿）下面的情况下，将轻质塑料棍（或竹竿）项目安全水平地往下移动。一旦有学员手离开轻质塑料棍（或竹竿），或者轻质塑料棍（或竹竿）没有水平往下移动，任务就算失败。

1. 项目准备一根 2～3m 的轻质塑料棍（或竹竿，最好可伸缩）。

2. 让小组学员站成相对的两列（或并排一列亦可），让小组学员全部将双手举到自己的眉头位置。

3. 将轻质塑料棍（或竹竿）放在每个人的手指上，注意必须保证每支手都接触到轻质塑料棍（或竹竿），并且手都在轻质塑料棍（或竹竿）的下面。

游戏项目目的：

这个游戏让学员体会到了“拴在一根绳上的蚂蚱”的感觉，换言之，是让他们“生死与共”，以培养他们的沟通、协作能力和领导能力。

分享回顾：

（1）当你和别人一起移动塑料棍时有什么感觉？

（2）你和其他学员是怎么交流的？

（3）你们采用什么方法保持动作一致？

（4）你们是怎么克服身高差异的？

项目总结：

（1）游戏看似简单，但要成功地完成非常不易。因为游戏要求每个人的手都不能离开棍子，所以组员必须克服个人的身高差异。同时还考验他们的协同合作能力，一人的不配合将导致满盘皆输；

（2）如果一个人去完成这个任务是相当简单的一个事情，但是一个人做的工作由几个人来完成，会比一个人干时还不容易，因为几个人之间将形成许多相互关系，制造出许多新工作，因此团队的力量不容忽视，这也就是“帕金森定律”；

（3）如果小组中有任何一个人不同于组织的共同节奏，轻质塑料棍将无法保持水平下降。所以应该想办法克服，可以通过喊号子的方式来解决。选一个队长，喊出简短有力的号子来指挥学员，同时也可以说一些鼓励的话来激励学员的斗志。所以说，队长（领导人）的选择很重要，要能调动大家的情绪才行。

项目三：天梯

项目目的：团队合作，两人协作，共同登顶。

项目时间：每组限时 10min 内完成。

项目学员：全体学员每两人一组。

器材场地：体验培训高空架、头盔、半身式安全衣、全身式安全带、主锁、上升器。

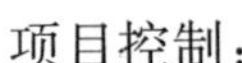

项目控制：

1. 项目安全装备讲解示范

（1）头盔

首先，分清头盔的正反，带有商标标志 Logo 的一侧为正面，应处于额前。

然后，调整头围大小和颈带的长短。头围以“戴上头盔晃头时，头盔不晃动”为适宜，颈带以“扣上后，食指中指两指能较轻松穿过”为适宜。戴头盔之前，所有长发学员须将长发盘起放入头盔。

最后，晃动头部，复查头盔松紧程度，并再次检查头盔边缘是否有长发露出。

（2）半身式项目安全带（地面主保护学员穿用）

寻找项目安全环：在结合部位有一定硬度的提环（一般颜色比较特殊醒目）。

提起项目安全环，整理项目安全带，分清腰带和腿带。穿戴动作类似穿短裤：左腿伸进左腿带，右腿伸进右腿带，穿上后，先将腰带提至髋部以上并系紧，再收紧腿带。注意不要先收紧腿带，腿带收紧后腰带难以上提到髋部了。

（3）主锁

主锁有“开”“闭”两种状态，在使用时，必须处在闭合状态。在挂好相应物品后，应拧紧回半圈，再小心复查一下，确保操作正确。在挂锁前应将保护绳的拧转去除。

（4）全身式项目安全带（高空学员穿戴）

首先，找到项目安全环（往往从颜色上很好区分出来），提起项目安全环，整理好项目安全带，平整地放在地面上；

然后，双脚踏入腿环，同时提起项目安全带，双臂像穿衣服一样伸入两个肩带环，肩带环的尺寸为“穿好后，学员能刚好挺直腰身，上半身稍感勒束”为适宜；调整腿带大小，“以五指插入能够上下自由活动”为适宜。

接着用扁带穿过身前的保护环，挂结后，从学员腋下穿过，用主锁锁在身后项目安全环上，最后系好胸带。

学员在开始攀爬之前，应将连接保护绳的两把主锁正反挂在项目安全环上（每把主锁的要求同主锁使用注意事项）。

2. 选择地面保护学员

选择 4 名身体比较强健学员分为两组担任地面保护任务，两名担任主保护学员须身穿半身式项目安全带，保护动作采用“法式五步保护法”，具体方法为（以站在保护绳左侧为准）：弓步站立，左手下拉，右手上扬—右手绕到背后按住绳索—左手松开绕到右侧按住绳索—右手松开绕到左侧八字环前一拳处按住绳索—左手松开回到初始位置抓住绳索。

2 名副保护学员分别紧跟 2 名主保护学员身后，主要负责协助主保护学员收放保护绳增加保护力量，并把收回的绳子摆放在地面上，防止主保护和其他学员踩到绳子，保护学员可以安排轮换进行。

3. 落实 2 名学员作为项目安全员，协助学员穿戴和检查项目安全装备，若男女学员同处一队，项目安全员尽量选择一男一女，分别为同性别学员穿戴和检查项目安全装备，避免男女生理差异而引起不必要的尴尬。

4. 每位学员在项目开始前必须摘掉戒指、手表、手机等易掉物品（眼镜可以不摘，但必须戴好，防止滑落）放在一边，做完项目后再收回去。体验培训师应指导队长排好学员参加的先后顺序并选出两名学员作为项目安全员，协助学员穿戴和检查项目安全装备，看“腰带是否系紧，项目安全带反扣是否打上”（自锁式项目安全带不用反扣）。

5. 所有学员在做项目前都要由队长组织所有学员给他充电加油，具体方法为：即将做项目学员穿戴好项目安全装备后，双手扶住立柱，其他学员围住该学员，并用手扶住其头部、腿部、背部、腰部，做项目学员首先喊出自己的名字，接着所有学员喊出本队队训，并大喊三声“加油、加油、加油”。

6. 我们可以借助的只有横木和队友的身体（不得拖拽衣裤），不许拉胸前的保护绳和两旁的钢丝绳，在攀爬项目控制中只有两个部位是最项目安全的借助点——大腿根部和脖颈根部，严禁蹬踏膝关节和肩关节，特别注意的是，当你登踏到我们队友身体时，严禁向上跳跃，没有人能够承受那么大的向下登踏力，更不要踩踏在学员上体上碾磨移动；

7. 攀登到顶端后，体验培训师要先安排几名地面其他学员向地面保护学员所在的反向侧推移天梯最下面的圆木，顶部高空学员要先臀部向后尽量下蹲，再向地面保护人员高声喊出“1、2、3”时两手松开，主附保护要同步用力拽绳，给高空学员一个拉力减缓冲坠，稳定后在慢慢松放保护绳让高空学员平缓下降到地面。

注意事项：

（1）要爱惜所用的头盔、项目安全带、主锁和动力绳等项目安全保护装备，头盔要反扣向下放置，主锁不得摔扔跌碰，项目安全带和动力绳更是怕“火”“磨”“踩”，注意正确的使用方法，避免损毁行为发生。

（2）在攀登前必须复查项目安全装备的正确穿戴，确认两组地面保护已经准备就绪并收紧保护绳，否则不允许开始攀爬。

（3）两名学员攀上第一根横木前，体验培训师要站在攀爬学员身后，双手伸出做保护动作，防止学员坠落地面，攀爬上升项目控制中要让保护绳松紧适度，太松太紧都不能起到有效项目安全保护。

（4）所有保护学员必须戴上手套，在保护学员进行轮换时，必须向新保护人员讲述保护动作要领，确保能够正确操作。该项目两人一组对应保护一位高空队友，因此副保护需要发挥较大作用，尤其身高体壮的高空学员，更要做好应对冲坠力量比较大的思想准备，否则极易导致主保护承受不住冲坠力而被快速拉动，使高空队友急速下降引发危险。

分享回顾：

（1）学会于他人合作从中获取帮助，体会合作共同登顶的喜悦；

（2）队友的鼓励、支持与关注；

（3）任何成功都不是孤立存在的，都需要团队的力量作为后盾；

（4）心态的调整；

（5）建立自信心。

项目四：斗转星移

项目目的：应对变化，管理变革。

项目时间：每一轮 2min，可以反复 2～3 次，分享回顾 20min。

项目学员：15～30 人（该项目适合较高素质的，已热身充分的学员参与，学员一定要严肃认真）。

器材场地：30m^2 的平整场地，不需器材。

项目控制：所有人站成一圈，每个人在心中找到另外两个人为坐标，就要把它记下来，一会儿会检查，项目准备好始终不变的和他们俩保持相同的距离（要求精确）。之后，体验培训师发令开始后，大家可以打散走动，大家仍旧与心中的两个人保持相同的距离。

（1）每个人一定要找两个不同对象。

（2）对象一定是同一房间参与游戏的人。

改变规则：

（1）所有人站成一圈，每个人在心中重新找到另外 2 个人为坐标，与这两个人都保持 2m 的距离。再开始。

（2）严格要求 2m 的距离和心中项目目的不变，做 2min 后，允许大家可以交流，要求在最短的项目时间里全队尽可能做到。

分享回顾：

（1）当其他人位置变化时，你的位置变化了吗？

（2）当某个人的位置变化时，对你的影响大吗?，你还能找到你的位置（坐标）吗？

（3）有没有当某人移动时，别人的位置没有发生任何变化，为什么会发生这种变化？

（4）你是如何影响其他人的？他人又是如何影响你的？为什么不同人之间的影响不一样，区别在什么？

（5）团队结构是如何发生变化的？

（6）当组织一直在变化时，你如果不变会怎样？

（7）当你的决策取决于其他人的决策时，如何找到平衡点？

项目总结：

（1）每个人对别人的影响超过你自己的想象。

（2）很多人多以自己为中心，有人以别人为坐标，你以为别人也会以你为坐标，实际上可能不是，也许谁都不以你为坐标。

（3）组织永远都在变化，变化不以人的意志为转移，你能做的首先是主动沟通，其次是调整适应。

（4）组织中某些部分并不一定是最重要的部分，但是都对组织产生重大的影响，这些是可以成为发动变化的起点或者控制点。“相信你能够改变世界”。

（5）世界上每个人一生平均影响上万人（来自美国的统计）。

项目五：空中单杠

项目目的：个人挑战。

项目时间：3～5min/学员。

项目学员：全体学员。

器材场地：体验培训高空架、头盔、半身式安全衣、全身式安全带、主锁、上升器。

项目控制：每位学员顺着柱子爬到圆台上面站好，纵身跃出，抓到或者触到单杠，任务完成。

1. 项目安全装备讲解示范

(1) 头盔

首先，分清头盔的正反，带有商标标志 Logo 的一侧为正面，应处于额前。

然后，调整头围大小和颈带的长短。头围以“戴上头盔晃头时，头盔不晃动”为适宜，颈带以“扣上后，食指、中指两指能较轻松穿过”为适宜。戴头盔之前，所有长发学员须将长发盘起放入头盔。

最后，晃动头部，复查头盔松紧程度，并再次检查头盔边缘是否有长发露出。

(2) 半身式项目安全带（地面主保护学员穿用)。

寻找项目安全环：在结合部位有一定硬度的提环（一般颜色比较特殊醒目)。

提起项目安全环，整理项目安全带，分清腰带和腿带。穿戴动作类似穿短裤：左腿伸进左腿带，右腿伸进右腿带，穿上后，先将腰带提至髋部以上并系紧，再收紧腿带。注意不要先收紧腿带，腿带收紧后腰带难以上提到髋部了。

(3) 主锁

主锁有“开”“闭”两种状态，在使用时，必须处在闭合状态。在挂好相应物品后，应拧紧回半圈，再小心复查一下，确保操作正确。在挂锁前应将保护绳的拧转去除。

(4) 全身式项目安全带（高空学员穿戴)

首先，找到项目安全环（往往从颜色上很好区分出来)，提起项目安全环，整理好项目安全带，平整地放在地面上；

然后，双脚踏入腿环，同时提起项目安全带，双臂像穿衣服一样伸入两个肩带环，肩带环的尺寸为“穿好后，学员能刚好挺直腰身，上半身稍感勒束”为适宜；调整腿带大小，“以五指插入能够上下自由活动”为适宜。

接着用扁带穿过身前的保护环，挂结后，从学员腋下穿过，用主锁锁在身后项目安全环上，最后系好胸带。

学员在开始攀爬之前，应将连接保护绳的两把主锁正反挂在项目安全环上（每把主锁的要求同主锁使用注意事项)。

2. 选择地面保护学员

选择 4 名身体比较强健学员分为两组担任地面保护任务，两名担任主保

护学员须身穿半身式项目安全带，保护动作采用“法式五步保护法”，具体方法为（以站在保护绳左侧为准）：弓步站立，左手下拉，右手上扬—右手绕到背后按住绳索—左手松开绕到右侧按住绳索—右手松开绕到左侧八字环前一拳处按住绳索—左手松开回到初始位置抓住绳索。

2 名副保护学员分别紧跟 2 名主保护学员身后，主要负责协助主保护学员收放保护绳增加保护力量，并把收回的绳子摆放在地面上，防止主保护和其他学员踩到绳子，保护学员可以安排轮换进行。

3. 圆盘站立动作要领

当学员攀爬至高空圆盘后，首先跪在圆盘上—双手移至双腿外侧抓牢圆盘边缘—先缓慢抬起一只腿至盘面上成半蹲状—再缓慢抬起另一只腿至盘面上成半蹲状—蹬稳后小碎步往前移动至脚尖约出圆盘 1/3—再双手扶助膝盖，稳住身体平衡慢慢站起—直至完全平稳站立起来。

4. 落实两名学员作为项目安全员，协助学员穿戴和检查项目安全装备，若男女学员同处一队，项目安全员尽量选择一男一女，分别为同性别学员穿戴和检查项目安全装备，避免男女生理差异而引起不必要的尴尬。

5. 每位学员在项目开始前必须摘掉戒指、手表、手机等易掉物品（眼镜可以不摘，但必须戴好，防止滑落）。放在一边，做完项目后再收回去。体验培训师应指导队长排好学员参加的先后顺序，并选出两名学员作为项目安全员，协助学员穿戴和检查项目安全装备，看“腰带是否系紧，项目安全带反扣是否打上”（自锁式项目安全带不用反扣）。

6. 所有学员在做项目前都要由队长组织所有学员给他充电加油，具体方法为：即将做项目学员穿戴好项目安全装备后，双手扶住立柱，其他学员围住该学员，并用手扶住其头部、腿部、背部、腰部，做项目学员首先喊出自己的名字，接着所有学员喊出本队队训，并大喊三声“加油、加油、加油”。

7. 高空学员爬到圆柱顶端前要检查理顺一下保护绳，避免与单杠缠绕，站立后不要用手抓身后的保护绳，在跃出时应高声喊出“1、2、3”，随之纵身一跃，努力抓向单杠；

8. 主保护和副保护要密切关注高空学员的攀爬项目控制，要随着高空学员的上升，而匀速收绳，当高空学员数出“1、2、3”跃出时，主保护要用力拽绳，给高空学员一个同步拉力。

9. 如果学员抓住了单杠，要等空中摆动的身体基本平稳后，才允许向地面保护人员高声喊出“1、2、3”，喊完“3”两手松开，两组主保护要同步用力拽绳，给高空学员一个拉力减缓冲坠，稳定后再慢慢松放保护绳让高空学员平缓下降到地面。

注意事项：

（1）要爱惜所用的头盔、项目安全带、主锁和动力绳等项目安全保护装备，头盔要反扣向下放置，主锁不得摔扔跌碰，项目安全带和动力绳更是怕“火”“磨”“踩”，注意正确的使用方法，避免损毁行为发生。

（2）在上升前必须复查项目安全装备的正确穿戴，并确认两组地面保护已经项目准备就绪，否则不允许开始攀爬。攀爬上升项目控制中要让保护绳松紧适度，太松太紧都不能起到有效项目安全保护。

（3）学员在攀爬中，要注意将自己的身体和立柱保持为三角形，同时用自己的脚底踩踏在水平横杠上，不允许踩踏在下方的斜杠上或三角形空隙内，要注意三点固定一点移动的攀爬方法的使用；

（4）所有保护学员必须戴上手套，在保护学员进行轮换时，必须向新保护人员讲述保护动作要领，确保能够正确操作。

分享回顾：

（1）信任队友—自信来自团队、实力、责任感；

（2）团队的鼓励很重要，自己从负面影响的思考慢慢转化为积极影响；

（3）机遇与风险并存时，我们应如何做？要乐于承认事情就是这样的。能够接受发生的事实，就能克服随之而来的任何不幸；

（4）怎样战胜心理恐惧！

项目六：渔翁得利

项目目的：限定性思维的改善。

项目时间：60min。

项目学员：6～8人/组。

器材场地：任务书、白纸、笔、监控表。

项目控制：有一位老者工作了大半辈子，退休在家迷上了钓鱼，每天都要到钓鱼中心钓鱼，月票30元一张，所钓上来的鱼7元每斤买回家，每日如此。家中老伴、在本市上班的大儿子、儿媳妇、小儿子，上学的孙子（孙女）和外地工作的女儿。家中满屋子的鱼，家人每天吃鱼或喝鱼汤，满屋子的鱼腥味，家人非常反感父亲钓鱼。但是老人固执，就是喜欢钓鱼，从不间断。母亲很困惑，告知了在外地工作的女儿，女儿非常支持父亲钓鱼，并且为父亲买了渔具和雨衣。

在不远的菜市场，有一个鱼贩子，专门收购鱼，每斤5元，然后8元以上卖出，请问，怎样才能让爸爸收回成本，并产生效益，项目时间以一个月计算。

程序：

（1）制作器材场地，布课；

（2）讲故事情节给学员听；

（3）角色分配与认定；

（4）30min 的思考与设计；

（5）15～20min 的营销；

（6）确定盈利的方案；

（7）公布结果。

分享回顾：

（1）最好的方法是什么；

（2）每组分享回顾的项目控制；

（3）经济利益与社会利益；

（4）经济成本与社会成本；

（5）幸福成本与收益的公式。

项目七：弦歌不断

项目目的：责任意识训练。

项目时间：90min。

项目学员：所有学员。

器材场地：固定的水域或山边、眼罩人数/2+2、

项目控制：

（1）弦歌不断是由我校景区弦歌不断创意而来的一个智障训练项目。

（2）项目分为个人挑战和团队服务两部分，所有学员必须摘到有可能导致危险的物品；

（3）挑战者要在盲人状态下由团队学员的指挥下从木桥通过、过两个断桥后到达终点。

规则：

（1）两个组分别在 50min 内到达项目目的地；

（2）将学员按照挑战顺序从 1 依次编号，按照编号佩戴眼罩后进行挑战，挑战完后到最后一个指挥点执行指挥任务，团队其他学员在沿途 30m 定点一人进行指挥；

（3）指挥者在指挥后按照序号次序倒位直至起点进行个人挑战；

（4）项目安全要求：教师和助教沿途跟踪监护，以保证项目安全；

（5）每队选派 2 个人作为项目安全监察员，负责跟随挑战者负责项目安全，只能在挑战者出现危险之前一刻有肢体帮助；

（6）指挥者只能用语言来指挥挑战者，不可用肢体接触和引导挑战者；

（7）指挥者只能在定点的位置指挥挑战者，除非换点，否者绝对不可以离开定点；

(8) 出现离定点和项目安全检查员出声的违规者，必须接受处罚。

分享回顾：

(1) 成为盲人后的第一感觉；

(2) 当走到断桥处，心里在想什么；

(3) 他人指挥时是否完全相信对方；

(4) 完成任务是依靠什么；

(5) 指挥别人的方法技巧是什么，有没有改进方法；

(6) 不同定点的指挥方法技巧难度是否相同。

项目总结：

(1) 对任务项目控制的总结和引导；

(2) 故事启发：龟兔赛跑的故事；

(3) 名言的启发：你与人争论、辩驳、冲突，有时会赢，但那是一个空洞的胜利，因为你不可能赢的对方的好感！——本·富兰克林；

(4) 特殊状态下沟通信息的传递渠道；

(5) 充分信任队友失望成任务的重点；

(6) 语言沟通的重要性；

(7) 面对心中的断桥的挑战。

项目八：缅甸桥

项目目的：双人挑战。

项目时间：8～12min/组。

项目学员：全体学员。

器材场地：体验培训高空架、头盔、半身式安全衣、全身式安全带、主锁、上升器。

项目控制：两人一组分别从两端，顺着柱子爬到 7m 的高空，两人相对从自己的起点位置走到另一端终点。

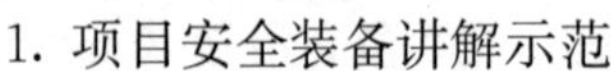

1. 项目安全装备讲解示范

(1) 头盔

首先，分清头盔的正反，带有商标标志 Logo 的一侧为正面，应处于额前。

然后，调整头围大小和颈带的长短。头围以“戴上头盔晃头时，头盔不晃动”为适宜，颈带以“扣上后，食指中指两指能较轻松穿过”为适宜。戴头盔之前，所有长发学员须将长发盘起放入头盔。

最后，晃动头部，复查头盔松紧程度，并再次检查头盔边缘是否有长发

露出。

（2）半身式项目安全带（地面主保护学员穿用）

寻找项目安全环：在结合部位有一定硬度的提环（一般颜色比较特殊醒目）。

提起项目安全环，整理项目安全带，分清腰带和腿带。穿戴动作类似穿短裤：左腿伸进左腿带，右腿伸进右腿带，穿上后，先将腰带提至髋部以上并系紧，再收紧腿带。注意不要先收紧腿带，腿带收紧后腰带难以上提到髋部了。

（3）主锁

主锁有“开”“闭”两种状态，在使用时，必须处在闭合状态。在挂好相应物品后，应拧紧回半圈，再小心复查一下，确保操作正确。在挂锁前应将保护绳的拧转去除。

（4）全身式项目安全带（高空学员穿戴）

首先，找到项目安全环（往往从颜色上很好区分出来），提起项目安全环，整理好项目安全带，平整地放在地面上；

然后，双脚踏入腿环，同时提起项目安全带，双臂像穿衣服一样伸入两个肩带环，肩带环的尺寸为“穿好后，学员能刚好挺直腰身，上半身稍感勒束”为适宜；调整腿带大小，“以五指插入能够上下自由活动”为适宜。

接着用扁带穿过身前的保护环，挂结后，从学员腋下穿过，用主锁锁在身后项目安全环上，最后系好胸带。

学员在开始攀爬之前，应将连接保护绳的两把主锁正反挂在项目安全环上（每把主锁的要求同主锁使用注意事项）。

2. 选择地面保护学员

选择四名身体比较强健学员分为两组担任地面保护任务，两名担任主保护学员须身穿半身式项目安全带，保护动作采用“法式五步保护法”，具体方法为（以站在保护绳左侧为准）：弓步站立，左手下拉，右手上扬-右手绕到背后按住绳索-左手松开绕到右侧按住绳索-右手松开绕到左侧八字环前一拳处按住绳索-左手松开回到初始位置抓住绳索。

两名副保护学员分别紧跟两名主保护学员身后，主要负责协助主保护学员收放保护绳增加保护力量，并把收回的绳子摆放在地面上，防止主保护和其他学员踩到绳子，保护学员可以安排轮换进行。

3. 落实两名学员作为项目安全员，协助学员穿戴和检查项目安全装备，若男女学员同处一队，项目安全员尽量选择一男一女，分别为同性别学员穿戴和检查项目安全装备，避免男女生理差异而引起不必要的尴尬。

4. 每位学员在项目开始前必须摘掉戒指、手表、手机等易掉物品（眼镜可以不摘，但必须戴好，防止滑落），放在一边，做完项目后再收回去。体验培训师应指导队长排好学员参加的先后顺序并选出两名学员作为项目安全员，协助学员穿戴和检查项目安全装备，看“腰带是否系紧，项目安全带反扣是否打上”（自锁式项目安全带不用反扣）。

5. 所有学员在做项目前都要由队长组织所有学员给他充电加油，具体方法为：即将做项目学员穿戴好项目安全装备后，双手扶住立柱，其他学员围住该学员，并用手扶住其头部、腿部、背部、腰部，做项目学员首先喊出自己的名字，接着所有学员喊出本队队训，并大喊三声“加油、加油、加油”。

注意事项：

（1）要爱惜所用的头盔、项目安全带、主锁和动力绳等项目安全保护装备，头盔要反扣向下放置，主锁不得摔扔跌碰，项目安全带和动力绳更是怕“火”“磨”“踩”，注意正确的使用方法，避免损毁行为发生。

（2）在上升前必须复查项目安全装备的正确穿戴，并确认两组地面保护已经项目准备就绪，否则不允许开始攀爬。攀爬上升项目控制中要让保护绳松紧适度，太松太紧都不能起到有效项目安全保护。

（3）攀爬学员也要戴手套，在攀爬项目控制中，要注意将自己的身体和立柱保持为三角形，同时用自己的足弓踩踏立柱巴蹬的水平横杠上，不允许踩踏在下方的斜杠上或三角形空隙内；

（4）所有保护学员必须戴上手套，在保护学员进行轮换时，必须向新保护人员讲述保护动作要领，确保能够正确操作。

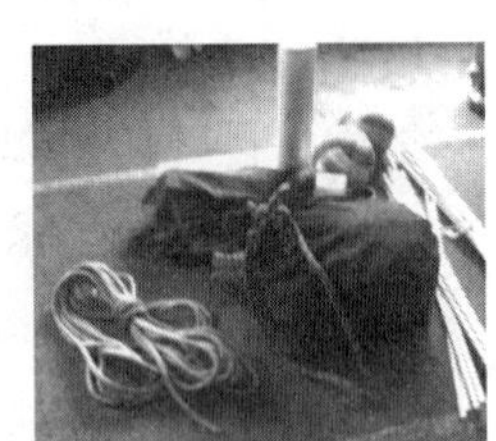

（5）学员上到桥面之后不允许抓身后的保护绳，同时严禁在桥面上蹿、蹦、跳、跃、跑；在桥面行走项目控制中，保护学员要跟随侧旁保护，保持稍前面的斜向位置，利于学员向前行走。

分享回顾：

（1）信任和合作，信心与勇气；

（2）用于挑战，给自己压力。人的潜能是巨大的；

（3）借鉴别人的经验。

项目九：魔鬼训练之挑战 150

项目目的：突破心理惰性障碍、克服困难获得成功。

项目时间：90min。

项目学员：所有学员。

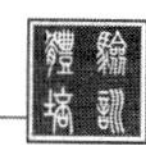

器材场地：宽阔的平地，挑战150器材2套。

项目控制：

（1）简单介绍魔鬼训练的起源、发展与世界各流派的理念；

（2）情景模拟，项目安全注意事项，所有学员摘掉有可能造成伤害的物品并仔细检查；

（3）询问了解学员是否有严重外伤病史，或严重心、脑血管及精神病、慢性病及并发症或医生建议不适合做剧烈运动者，可以不做此挑战项目；

（4）讲解项目规划，示范六个具体项目。

注意事项：

（1）练习时，不断提醒项目时间，造成紧迫感；

（2）挑战实施时，注意规则的把握，判罚公平，为不引起学员争议，要求规定非挑战团队要在挑战场地的10m以外站立观看，或自行练习；

（3）转换项目时，注意避免由于快速跑动而发生的碰撞受伤；

（4）在进行团队跳绳、能量传输线、不倒森林时，格外小心，人与器材场地，人与人之间的冲突而受伤；

（5）紧密观察参与挑战的所有学员，尤其对于那些情绪失控的学员和因失败即将走向崩溃的团队，应及时疏导情绪。

实施程序：

项目准备器材场地—开始练习—统筹项目：鼓动人心（全队10次）、不倒森林（全队8次）、能量传输线（全队10m）、巧投弹力球（2个）、团队跳大绳（12人10次）、激情击掌（全队7个字，EG：我们××队最棒，吔！）—三轮挑战—宣布成绩。

分享回顾：

（1）你们的活动是如何策划的？

（2）练习时，对项目时间是如何思考的？

（3）挑战开始时的心态？

（4）当挑战失败后的感想如何？

（5）挑战结束后，身体疲惫状态下，心态怎们样？

项目总结：

（1）初级难度版：鼓动人心：所有人连续8次；团队跳绳：2人摇，10人跳，连续跳10次；能量传输线：全队10m；巧投弹力球：2个人，2个；不倒森林：8人参加，连续换动8次；激情鼓掌：所有人，5个字；

（2）对任务项目控制的总结和引导；

（3）故事启发：秀才赶考的故事；

(4) 将大家的心掏出来摔在地上再用脚踩烂，然后再捧起来看看，再帮你放进去；

(5) 凡事预则立，不预则废；

(6) 充满力量的话语对实现理想的作用-积极乐观。

项目十：鼓动人心

项目目的：挑战团队协作的能力与默契。

项目时间：60min。

项目学员：20 个人一组。

器材场地：宽阔的操场、鼓 2 面。

项目控制：

(1) 在保证项目安全的前提下，颠最多的球；

(2) 每人牵拉一根绳，手牵在绳环中，球点起后，高度在 20cm 以上，不能落地，否则不计数，连续能颠多少次。设定最少次数。

注意事项：

(1) 练习时，不断提醒项目时间，造成紧迫感；

(2) 挑战实施时，注意规则的把握，判罚公平，为不引起学员争议，要求规定非挑战团队要在挑战场地的 10m 意外站立观看，或自行练习；

(3) 禁止甩鼓或踩踏鼓、不须敲鼓。如果有学员违反规定，全队将受到惩罚。

实施程序

(4) 每队练习 20min，三队循环练习；然后三队比赛，共三轮。以最多的为纪录。记入团队考核成绩；三轮挑战后宣布成绩。

分享回顾：

(1) 你们策划颠球的方法。

(2) 练习时，对项目时间是如何思考的？

(3) 挑战开始时的心态。

(4) 当挑战失败后的感想如何？

(5) 挑战结束后，身体疲惫状态下，心态怎们样？

(6) 通过协作，体验项目的目标管理。

项目总结：

(1) 项目目的管理与压力管理的关系；

(2) 故事启发：天堂与地狱的故事；

(3) 民主决策的要素；

(4) 凡事预则立，不预则废；

(5) 充满力量的话语对实现理想的作用一积极乐观；

(6) 先作比纸上谈兵更重要；

(7) 项目控制与结果的重要性。

七、历奇营地类项目

历奇营地类项目主要应用于青少年的夏令营、冬令营等主题的体验培训课程。

项目一：您好

项目目的：感受他人的爱，奉献爱给他人。

项目时间：20min。

项目学员：所有学员参与其中。

器材场地：一块空地。

项目控制：体验培训师将所有学员分成两组，围成同心圆。先讲解并示范中西方男女的礼仪：中男拱手为礼；女双手放于左腰上，行屈膝礼。西男摘帽，稍弯身；女两手拉裙屈膝。机敏测验开始，体验培训师走到任何一人面前，说声："您好!"并向他行礼，若行的是中国男子之礼，对方便要行西方女子之礼来答礼。若行中国女子之礼，则答西方男子之礼，反之亦然，答礼人慌乱中做错，便退下场，最后剩下的，名次列前（检测环节也可以换成学员间相会检测）。

分享回顾：(1) 了解礼仪的重要性；(2) 男女互换礼仪后的现场气氛带来的欢乐。

项目二：寻人游戏

项目目的：进一步了解对方的信息，交流沟通能力的训练。

项目时间：20min。

项目学员：要求全体人员一起参加，最好在 25 人左右。

器材场地：一块空地。

项目控制：体验培训师把寻人游戏工作表发给每一位学员。让每位学员以最快的速度找到与表格中相匹配的人在表格中签名，每人只能签个格子。最先获取全部签名者为胜利者，教师应项目准备一些小礼品作为奖励。

分享回顾：增进学员之间的相互了解，活跃课堂气氛。分享回顾通过这一活动，你是否对本队的学员有了进一步的了解？这对于增进学员之间的友谊及改善人际关系有什么作用？

项目附件：

寻找一个他，当你找到这个人时，请他们将名字写在相应的表格里，见下表。

形象因素	签名	形象因素	签名
已婚		30—40 岁	
家有儿子		10 月出生	
喜欢唱歌		去过北京	
大学本科毕业		戴眼镜	
喜欢上网		经理	
到过上海		穿着运动鞋	
会说日语		父母都在外地	
喜欢喝啤酒		喜欢游泳	
会打羽毛球		会跳舞	
男性		喜欢看书	

项目三：牵手（感恩的心）

项目目的：两人团队协作。

项目时间：30min。

项目学员：全体学员参加，两人一组。

器材场地：林荫小道，最好有水的地方、眼罩＝人数/2＋2。

项目控制：每个团队学员利用自己的优势和聪明才智，相互协作走完指定路线。(1) 两个人中只能有盲人可以讲话，其他学员不可以讲话；(2) 盲人只有在队友的帮助下才可以移动。

注意事项：

(1) 将所有学员均分为两组，分别站在两边，两组相距的距离至少保持在“用正常音量说话，相互听不见”的距离；

(2) 任意选择一组学员为哑人，告之在项目进行项目控制中，不能发出任何声音，包括一些“啊，呀”等语气词，其任务是带领同伴——盲人（每人带领一位）跟随体验培训师行进指定路线，并保证同伴的项目安全。

(3) 针对盲人组，首先发放眼罩，同时说明眼罩使用方法。当该组学员戴好眼罩，并确认每个学员都戴舒适后，告之本组学员，在整个项目项目控制中，双手不可触摸眼罩，否则将受到重罚。

(4) 令行禁止：如果在项目进行项目控制中，我发现各位的行动有项目安全隐患，我会立刻发出口令禁止，当大家听到我的口令，请所有学员立刻听下自己的行动。同时所有学员如果在整个项目项目控制中感觉到身体、眼

罩不适，请立刻举手或者发出口令告诉我，我会根据具体情况做出调整。

（5）当所有学员完成行进路线达到室内或者指定区域后，请盲人和哑人分别入坐在两个区域内，体验培训师在音乐的伴奏下朗读《感恩的心》旁白。

（6）朗读完后，请学员独自思考、回忆几十秒项目时间后，请盲人摘下眼罩，具体方法为：双手手指伸入眼罩，缓缓揉揉眼睛后，慢慢张开双眼，让眼睛逐步适应光线。同时，告之哑人可以开始讲话。

分享回顾：

（1）体验非正常状态下的生活，学会关心他人，感受关心和被关心的幸福，激发生命中至诚至善至美的爱心，用心灵碰撞之后的火花印证生命情感的真谛；换位思考问题，烦恼应对缺陷。

（2）如果一个陌生的人牵着你，你会如何设想？为什么信任？信任是如何产生并建立起来的？

（3）行走时有否恐惧？为什么会恐惧？如果是未知的前途，你怎么去面对？

（4）悖论。

第六章
体验培训后勤与安全

第一节　体验培训场地的分类

一、野外自然场地

野外场地是指体验培训需要用到的纯天然的自然环境，一般有自然风景区、密林、竹海、水域、空旷的草坪、山体岩壁等自然环境。野外自然场地的用途非常广泛，并且成本相对较低。利用这类型的场地进行体验培训前，必须熟悉场地的特点，以便于能够顺利操作，该类场地在使用过程中要注意对野外生存技能和知识的运用，以确保安全。

能够利用野外自然场地开展的体验培训课程有野外拓展、溯溪、扎筏泅渡、野外定向、音乐辅导、破冰与热身、攀岩、速降、沙盘模拟、营地教育、户外教育和野战运动等课程。

二、人工建造场地

人工建造场地是指为了开展体验培训专门修建的人工场地，一般为钢架结构、木质结构、混凝土结构和土方结构四种。当前比较流行的场地有体验培训高空架、攀岩墙、逃生墙、野战运动战场、户外营地等。这类场地能够开展的课程有体验培训课程、历奇营地课程、野战运动课程和木章训练课程等。

三、室内场地

室内场地是指利用室内环境开展体验培训的环境。一般多见于宾馆、教室、会议中心、度假村、废弃楼房。该类型场地的特点是能够根据需要设置多媒体设备，比较适合沙盘模拟、音乐治疗、CQB、室内破冰、室内拓展和桌面游戏等课程的开展。

第二节　体验培训器械

体验培训中常用的器材主要包括：教具箱、安全保护绳索、野战运动装

备、沙盘教具等必要的器械。本章重点介绍安全保护绳索和野战运动。

一、安全保护绳索①

体验培训部分项目要求学员在空中完成攀登、跳跃、行进、下降等动作，为了确保学员安全，体验培训使用专业登山器材作为保护装备，主要包括：头盔、登山绳、安全带、铁锁、下降器、上升器等。活动中的器材操作关系着体验培训的安全顺利开展，正确安全的器材操作使得体验培训项目高峰体验更加明显和深刻，给学员带来无限的乐趣。作为体验培训师，熟练准确地掌握器材操作是必要的能力之一。体验培训的所有登山器材至少应遵循UIAA（国际登山联合会标准）或CE（欧洲标准）中的一个；绳索和头盔要求必须有UIAA认证，并严格遵守器材的检查和更新制度，以确保体验培训的安全。

（一）头盔

体验培训项目中有一些是高空项目，只要开始高空项目，学员就必须戴上头盔，这里所使用的头盔与普通骑摩托、施工作业中使用的头盔完全不同，拓展所使用的头盔的安全性、舒适性、透气性等各方面性能要求更高。体验培训所使用的头盔与攀岩、登山、溯溪等户外活动所使用的专业头盔相同。符合以下标准的头盔才能在体验培训、攀岩、登山中使用。

1. 正冲击试验

5kg钝头重物（钝头半径5cm）从2m高自由落体，砸到头盔顶部，假人（木头制）颈部承受的冲击力必须小于8kN（UIAA的标准）；必须小于10kN（CE的标准）。1kN约等于100kgf（9.8 N=1kgf）。换言之，假人颈部承受的冲击力必须小于800kgf（UIAA的标准）；必须小于1000kgf（CE的标准）。

2. 侧冲击试验

与正方向（头顶）呈60°夹角，分别从前方、两个侧方和后方测试，钝头重物从50cm高处自由落体，假人颈部承受的冲击力必须小于8kN（UIAA的标准）；必须小于10kN（CE的标准）。

3. 锐物穿透试验

一个3kg的锥状体（0.5mm的尖头）从2m高度自由落体，头盔必须承受至少一次这样的冲击。头盔允许被破坏，但不许锐物直接触及头皮。

4. 稳定性试验（前后移位测试）

10kg的重物从前方和后方分别砸在头盔上，头盔必须仍然好好地戴在假

---

① 孟刚，等．户外运动．北京：北京师范大学出版社，2008。

人头上（测试时记录下被砸后头盔移动的角度）。

5. 碎裂性测试

头盔为碎裂式保护性头盔，当它遭受强力撞击时会形成网纹碎块状，以达到分解加速度冲击力的作用，将冲坠时的撞击力降到最低。

6. 头盔的正确佩戴方法

（1）将品牌标志（如狼头或字母）放在头前；

（2）佩戴后处于水平位置；

（3）根据头围调整头盔大小；

（4）根据颈距调整颈带距离；

（5）头盔佩戴松紧标准：双手中、食指自颌下伸入颈带半指，以不影响呼吸为准。

体验培训中头盔的使用是为防止意外发生才配戴的，很多时候并不发生作用，但即使如此一定要强调学员进行高空项目必须佩戴头盔，佩戴头盔需要注意以下几点：

（1）要选择全可调的头盔，这样可以根据每个学员的情况调节头围和颈部，使头盔的松紧处于最佳的状态，戴好后可让学员左右、上下轻摇头检查头盔的松紧。

（2）对于长头发的学员一定要将其头发盘起后再戴上头盔，防止长发在没有被头盔压住的情况下露在外面与绳索缠绕在一起，同时一定要摘下头发及耳朵上的饰物。

（3）佩戴头盔时应将带有 Logo 的一端置于额头，防止颠倒方向。另外，大多头盔颈部的收紧带是搭扣的，教师在帮助学员搭紧搭扣时必须先用自己的一个手指垫在学员的颈颊部防止搭扣夹伤皮肤。

（二）安全带

安全带是人与装备的连接枢纽，是保护人身安全的重要器材，常用的安全带主要分为全身式安全带、坐式安全带、胸式安全带。安全带在攀岩与登山中是必备的装备之一，攀岩与登山的安全带有所不同，攀岩所使用的安全带一般不用做登山，但登山用安全带可在攀岩时使用，体验培训中这两种安全带都会用到。

1. 半身式安全带

在高空项目断桥、天梯、单杠、缅甸桥、攀岩、攀树、速降等户外运动中使用。全可调安全带调整范围 60～100cm，腿部调整范围 45～72cm，大多都有装备环，重量 300g 左右。许多经典的多用途半可调安全带，腰部为可调单扣，腰部内侧为柔软舒适的排汗抓绒衬垫，腿圆采用 2.5cm 插扣快速连

接，可以迅速调节和穿脱。

（1）具体穿法：先将安全环的一面放在身前；像穿短裤一样，左腿伸进左腿带，右腿伸进右腿带；带扣在左边，穿带在右边的半身式安全带居多，也有两边都带穿带的；半身式安全带基本不带自锁装置，需要穿戴完毕后必须将腰带和腿带打反扣，反扣后剩余腰带和腿带的长度不低于 8cm；

半可调式

全可调式

（2）穿戴安全的标准是：腰带穿在髋部以上，松紧程度以“用右手中、食指在腹部弯成 90°”时感到比较紧不舒畅即可；腿带不要绷的过紧，以五指插入能够上下自由活动为准。先紧腰带，再紧腿带。

2. 全身式安全带

在高空项目“空中单杠”“高空相依”“缅甸桥”等有可能出现高空冲坠和翻转的项目中使用。一般由 45mm 的宽带制成，全身全可调，一种尺寸。胸围最大尺寸 108cm，腿围最大尺寸 90cm，常见的全身式安全带前后各有一个挂点，2 个装备环。重量一般为 600g，轻便型的在 400g 左右。

（1）具体穿法：先将有安全环的一面放在身后边；象穿短裤一样，左腿伸进左腿带，右腿伸进右腿带：带扣在右边，穿带在左边；全身式安全带常带自锁装置，如果不带自锁装置的也必须穿戴完毕后要打反扣；穿安全带时要求做项目队员躬身弯背，待培训师扣好铁锁时再挺直腰身；

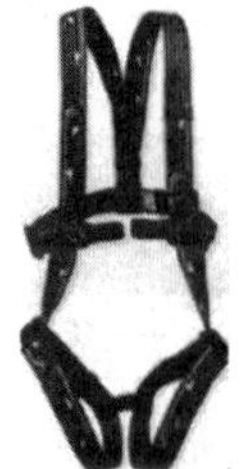

（2）穿戴安全的标准是：胸带松紧度以“穿戴队员站起身体时上半身稍感勒束”即为合格；腿带不要绷的过紧，松紧度“以五指插入能够上下自由活动”为准。

3. 胸式安全带

能提供上半身额外的支撑，可以让使用者在出现意外时不至于头下脚上。有些拓展项目如“空中单杠”，学员在完成时，必须使用胸式安全带的配合。一般的攀岩活动并不需要使用胸式安全带，但是当必须背上包上攀，或是溯溪、冰雪地攀登遇到较危险的地形时，有胸式安全带和坐式安全带配合使用，能提高活动的安全性。胸式安全带一定要和坐式安全带配合使用，才能达到支撑的效果，绝对不能单独使用胸式安全带。

使用胸式安全带代替全身式安全带的缺点是，冲击力较大时，身体的上半

身承受的力过大，有时会造成危险的后果，尤其对于儿童，不能使用胸式安全带。胸式安全带大多是全可调的，45 毫米的宽带制成，重量在 200 克左右。

（三）锁具

早期登山使用的铁锁是用钢或铁制成的。钢制铁锁的特点是坚固耐用，承受拉力大（有的能承受 4000～5000kg 的拉力）。缺点是重量大，增加攀登者的负荷，无法大量携带。后来这类铁锁逐渐被铝合金铁锁所替代，铝合金铁锁质轻且坚固，目前有的生产厂家出产了更优于铝合金的钛合金铁锁。根据国际登山联合会（UIAA）的坠落试验、保护绳索至少要能承受 1200kg 的拉力，由于绳索在铁锁上制动摩擦，铁锁的承受负荷应是 UIAA 坠落试验中保护绳索承受负荷的 4/3 倍，所以，铁锁至少要能承受 1500kg 以上的冲击拉力。也就是说，在严重的坠落中要想获得最大安全，铁锁最起码能够承受起这样的负荷。体验培训中使用的锁具有以下类型：

1. 铁锁（也称 D 型锁）

一般用于不动点、扁带与人体的连接。铝合金制成，质量轻，承重力大；横向双向箭头显示数量为 6kN、7kN、9kN，表示横向承拉力为 0.6t、0.7t、0.9t；纵向双向箭头显示数量为 20kN、22kN、25kN，表示纵向承拉力为 2t、2.2t、2.5t；铁锁闭口箭头显示数量为 6kN、7kN，表示闭口拉力为 0.6t、0.7t；锁扣旋紧后退回半扣（半圈），防止发生意外撞击后丝扣绷紧，使铁锁无法打开。

2. 自锁铁锁（也称自锁 D 型锁）

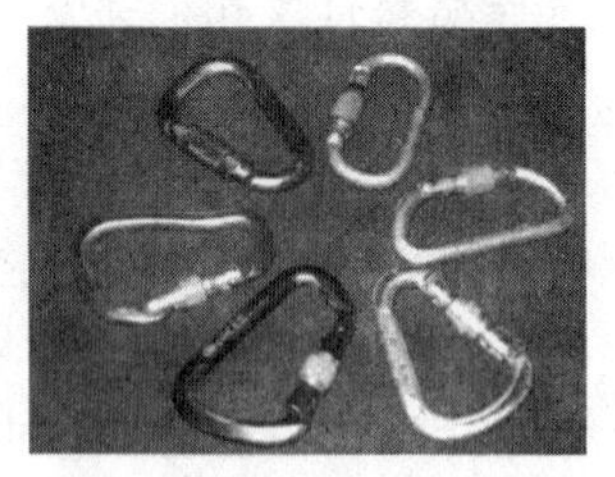

一般用于不动点、扁带与人体的连接。扣锁时用拇、食指将外包缺口旋转半圈对准锁舌口，中、无名指捏开锁舌待扣入安全环时松开即可（锁内带弹簧自锁装置）；要求：大头朝上，锁环向里；检查锁舌是否弹回凹槽；检查护环是否弹回原位。

3. 钢锁

一般用于动点（滑索）、固定点保护，纯钢制成，份量重，承重力强，耐磨损；双钢锁保护应为锁扣相错、悬吊旋紧丝扣后，退回半扣（半圈）倒挂；纵向双向箭头显示数量为 20kN、22kN、25kN，表示纵向承重拉力为 2t、2.2t、2.5t；横向双向箭头显示数量为 6kN、7kN、9kN，表示横向承拉为 0.6t、0.7t、0.9t；开口承重为 6kN，表示开口处承重拉力为 0.6t；锁扣旋紧后退回半扣（半圈），防止发生意外撞击后丝扣绷死，使钢锁无法打开。

4. 锁具报废条件

操作时 8m 高空坠地（水泥地）；野外攀岩 4m 高空坠地（岩石）；铁锁使

用后内环磨损 1/3。

（四）安全绳

体验培训中，绳索是保护学员安全的必须使用的器材，在高空抓杠、高空断桥、速降作用是非常重要的。绳索分动力绳和静力绳。在有动力冲坠可能性的项目，一定要用动力绳（花色），如高空抓杠、攀岩、蹦极，此时靠绳的延展来吸收能量。静力绳（黑色）是延展性为零的绳（近似），一般用于速降、溯溪等，绝不能用于攀登。

（1）动力绳一般具有较好的延展性；主要用于攀岩、高空拓展培训的队员人体保护。有单色、花色之分，承受拉力：22kN，即 2.2t 以上；主要规格分为：单绳（10.5mm）和双绳（9mm），辅绳（6mm，拉力：0.72t）；每根主绳长度分为 30m、50m、100m、200m。

（2）静力绳一般无延展性，用于下降、高空拓展培训及攀岩的上升器、攀索支持保护，多为单色；承受拉力：22kN，即 2.2 吨以上；规格分为：10mm 和 10.5mm 两种。每根主绳长度分为 30、50、100、200m/捆。

（3）绳索的保护：不可接触物品有强光、紫外线；油类、酒精、汽油、油漆溶剂；酸碱性化学药品；水、冰、火、高温；凌厉、尖锐的岩角，砂粒，冰镐尖、爪。

（4）报废条件：达到以下四个条件的绳索必须报废，连续冲坠（冲坠系数为 2）5 次的，强制报废；非连续冲坠（冲坠系数为 2），但累计达到 3 次的，强制报废；每周 3～4 次使用，4 个月即强制报废；排除以上因素，野外攀岩等户外活动使用 2～3 年即应报废。

（5）绳索的养护

①绳索的档案。每条绳子都该有它的使用记录。每一次使用后都将记录下本次使用的基本情况，使用办公自动化系统设计记录流程，以便掌握绳索的寿命，及时更换和调整。

②严禁踩踏。使用绳子时，尽量不要让它接触地面。最好放在一种可以完全摊平的绳袋或者是海绵垫子上，以减少砂石跑进绳子里的机会。不论是穿袜子或光脚，都不要踩绳子。踩踏会让一些肉眼不易看见的砂粒钻进绳子，随着使用而慢慢地割断绳皮或绳芯纤维。

③避免刮擦。尽量避免将绳子拉过粗糙或尖锐的地形。要做垂降时，最好将绳子和岩角接触的部分用布或绳套包住。绳子不可直接穿过扁带、固定点、伞带等进行连接，直接连接造成的摩擦对绳子损伤很大。每次使用后要检查绳子。最好的检查工具就是你的手，它们对绳子上的异常处可以敏感地侦测到。例如，某处突然扁下去，和其他地方粗细感觉不同，或某一段特别

松弛等。

④定期清洗。绳子应定期清洗，特别是当它用于溯溪或冰雪地攀登，这类常会弄脏绳子的活动。把绳子放在浴缸中，用冷水和中性清洁剂（如象牙肥皂）稍微浸泡一下，之后不断地搅拌，让绳子各处都能洗到。特别脏的地方，用软刷轻轻地刷洗。多换几次水，确定所有清洁剂都冲掉了，再将它摊开在地上或吊起来，置于阴凉通风处自然干燥。不能晒太阳或使用烘干机及吹风机。

⑤绳索的寿命。一条绳子的寿命，从 1d 到 5 年都有可能，平均是 3 年。当它被“不可原谅地错误使用”时，1 天之内就报销了。即使不常使用，而且细心照顾，5 年之后它也会因自然老化而不能担当“重”任了。

（6）绳子的使用期限参考数据：

①偶尔使用（约一个月 2 次）：4 年。

②每个周末使用：2 年。

③经常使用（一周约 2、3 次）：攀岩者在尝试新路线，或是某个“难处”老是过不去时，常会发生短距离的坠落，由于这种短坠落对绳子伤害很大，所以大约半年就要换新绳子。

④剧烈坠落：只要发生“一次”坠落系数接近 2 的情况，这条绳子就该换新。若是某处突然扁掉，特别柔软，或绳皮破掉绳芯露出，一定要马上停止使用。

（五）绳结技术

体验培训活动时，经常会遇到需要打结来帮你捆绑东西或帮你穿越障碍地带的情况。绳结是一门技术和学问，学会绳结技术竟是一项很有趣和具有重要意义的事情。作为体验培训师要教会学员学会绳结技术。

1. 半结

所有绳结的基本结。用于防止滑动，或是在绳子未端绽开时可作为暂时防止继续脱线。部分高空项目，做地面保护时，主绳不够长时使用（在末端系），防止绳子滑落（法式五步保护时）。缺点是当结打得太紧或弄湿时很难解开。

2. 单（双）“8”字结（环）

用于主要用于主绳与安全带的连接，可在绳端系一个结点。先将绳弯曲成一环，将活端放至绳索固定部分的后面，然后绕过固定部分，再将活端穿过前面的环。具有即使两端拉的很紧，依然可以轻松解开的特点，需要与止锁结配合使用。“8”字形环制作方法与“8”字形结相同，但使用双股线，将

环端作为活端，可放在用来系绳索的钉锚上。“8”字形结第二种编织法是一种将绳索系在锚上的相当有效的结。可在物体（锚）过高不能将打好的结套上的时候使用。首先在绳索上制作一松弛的“8”字形结，将活端绕过物体再拉回，沿着原“8”字形结的线路重新做一“8”字形，然后系紧即可。

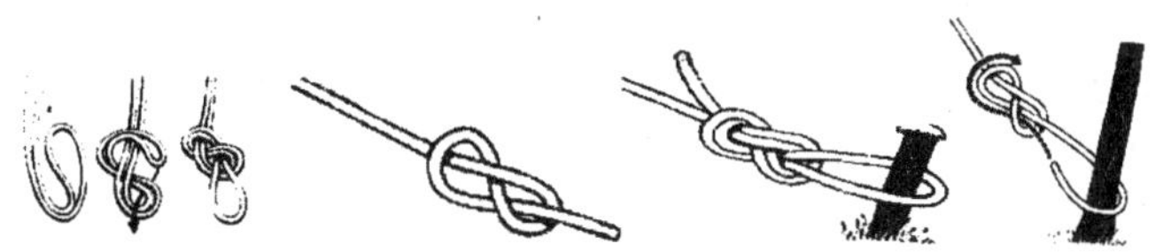

3. 渔人结

又名交织结（渔人、双渔人）此结十分容易打，但很难拆开。故应尽量避免用在一些质地好的绳上，也不要用在会扯得很紧的绳上，因为扯紧后，很难解开。主要用于将两条绳连接一起，通常是硬和软的两条绳（注：在场地课程中保护时，通常情况下不使用单渔人结）。

4. 水结（扁带结）

主要用于连接扁带或者绳索。技巧：先打结一端，再反穿另一端。对于表面平滑的材料如皮带、布带等的连接，此结效果不错。做法：用一根带子活端制作一个反手结，不要拉紧。然后将另一根带子的活端沿反手结的运动轨迹的相反方向穿越此结，活端应该恰好在结内，这样，拉紧时活端就不会滑落。

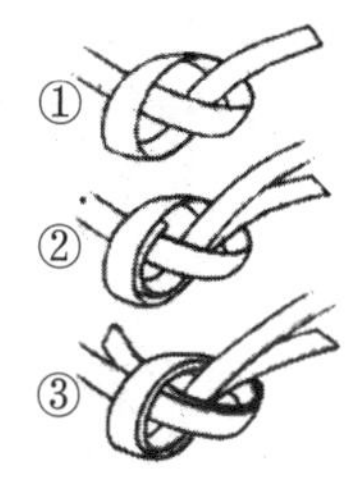

5. 双套结（猪蹄扣）

通常应用在两端施力均等的物品上，适用于水平拉力之下。具备极高的安全性，不过，如果只在绳索的一端使力的话，双套结的结构可能会乱掉或松开。

6. 断桥主绳系法——使用编式单“8”字结，结法如图所示。

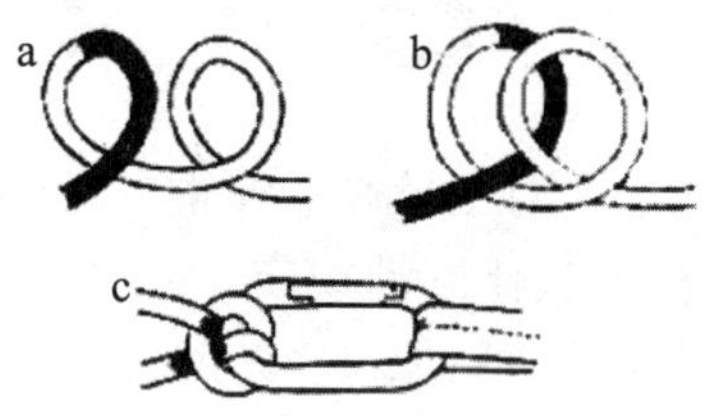

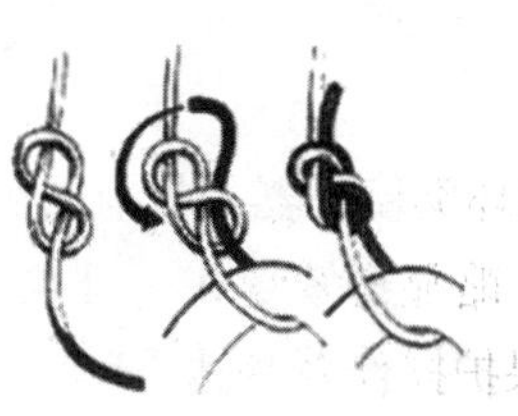

7. 平结（左搭右，右搭左）

用于将同一条绳的两端绑在一起。适用于连结同样粗细、同样质材的绳索；但不适用在较粗、表面光滑的绳索上。缠绕方法一旦发生错误，结果可能会变成两个不完全的活结，用力一拉绳结结构就会散开。其绳结结构如果拉得太紧，就不太容易解开；不过如果双手握住绳头，朝两边用力一拉，就可轻松解开。做法：左搭右、右搭左。

8. 收绳

收绳用于携带和保护绳索，可以使用手臂收绳和腿部收绳法。

（六）保护器

在体验培训的高空项目及攀岩等一些户外高空作业中，学员在上升、跳跃、通过与下降时，需要一种来自地面固定点的保护，这种保护是需要通过绳索和一些器材的连接来完成，这种器材总称为保护器，目前我们经常见到的保护器主要有8字环类。

8字环类保护器是攀者发明的第一代保护器。它的特点是结构简单，操作方法简便。它对绳索直径的要求为：大于等于8mm且小于等于13mm。绳索的适用范围相对比较大，所以8字环的应用范围非常广泛，可用于登山、攀岩、溪降、救援、工程等方面。

不同厂家生产的8字环在外型上也有所差别，如下图所示，最原始的是正圆形8字环，由于在使用中，正圆形容易使绳索扭曲缠绕，所以为了弥补缺憾，有些厂家对8字环的形状进行了相应的改进。

   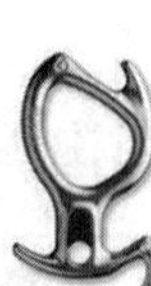

8字环类保护器的优点是：厚实耐磨，对于较硬的绳索也能很好地配合。缺点是：略显得笨重些，且与其他保护器相比制动锁定性能略差一些。适合于快速保护操作及快速下降时使用。

（七）保护法

法式五步保护法是体验培训项目保护的最有效方式，保护人员正确熟练地操作，能够保证学员在高空体验的安全系数。在体验培训教学过程中，我们会发现，保护人员在保护中途会有松懈的表现，这是作为主训师一定要严格的要求，因为安全对于任何人都将是天大的事，没有任何一个人能够承担起他人生命的负载。规范的法式五步保护法操作如下（以站在保护绳左侧为例）：

第一步：左手（导向端）下拉，右手（制动端）上扬；

第二步：右手绕到背后按住绳索；

第三步：左手松开绕到右侧按住绳索；

第四步：右手松开绕到左侧八字环前一拳处按住绳索；

第五步：左手松开回到初始位置抓住绳索；

（八）体验培训项目器材挂件图[①]

保护器		跨越断桥		合力天梯		空中单杠		绝壁逢生		同心桥	
		上挂	器材	上挂	器材	上挂	器材	上挂	器材	上挂	器材
安全带	全身式						2				
	半身式	1	1×2	1	4	1		1	1×2	1	3
头盔		1	3	1	4	1	2	1	2	1	2
D形锁		1	3	1	6	1	4	1	3	1	3
O形锁				4		4		2		2	
动力绳		2		2		2		2		2	
上升器		1套	2	1套		1套		1套		1套	
八字环					2		2		1		1
长扁带		1									
短扁带			1	1	2	1	2	1		1	
手套					8		8		5		人/付
器材包			1		1		1		1		1

二、野战运动器材[②]

（一）标准野战运动模拟器介绍

基本组成：每套单兵器材由激光发射器、激光接收系统（帽/盔及背带）等组成。

基本功能：激光发射器发射时，有模拟枪声及振动。被击中时有振动、

① 钱永健．拓展训练．北京：企业管理出版社，2006。

② 沈阳凯光野战俱乐部官网。

音响、灯光等指示。可记录、显示被击中的次数、时间、生命值、弹数等可由用户自行设定。

射程：不小于 400m。

电源：内装可充电镍氢电池，连续工作时间不小于 8h。

扩展组成：在单兵激光对抗器材的基本组成上，可另外加装无线数传台、大屏幕无线计分显示牌，计算机管理系统、自动监控语音播报系统、手持式无线系统控制器、C4 炸弹系统、升降旗系统、智能基地、能量站等。

扩展功能：

扩展 1：每套单兵器材增加无线数传台，射手射击后立刻就可知道是否击中目标，并可在单兵器材上记录、显示击中目标的次数。

扩展 2：配加大屏幕无线计分显示牌，可由大屏幕计分显示牌实时显示每个人的成绩（被击中的次数及击中目标的次数）。

扩展 3：配装计算机管理系统，可对团体、个人的成绩进行显示、打印、管理等。

扩展 4：在配置 C4 炸弹系统等后，就可以形成一套由计算机管理的完整的军事训练或娱乐系统。

（二）野战装备图解

1. 基本组成

每套单兵器材由激光发射器、激光接收系统（头盔及背带）等组成。

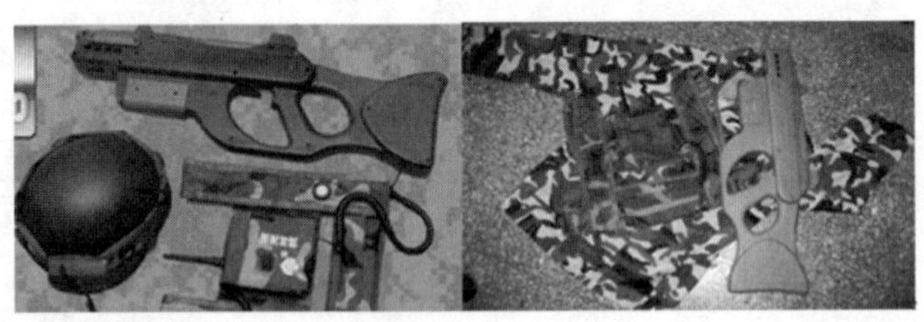

2. 野战运动发射器塑料外壳

3. 快速充电器—20 路电池（速度充电，1.5h 内）

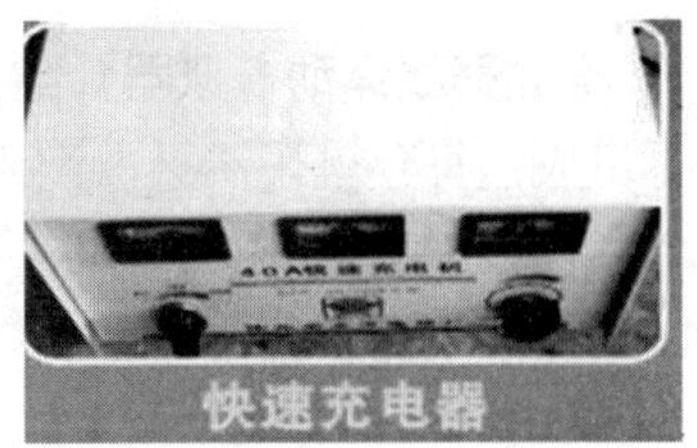

4. 充电器—10 路电池，一路大遥控

5. 电池—速度充电，耐用

充电器

快速充电池

6. 电池—连续工作 8h

7. 野战运动产品—多路充电器（10 路充电）

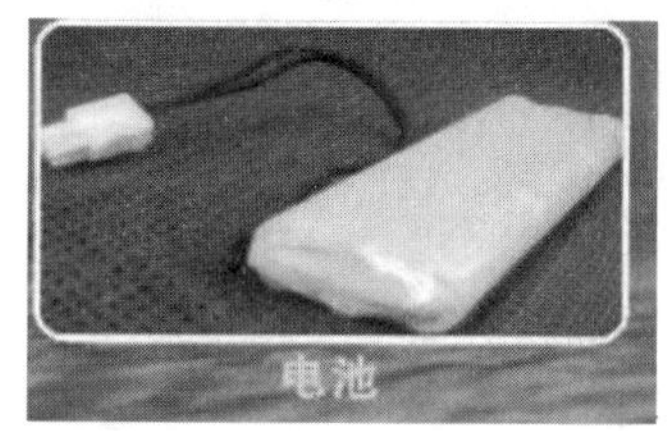
电池

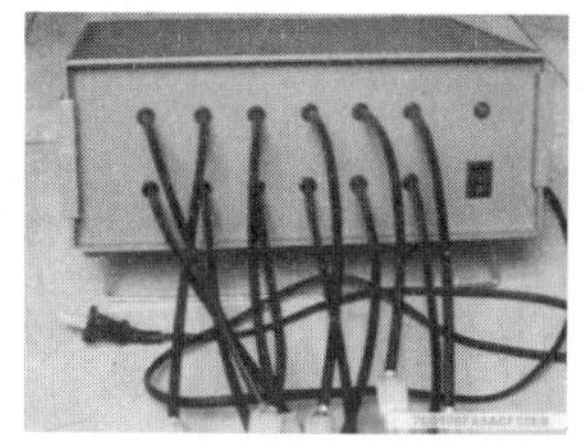

8. 大遥控—3km 半径，支持关电源工作

9. 接收点扣子

无限控制器

10. 长程杀手，狙击步枪式激光发射器

装备特点：超远的有效射击距离，高度精准的射击精度。

11. 战场万金油，卡宾枪式激光发射器

装备特点：最基本的，基础的步兵武器，没有特点就是它最大的特点。

12. 手枪式激光发射器

装备特点：轻便小巧，机动灵活。

13. 微型冲锋枪式激光发射器

装备特点：短小精悍火力猛。

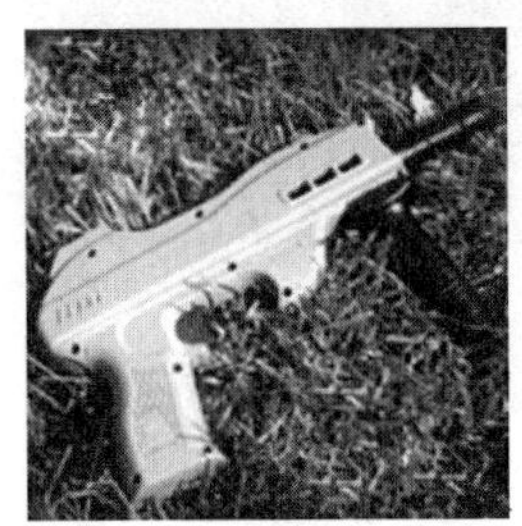

14. 爆风弹雨，轻机枪式激光发射器

装备特点：最佳火力支援武器。

15. 近战无敌，霰弹枪式激光发射器

威力无比，强大的杀伤效果。

16. 装备的保养维护

背带和头盔是装备的接收装置，一些日常的保养也是十分必要的。

我们从事的是一项对抗性非常强的活动，装备的使用强度是非常大的。为了让我们装备能更好地发挥作用，在使用装备时注意以下几点：

装备的保养，众所周知，所有的电子装备最忌带电插拔。所以必须记住最重要的一点，就是装备严禁带电插拔连接线。为了管理方便，请将所有枪械、装备及电池统一进行编号。

（1）外表的清洁

整洁的外表能给人留下良好的第一印象，另一方面也可以体现出管理者的良好素质。而且干净整洁的装备也会使参与活动者更加珍惜和爱护装备。在我们每次使用装备后，如装备表面有尘土或污垢，可使用略湿的抹布对表面进行清洁。但请注意，抹布不宜过湿，以免造成装备短路。

（2）背带的保护

由于背带是由军用防水尼龙布制成，但由于使用的强度过高，也可能出

现开线等现象。所以针线也是我们日常保养中必备的物品之一。

（3）接收探头外部旋盖

由于它的位置最为突出，活动中与外界发生碰撞最为频繁，在使用一定时间后，有可能松动。所以在每次使用后，请仔细检查，如有松动请用力旋紧。

（4）连线的检查

头盔与背带的连线由于是运动量最大的部位，连线的接头部有可能产生松动与损坏，所以在每次活动后需要逐一检查。

（5）头盔的挂带

由于是活动部件，而且在每次使用时都需要调整，所以很容易丢失。而且换配件非常不便，所以需要多加关注。

（6）电池保养

电池是装备的动力来源，也是的装备中消耗最大的组件，一般为镍氢充电电池，设计寿命为存放 500～1000 次，也就是说一块电池可以持续使用大约 2 年。但是如果没有很好的保养，这些数据也只是纸上谈兵。所以电池的保养将直接关系到我们的效益。电池保养的要求：电池的充电时间最好保证 12～14h。电池不要过于剧烈碰撞，以免造成损坏。避免将电池放在过热和过冷的地方。如果电池长期不使用，电量会静耗（跑电）。所以请在使用时提前充电，如周日使用过后，将所有电池拆下，下周六再将使用时可在周四晚间进行充电，周五早晨再装到装备上。如果你有后备电池，请将电池分出批次。例如，今天使用的电池全部为编号 1 的电池，其他的电池编号为 2 号，为备用，到晚间更换电池，只需将所有编号为 1 的电池换下即可，无需全部更换。

（7）枪械的保养

枪械是装备中的核心装备。由于使用强度更高，所以也是装备中最易出现的故障，所以枪械的保养是一切装备重中之重，枪械保养的好坏将直接影响培训的收益。

枪械的保养可分为校正与维护两部分：

校正：由于现在所使用的枪械已经在出厂前全部经过校对，只需要用户对枪口处的顶丝进行一些简单的检查即可，无特殊情况无需校对，校正顶丝共四颗，枪口下方为两颗，枪口右侧两颗。枪口下方的两颗，负责弹着点的高低，枪口右侧负责弹着点的左右。请记住校正时，顶丝枪口下顶丝向下拧，相反侧向上拧顶线。弹着点偏右侧将右侧的顶丝向右侧拧，相反侧向左拧。拧松顶丝时需要用改锥轻轻敲击枪口与顶丝对应的位置，以帮助枪管内的胶块放松。

维护：首先要保养的是枪口处的清洁，每次活动后，如果时间允许，需使用棉签沾湿酒精后对枪口处进行清洁，包括枪口内的镜片位置，以免影响枪支的使用效果。

其次，枪械的外壳，由于大部分枪械都是由塑料制成，虽然有一定的强度，但由于活动的激烈程度很大，一些磕碰损伤是难以避免的，所以需要每次活动后都对枪械逐一进行检查，发现损伤应及时修补。

第三节　体验培训后勤管理

一、体验培训后勤管理概要

（一）体验培训后勤管理的定义

体验培训后勤管理是体验培训中的重要组成部分，是后勤管理者按照现代科学管理方法的基本原理、方法和手段，通过一系列特定的管理行为和领导活动，使培训后勤工作高效而有序，以达到实现体验培训工作的目标。体验培训后勤管理是管理的一种形式，是管理的一般本质在体验培训后勤管理中的一种表现。体验培训后勤管理的任务在于运用各种管理手段，通过组织、指挥和协调活动，来创造一个远比个人力量总和要大很多的后勤保障力量，以便高效率、高质量地完成后勤工作任务，进而保证体验培训工作的顺利开展。

（二）体验培训后勤管理工作的介绍

何谓体验培训后勤管理？从字面上看，首先，后勤管理应服务于体验培训。其次，它是培训后勤工作的一种管理形式。

所谓后勤，简单地说，就是为完成既定的体验培训目标而对其需要的资源进行的服务工作。所谓后勤管理，就是后勤的管理者，在有限的资源约束下，运用系统的观点、方法和理论，对后勤涉及的全部工作进行有效的管理，即从后勤的投资决策开始到后勤结束的全过程进行计划、组织、指挥、协调、控制和评价，以实现后勤管理的目标。

后勤管理者不仅是后勤的执行者，而且还参与后勤的需求确定、后勤选择、计划直至收尾的全过程，并在时间、成本、质量、风险、合同、采购、人力资源等各个方面对后勤进行全方位的管理。因此，后勤管理可以帮助培训企业处理需要跨领域解决的复杂问题，并实现更高的企业运营效率。

体验培训后勤管理是体验培训活动中的一种后勤管理活动。每一次体验

培训都是一次精彩策划的后勤工作，因此体验培训后勤工作就是一种精细化的后勤管理。

（三）体验培训后勤管理工作的内容

体验培训后勤管理具有非常丰富的工作内容。体验培训后勤管理工作包括培训前的教具的采购、开发与筹备、培训中协调工作管理（包括培训师和学员的生活管理）、培训后教具的整理与管理等。

（四）体验培训后勤管理工作的基本原则及方法

后勤管理工作是服务于体验培训工作的，可以说它是保证体验培训顺利进行的重要工作。体验培训后勤管理工作的基本原则有：

1. 局部服从整体原则

从事后勤管理工作要有全局和整体观念。培训后勤管理工作要处理好整体与局部的关系。整个体验培训工作是全局，后勤工作是部分，我们要坚持局部服从整体的原则。人所处的位置不同，担当的角色不同，对同一事物的看法就会不同，这就要求主管后勤工作人员能够摆正位置，按照规范的工作要求，进行细致性的工作，当遇到突发事件或大事时，要第一时间向领导请示、汇报，并具备超强的处理突发危机事件的能力。

2. 服务于中心工作原则

培训是体验培训的中心工作，后勤工作的宗旨就是为体验培训工作服务的。培训后勤的一切工作都要围绕这一宗旨来进行。为此，后勤工作人员不但要树立全心全意为体验培训服务的思想，还要懂得培训工作的规律和后勤工作的规律，不断调整自己的工作部署，要以优质周到的服务促进培训工作的开展，充分调动和协调培训师与学员、培训师与培训师、培训师与组织方、培训与基地之间的工作，这样才能更好地做好服务工作。

3. 过程管理与目标管理相结合的原则

后勤目标管理是一种后勤控制手段，通过设定可测量的后勤目标，与现实找差距，并及时发现、纠正。

后勤过程管理是一种后勤工作过程的控制，是动态的后勤管理，是能及时发现并纠正偏差的。

确定后勤管理工作的目标固然重要，但是后勤工作的过程管理也不可轻视。从服务的角度来看，要使后勤工作流程化，就必须不断地对后勤工作人员进行教育，督促他们不断改善工作态度和工作方法；从安全的角度来看，设施和设备的安全隐患随时都可能出现，因此，必须经常不断地对他们进行检查和维修，以便发现并排除隐患。另外，体验培训工作要把安全放在第一位，后勤管理人员平时要注意这方面工作素养的培养。后勤管理素养贵在平时的积累，重在过程的控制和执行。

4. 优化配置资源原则

资源配置对相对稀缺的体验培训资源在各种不同培训活动中进行有效的匹配，以发挥资源最佳效用。体验培训中的资源是指培训中的人力、物力、课程、项目和财力资源的总和，是确保体验培训顺利开展的基本资源条件。培训企业发展到一定的阶段后，相对于培训量的需求而言，资源总是表现出相对稀缺，从而要求公司对有限的、相对稀缺的资源进行合理配置与整合，以便用最少的资源耗费，获取最佳的培训效益。资源合理的配置对于培训公司的发展有着极其重要的作用。要坚持该原则，就要合理有效的配置人、财、物、时间、课程等资源，做到人尽其才，物尽其用。

5. 人本管理原则

从组织管理的角度讲，人本管理是管理者的一种领导方式或理念，是指在管理过程中以人为出发点和中心，围绕着激发和调动人的主动性、积极性、创造性展开的，以实现人与组织共同发展为目标的一系列管理活动①。

人本管理思想在体验培训行业中的基本理解是：人的发展是培训的核心。人本管理的基本原则是重视人的需要，鼓励培养员工实现个人的全面发展，组织设计以人为中心，致力于个人目标与企业目标相融合。具体概括为：知人善用和任人唯贤，即用其所长、用其所思、用其所愿。

体验培训后勤管理工作还要遵循循序渐减和有效管理的原则。具体的管理方法要遵循 PDCA 循环，做到后勤管理工作有记录、有计划、有执行、有结果、有改进，使整个后勤工作实现目标驱动和数据化管理，从而不断提升工作效率。

二、体验培训后勤管理的分类

体验培训后勤管理工作按照不同的方法进行分类。

（一）按流程分类

体验培训后勤管理按照内容可以分为三类，即培训前的后勤管理、培训中的后勤管理和培训后的后勤管理。简单地说就是培训前要做计划、培训中要做控制、培训后要做总结，这就是一个培训后勤工作的完整流程。

1. 培训前的后勤管理

良好的开端，是培训成功的一半。但是很多时候也会因忽视了一个后勤细节，而导致培训最终失败。这就需要培训前的计划、准备，特别是后勤工

① 叶龙，等．管理沟通：理念与技能．北京：清华大学出版社，北京：交通大学出版，2006。

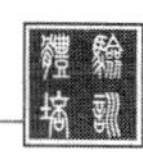

作的充分准备，并将物料清单、课程必需物品、对接工作进行仔细核查与沟通，确保无误。

2. 培训中的后勤管理

培训前期，我们要做好策划，做好充分的准备。那么，在培训中，要做的就是培训后勤的控制与协调。一个好的后勤工作人员要具备很好的执行力与控制力。很多时候，当我们外出做培训时，会遇到与我们的预期相差甚远的事情或是突发事件，要做到能够控制好局势，化险为夷；稍有不慎，处理得不好，就会影响到培训的效果，甚至会影响到培训企业的长期发展。副训和助教更要对场上的局势进行观察，有时候培训师的一个眼神、一个动作都会蕴藏着大量的信息。培训中后勤管理至关重要，主要包括：器械道具的到位工作、安全保障性工作、餐饮和饮用水工作、住宿保障工作和多方联络工作。

3. 培训后的后勤管理

很多培训师在做完培训后，认为这次培训就结束了，其实不然，我们还有一项工作没做，那就是总结。总结可以分为两个方面：一个是培训师内部的总结提升，正所谓活到老学到老，我们只有不断地去总结去提升，才能够立于不败之地；另一个就是对培训流程和非培训性工作的总结，也就是对服务工作的总结。由于培训行业是服务性的行业，因此不断提高服务标准和质量对于培训公司的发展相当重要。培训后勤工作总结包括培训环节脱节问题、吃喝住行问题、安全健康问题及物料回库与损耗清理工作问题。

（二）按性质分类

体验培训后勤管理按照其性质可以分为器械管理、生活后勤和教具开发三类。

1. 器械管理

我们这里所说的器械管理，不仅指培训前期的器械准备及培训后期的器械收回。它还包括原材料的采购、器械的入库、器械的仓库管理、器械的出库以及器械的流程化等。

2. 生活管理

顾名思义是指培训期间的培训团队、学员生活方面的服务，如吃喝住行等方面的后勤管理。当外出培训时，在被培训方不方便提供食宿的时候，就要求体验培训后勤管理者根据当地的情况，协调好被培训团队的吃饭、住宿问题。作为合作方组织学员的培训师，需要安排其生活方面的工作，这些都是后勤工作必须要完成的任务。

3. 教具开发

为了达到培训的效果，我们的培训活动是需要借助道具进行实现的。这就要求后勤管理者根据不同的后勤的需要，开发出适合课程的教具。

三、体验培训后勤管理工作进程

（一）体验培训进程

体验培训进程是一个具有一定独立功能的体验培训程序将培训诸元素集合的一次培训运行活动。它是体验培训的操作系统动态执行的基本单元。在操作系统中，培训进程既是基本的分配单元，也是基本的执行单元。

（二）体验培训工作进程

体验培训工作进程是在体验培训操作系统中，由培训程序、后勤程序、学员学习程序等组成的一个动态执行的基本单元。如果把它放到体验培训中的话，进程是一个个有待执行的任务，并且这些即将完成的任务有一定的顺序。通俗地讲，每次培训时，培训团队手里的培训进程控制执行表就可以说是此次培训的进程体现（见表6-1和表6-2）。

表6-1　××集团企业凝聚力主题户外体验培训课程进程控制执行表

	时间	单元 主要内容	训练目的	主持人
第一天	清晨 06：00—09：00	融汇公司指定地点集合出发 到达基地\分房	团队集合	会务组
	上午 09：00—12：00	第一单元　团队产生 （一）团队融入 主题体验一：《抓住机遇》 分享要素：团队机缘理论 （二）团队建设 主题体验二：《团队圆》 分享要素：1+1>2 团队服装、身份牌发放 主题体验三：《激情拍》 分享要素：团队速溶 （三）团队熔炼 主题体验四：《电网逃生》与信任背摔同步协调完成。 分享要素：团队成员之间的换位思考和相互理解	1. 明确训练营规 2. 激发参与感 3. 表达自我，突破自我，展示自我 4. 如何融入团队 5. 理解优秀团队六大基准 6. 加深相互间的认识与理解	主训官 教练 会务组

表 6-1（续）

	时间	单元	主要内容	训练目的	主持人
第一天	中午 12：00—14：00	午餐 午休		绿竹山庄用餐	会务组
	下午 14：00—16：30	第二单元　团队动荡 （四）精英成员 主题体验五：《空中单杠》 分享要素：成功激励理论、心灵修正 主体体验六：《管理金字塔》 分享要素：层级沟通效率、有效沟通模式要素		1. 突破自我、挑战自我、提升耐力与意志力 2. 高层、中层、基层三层沟通的有效性呈现，信息渠道与沟通效率之间的关系，Y、单线式、全通式沟通模式的高效运用	主训官 教练 会务组
	下午 16：30—17：30	第三单元　团队反思 主题体验七：《沙盘七巧板》 分享要素：团队成员之间的换位思考和相互理解		团队沟通、信任开花、领导协调与执行的关系、协作效率最大化体验经济与体验营销商业模式战略分析	主训官 教练 会务组
	下午 18：00—19：00	晚餐、篝火、烧烤、烟花		太平湖上用餐	会务组
第二天	清晨 06：40—07：20	团队晨操、沐浴晨光		科学健身、养生之本	教练
	清晨 07：20—08：00	早饭			会务组
	上午 08：00—11：00	第四单元　团队熔炼 主题体验八：《大海捞针》 分享要素：高效团队五要素 主题体验九：《信任背摔》与太空漫步同步协调。 分享要素：信任开花理论、信任层次论、人生三天论		1. 强化执行力，体现团队凝聚力 2. 增进团队成员沟通与交流 3. 体验如何让团队成员勇于承担责任 4. 体验如何获取团队成员的信任，优化人际关系	主训官 教练 会务组

表 6 - 1（续）

	时间	单元	主要内容	训练目的	主持人
第二天	上午 11：00—12：00	第五单元　巅峰团队 主题体验十：《毕业墙》 分享要素：感恩团队、忠诚团队 主题体验十一：《融汇 Logo》 分享要素：文化融入、团队向心力		1. 体验如何进行团队抗挫力 2. 体验团队的计划、组织、指挥、协调、控制、解决问题等能力 3. 体验团队的感召力与凝聚力 4. 增强团队绩效执行力，体验如何通过团队达成绩效 5. 体验团队互助，可以帮助大家高效率完成目标，学会付出、学会感恩、勇于承担责任	主训官 教练 会务组
	中午 12：00—13：00	午餐午休		水上人家用餐	会务组
	下午 13：00—15：00	第六单元　减压团队 主体体验十二：《游览情人谷》		轻音乐中的自由畅想与放松，加压后的压力释放与对生活方式的理解 大自然中的自由释放，沉浸在秀丽山川与和谐韵律之中	主训官 教练
	下午 15：00—17：00	快乐老家			会务组

表 6－2　安徽省 2011 年高校辅导员上岗（轮训）
团队合作能力主题体验培训课程师资进程执行表

时间	师资				
	1 队 薛老师	2 队 王老师	3 队 高老师	4 队 黄老师	5 队 李老师
07：50—08：00	集合队伍（薛老师）				
08：00—09：00	破冰（团队队列、万里长城）、团建（名字叠罗汉、薛老师）				
09：00—10：10	鼓动人心 （格式塔）	鼓动人心 （格式塔）	鼓动人心 （格式塔）	鼓动人心 （格式塔）	鼓动人心 （格式塔）

表 6-2（续）

时间	师资				
	1 队 薛老师	2 队 王老师	3 队 高老师	4 队 黄老师	5 队 李老师
10：10—11：30	足够高 （乐章）	足够高 （乐章）	足够高 （乐章）	足够高 （乐章）	足够高 （乐章）
11：30—12：00	大总结				

以上两个表是一个简单的执行表，但它是一个完整的进程，也是一次培训的一个基本进程。从内容看要求培训团队从集合队伍、破冰、体验授课到总结，它有一个完整的时间程序和人员分工，每个时段里的任务都规定得非常清楚。事先策划好流程，按要求严格地执行。

（三）进程表的重要性

培训前，进程表的制作还是非常有必要的，这也是培训活动策划的重要内容和具体的执行依据。如果说培训中的进程表是我们每次培训的依据的话，那么我们的进程执行表就可以说是培训执行控制的基本标准。培训中，所有师资团队人员的教案夹里放着统一的进程表，统一培训的进度和标准便可做到有据可依，在师资能力逐渐趋向于统一化的前提下，控制培训质量便可以做到胸有成竹，因为我们很清楚什么时候该干什么，该用到什么道具和器材。如果没有严格的进程表，在学员较多的情况下，培训的进程和调度可能就会出问题，培训也就变成了随机安排，没有了章法，很容易就出现培训失误或事故。

四、体验培训器械管理

（一）器械管理的定义

体验培训器械管理是由生产制作、仓管和物流等环节综合形成的后勤管理工作。是指对体验培训所需器械的研发、制作以及对器械的入库、储存、出库等的协调控制。其目的是不断为新研发项目提供合适的器械，保证仓库原有器械的完好无损以及使器械出入库的有序化。器械管理工作是以明确的图表方式表达仓储器械在数量、品质方面的状况，并以严格的手续控制器械的流向及目前所在的地理位置等情况的综合管理形式。

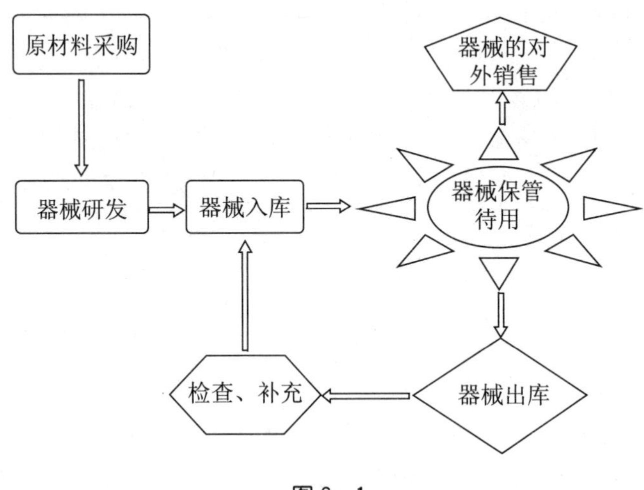

图6-1

“无规矩不成方圆”，对于培训公司来说没有一整套系统的器械管理方法，其运行便会凌乱不堪。因此，器械管理对于整个培训工作是很重要的，它能够保持器械进出库的流程化，为外出培训课程提供便利，同时能够时刻监控公司固定资产、耗材等运作情况。

（二）器械管理的流程

（1）完整的器械管理流程包括原材料采购、器械研发、器械（检查、补充）入库、储存管理（包括清洁、保养）、器械出库、器械销售等（如图6-1所示）。

（2）器械日常管理流程包括：原材料采购、器械生产、半成品的入库、成品验收入库、器械出仓、器械归档摆放和器械维修更新等。

（三）器械研发

（1）研发包含四个基本要素：创造性、新颖性、科学方法的运用、新知识的产生。研究开发活动的产出是新的知识（无论是否具有实际应用背景），或者是新的具有明显改进的材料、产品、装置、工艺或服务等。

（2）器械研发是一项体验培训后勤支持性的、实际的研究与生产制作工作。它主要包括依据新的项目开发出新的器械和对原有的器械进行改进。器械研发要遵循方便性、安全性、美观性、实用性、可循环性、环保性、规范性和经济性等原则。

（四）器械入库

（1）器械入库是指原材料制作成的器械的成品或半成品登记入库和外借出库后返回仓库的过程，这一过程中一定发生器械空间上的变动，因此要做

好仓库管理的工作。

（2）在器械入库的过程中，要办理入库手续，登记固定资产、耗材明细，根据特殊器械使用表填写特殊器械入库登记表，并由仓库管理员进行详细记录后将器械存档保存（见表6—3、表6—4、表6—5）。

表6-3　体验培训新器械入库登记表

物料员______检查员______入库日期______年____月____日

序列	入库性质	器械名称	入库数量	入库记录	备注
1					
2					
3					
4					
5					
6					
7					
8					
9					
10					

表6-4　体验培训特殊器械使用登记表

物料员______检查员______出库日期______年____月____日

序列	使用时间	器械名称	使用数量	用后记录	特殊记录
1					
2					
3					
4					
5					
6					
7					
8					
9					
10					

表6-5 体验培训特殊器械入库登记表

物料员______检查员______入库日期______年____月____日

序列	入库性质	器械名称	入库数量	使用记录信息	建议内容
1					
2					
3					
4					
5					
6					
7					
8					
9					
10					

(3) 新入库器械要登记新器械入库登记表。

(4) 外借器械入库要进行器械的详细核查登记，包括器械的数量、损耗情况，如发现有器械的遗失，要通知责任人追回，如有损耗要视情况要求其进行补充后再入库。

(5) 器械入库后要摆放在原来位置，不得随意挪动或变更其位置。

(6) 所有器械检查完好后，物料员与检察员一起填写器械入库清单表(见表6—6)。

表6-6 体验培训器械入库清单

物料员______检查员______入库日期______年____月____日

序列	入库性质	器械名称	入库数量	入库记录	备注
1					
2					
3					
4					
5					
6					
7					
8					
9					

（五）器械出库

（1）仓库器械的出库包括器械的外调使用、外租和出售三种情况。

（2）器械的出库必须经由后勤管理主任批准后，方可外借，否则一律不予外借，不能随意授权他人借拿器械。

（3）主任批准后，经由仓库管理员办理器械的出库手续，并交代器械外借期间的注意事项及相关规定。

（4）仓库管理员在外借器械时，一定要进行送交前的共同核查、送交过程中的共同核查和送交后的共同核查这三遍核查，确认无误后在器械外借表上进行登记签字后方可以出库（见表 6－7）。

表 6－7　体验培训器械出库清单

物料员______检查员______培训师______出库日期______

序列	出库性质	器械名称	出库数量	出库记录	备注
1					
2					
3					
4					
5					
6					
7					
8					
9					

（六）器械的储存方法

图 6－2

1. 器械储存的定义

器械的储存即是器械的保管，它包括利用有限的空间对器械进行分区摆放、保证器械的完好无损和取用方便高效（如图 6－2 所示）。

2. 器械的摆放

器械的摆放具体要遵循以下几个原则：

（1）面向通道进行保管。为使器械出入库方便，容易在仓库内移动，基本条件是将物品面向通道保管。

（2）尽可能地向高处码放，提高保管效率。有效利用库内容积应尽量向高处码放，为防止破损，保证安全，应当尽可能使用棚架等保管器械。

（3）根据出库频率选定位置。出货和进货频率高的器械应放在靠近出入口，易于作业的地方；流动性差的器械放在距离出入口稍远的地方；特殊的器械依据它所需要的特殊条件而摆放在能够满足条件的地方。

（4）同一器械在同一地方保管。为提高作业效率和保管效率，同一器械或类似器械应放在同一地方保管，仓管员对库内器械放置位置的熟悉程度直接影响着出入库的时间，将类似的器械放在邻近的地方也是提高效率的重要方法。

（5）根据器械重量及其易损坏系数来安排保管的位置。安排放置场所时，当然要把重的东西放在下边，把轻的东西放在上边。需要人工搬运的大型物品则以腰部的高度为基准。这是提高效率、保证安全的一项重要原则。当然，易被压坏的器械就另当别论了。

（6）依据形状安排保管方法。依据物品形状来保管也是很重要的。

（7）器械的管理要清晰化、有序化。器械摆放好相应位置，还应对其进行记录，易于寻找，也为器械的出库节省时间。因此，我们可以制作一个仓库器械摆放的一个平面图。

（8）器械的分区管理。依据器械出入库的频率，可将器械分成 A、B、C、D 四个区进行管理。

（9）器械依据环节及课程进行摆放。我们可依据破冰、团建、项目的环节进行摆放。也可以一套课程对器械进行合理的摆放。

（10）器械的摆放要注意通风，防止受潮和暴晒造成器械损伤。

所有器械都应登记造册，填写体验培训器械总表，以确保能够及时评估器械资产状况（见表 6－8）。

表 6－8　体验培训器械总表

物料员______检查员______表格更新日期__________

序列	环节	器械名称	器械数量	摆放位置	检查记录	备注
1						
2						
3						
4						
5						
6						
7						
8						
9						
10						

（七）仓库管理

（1）专人保管，仓库管理要做到专人保管、专业管理和专项管理。

（2）严格登记，要有严格的使用记录，特别是以高空项目器械为代表的特殊器械的使用记录，这些器械的使用频率是多少，在使用过程中发生了什么特殊状况，上面都要标记，绝对不容忽视。

（3）把好进出关，是指器材一旦出库，仓管员就什么也不管了，就交给培训团队管理，器械一旦入仓，培训团队就不管了，就是仓管员的责任了，在整个仓库管理工作要做到责任到人，负责到底。

（4）做好档案管理，仓库里的器械肯定要做到数目清楚，出仓时和回库时，数量都应该相同。出库时数量不够，仓管员要负责；回库时数量不够，培训团队成员要负责，因此要责任明确，做好档案管理。

（5）及时维护和补充，做好分类补充工作。

（6）分类标签管理，做好标签管理，明确分清新旧器械、完好或损坏。

（7）制度管仓，丢损赔偿。这是个最有效的做法，无论谁损坏了器械都要赔偿，与个人关系好坏无关，是制度管理，不讲个人感情。

（八）器械包

1．器械包的定义

所谓器械包就是对器械的装包处理。它包括对同一项目的一定数量的器械的装包和一套课程的不同器械的装包处理两种形式。实践中，由于培训课程化程度的不断提高，执行课程前从仓库中分别提取器械显得效率过低，因此将固定的标准版课程器械分装在器械箱中，并为该包设标编册，在使用前只需检查便可快速便捷的出库了，提高了仓管效率，降低了差错率。

2．器械包的目的：

（1）为了器械的出入库及使用方便而开发出的一种器械管理模式。

（2）推进体验培训课程化进程的需要。

（3）促使体验培训师走向专业化、分类化。

3．机械包的分类

器械包分为：小包和大包。小包是依据同一器械使用时的一套（如大海捞针、渔翁得利等）和经常使用的数量进行包装的单个项目的器械包。大包是指对一整套课程所需的所有器械进行包装处理的器械包，并且方便携带。

（九）器械的养护

（1）由于外出培训的需要，器械会高频繁的出入库。这就需要仓库管理员及时、定期的对器械进行养护。器械的养护包括安全性检查、使用期限检查、损耗检查和常规擦拭与保护。

（2）器械养护应根据器械的使用环境及种类进行养护。

（3）高空器械的养护应跟其他器械的养护区别开来。

（4）野战运动装备要定期的进行性能检测。

（5）所有经过检查的器械都应分类存放，有问题的器械检修完好后，须填写器械养护登记表（见表6-9）。

表6-9 体验培训器械总表

物料员______检查员______表格更新日期__________

序列	环节	器械名称	器械数量	摆放位置	检查记录	备注
1						
2						
3						
4						
5						
6						
7						
8						
9						

（十）器械的补充

（1）这里所讲的器械补充包括对人为损坏和丢失的器械以及器械因长期使用而正常损坏的补充，在补充时要遵循及时、优质和同型号的原则。

（2）人为因素造成的器械的损坏及丢失，应要求责任人按要求对器械赔偿和补充，如无法购买则应按照当前市场价格折算现金赔偿。

（3）器械正常情况的损坏，要求器械管理员定期的对器械进行清查检验，发现损坏及应被淘汰的器械应向上申请补充、更换。

总之，器械的管理要做到服务于培训，要为培训的质量和品质增添光彩。切不可因器械管理的繁琐，便丢弃这一工作，这也正是当前国内行业组织需要重视的问题。

五、体验培训生活管理

体验培训是丰富多彩的培训，被誉为生活的教育。学员参与学习的激情来自于基本生活的满足。因此体验培训过程中的生活管理工作对于整个培训

具有举足轻重的意义。

（一）生活管理的范畴

在体验培训后勤管理中，生活管理主要是对培训人员，包括学员、讲师、教练、助教和司乘人员在餐饮、住宿、交通、卫生、安全和紧急事务处理等方面的管理、协调与服务。谚语说：好事不出门，坏事传千里。与每个客户息息相关的生活是非常重要的，看似小事，却并非小事。在培训中，由于生活管理出现问题的案例很多，因此要重视生活管理在培训中的作用。

（二）生活管理的方法与技巧

生活管理，在体验培训中多数情况表现为第三方服务。由于第三方的变化很大，因此在沟通与管理工作中经常会发生意想不到的情况。体验培训中的生活管理往往是代办业务，作为服务机构与生活服务方签订战略合作协议，会在价格上有一定的空间。因此许多的培训机构因利润和方便的因素，愿意为客户代办生活管理的业务。因此无形之中，便把生活的责任承接过来，变成自己应尽的义务。由此客户对服务要求高是正常的。这里不对业务上的问题进行细致性讨论，主要针对如何通过有效的生活管理促使培训质量的提高。

1. 餐饮管理

“民以食为天。”只有物质条件满足后，学员在学习中才能够更好的调动积极性，投入到培训中。因此对学员用餐的管理非常关键。

在体验培训中，如果能够根据学员学习时间和消耗量的大小针对性的选择用餐时间，会从关心的角度获得学员内心的感激和认可。特别是清晨出发后就训练的情况，午餐的时间要相对早一些，因为有些学员不太习惯早起或没有吃早饭。

体验培训的用餐是文化的表现，从用餐秩序和餐前文化来看，良好的用餐氛围，会引导学员把餐饮环节变成分享和讨论的环节，从某种意义上讲，是培训的延伸。

众口难调是对安排用餐内容难度的评价。的确如此，每一位客户的需求均不相同，因此如何选择餐饮内容就成为培训后勤工作最难把握的部分。良好的沟通和超前的准备是解决这一问题和化解矛盾的根本。比较好的做法是，在报课程方案中很直接的餐饮标准和服务质量明确列出，供客户针对性的选择。当客户选定的内容出现瑕疵的时候，也能够缓解矛盾的强度。

2. 住宿管理

住宿关乎着学员和师资人员的休息。良好的休息环境会提高学员的学习兴趣。反之，住宿环境差，会因休息不好而影响学员的情绪。在住宿管理中，要注意的是宾馆的层次、卫生状况、生活用品、干扰源等因素的综合考虑。

在需要安排清晨叫早服务时，特别要注意语言的风格、语气和态度的温和。

分发房卡很有学问，对于学员来说，选择住宿伙伴很重要，一般都会选择熟悉一些的人作为同伴，毕竟生活的隐私使得人们不愿意暴露太多。建议房卡的分发不要由后勤人员直接发放。这样会因生疏而导致问题的出现，如男女性别排错的现象。最好分组交给负责人，分级发放，这样既加快了速度，又有效地解决了住宿问题。当然，有些时候的住宿安排需要特殊的处理，那就另当别论了，如提前安排好了人员结构。

3. 交通管理

作为培训后勤管理人员，需要保障学员和师资顺利到达培训基地。因此选择安全、高效和稳重的司乘人员很重要。在选择合作伙伴时，一定要考虑到法人资格的有效性和司乘人员的服务质量。在体验培训中，会出现倒换场地培训的现象，因此时常会出现动用交通车的问题，态度良好的司机会很爽快地按照要求完成任务，但也有一些司乘人员摆架子，不太情愿服务，这时的沟通就相当重要。既不能够让司机带着情绪开车，也不能不开车。司机的情绪会直接传染给学员，会引起学员情绪的波动，当然更主要的是司机的情绪会影响交通的安全。每一次出队的时候，我总坐在副驾驶位上，与司机师傅一起关注着交通，我觉得这是一个好的习惯。有一次，在培训返回的途中，很多学员都睡着了，司机师傅由于开车的时间较长，车内很安静，有些疲倦了，我观察到他的眼睛都快要闭上了。于是，我开始提醒司机注意安全。司机听到我的话后，慢慢地把车停在路边，下车休息。我很庆幸没有出现事故，如果事故真的发生了，后果将不堪设想。

4. 卫生管理

体验培训中的卫生管理包括食品卫生、心理卫生和环境卫生等三部分。

食品卫生主要是指要控制好培训期间的饮食质量，确保学员身体的健康，如对于烧烤的选择还是慎重为好。

心理卫生主要是指在培训过程中，学员表现出来的是否健康的思想和意识。一次青少年夏令营培训课程使我终身难忘：那是为××电视台服务的课程。晚间，电视台对接人员通知我晚上有激光晚会，不想错过好机会，想给孩子们看看。我想这也难得，毕竟激光开一次要十几万元费用。课程可以顺延补回来，但晚会补不了，便答应了。但有个条件，那就是不能够观看影响青少年身心健康的内容，对方也承诺肯定没有。我们一起到达激光晚会现场时，激光还没有开始。组织者就组织学员观看舞台表演，很热闹，人也很多。两个节目过后，舞台上出现了二人转演出，孩子们也很喜欢。可没一会儿，成人化的内容开始了，我们连忙带孩子们离开，即便这样，孩子们还是接收到那样的信息。那一晚上，我感到无比的自责，也与组织者争执了起来，对方也道了歉，这事情就算过去了。没曾想到的是，那一期夏令营结束两周后，有一天，一位营员的爸爸无奈地找到组织者讲起了他家女儿在家的表现：那天女儿只穿了一件内裤跑到客厅，我看到她穿成这样便说："这么大孩子了不知道害羞?"女儿无所谓地告诉我说："人家二人转中说'古代人是扒开裤头找屁股，现代人是扒开屁股找裤头'我穿的还算是多的了，真封建!"我气得问："你在哪里学的?"女儿随口便说："夏令营。"

当我听到组织者笑着和我描述这个故事的时候，我很生气，这种事情的发生对一个孩子的心灵是一种伤害，而对于我的教训也是巨大的，毕竟是我同意学员去的。因此重视体验培训中的卫生管理是非常必要的，绝不可轻视。这些经历的教训是我不断学习和提高的动力，教育确实需要认真对待，来不得半点马虎，否则会害人害己的。

5. 安全管理

培训安全是体验培训的第一要务。离开安全的体验培训是没有意义的。因此，控制好安全对于每一位体验培训团队成员都是重要的。体验培训中的安全环节有交通安全、人身安全、财物安全、心理安全、饮食安全、培训安全等。在一次为××党校培训时，课程进展得很顺利，第二个下午开始户外热身活动，在反向奔跑这个活动进行的时候，有位学员本身素质相对弱一些，被别人追到后，又推了一下，那位学员顺势倒在了地上，并把手心弄破了，活动随后便停了。但学员的情绪变得很激动，觉得培训具有伤害性，都不愿意参加体验活动了。这给我的教训很大，也是值得大家思考的问题。

6. 紧急事务处理

培训中会出现不同的紧急事务，如不能很好地处理，就会影响培训的进展。因此后勤管理人员要学会处理紧急事务，并能够在紧急情况下临危不惧，沉着应对，化险为夷，变危险为机遇。

六、体验培训教具开发

教具对于体验培训很重要。许多的培训目标需要借助教具来呈现。而教具的新颖、外观、质感和安全会直接影响到培训的效果。因此一个规范的培训机构或公司应该有自己的研发部。通过教具的不断研发，使课程和项目的目标得以实现，从而达到实现培训目标的目的，成就自主创新的品牌战略。

当前，我国体验培训发展速度太快，由于业务量相对较大、以及受到经济利益的驱使，许多公司没有精力顾及和重视到研发和自主创新工作。客观上看，在一定时期，借鉴他人的课程成果，便可以满足自身发展的需求，但

“拿来主义”仅只能解决一时之需。从长期来看，还需创新推动。

教具是课程和项目的附属品，因此教具的创新研发有三种类型：一是根据新的项目研发出适合的新教具；二是针对原有项目教具的升级改进研发；三是根据需求对没有教具的项目进行教具开发。

(一) 教具开发的流程

教具的开发是一项系统性工程，具有详细的开发流程，主要包括确定主题、开发策划、市场评估、申请立项、原材料筛选、成本估算、样本制作、测试评估、修正改进、成功发布、批量生产等（如图 6-3 所示）。

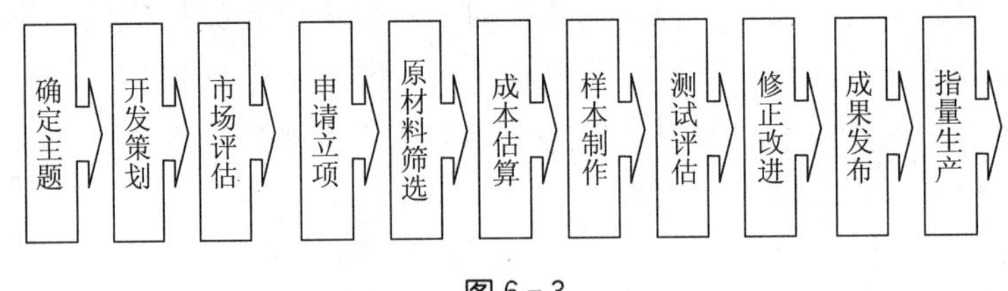

图 6-3

1. 确定主题

教具研发的主题主要是根据企业培训对课程和项目元素需求确定的。

2. 开发策划

为了能够科学地完成教具的开发设计工作，在生产之前必须要进行开发策划，以便能够在科学步骤的指导下完成任务，避免随机行为出现，从而影响开发工作的效率。

3. 市场评估

教具是培训的附属品，要在充分评估市场的基础上进行科学化决策，要对市场的需求进行详细的调查和分析，才能够保证教具的推广和应用价值。

4. 申请立项

在以上三个环节的基础上，开发团队便可向相关机构申请立项，一般可以采取纵向课题和横向课题两种形式来完成，以确保科研经费的到位。纵向课题就是申报政府教育、科技等系统的课题；横向课题是指与培训行业内的合作伙伴共同研发。

5. 原材料筛选

教具的原材料筛选工作非常重要，材料的筛选内容包括：材料安全性测试、生产技术难度系数、材料价格、材料外观和材料的质量等。

6. 成本估算

昂贵并不是教具价值的真正体现，物美价廉、方便安全才是真正的标准。因此，教具成本的控制，对于提升市场利用率和提升本身价值具有重要的意

义。成本估算包括原材料成本、人工成本、工艺成本、周期成本、物流成本等。

7. 样本制作

在前期工作完成的基础上，就可以进入样本制作环节，一般情况下，样本制作环节都是投入性环节，因此在样本制作的过程中要注意对图纸设计、制作加工和意义表达等的综合考虑，尽量减少废品的出现。

8. 测试评估

样本制作完成后的重要任务便是测试与评估。首先要进行安全性功能检查，然后开始配套性试验，包括与项目配套和与课程配套的评估。

9. 修正改进

在评估结束后，需要对教具暴露出来的弊端和不足之处进行修正和改进，以便更好地达到培训的目标效果。

10. 成果发布

成果发布是科研成果的提交，将开发完成的研究报告、制作方法技术和工艺流程以科研成果的形式进行知识产权保护，以确保其合法性和合理性。

11. 批量生产

批量生产是市场需求的基本表现，因此要根据需求确定数量，避免盲目生产。

（二）教具开发的原则

教具指的是在符合安全标准规定的前提下，利用金属、纸质、木质、塑料和大自然中的可利用物开发制作的体验培训道具和器材，不包括能够购买到的具有国家强制性安全标准体系的大型器械。在开发与生产过程中要遵循以下九大原则①。

1. 安全性原则

第一个原则是安全，安全是非常重要的。任何体验培训都必须以安全为第一要义，离开了安全，再好的培训课程都显得暗淡无光。所以在制作器材时，按照安全第一的标准进行开发，安全体现在三个方面：选材时不要选用过于锋利的材料。生产的时候要把安全因素考虑周全，要对生产出的教具进行检验及试验之后才能投入使用。因此，无法判断安全或无法控制安全的器材不得在培训中使用。

2. 方便性原则

方便很重要。体验培训中器材使用很多，在开发制作器材时要按照方便

① 薛保红．体验培训师培训教程．北京：中国计量出版社，2009。

使用的原则，尽量减少人为的复杂化，方便携带、培训使用和推广。例如，为了携带方便，开发的时候，在选材方面尽量选质轻的原材料；也可以开发折叠型的等。

3. 美观性原则

体验培训是全方位的感官系统的认知过程，外形美观可以带来视觉上的冲击力，所以器材的美观也直接影响着学员的学习效果，根据课程的不同，教具制作特点和风格也就不同，应注重特色性的开发与设计。

4. 实用性原则

实际操作中，我们发现许多的培训教具，为了显示其功能的强大，从而设计了许多不必要的功能，但在实际使用中，许多功能都无法很好的使用。在制作道具时，一定要注意实用性，根据课程的需求针对性的研发。最好是可以多项目共用和重复利用。如太空漫步绳既可以用做太空漫步，也可以在绳结技术课堂上打绳结时用。

5. 可循环利用原则

体验培训的道具成本损耗较高时，会带来了不必要的资源浪费。有的机构为了方便，各种任务书直接用白纸打印，不做任何处理就直接使用，用完就扔等。因此在选择制作材料时，要注意材料和器材的循环利用，做到器材一次制作多次使用。可循环使用，尽量少用耗材。所以，一方面在投入生产前要做策划，明确需要，明确原材料损耗等；另一方面就是要注意项目之间教具转化的循环利用。如电网是用绳子编织成的，当电网损坏不能再用的时候，就可以考虑将电网的绳子拆开来做盲人方阵的绳子用，也可以做练习绳结的绳子用。

6. 环保性原则

在道具制作时，要充分考虑到资源的稀缺，要仔细研究和设计，选材的时候要选对人体无害的教具，即使报废的时候也不会对环境造成污染等，尽量少浪费和破坏资源，将环境保护的意识根植于设计和制作理念中，做到绿色开发和绿色培训，服务和谐社会发展。

7. 规范性原则

由于各家体验培训机构的特点不同，所以对课程设置以及器材功能的利用也不同，所以开发制作器材的标准也就不一样，因此在器材的尺寸、样式和功能等方面都需要不断地规范化，尽量做到器材标准化，用以规范课程标准化，从而实现培训效果最优化。比如七巧板，大的和小的效果是不一样的。

8. 经济性原则

经济性原则是指在不影响培训效果的基础上，选择制作道具的材料时，

尽可能地选择容易采购到的材料，控制材料和制作的成本。

9. 市场性原则

教具的开发具有市场特性，无法推广的教具研发是失败的，科研试验服务于社会经济发展，产生好的经济效益和社会效益是教具研发的基本原则之一。

（三）教具的分类

体验培训的特点决定了体验培训的器材道具的分类不同。

（1）按照课程分为：高空绳索设备、沙盘模拟道具、野战运动器材、历奇营地道具、音乐辅导设备、团队教练道具等类型。

（2）按照操作使用的空间分为：高空项目器材（高空架、攀岩墙、毕业墙、绳索、锁具、安全保护衣、头盔等）、水上器材（船、救生衣、筏子、快艇、水桶、竹子等）、中低空器材（背摔台、背摔绳、电网等）、地面器材（眼罩、任务书等）、室内项目（各种沙盘、多媒体、音响设备等）

（3）按材质分为：金属类器材（锁具等）、绳材类器材（动力绳等）、纸质类道具（各种任务书、任务图等）、塑料类器材（逐鹿中原小球）、木质类器材（云梯棍等）、电器设备类（多媒体、音响设备等）、自然类（大自然中可以随时提取利用如：石头、树叶等）。

（四）教具的制作方法

体验培训的教具制作方法是多种多样的。我们在制作教具的时候，要抓住器材制作的基本原则并紧扣培训理念和主题，运用不同的方法进行制作与开发。作为体验培训师，如果能亲自动手开发和制作教具，对于增加对培训的理解和提高培训的质量都有很大好处。当然，由于许多的条件和技术限制，培训师不能亲自动手制作，但至少要亲自设计，然后交由专业的机构生产。

体验培训的部分设备是按照国家标准生产的，这部分器材设备一定要按照国家的标准进行购买。其他的器材设备可以根据培训需求，在确保安全的情况下，选择性的设计与制作，具体方法有：

（1）印制法：利用纸质和塑料材料，借助信息化设备，打印、剪切、塑封的器材，在制作中要注意材料的厚度、花色、美观性等。如雷阵图、任务书、七巧板等。

（2）组装法：培训师要经常到批发市场去看看，在建材市场、玩具小饰品市场、五金市场和文具市场购买到原材料后，进行组装。如挑战150器材就需要购买到建材PVC管、绳子、乒乓球等组装。

（3）木工法：设计好图纸后交给木工制作。如制作云梯棍，需要将长

80cm、直径为5～8cm的圆形的竹子或木条，采购后交给木工代为加工。

（4）焊接法：设计好图纸后交给焊工制作。如制作无声换位架，需要将长300cm，高80cm，宽度为20cm的设计图纸和购买好的钢管交由焊工制作完成。

（5）利用自然资源法：根据培训主题，利用大自然资源直接编制。如没有旗杆时，可以用干树枝来代替；扎筏泅渡时，可以直接利用现有的干竹子或树干来完成；CQB巷战可以利用树干编制完成；野战运动战斗堡垒、掩体、司令部等可以利用红土、白灰与水混合堆砌而成等。

总之，体验培训的道具制作的方法多种多样，需要培训师不断地总结和创新。

七、体验培训后勤制度化管理

制度是秩序的保证，好的制度是体验培训规范运行与管理的基石。建立体验培训后勤管理制度就是针对其范畴和特点所规定的规范性管理制度。

（一）制度

制度，其所对应的英文单词“system”或“institution”。从汉语“制度”的起源来了解其含义，按《辞海》理解，制度的第一含义是指要求成员共同遵守的，按一定程序办事的规程。汉语中的“制”为有节制、限制的意思，“度”为有尺度、标准的意思。这两个字结合起来，表明制度是节制人们行为的尺度。制度按照性质和范围总体可分为根本制度、基本制度与具体规章制度三个基本层次。具体规章制度是各种社会组织和具体工作部门规定的行为模式和办事程序规则①。

（二）制度化管理

无规矩不成方圆。为了能够达到体验培训后勤管理的目标，需要遵循一些程序规则、规程和行为的道德伦理规范，做到有度去衡量，且有法奖惩和激励。通过制度化的后勤管理使得全体团队成员确立制度化观念和意识，降低人情因素对管理工作的影响和制约，提高团队绩效。

（三）体验培训后勤制度化管理

针对体验培训后勤工作的特点和性质要求所规范的管理制度就是体验培训后勤制度化管理的基本内容。也是为了达到“做正确的事，正确地做事，获取正确的结果”而制定的，需要团队成员共同遵循的、有度去衡量且有法去奖惩和激励的一些程序或规程。

---

① 百度百科，http//：www. Baidu. com

体验培训后勤管理主要是工作人员和物品的管理。在管理过程中与培训部、师资部以及组织外的第三方合作伙伴都有密切的联系，因此协调工作也是后勤岗位的重要内容。

（四）后勤制定化管理制度的主要原则

1. 规范性

管理制度的最大特点是规范性，呈现在稳定和动态变化相统一的过程中。长久不变的规范不一定是合适的规范，经常变化的规范也不一定是好的规范。体验培训后勤管理制度的规范性体现在两个方面：一是日常工作的规范性和科学性管理制度的落实；二是参与外出培训和与第三方合作所进行的制度的规范性。

2. 执行性

体验培训后勤工作的繁琐性决定了很多的制度容易制定、难执行。实践表明，好的制度关键在于落实和执行。例如，培训师的图书资料外借学习。按照规定为一周之内归还，但部分成员会因各种理由推迟归还的日期，制度中规定每迟归还一天要收罚金。由于金额过少，对借书人不会造成压力，因此出现了推迟归还的现象。罚金不是目的，而是规范大家行为的过程，作为后勤管理人员就需要将此项工作落实，亲自追要图书，按规定罚金，确保图书的借阅质量。

3. 适应性

体验培训后勤实行制度化管理的目的是多、快、好、省地实现管理目标，是使培训团队和各个利益相关方尽量满意。不是为了制度而制定制度。制定制度要结合体验培训工作的实际，针对性的制定。同时还要根据不同公司的文化来个性化的设计制度，做到制为岗所定，度为人所用。因此，在制定制度时应该简洁明了，便于理解和执行，便于检查和考核。

4. 有效性

制度要对管理有效。要注意团队人员的认同感。按照民主集中制的原则，在制定制度的时候，大家一起参与讨论充分听取团队成员的意见，在社会规范、国际标准、人性化尊重之间取得一个平衡。制度既要对组织负责，又要对个人负责。通过制度化的管理调动团队成员的积极性，有效激励员工为团队创造价值才是制度的核心内涵。因此要注重体验培训后勤制度的有效性问题。

5. 创新性

体验培训后勤管理制度是管理制度的规范性实施与创新活动的产物。不能生搬硬套他人的管理制度，一定要根据组织自身的发展需求和阶段状况制定相应的规范制度。依据管理基本原理和实践，深入分析体验培训工作特点，按照效率优先、人本管理的基本原则创新的开展制度化管理工作。

总之，体验培训后勤制度化管理工作的多种原则的关系是一种互为基础、互相作用、互相影响的关系，是一种良性的螺旋式上升的关系。规范与创新能够使两者保持统一、和谐、互相促进的关系，非良性的关系则会使两者割裂甚至出现矛盾。希望行业能够在制度的保障和科学人性的管理中形成积极健康可持续的发展氛围，为社会教育事业和经济发展创造更多的成果。

第四节　体验培训安全管理与行为要求

一、体验培训的安全要求与理念

在体验培训中任何危险的发生，参与者都无法逃脱干系，这就是责任，所以无论是作为体验培训机构，还是体验培训师等相关人员，包括学员都要时刻树立安全意识，建立“安全无小事”的思维模式。从而，培养无意识状态下的安全操作能力，养成安全保障的行为和习惯。

二、体验培训中的安全意识与行为要求

安全在体验培训中是首要问题，这种安全意识、行为、能力、态度、习惯一定要根植在每一个从事体验培训人员的脑海中，一定要形成体验培训行业的一种文化，因为它将潜移默化地影响整个体验培训行业的持续与发展。增强安全意识，时刻保持警觉性，这是非常重要的安全理念，训练器材是死的，而人的因素又是不可预测的。所以，从业人员必须具备专业的安全操控素质。人为因素是整个体验培训理念建设过程中的关键所在，但又是最容易出现漏洞的环节。粗心大意是安全事故的隐患根源，当我们认为越安全的时候，反而是越容易出事故的时候；当我们认为越安全的地方，反而是越有可能埋下隐患的地方；当安全因素与不安全因素互相有交叉点的时候，危险就会随时发生。

三、体验培训中的安全操作原则

（一）备份原则

在组织体验培训之前，就要对所有需要准备的设备、器材、材料、方案

等技术与材料进行充分准备。一般情况下，除了正常使用数量外，还需根据具体情况备份一份，千万不要觉得繁琐，尽可能做到万无一失。有一次，我在太平湖带队训练，由于器材是由公司准备，开训之前要对器材进行全面检查，检查中我发现后勤人员没有准备好孤岛求生的任务书，当时的培训负责人就着急了，马上就要训练了，怎么办！这时候，我从包中掏出了钱永健老师的《拓展训练》一书，并复印了任务书，问题迎刃而解，负责人马上就消除了紧张，并向我竖起了大拇指。所以作为体验培训师，要时刻具有备份意识，一切以训练为中心，携带体验培训相关教材是一个非常好的习惯，因为没有一位体验培训师能够全部记下所有的项目操作。

（二）行为原则

在进行器材操作时，体验培训工作人员要始终关注自己与参训者的行为举止，一定要养成良好的培训安全“行为原则”。行为原则要做到四边：一边讲解体验培训操作的安全要领，一边强化记忆效果，一边用手检查安全器材，一边仔细观察器材或学员穿戴器具的安全检查点。

（三）全程监控原则

在体验培训工作中，工作人员要有强烈的责任心和热情，要时刻保持清醒的状态；按照户外器材操作要求，按步骤操作，做到装备器材合格；体验培训中的四项全程监控原则是：全程监控学员行为、全程监控器材安全、全程监控工作人员行为和全程监控周围环境。正确熟练的操作和运用安全保护技术，不断学习和丰富安全保护经验，整个训练过程中必须保持在监控状态下进行，最大程度地保证体验培训工作的顺利进行。

（四）三层检查原则

体验培训需要100%的安全保障。安全在体验培训中没有过度，只有安全与危险，虽然体验培训的安全保障在备份原则下有了理论与实际的实用保障体系，但是如果我们的操作在匆忙中可能还会存在隐患与遗漏，那么在执行项目前的“检查”就显得尤为重要了。“三层检查原则”是“安全原则”确保“万无一失”的最后保障。检查原则包括：学员自己检查、学员之间的互相检查和体验培训师的最后检查。

总之，科学系统的课程设计、随时随地的安全意识、国际认证的器材装备、严格规范的操作方法、丰富实用的教学经验、灵活有效的安全预案是体验培训获得安全的保障。

附录　户外活动伤病安全救护处理方法[①]

一、外伤

人体受到外力作用而发生的组织撕裂或损害。引起外伤的原因很多，根据有无伤口，可分为开放性和闭合性两大类。

1. 闭合性外伤

由钝力造成，无皮肤、体表黏膜破裂，常见的有挫伤和扭伤。

挫伤：钝力打击所致的皮肤和皮下软组织损伤，皮肤无裂口，伤部青紫，皮下瘀血、肿胀、压痛。轻者可用伤湿止痛膏外贴受伤区。对胸腹部挫伤及头部挫伤，应考虑有无深部血肿或内脏损伤出血，宜到医院观察诊断。

扭伤：扭伤常发生在踝部、腰部、颈部及手腕等处。扭伤的一般处理原则是让患者安定情绪，固定受伤部位，用冷湿布敷盖患处。手足扭伤者可抬高患部。颈部、腰部扭伤者在搬运时不可移动患部。扭伤常伴有关节脱位或骨折，宜立即到医院诊疗。另外，扭伤后无论轻重，不可即刻洗澡、胡乱按摩，须送医院治疗。扭伤常用的治疗方法有局部封闭（用0.25%～0.5%普鲁卡因）、药物外敷内服、理疗等。

2. 开放性外伤

多数由锐器和火器所造成，少数可由钝力造成，常有皮肤、体表黏膜破裂。

割伤：浅的伤口用温开水或生理盐水冲洗拭干后，以碘酊或酒精消毒、止血，或以“好得快”喷雾剂喷于伤口，然后包扎，一般都能较快痊愈。对较小伤口外用“创可贴”即可。对较深的伤口，应立即压迫止血，速到医院进行清创术，视伤情进行缝合修补等。刀伤伤口不可涂抹软膏之类的药物，否则伤口难愈合。

刺伤：宜先将伤口消毒干净，用经灭菌过的针及镊子，将异物取出，再消毒后包扎伤口。异物留在体内易化脓感染，对伤口小、出血少者，宜在伤口挤压出一些血液比较好，指甲的刺伤不易处理，可先将指甲剪成V字形口，将刺拔出，或到医院处理。若被针、金属片等刺伤而留于体内，应到医院在X光下取出。深的伤口可能有深部重要组织损伤，常并发感染，可予抗

① 李一新．最新野外生存手册．北京：石油工业出版社，2007。

炎药物治疗。不洁物的刺伤要预防破伤风的发生，宜到医院肌肉注射破伤风抗毒素。

3. 外伤总的处理原则

对大量出血的患者，宜首先采取止血方法；对切割伤、刺伤等小伤口，若能挤出少量血液反而能排出细菌和尘垢；对伤口宜用清洁的水洗净，对无法彻底清洁的伤口，须用清洁的布覆盖其表面，不可直接用棉花、卫生纸覆盖。

二、烫伤

烫伤可分为烧伤和水烫伤两种类型。除日常生活中常见的开水和火焰、蒸汽等高温灼伤外，还包括工业上的强酸、强碱等化学灼伤，电流、放射线和核能等物理灼伤。面积愈大，深度愈深，对全身和局部的影响也愈大、愈严重。

1. 烫伤的程度

烫伤可分为：一度烫伤（红斑性，皮肤变红，并有火辣辣的刺痛感）；二度烫伤（水泡性，患处产生水泡）；三度烫伤（坏死性，皮肤剥落），对局部较小面积轻度烫伤，可在家中施治，在清洁创面后，可外涂京万红、美宝润湿烧伤膏等。对大面积烫伤，宜尽早送医院治疗。

2. 烫伤的处理

烫伤处理的原则是首先除去热源，迅速离开现场，用各种灭火方法，如水浸、水淋、就地卧倒翻滚等，立即将湿衣服脱去或剪破衣服淋冷水，肢体浸泡在冷水中，直到疼痛消失为止。还可用湿毛巾或床单盖在伤处，再往上喷洒冷水。不要弄破水泡。

烫伤的创面处理最为重要，先剃除伤区及其附近的毛发，剪除过长的指甲。创面周围健康皮肤用肥皂水及清水洗净，再用0.1%新洁尔灭液或75%酒精擦洗消毒。创面用等渗盐水清洗，去除创面上的异物、污垢等。保护小水泡勿损破，大水泡可用注射空针抽出血泡液，或在低位剪破放出水泡液。已破的水泡或污染较重者，应剪除泡皮，创面用纱布轻轻辗开，上面覆盖一层液体石蜡纱布或薄层凡士林油纱布，外加多层脱脂纱布及棉垫，用绷带均匀加压包扎。烫伤还可采用包扎疗法、暴露疗法等。

烫伤常易并发感染，故宜加用抗菌素，还可注射破伤风抗毒素。

大面积烫伤的治疗护理要求大量的人力物力和财力。而且往往遗留广泛疤痕，造成严重的畸形和功能障碍。所以务必注意预防，在日常生活中要加强对居民、儿童的防火教育，在工矿企业要加强对职工的安全生产教育，并制订严格的防火管理制度。

三、冻伤

机体由于暴露在寒冷环境中过久而形成的损伤。冻伤可分为局部和全身两种：局部冻伤好发于指、趾、鼻尖、耳廓、脸颊等暴露部位，而且容易在同一部位复发。

1. 冻伤的程度

第一度（红斑性）：冻伤部皮肤从苍白变为斑块状紫蓝色，以后转为红、肿、充血。并有痒、痛、麻木等现象。约5～7天症状消失，不留疤痕。第二度（水泡性）：冻伤部除红肿外，尚可出现大小不等的水泡，局部剧痛，对冷、热、针刺感觉不敏感。2～3周后水泡干枯形成干痂，痂皮脱落时，有薄的新皮覆盖创面。第三度：轻的局限于皮肤，皮肤从苍白变紫而黑，伤部周围皮肤肿胀并可有水泡，大多有剧痛。坏死组织脱落后创面愈合需两个月以上，且形成疤痕。

2. 全身冻伤

全身冻伤时，除体表血管收缩、皮肤苍白外，伤者出现寒战以增加机体发热、维持体内温度。但当体温继续下降时，伤者就感觉疲乏，瞌睡。再进一步就神志迟钝，常出现幻觉。若不及时治疗，就会危及生命。

3. 冻伤的处理

发生冻伤后，伤部要迅速复温，可将伤部浸泡在清洁温水中，并在5～7min内加温到37～42℃左右。冻伤的肢体宜稍抬高，以消退水肿。第一、二度冻伤予保暖包扎。第三度冻伤宜由医疗单位进行消毒、包扎、预防感染和创面处理。全身性冻伤复温后，由于全身组织和脏器均有损害，仍可出现低血容量性休克和心肾功能损害，所以应住院抢救。

冻伤发生后，治疗就较困难，所以应以预防为主。在严寒下工作的人员应注意防寒、防湿、衣着鞋袜要松紧适当并保持干燥。暴露部分宜涂油膏，减少散热。并戴口罩、手套、耳罩等。户外作业时应适当活动，以促进血液循环。此外，要有足够的睡眠，避免过度疲劳，并注意营养。冷库内应有报警装置，以防意外。

四、毒蛇咬伤

毒蛇具有毒腺，能分泌毒素。毒蛇咬人时，毒液腺受压，毒液就通过毒牙注入伤口。

1. 毒蛇毒液的分类

毒蛇的毒液大致可以分为两大类：神经毒，能使延髓中枢和肌肉迅速瘫

痪；血循毒，能使血液不凝固，引起出血和溶血，还可使血管收缩和舒张功能丧失。如不及时抢救，均可造成死亡。

2. 毒蛇的种类

我国毒蛇有眼镜蛇科、蝰蛇科、蝮蛇科以及海蛇科多种，所含的毒液性质不同，故被咬者所出现的病理变化和症状也不尽相同。

蝮蛇科蛇（包括蝮蛇、五步蛇、烙铁头、竹叶青等）的毒液属于血循毒，破咬处剧痛、红肿，并自伤口不断流出血水。被咬者出冷汗、恶心、昏厥，多处出血如鼻出血、眼结膜出血、皮下出血、呕血、咯血和尿血等，最后发生循外衰竭而死亡。咬伤到死亡相隔2～7天不等。

眼镜蛇科蛇（包括眼镜蛇、金环蛇、银环蛇等）的毒液属于神经毒，被咬处局部初起有灼痛，后来感觉麻木，以后出现上眼皮下垂、走路不稳、四肢无力、头重下垂、流涎、恶心、呕吐、吞咽困难、言语不清；继之出现四肢瘫痪、呼吸微弱、自觉窒息，最后可因呼吸中枢麻痹和心力衰竭死亡。从咬伤到死亡相隔半小时到30h不等。辨别哪一类毒液引起的症状，在治疗上有重要。

毒蛇咬伤的处理：毒蛇咬伤的急救原则是及早防止毒素扩散和吸收，尽可能地减少局部损害。蛇毒在3～5min即被吸收，故急救越早越好。

（1）绑扎伤肢：在咬伤肢体近侧约5～10cm处用止血带或橡胶带等绑扎，以阻止静脉血和淋巴液回流，然后用手挤压伤口周围或口吸（口腔黏膜破溃者忌吸），将毒液排出体外。

（2）冲洗伤口：先用肥皂水和清水清洗周围皮肤，再用生理盐水、0.1%高锰酸钾或净水反复冲洗伤口。

（3）局部降温：先将伤肢浸于4～7℃冷水中3～4h，然后改用冰袋，可减少毒素吸收速度，降低毒素中酶的活力。

（4）排毒：咬伤在24h以内者，以牙痕为中心切开伤口成“十”或“卄”形，使毒液流出，亦可用吸奶器或拔火罐吸吮毒液。但口不宜过深，以免损伤血管。若有蛇牙残留宜立即取出。切开或吸吮应及早进行，否则效果不明显。

（5）药物治疗：常用的解毒抗毒药有上海蛇药（口服，第1次20mL，后改为每6h 10mL），南通蛇药（首次20片用烧酒30mL加温开水服下，以后每6h 10片）等，还可用半枝莲60g、白花蛇舌草60g、七叶一枝花9g、紫花地丁60g水煎内服外敷。抗蛇毒血清每次10mL与生理盐水20mL静脉注射，或7.5mL创口附近肌注。国产蝮蛇抗毒素专治腹蛇咬伤，对竹叶青咬伤也有一定疗效。还可以应用激素、利尿剂及支持疗法，对本病有辅助治疗作用。

3. 毒蛇咬伤的预防

预防蛇咬伤主要在于野外工作者的加强防护。从被咬处的齿痕，可判定咬人的蛇有无毒牙，对诊断是否毒蛇咬伤很有帮助。无毒的蛇咬人后留下一排整齐的齿痕；有毒的蛇咬人后除留下一般的齿痕外，另有两颗毒牙的齿痕，较一般的无毒蛇齿痕大而深。咬伤处如无毒蛇齿痕，或15min后无红肿及疼痛，则可能为无毒蛇咬伤，暂不需治疗。如不易区别有毒或无毒蛇咬伤时，应一律按毒蛇咬伤处理，以免失去抢救时机。

五、狗咬伤

狗咬伤一般分为疯狗（狂犬）咬伤和一般狗咬伤，狂犬咬伤以6～8月多见，狂犬多具有性情突变，狂躁易怒，狂吠，暴躁时咬人，或虽安静无暴躁现象，但不进食，逐渐消瘦，肌肉麻痹瘫痪而死亡的特点。

狗咬伤后应立即冲洗伤口，先用20％肥皂水和大量清水反复冲洗伤口，也可用醋冲洗，并进行必要的清创，然后用0.1％新洁而灭冲洗。再用浓硝酸或浓的炭酸、碘酒烧灼伤口。若疑为疯狗咬伤，宜尽早到医院诊治，注射狂犬疫苗预防狂犬病发生。还可视病情注射抗菌素或破伤风抗毒素血清。

六、蜂螫伤

蜜蜂或黄蜂螫伤（尾刺刺入皮内），一般只表现局部红肿疼痛，多无全身症状，数小时后即自行消退。若被成群蜂螫伤时，可出现全身症状，如头晕、恶心、呕吐等，严重者可出现休克、昏迷或死亡，有时可发生血红蛋白尿，出现急性肾功能衰竭。过敏病人则易出现荨麻疹、水肿、哮喘或过敏性休克。

蜜蜂螫伤可用弱碱性溶液（如3％氨水、肥皂水、淡石灰水等）外敷，以中和酸性中毒，也可以红花油、风油精、花露水等外搽局部；黄蜂螫伤可用弱酸性溶液（如醋）中和，用小针挑拔或纱布擦拭，取出蜂刺。局部症状较重者，可以火罐拔毒和局部封闭疗法，并予止痛剂。全身症状较重者宜速到医院就诊。对蜂群螫伤或伤口已有化脓迹象者，宜加用抗菌素。

七、蜈蚣咬伤

蜈蚣咬伤后，局部表现有急性炎症和痛、痒，有的可见头痛、发热、眩晕、恶心、呕吐，甚至抽搐、昏迷等全身症状。

蜈蚣咬伤后，应立即用弱碱性溶液（如肥皂水、淡石灰水等）洗涤伤口和冷敷，或用等量雄黄、枯矾研末以浓茶或烧酒调匀敷伤口，也可用鱼腥草、蒲公英捣烂外敷。有全身症状者宜速到医院治疗。

八、猫鼠咬伤

被猫鼠咬伤后局部多出现红肿疼痛，严重时累及淋巴管、淋巴结而引起淋巴管炎、淋巴结炎或蜂窝组织炎。咬伤部位在四肢时，可暂结止血带，用生理盐水或清水冲洗伤口，并用5%石炭酸或硝酸将局部腐蚀。症状较重者宜到医院治疗。

九、其他毒虫咬伤

蝎和毒蜘蛛咬伤在日常生活中亦可见到。蝎螫伤局部可见大片红肿、剧痛，重者可出现寒战、发热、恶心、呕吐、舌和肌肉强直、流涎、头痛、昏睡、盗汗、呼吸增快、脉搏细弱等，儿童被螫伤后，严重者可因呼吸、循环衰竭而死亡。毒蜘蛛咬伤者局部苍白、发红或出现荨麻疹，重者可发生局部组织坏死或全身症状。

两者的处理原则同毒蛇咬伤相同，伤后立即在近心端包扎，冷敷、封闭疗法、口服或局部外用蛇药片。同时冲洗伤口，吸吮排毒，全身症状明显者宜找医生诊治。

十、外耳道异物

一般的外耳道异物有玩具、豆类、纽扣、石子、纸卷等，多发生于小孩。常表现出疼痛，耳鸣或眩晕，较大的异物或谷物迴水后胀大，常有听力减退。若异物未伤及鼓膜和外耳道壁，可无明显自觉症状。

对于外耳道异物，一般以到医院耳鼻喉科诊疗为佳，切忌乱掏，以免损伤耳膜。对外耳道异物，宜视异物性状择法除去。圆形质硬的异物可用耳钩针，经异物周围细小间隙放入，绕过异物深面将其钩出，切忌将异物推至深部。豆类、花生仁可先滴入酒精，使之缩小，再钩出或掏出。扁形或棒状异物可用耳镊夹出。小泥块或泥沙，可用温开水冲洗，或用挖耳勺或小匙细心挖取。对活蚊蝇小虫入耳，可用蘸有乙醚或氯仿的棉签接触虫体，也可用酒精或油类灌满外耳道，待将蚊虫杀死后用夹子取出或用水冲出。小儿吵闹乱动不合作时，可在全身麻醉下取出异物。对光滑的异物，宜小心钩取，防止向内推入。

十一、眼外伤

眼外伤在致盲原因中占有重要地位。眼组织遭到破坏后不易修复或重建，视功能的破坏往往难以避免，严重时会引起失明。但是，眼外伤是可以避免的。只要我们劳动过程中严格遵守安全操作规程，重视劳动卫生保护，并教育儿童不要玩弄刀、剪和锐利玩具，眼外伤的发生可大大减少。

1. 眼睑、结膜撕裂伤

眼睑撕裂伤 眼睑受伤的机会较多。它的处理原则与一般外科基本相同。如止血、清创、缝合、抗炎等。但由于眼睑本身血液供应丰富，愈合能力强，只要及时将受伤的组织对齐缝合，防止感染常可获得满意的愈合，不需要也不应该作大块的组织切除，否则眼睑的疤痕收缩可能造成睑外翻，引起睑闭合不全而危害角膜安全。结膜撕裂时应警惕合并巩膜裂伤的可能性，注意仔细检查伤口，若伴有结膜下出血者，应特别注意。较小的结膜伤口，对合良好者，无需缝合；较大的撕裂伤，特别是裂口不齐或伴有筋膜脱出时，则必须缝合。

2. 角结膜异物

角膜异物是眼外伤中最常见的角膜损伤。工厂中多为金属性异物如铁屑、铜末；农村中则以谷粒、麦芒、尘粒等较多见。

异物感、疼痛以及反射性流泪是角膜异物的主要症状。切不可用手揉擦，以免异物刺入角膜深部反而不易取出。一般说，角膜异物较易发现，但细小的异物，则需仔细检查才能找到。异物应尽早取除（铁屑在角膜上停留数小时后即可形成锈斑），但必须严格执行无菌操作，以免发生感染。术后应加用抗生素眼膏包扎，直到角膜伤口完全愈合为止。

结膜异物常附在上睑结膜面，尤其多见于睑板下沟的部位，故必须翻转上睑进行检查。较大的异物可隐藏在穹窿部结膜囊内，故应充分暴露上穹窿部。

结膜异物可用蘸有生理盐水的棉棒揩除之，也可用清洁的手帕将其揩去。

3. 穿孔伤

眼球壁被锐器或异物穿破，称为穿孔伤。造成穿孔伤的原因很多，如小刀、剪子、铅丝等刺伤，或敲击金属物件时碎屑穿入眼内等。

眼球穿孔后，易受外界细菌侵袭，引起眼内感染。临床的变化多种多样，轻的表现为虹睫炎，前房积脓，重的可以引起眼内球炎以致全眼球炎。新鲜的穿孔伤，程度一时较难确定，即使伤势严重，有时经积极抢救，还可以恢复一定视力，所以不应贸然摘除眼球。同时也要注意健眼的安全，预防发生交感性眼炎。总之，事故一经发生，应尽量争取及早缝合修补伤口，不容许有眼内容物嵌在伤口内或脱出眼外的情况。怀疑眼内有异物时，应进一步作X光片检查，确有异物存留者，应尽早手术取出。

在修补缝合后，球结膜下应常规注射抗生素。若有眼内感染可能者，应

在手术后的一周内，使用足量的抗生素。阿托品扩瞳以防止虹膜粘连，应列为常规。伤口较深又有被泥土等脏物污染时，除注射抗生素外，还应注射破伤风抗毒素。

4. 迟钝伤

眼球受到外力撞击致伤，但没有破裂，称迟钝伤，如遭受各种物体冲撞、拳头、弹弓、球类等的击伤等。根据暴力大小，伤势可轻可重。如眼睑血肿，结膜下出血，多半会自行消退，一般不需特别治疗。角膜上皮脱落时，应涂消炎眼膏包扎，以防感染。伤势较重时，可能发生前房出血，瞳孔扩大，虹膜根部断裂，造成瞳孔变形，晶状体脱位，玻璃体出血，脉络膜撕裂，视网膜水肿、出血等，视力可能高度受损。迟钝伤的程度不能单凭眼外部的表现就下结论，应该详细检查，作出全面估计，并根据受伤轻重程度而给以适当的处理。

前房出血是眼球迟钝伤员常见的症状，出血多时，可充满全部前房而看不到瞳孔、虹膜，导致眼压升高；出血少时，只是积在前房下部呈一水平。

少量的前房出血，只需适当休息，取半卧位，使血液沉积于前房下方，不遮盖瞳孔；双眼包扎，减少眼球活动，适当应用止血药，如止血敏，安络血，维生素 C、K 及中草药等，很快会自行吸收。有继发性青光眼时，可内服醋氮酰胺或甘油等。如出血过多，眼压升高，经药物治疗未见吸收者，观察 3～5 天后，可行前房切开、放血、冲洗，以免形成角膜血染。视网膜损伤时应口服激素，以减轻外伤反应对组织的进一步损害。

5. 烧灼伤：

烧灼伤可能由强酸、强碱，高热的蒸汽或液体等冲溅眼部而发生。后果严重，应及时治疗。治疗方法如下：

当眼遭到酸碱等化学物质灼伤后，在现场的人员应立即用大量清水（井水、河水、自来水）将患眼冲洗，越快越好，越彻底越好。

如结膜囊内有固体化学物质，用镊子或棉签将其取出后再冲洗。

局部涂用抗生素眼膏，每日 4～6 次。

伤势较重者用 1%阿托品药水或眼膏扩瞳，每日 2～3 次。

严重病例，特别有球结膜苍白和坏死现象时，应作结膜下冲洗。

对较重的碱性灼伤可在结膜下注射维生素 C 0.5～1mL 或注射自血 0.5～1mL（抽自己静脉血 0.5～1mL 立即注射于结膜下）。

严重烧伤后，眼球结膜可能产生粘连，故应经常用十分光滑的消毒玻璃棒分离，注意勿损伤角膜。

对角膜、结膜有大面积坏死且伴有严重刺激症状者，应予以口服激素类药物。

如结膜坏死较重，估计不能恢复者，应将其切除，用口唇黏膜来修补。

十二、其他伤病安全救护

（一）呼吸道异物（异物梗喉）

在日常生活中，由于不注意，异物误入喉、气管或支气管内即导致呼吸道异物，异物仅梗塞或卡于喉部称之为异物喉。本病症十分危急，多发生于儿童，也可偶见于成人，如不及时诊断和处理，可在短时间内发生窒息而危及生命。

呼吸道异物种类较多，最常见的有西瓜子、花生米、黄豆、蚕豆等，异物梗喉最为常见的是鱼刺、肉骨等。

症状：异物误入呼吸道后，可立即出现剧烈呛咳，小儿或伴见大哭大闹，还可伴有憋气、口唇青紫等症，根据异物停留部位而产生不同症状。异物嵌顿喉部则可见声音嘶哑、呼吸困难等症，异物较大时可致窒息而迅速死亡。异物停留于气管（尤以右支气管异物多见）主要表现为阵发性咳嗽或呼吸不畅。异物停留于支气管内，阵发性咳嗽和呼吸困难症状可减轻，因异物刺激支气管黏膜可致发热、多痰等症。鱼刺卡喉时主要表现为咽喉部不适、吞咽困难、疼痛等症。

呼吸道异物的处理：一旦发生呼吸道误入异物，应尽快送医院诊治，情况危急而就医不及时，可将患儿倒立，轻拍其背部，其梗于喉、气管之异物有可能借助咳嗽反射而排出。怀疑有异物误入呼吸道也应速到医院诊治。喉部异物可在直接喉镜照视下钳出异物，鱼刺卡喉时不可误将其向内推入，民间喝醋对软化鱼刺似有一定效果。气管异物可在直接喉镜或支气管镜照视下钳除。支气管异物需经支气管镜取出，或打开胸腔取出。对有窒息征兆者，宜尽早行气管切开术插管，保持呼吸道通畅，然后再设法取出异物。

呼吸道异物的预防：

最好不要给五岁以下儿童吃瓜子、花生、豆类等食物。吃西瓜时可先去掉瓜子。进食避免谈笑、哭闹或打骂小儿。要改掉边走边玩边进食的不良习惯，以免一旦跌交后啼哭，将口中食物吸入下呼吸道。要细心照看小儿，教育年龄稍大的儿童，勿给幼儿喂吃瓜子、花生、豆类等食物。也要提防小儿自己拿取上述食物。

教育儿童不要把小玩具放在口中，发现儿童口中含有东西时要及时设法取出。但切不可强行夺取，以免哭闹后吸入。

成年人应改掉工作时把针、钉等物咬在嘴里的习惯，以防发生意外。对于昏迷或全麻后未清醒的病人，要细心护理：预先取下已摇动的假牙，呕吐

时，头应转向一侧，以免呕吐物吸入下呼吸道。

（二）急性感染伤口的处理

1. 感染伤口的分类

急性感染伤口的主要表现为局部红、肿、热、痛、功能障碍，全身症状视感染程度及体质强弱而定。化脓性伤口感染：常见于伤口蜂窝织炎、伤口化脓等。特异性伤口感染：常见于破伤风、结核病、厌氧性坏疽等疾病。

2. 处理方法

宜敞开，以利于感染灶引流，应尽早清洗伤口，用刺激性敷料脱去脓痂及坏死组织，尽量避免创面敷用抗菌素，裂隙状的清洁健康创面，应及早缝合，溃疡面较大的健康清洁肉芽面，应及早植皮。对早期急性感染伤口可作热敷，肿胀明显者可用50％硫酸镁溶液湿敷，或者外敷金黄膏、玉露膏等软膏，也可以用鲜中草药，如蒲公英、地丁、败酱草等捣烂外敷。肢体远端伤口感染轻者可用温开水或生理盐水浸泡，脓多感染重者用1∶5000高锰酸钾液浸泡，去除脓痂。其他部位伤口感染重者，用漂白粉硼酸溶液、次氯酸钠溶液或高渗盐水湿敷，感染轻者可用盐水湿敷。对厌氧性感染伤口，宜充分敞开伤口，持续滴注1∶5000高锰酸钾液或1％～2％过氧化氢液。对有坏死组织的表浅伤口，用5％硝酸银腐蚀，再用盐水洗去。坏死组织紧密附着者可剪去。有绿脓杆菌感染的伤口，可用1％～2％醋酸或苯氧乙醇、1％硫柳汞、0.1％～0.5％多菌素溶液湿敷。对疑为坏疽感染者，宜确诊后截肢治疗。对疑有狂犬病毒感染者，宜及时注射狂犬疫苗及抗毒素血清。对疑有破伤风感染者，宜及时注射破伤风抗毒素，在以上局部治疗的同时，还可配合中药清热解毒、清热凉血等治疗。伤口急性感染更严重者宜速到医院诊治。

（三）溺水

溺水多发生于夏、秋季，尤多见于青少年。溺水者自水中救出时常呈呼吸浅速、不规律、呼吸困难、紫绀、咳嗽，甚至呼吸、心跳停止。溺水者常因窒息而死亡，溺于淡水者，水自肺、泡进入血循环，可引起血液稀释、血容量增加及溶血，而造成急性肺水肿和电解质紊乱。溺于海水者也可因血液浓缩、血容量减少而导致肺水肿和电解质紊乱。

治疗：溺水急救刻不容缓，现场复苏最为重要，将溺水者救出后立即清除口腔、鼻咽腔的呕吐物和泥沙等异物，保持呼吸道通畅，将其舌头拉出，以免后翻堵塞呼吸道。可将溺水者腹部垫高，胸及头部下垂，或抱其双腿，腹部放在急救者肩部走动或跳动以“倒水”。恢复溺水者呼吸是急救成败之关键，应立即进行人工呼吸，可采取口对口或口对鼻人工呼吸，若伴见心跳停止，同时立即进行胸外按摩，以恢复心脏搏动，胸外心脏按摩与人工呼吸比为4∶1。由于溺水常见肺水肿和电解质紊乱，故在急救的同时宜速送医院救治。

发生肺水肿者，宜立即作气管内插管并进行间歇正压呼吸，给予75%乙醇吸入可缓解水肿液造成的呼吸道梗阻。神志昏迷者可给予兴奋剂，如尼可刹米、回苏灵等。给予抗菌素治疗可预防吸入性肺炎。出现代谢性酸中毒时可静脉滴注5%重碳酸钠溶液100～200mL。

对溺水患者复苏的急救，人口呼吸中以口对口人工呼吸最常用和最为有效，人工呼吸不可间断，更不能轻易放弃抢救，直到恢复自主呼吸或其他症状已表明无法抢救为止。

经现场抢救已基本恢复的溺水患者，应及时送医院观察，以免延误肺并发症的诊治。

（四）电击伤

人体接触电流或电弧可引起电击伤，8～12mA电流通过身体时，肌肉自动收缩，可有“一击”感觉，无明显损害。超过20mA可导致接触部位皮肤灼伤，25mA以上电流可致心房纤颤及死亡。220～1000V的电压可致心脏和呼吸同时麻痹。电击伤因损伤的严重程度而表现各异。轻度电击伤者仅出现恶心、心浮、头晕或短暂的意识丧失，恢复后多不遗留症状。严重电击伤者可致电休克、心室纤颤或呼吸、心跳骤停，甚至死亡。电休克恢复后可留有头晕、心悸、耳鸣、眼花、听力或视力障碍等症，多可自行恢复。电击伤还可引起内脏损伤或破裂。电击伤的局部损伤主要为烧伤。

1. 治疗

一旦发生电击伤，应迅速使病人脱离电源，立即切断电源，或用干木棒、竹杆等绝缘体将电源拨开。迅速将患者移至通风处，呼吸及心跳停止者宜立即进行人工呼吸和胸外心脏按摩，人工呼吸至少4h，或直至自主呼吸恢复为止，有条件者应行气管插管，加压氧气人工呼吸。不能轻易放弃抢救。出现神志昏迷不清者可针刺或指压人中、中冲等穴位。电击伤就地急救十分重要，不要因送医院而延误抢救时机。尚可并用抗菌素及破伤风抗毒血清等。

电击伤的局部治疗以暴露疗法为好，其原则和方法同一般烧伤。对电击伤还应注意对症治疗，因缺氧所致脑水肿可使用甘露醇、50%葡萄糖等脱水。出于电击伤而致肢体肌肉强烈收缩，可针对骨折、脱位等治疗。

2. 预防

严格规章制度，普及用电知识，可减少电击伤的发生。

（五）骨折

骨折不论在平时或运动时都可发生。骨折的原因可分为外伤性和病理性

两大类。外伤性骨折多由直接暴力和间接暴力所引起，前者如爆炸伤、挤压伤、跌伤，后者如跌倒手撑地能产生桡骨下端骨折、肱骨髁上骨折、肱骨外科颈骨折等，病理骨折是指骨胳本身有病，在正常或轻伤情况下造成骨折。外伤性骨折又可根据骨折处是否与外界相通，而分为闭合性和开放性两大类。此外，从暴力的程度、骨折的形状和骨折端有无错开或移位。也可分为完全和不完全骨折或横、斜、粉碎、螺旋、镶嵌骨折，有移位或无移位的骨折。

1. 骨折的症状及诊断

一旦发生骨折，在骨折部位可产生疼痛、肿胀和瘀斑。肿胀是由于骨折后出血与软组织的损伤性水肿所形成，如血液渗到皮下，形成瘀斑。患肢部分或全部失去功能。骨折严重时可产生畸形，如缩短、旋转、成角等。当你检查时可发现在不应该活动处可产生活动（即假关节），当移动患肢偶尔也可听到骨断端相互摩擦的声音（即骨擦音）。在骨折的同时可能伴有血管和神经的损伤，使肢体远端产生缺血或感觉麻木、运动障碍的现象。如肱骨髁上骨折造成骨折断端压迫肱动脉出现前臂缺血，患肢疼痛，末梢温度降低，颜色苍白，脉搏减弱或消失。若骨折端压迫正中神经，可出现患肢正中神经分布区的感觉和运动障碍。如为开放性骨折，骨折断端和皮肤或膈膜的伤口相通，骨折处出血可从伤口流出。骨折后可因剧烈疼痛，出血过多或并发头、胸、腹部脏器损伤而产生休克。颅骨骨折也可引起脑震荡、脑挫裂伤。肋骨骨折可刺破肺部产生血胸、气胸和咳血。在下肋部骨折时，可产生肝、脾、肠曲的破裂，可出现腹膜刺激症状；骨盆骨折可并发膀胱尿道和盆腔的损伤，如血尿、排尿困难等。

骨折的诊断除了根据上述病史和症状外，在有条件情况下可作 X 光片检查，以协助诊断。

2. 骨折的治疗

骨折及时和合理的治疗是必要的。若处理不当，将影响日常生活和劳动力，甚至造成残废和伤亡。因此在抢救时既要抢救生命，又要抢救肢体和恢复肢体的功能。对伤员应迅速急救并详细检查，如有休克或脏器损伤者，应首先作抗休克治疗（见“休克”一节）及脏器的修复处理。有疼痛可用针刺减轻疼痛或药物止痛，如可卡因、吗啡类药物。若出血应止血。包扎好伤口，并用夹板固定患处。除火线抢救及严重骨折应立即转送外，一般应就地治疗。

3. 闭合性骨折的治疗

其原则是复位、固定和功能锻炼。治疗方法概括有三种：手法复位（闭合复位）用石膏或小夹板外固定。此法优点是骨折愈合快，适用于大部分长骨干骨折。在复位时应先作几分钟的牵引，使重叠的骨折断端拉开，然后将骨折的远侧断端凑合近侧断端，并矫正成角或旋转等畸形，以达到复位的要求。复位的要求应根据不同的骨骼而异，如锁骨、肱骨干和小儿股骨干等骨折不需强求完全对好（即解剖复位），只要不成角或旋转，稍短些（不超过2cm）也无妨；但在成人股骨干骨折，成人和小孩前臂骨折及近关节面的骨折，则力求完全复位，否则将影响功能。长度可用皮尺量，与健侧比较。但在肌肉很厚的部位，如股骨、脊柱、骨盆、股骨颈等，可用X光来检查。复位后应用石膏或小夹板等外固定物固定骨骼在整复位置，直到骨折愈合为止。固定期间及拆除固定物后，应加强患肢的功能锻炼。石膏固定必须固定骨折断端的上、下两个关节。在骨折愈合拆除石膏固定后，须进行一段时间的关节活动，才能恢复肢体的功能，所以整个治疗时间较长。上石膏后，出现肢体肿胀消退和肌肉变瘦而发生石膏松动时，应换一个合适的石膏，一般在骨折后7～10天，否则可引起肢体或部分肌肉缺血性坏死而致残废。采用小夹板局部固定治疗骨折时，不需固定关节，有继续复位的作用，并可早期应用“动静结合”的原则进行患肢的功能锻炼，因此，疗效快，疗程短，待骨折愈合去除小夹板后肢体功能即恢复。但近关节骨折不易固定，在采用小夹板固定后也需密切注意其松紧，并加以适当的调整，一般3～5天一次，必要时随时调整，以防止过紧而产生肢体缺血、皮肤坏死、溃疡。连续牵引法用皮肤牵引或骨牵引法来治疗骨折。适用于肋骨髁上骨折、股骨或胫腓骨骨折、斜形或粉碎性骨折（骨折成3块以上）均可。在牵引后3天内应完全使骨折复位，矫正畸形。必要时也可加小夹板固定以保持复位的位置，直到骨折愈合。手术切开复位加用内固定用手术方法暴露骨折，进行复位，再用不锈钢制的内固定物固定复位后的骨骼。常用的内固定物为钢丝、钢板、螺丝钉、梅花式髓内钉等。用内固定物后，仍须加用外固定，否则，由于肌肉收缩会使内固定物断裂，骨折重新移位。若用梅花式髓内针固定者，可不用外固定。但术后2个月内不能下地负重走路，否则也会影响骨折的愈合。由于手术能扰乱骨折血肿和损伤骨膜，骨折愈合就慢，甚至可以产生感染，所以仅限用于闭合复位失败的骨折；骨折线经过关节而关节面不齐的骨折（如肱骨内髁外髁、胫骨平台、双踝骨折而有移位的）和伴有血管损伤的骨折。

4．开放性骨折的治疗

原则是用手术方法使之成为闭合性骨折。因此，在全身情况改善，休克纠正后，应尽早进行清创手术。

5．骨折的中药治疗

有外敷、内服及熏洗等方法。外敷，常用三色三黄药膏，以活血、消肿、镇痛；内服药早期以活血化瘀，行气通络、止痛为主。晚期以舒筋通络、壮

筋续骨和养血为主。对已愈合的骨折，则用熏洗药方熏洗肢体相关关节，以消除肿胀，便于锻炼肢体。

（六）窒息

即呼吸道堵塞，空气不能进入肺腔，常可见于溺水、勒缢等，其主要表现为呼吸憋闷、呼吸减弱，甚至呼吸停止而死亡。

因勒缢而致窒息者，应立即进行人工呼吸，若颈部软组织出血或喉头有骨折而影响人工呼吸效果时，要尽快施行气管切开术，若有心跳停止者，应同时进行胸外心脏按摩。对窒息的抢救不可轻易放弃，做人工呼吸时要坚持到自主呼吸恢复或心跳停止半小时为止。必要时可应用呼吸兴奋剂，如可拉明、洛贝林或苯甲酸钠咖啡因等。

（七）雪盲

即日照性眼炎，雪盲是光损伤的一种。高原空气稀薄、太阳光的穿透阻挡少、紫外线强，加上山地冰雪的反射作用，因此日光的照射远较平地为烈。人在雪地里游玩、行走、角膜大量吸收紫外线后6h左右，会出现症状。雪盲的主要病因是高山紫外线照射强烈，红外线的照射亦有一定作用。雪盲症状，初时似有异物颗粒摩擦，随后眼睛迅速发生严重的刺痛或灼痛，羞明、流泪、眼睑痉挛、视物不清，查体可见整个眼睛肿胀、球结膜明显充血、两眼睑痉挛、角膜有白色细点状的浅混浊，有黏液样分泌，瞳孔缩小，对光反应迟钝。

1. 采取的措施

患者出现症状后应去暗处休息，戴防护眼镜，两眼湿冷敷，局部滴0.5%地卡因止痛（不能用高浓度），用氟哌酸等抗生素眼药水预防感染。或点可的松眼药水及0.5%潘托卡因，止痛消炎。两眼用药后，用纱布覆盖，稍固定，就地休息。轻症者3～4h即可恢复，重症者可持续5～7d。所遇病例均可完全恢复。但在急性期因疼痛畏光，睁不开眼睛，等于暂时失明，严重影响到在高山的活动能力。

2. 预防

在7000m以下的冰雪地带或烈日下进行，戴深色防护镜；在7000m以上高山上，戴专门防御紫、红外线的高山眼镜。

（八）日照性皮炎

本病常发生于颜面及颈部等暴露部分。大多数日照性皮炎患者仅有局部皮肤发红发黑、脱屑的现象，无明显痛苦，不需治疗。部分对紫外线较为敏感的登山者，照射部位可出现红肿水疱，甚为疼痛，继之出现黑褐色色素沉着，多在面颊部出现黑色晒斑。皮肤经反射照射，对日光的适应性可逐渐提高。

治疗：主要是涂青霉素等消炎软膏，有疱疹者涂龙胆紫防止感染，局部的炎症数日即愈。

预防：初到高山，不可在烈日下长时间（0.5h 以上）赤身运动或劳动，暴晒时间只能逐步增加。在山地烈日下进行时，颜面等暴露部分应涂防晒膏，也可用白纱布自制面罩防晒。

（九）中暑

由于在烈日下或高温环境中工作，身体调节体温的能力不能适应，体内产生的热能不能适当地向外散发，积聚而产生高热称为中暑。患者先有头痛、眩晕、心悸、恶心等，随即出汗停止，体温上升，如不及时抢救可致昏迷而死亡。

先兆中暑：在高温作业场所工作一段时间以后，出现大量出汗、口渴、全身疲乏、头晕、胸闷、心悸、注意力不集中、动作不协调等症状，体温正常或略升高。如能及时离开高温环境，经休息后短时间内即可恢复正常。

轻症中暑：除先兆中暑症状外，体温升高到 38.5℃以上。可伴有面色潮红、胸闷、皮肤干热等征象；或出现早期呼吸循环衰竭症状，如面色苍白、恶心、呕吐、大量出汗、皮肤冷湿、血压下降、脉搏细快等。如及时离开高温环境，适当休息，解松衣服，给于含盐清凉饮料，服用解暑药物如十滴水、解暑片等，在 4～5h 内可以恢复。

重症中暑：除上述症状外，出现昏倒或痉挛，或皮肤干燥无汗，体温在 40℃以上。重症中暑应送医务部门紧急处理。

预防：对强辐射热源如各种炉子，可用石棉布、石棉板、炉门前设置水幕门和循环水门等隔热材料包裹。露天作业时可搭凉棚。通风能加速对流散热和排除湿气，但不能减低辐射热。有气流的厂房建筑，应根据风向开窗，使厂房内热空气能被气流带走。有时高温作业点可用电风扇，空气淋浴等岗位送风方式通风。有条件的可实行小换班制或设工间休息，合理安排劳动时间，尽量避开一天中最热的时间劳动。工作服以传热慢和透气性能强的为好，露天作业应戴宽边草帽或竹笠。饮食应富有蛋白质和维生素 B、C，饮料中应含有一定的盐分，以补充体内随汗液流失的盐分。要配备必需的防暑药品如清凉油、人丹等。

（十）晕动症

晕动能即指乘车、船、飞机时，由于交通工具的加、减速，或颠簸震动，刺激人的前庭迷路而出现头晕、头痛、恶心、呕吐，甚至虚脱、休克等症状，伴有面色苍白、出冷汗、心动过速或过缓、血压下降或眼球震颤、平衡失调等。本病主要发生于乘车、船、飞机中或其后，可因情绪抑郁、精神紧张、过饥过饿、过度疲劳及嗅吸异常气味等而诱发。晕动症患者的症状因人而异，轻的微觉头昏，重的恶心呕吐、出冷汗甚至昏倒。

1. 治疗

本病的发生因人而异，症状轻重不同，其处理的原则是加强预防，及时对症处理。对于以往有过晕动症病史者，可在乘车、船、飞机前 30～60min 服用抗晕、镇静、止吐药物，最为常用的是茶苯海明，又称乘晕宁、晕海宁，50～100mg 口服，每 4～6h/次。也可选用异丙嗪，12.5～25mg，每日口服 2～3次。还可选用复方晕海宁、敏克静、安其敏等。在乘车、船、飞机时发生晕动症，应尽可能让患者平卧，亦可将头靠在椅背上闭眼休息。同时，要保持通风、凉爽、空气新鲜，若出现呕吐，宜及时清除呕吐物。另外，针刺或手指按压内关、足三里、神门、百会、合谷及中脘等穴，对及时缓解症状和预防本病发生亦有作用。若呕吐剧烈，出现休克、虚脱、水电解质平衡失调者，宜送医院诊治，及时补充体液，纠正酸碱失调。

2. 预防

乘车船时，饮食不宜过饱，束紧腹带减少腹中脏器的震荡亦可有助于减轻症状。将视力集中于远处不动的物体，戴中层涂少许清凉油的口罩，可减少因视觉或嗅觉因素而诱发晕动症的机会。长途旅行前应充分休息，并多作头部运动可提高对震动的适应能力，而减少发病机会。

（十一）过敏反应

过敏反应也称之为“变态反应”、“超敏反应”．是指已免疫的机体再次接触相同抗原时所发生的组织损伤或功能紊乱的病理性免疫反应，通俗地讲，即对某些已接触过的物质过敏，产生一些临床症状，多数在除去诱因和抗组织胺等治疗后即较快消失，但部分能造成较严重的损伤，甚至造成过敏性休克，若不及时救治，可危及生命。

致敏源：能引起过敏反应的物质称为致敏源，也称变应源，概括起来有微生物、花粉、寄生虫、异种血清、药物及化学制剂等。日常生活中最易导致过敏反应的物质有花粉、鱼虾、牛奶、蛋类，以及血清、药物等。

过敏反应的常见疾病：过敏反应包括的病症较多，常见的有过敏性皮炎、接触性皮炎、过敏性紫癜、变应性鼻炎、支气管哮喘、胃肠道过敏反应、输血反应、新生儿溶血病、免疫血液病、肺肾综合症，以及急性和慢性免疫复合物病等。过敏反应因患者体质差异、免疫状态不同、受损脏器组织不同，以及造成过敏的内在机制差异等因素，其临床表现不尽相同、轻重缓急程度各异。过敏反应医学上现常分为病理性细胞免疫（迟发型）和病理性体液免疫（速发型、细胞毒型和免疫复合物型），以速发型为多见，反应迅速、强烈，消退亦较快。

过敏反应的治疗：对过敏性疾病应及时进行治疗，针对其不同表现而采用相应的治疗方法。过敏性休克较为危急，表现为突感胸闷气急、面色苍白、血压下降，可因呼吸循环抑制而死亡，应立即进行抢救。过敏反应常用抗组织胺、糖皮质激素等药物，具有抗过敏作用。

过敏反应的预防：过敏反应最理想的预防是查明过敏物质和避免与之再次接触，如对某食品、药物等过敏，应禁食或禁用；另一方面，凡使用血清制品及可能引起过敏反应的药物（如青霉素等）应作皮肤敏感试验，阳性结果宜禁用，必须使用时采用脱敏注射法（即小剂量、短间隔、连续多次注射的方法）。输血前宜作交叉配合试验，宜同型输血。

（十二）心跳骤停

心跳骤停常见于麻醉、手术、电击伤、溺水及某些药物中毒，严重休克时也可出现心跳骤停，其主要原因在于缺氧和二氧化碳蓄积、植物性神经功能失调和手术刺激、血液动力的剧烈改变及药物过量和过敏反应等。

心跳骤停的临床表现：主要有血压、脉搏、呼吸骤然消失，心前区听不到心音，意识及各种反射消失，患者还可出现紫疳，外伤口出血停止，瞳孔散大，对光反应消失有时全身抽搐等，顿时呈濒死状态。心跳骤停后，全身器官缺血缺氧，因大脑对缺氧最为敏感，故脑损害最早，也最难逆转。凡突然丧失知觉，伴有股动脉、颈动脉搏动消失的患者，应考虑心跳骤停，立即急救，不可耽搁。

心跳骤停的急救措施：患者一旦发生心跳骤停，应迅速果断，分秒必争地进行复苏抢救，勿需反复测血压，听心音，宜尽早恢复其血液循环和呼吸功能。

人工呼吸：有效的人工呼吸是心脏复苏的先决条件，发现心跳停止，应立即进行口对口人工呼吸，有条件时可给予简易呼吸器人工呼吸和加压氧吸入人工呼吸。

胸外心脏按压：心跳骤停复苏的另一原则是迅速建立有效的人工循环，最常用且有效的方法是立即进行胸外心脏按压，即借助压迫胸壁和脊柱之间而排血的方法。患者仰卧，将其置于硬板床或地上，急救者两手掌置于患者胸骨下段，用力将胸骨下段压向脊柱。成人每次按压宜使胸骨下陷 3～4cm，心脏即受到挤压而将心室内血液排出，当手腕放松，胸廓自然回位，胸腔内的负压使腔静脉血回流于心脏，如此反复，按压频率约 60 次/min，小儿按压 100 次/min。胸外按摩时用力要适度，避免造成胸骨骨折或肋骨骨折而加重病情。有条件者可切开胸腔直接用手挤压心脏而重建血液循环，胸内心脏按摩开始时一般可不切开心包，若挤压 1～2min 效果不明显者可切开心包，直接挤压心室壁。此法有效，但受医疗条件限制。

心内注射：心跳骤停者可进行心内注射。心内注射多选择在左侧第四或

第五肋间，离开胸骨左缘 2～3cm 沿肋骨上缘进针，回吸有血液时即可将药物注入心室。心内注射是心脏复苏的重要措施之一。临床上多采用肾上腺素 1mg、异丙肾上腺素 0.5～1mg、去甲肾上腺素 1mg 混合注射，称为“三联针”，若再加上阿托品 1mg 即为“四联针”，2～3min 后，可重复注射。心内穿刺时，一定需在回吸有血液后注药。心内注射药物还可选用氯化钙、利多卡因、碳酸氢钠等。

电除颤：对因心室纤维颤动而致心跳骤停的患者，可采用电除颤法。电除颤包括胸外电除颤法和胸内电除颤法。心跳骤停者还可在心前区叩击，有可能使心跳恢复。

建立循环通道：在抢救心跳骤停的同时，还应积极建立静脉通道，以便及时用药、输液及输血等，在心脏按摩过程中，可用冰帽进行头部降温，体表温度应保持在 32～34℃，对有其他伴随病症，如酸中毒、低血容量、电解质代谢失调等，应及时对症处理。

针灸、中药：针刺或指压人中、涌泉、十宣等穴位亦可使心跳恢复，参汤口服或注射也有助于心脏复苏。

当心脏复苏后，要维护呼吸功能，可给予呼吸兴奋剂，如可拉明、山梗菜碱、回苏灵等。同时，还需保持血压稳定，防治低血压，可针对病因选择使用的血管药物或扩血管药物。脑缺氧时间过长可出现脑水肿，积极防治脑水肿直接影响心脏复苏后的疗程，可采用低温、冬眠、脱水及镇痉等方法。肾脏因缺血缺氧可致急性肾功能衰竭，故心脏骤停跳动后宜置导尿管，可判断肾功能状态，宜极早防治急性肾功能衰竭。心跳骤停后易并发呼吸道感染和败血症，可加用抗菌素防治继发感染。

（十三）失温的处理

海拔愈高，气候的变化愈大，当缺乏适当的保暖设备，或长期暴露在气候恶劣的低温环境下，特别是精疲力竭、衣物潮湿的情况下时，会产生体温下降的生理反应。当体温降到 35℃以下时，人体即已进入失温状态。

失温的症状：感觉含糊不清、肌肉不受意志控制、反映迟钝、性情改变或失去理性、脉搏减缓、失去意识等。应立即施以急救处理。

失温的急救原则：防止患者继续丧失体温，并逐步协助患者获得正常体温，将患者带离恶劣的低温环境，移至温暖的帐篷或山屋内。脱掉潮湿冰冷的衣物，以温暖的衣物、睡袋等裹住患者全身。若患者意识清醒，则可让他喝一些热而甜的饮料，若已不省人事，则让他以复原姿躺着。若患者呼吸及心跳停止，应展开心肺复更术，并尽快送医。切记不可给患者喝酒，不可擦拭或按摩患者四肢，也不可鼓励患者作运动。

参考文献

[1]（美）库伯．体验学习：让体验成为学习和发展的源泉［M］．王灿明，等译．上海：华东师范大学出版社，2008.

[2] 钱永健．拓展训练［M］．北京：企业管理出版社，2006.

[3] 谢恩杰，等编著．学校拓展训练．北京：中国科学技术出版社，2007.

[4]（美）D. 赫尔雷格尔，等著．组织行为学（上下册）．俞文钊等译．上海：华东师范大学出版社，2001.

[5] 陶宇平．编著．户外运动与拓展训练教程．成都：电子科大出版社，2006.

[6] 经理人培训项目编写组编著．拓展培训游戏全案．北京：中国国际广播出版社．2005.

[7] 盛晓东编著．培训师的工具箱．北京：企业管理出版社，2005.

[8] 众行管理资讯研发中心编著．管理培训游戏全案．广州：广东经济出版社．

[9] 孟刚，等编著．户外运动．北京：北京师范大学出版社，2008.

[10] 王宗彩，等编著．疯狂劲草——素质拓展训练．深圳：海天出版社，2005.

[11] 常桦，等编著．自助拓展训练组织与实施手册．北京：中国工人出版社，2008.

[12]（美）哈里森．斯诺编著．陈飞星译．团队建设游戏教练手册．北京：企业管理出版社，2005.

[13] 戴育红，等编著．营地心理辅导手册．广州：广东教育出版社，2003.

[14] 梁东标，等编著．亲子心理辅导手册．广州：广东教育出版社，2003.

[15] 戴育红，等编著．学习心理辅导手册．广州：广东教育出版社，2003.

[16] 杨成编著．历奇教育．广州：广东人民出版社，2007.

[17]（美）爱德华．斯坎奈儿等编著．吉晓倩译．游戏比你会说话（修订版）．北京：企业管理出版社，2004.

[18] 毛振明，等编著．学校心理拓展训练．北京：北京体育大学出版社，2006.

[19] 卢家楣，等编著．心理学：基础理论及其教育应用（修订本）．上海：上海人民出版社，2004.

[20] 钟启泉．现代课程论．上海：上海教育出版社，2003.

[21] 李一新，编著．最新野外生存手册．北京：石油工业出版社，2007.

[22] 韩宏义，等著．大学生野外生活生存训练．杭州：浙江科学技术出版社．

[23] 顾明远，等著．国际教育新理念．海口：海南出版社，2002.

[24] 陈国海编著．企业心理教练．广州：暨南大学出版社，2005.

[25] 刘惊铎著．道德体验论．北京：人民教育出版社，2003.

[26] 余名阳编著．咨询学．上海：复旦大学出版社，2005.

[27]（英）索普，等编著．黄德海译．企业教练．北京：北京大学出版社，2005.

[28] 孙宗虎，等编著．培训管理实务手册．北京：人民邮政出版社，2007.

[29] 唐渊编著．教练：教练型管理者施展操作指南．北京：经济管理出版社，2007.

[30] 薛晓阳著．希望德育论．北京：人民教育出版社，2003.

[31] 周三多，等编著．管理学-原理与方法．上海：复旦大学出版社，1999.

[32] 周远清著．论文化素质教育．北京：高等教育出版社，2004.

[33] 季浏著．体育教育展望．上海：华东师范大学出版社，2001.

[34] 曲宗湖著．体育与心理潜能开发．北京：人民体育出版社，2004.

[35] 叶澜，等著．教师角色与教师发展新探．北京：教育科学出版社，2002.

[36]（美）盖瑞．凯朗特著．户外培训游戏大全．陈平，等译．北京：企业管理出版社，2003.

[37] 糜振玉，等编著．大学军事教程．北京：人民出版社，2006.

[38] 翟惠根著．职业素质教育论．长沙：中南大学出版社，2006.

[39] 明庆华编著．教育学导论．武汉．湖北人民出版社，2005.

[40] 许方龙编著．野外体育活动与素质教育．长沙：中南大学出版社，2004.

[41] 黄何，等编著．高职学生素质拓展指南．沈阳：东北大学出版社，2006.

[42] 王成编著．咨询业务的全程运作．北京：机械工业出版社，2003.

[43] 叶龙，等编著．管理沟通：理念与技能．北京：清华大学出版社，北京：交通大学出版社，2006.

[44] 章义伍著．如何打造高绩效团队．北京：北京大学出版社，2004.

[45] 糜振玉等编．大学生军事教程．北京．人民出版社，2007.

[46] 奥特世纪拓展师培训中心．www. out2000. com.

[47] 拓展训练教研网．www. 51tuozhan. com.

[48] 高天音乐心理健康研究中心． www. musictherapy2003. com.

[49] 沈阳凯光野战运动官网， www. sycaon. com/index. asp.

[50] 百度．www. baidu. com.

[51] 海华网络．www. 3h126. com.

[52] 高天编著．音乐治疗导论．北京：世界图书出版公司，2008.

[53]（美）约瑟夫·英雷诺著．谢嘉幸，等主编．音乐治疗与心理剧．张鸿懿，等译．上海：上海音乐出版社，2008.

[54] 薛保红．体验教育创新-原理与方法 [M]．北京：中国标准出版社，2012.

[55] 戴光全，马聪玲．节事活动策划与组织管理 [M]．北京：中国劳动社会保障出版社，2007.

[56] [英] 格雷厄姆·贝里奇著，蒋晓光译．节事设计与体验 [M]．上海：格致出版社，上海人民出版社，2006.

[57] 游上，郭松林著．饭店活动策划与管理 [M]．北京：旅游教育出版社，2008.

[58] 王伟，浮石著．活动创造价值 [M]．湖南：湖南科学技术出版社，2009.

[59] 李志强著．活动与会议主持 [M]．安徽：合肥工业大学出版社，2010.

[60] 肖志军著．6S 活动实战 [M]．广东：广东经济出版社，2005.

[61] [美] 朱迪·艾伦著．卢涤非译．活动策划全攻略 [M]．北京：旅游教育出版社，2010.

[62] 孙德禄著．营销策划经理岗位职业技能培训教程 [M]．广东：广东经济出版社，2007.

[63] [美] 朱迪·艾伦著．宿荣江等译．活动项目营销——全新的竞争制胜手段 [M]．北京：旅游教育出版社，2006.

[64] Lynn Van Der Wagen 著．活动项目策划与管理 [M]．宿荣江等译．北京：旅游教育出版社，2004.

[65] 阿里巴巴咨询．磨练策划，http：//info.1688.com/detail/5655122.html? p=1，2006.

[66] 吴粲．策划学——原理、技巧、误区及案例［M］．北京：中国人民大学出版社，2005.

[67] 蔡居泽，廖炳煌．创意探索教育设计与实施［M］．台湾："中华探索教育发展协会"，2008.

[68] 张云鹰．开放式活动课程［M］．北京：教育科学出版社，2009.

[69] 吴明隆．班级经营与教学新趋势［M］．上海：华东师范大学出版社，2006.

[70] 常桦．企业文体活动策划与实施手册［M］．北京：中国工人出版社，2008.

[71]［美］朱迪·艾伦著．王向宁译．活动策划完全手册［M］．北京：旅游教育出版社，2006.

[72] 薛保红，主编．体验培训师培训教程［M］．北京：中国计量出版社，2009.

[73] 张馨，张文禄著．特殊儿童游戏化音乐活动 60 例［M］．上海：上海音乐出版社，2009.

[74] 鲁迅，花边文学，北京：人民文学出版社，2006.

[75] 搜韵-韵典，http：//www.ancientrhyme.com.

[76] 吉尔摩．体验经济．北京：机械工业出版社，2006.

[77]《中华人民共和国职业分类大典》，北京：中国劳动社会保障出版社，2006.

[78] 钱永健．拓展．北京：高等教育出版社，2009.

[79] 大脑的记忆密码．百度百科，http：//baike.baidu.com/view/559597.htm.

[80]（美）马斯洛著．动机与人格．许金声，等译．中国人民大学出版社，2007.

[81] 汪若．高峰体验．北京：蓝天出版社，2004.

[82] 高峰体验，百度百科，http：//baike.baidu.com/view/36539.htm.

[83] 薛保红主编，活动策划，北京：中国计量出版社，2013.

[84] 肖辅臣主编，新编国学知识全知道，北京：中国华侨出版社，2010.

[85] 破冰，百度百科，baike.baidu.com.

[86] 讲授法，百度知道，zhidao.baidu.com.

[87] 制度，百度百科，baike.Baidu.com.